高等学校法学系列教材
Gaodeng Xuexiao Faxue Xilie Jiaocai

华东政法大学
课程和教材建设委员会

主　任	叶　青
副主任	曹文泽　顾功耘　唐　波　林燕萍　王月明
委　员	王　戎　孙万怀　孙黎明　金可可　吴　弘
	刘宁元　杨正鸣　屈文生　张明军　范玉吉
	何　敏　易益典　何益忠　金其荣　洪冬英
	丁绍宽　贺小勇　常永平　高　汉
秘书长	王月明（兼）
秘　书	张　毅

Cases of International Commercial Arbitration

国际商事仲裁法案例教程

刘晓红　袁发强／主编
向　磊／校对

图书在版编目(CIP)数据

国际商事仲裁法案例教程/刘晓红,袁发强主编. —北京:北京大学出版社,2018.5
(高等学校法学系列教材)
ISBN 978-7-301-29152-8

Ⅰ.①国… Ⅱ.①刘… ②袁… Ⅲ.①国际商事仲裁—案例—高等学校—教材 Ⅳ.①D997.4

中国版本图书馆CIP数据核字(2017)第327469号

书　　　名	国际商事仲裁法案例教程 GUOJI SHANGSHI ZHONGCAIFA ANLI JIAOCHENG
著作责任者	刘晓红　袁发强　主编
责 任 编 辑	朱梅全　刘秀芹　朱彦
标 准 书 号	ISBN 978-7-301-29152-8
出 版 发 行	北京大学出版社
地　　　址	北京市海淀区成府路205号　100871
网　　　址	http://www.pup.cn　新浪微博　@北京大学出版社
电 子 信 箱	sdyy_2005@126.com
电　　　话	邮购部 62752015　发行部 62750672　编辑部 021-62071998
印 刷 者	河北滦县鑫华书刊印刷厂
经 销 者	新华书店 730毫米×980毫米　16开本　22.75印张　420千字 2018年5月第1版　2021年12月第2次印刷
定　　　价	52.00元

未经许可,不得以任何方式复制或抄袭本书之部分或全部内容。
版权所有,侵权必究
举报电话: 010-62752024　电子信箱: fd@pup.pku.edu.cn
图书如有印装质量问题,请与出版部联系,电话: 010-62756370

序

伴随着国际经贸的发展,国际商事仲裁已成为一种举足轻重的争议解决方式。根据英国伦敦玛丽皇后大学(Queen Mary University of London)和美国伟凯律师事务所(White & Case)共同发布的《2018年国际商事仲裁统计报告》(2018 International Arbitration Survey),有高达97%的受访者肯定了国际仲裁在跨境争议解决方面的作用,并有近99%的受访者表示他们乐于在未来继续运用仲裁定分止争。相比2015年的同类统计,国际仲裁得到了国际社会更广泛的认同。无独有偶,商事仲裁近年来在我国也呈现飞速发展的态势。相关统计显示,我国仲裁案件受案量2015年为约14万件,2016年首破20万件,2017年更是超过30万件。在我国推进"一带一路"和自由贸易试验区建设的背景下,商事仲裁迎来了前所未有的发展机遇。毋庸置疑,中国商事仲裁将在多元化争议解决机制中发挥更加重要的作用。

法谚有云"法律的生命在于实践",于仲裁这个理论与实践紧密结合的领域而言更是如此。因此,对国际商事仲裁的研习既要突出理论层面的掌握,也要重视实践层面的积累。我们编撰《国际商事仲裁法案例教程》的初衷恰在于此。作为"上海市精品课程"的组成部分,我们希望通过本书填补我国仲裁案例类著作的相对缺失,向读者展示更加"鲜活"的仲裁,而非只是重述法条中的静态理念。在本书的编撰过程中,我们力求使之具有以下几个方面的特色:

其一,全书遴选的案例具有代表性和权威性。书中选取的案例多为国际主流仲裁法域的经典案例,且大多出自较高位阶的司法机关。透过法官的严密论证和推理,不仅可以帮助我们深入体会仲裁理论的实践表达范式,还可以开拓我们在仲裁方面的国际视野,就相关议题夯实我们在比较法层面的底蕴。正所谓"他山之石,可以攻玉",在国际仲裁语境下,部分知名仲裁法域的司法实践甚至会产生正面的"外溢效应",影响其他诸多仲裁法域的司法实践。因此,了解并掌握域外法律实践,对我国特定仲裁议题的解决亦有帮助。值得一提的是,本书遴选的案例中有相当一部分为我国的司法案例。这不仅仅是出于"接地气"的考虑,更是为了凸显我国的仲裁自信,以及展示我国司法越发支持仲裁的成果。

其二,全书案例的编排遵循科学的仲裁法学体例。从表面上看,无论是意思自治、仲裁协议有效性、仲裁庭组成、仲裁员职业伦理,还是仲裁所遵循的正当程序,又或者是仲裁裁决的撤销、承认与执行,几乎所有商事仲裁的核心内容均在本书中得到呈现。科学的仲裁主线与经典案例的有机结合,无疑将为读者更好地展现仲裁理论的博大精深与仲裁实践的精彩纷呈。往深层次看,如此的体例安排更将帮助我们构建仲裁的思维导图,从而提升运用仲裁的能力。在科学的编撰体例的引导下,希望打开本书的读者有一种进入"仲裁数据库"的体验,提高案例检索的效率和相关问题研究的便利程度。

其三,全书的编者评述是一大特点。相较于简单地罗列案例,融于正文之中的编者评述具有点睛之功效。配合具体案例,编者通过评述呈现了多年来的仲裁研究心得与体会。精到的评述一方面能够帮助读者更快地厘清案例所涉的核心争议点,另一方面可以起到举一反三,激发读者联想与思考的效果。不可否认,商事仲裁理论与实践中尚存在大量的未决议题。对此,本书并未予以回避,因为唯有准确定位部分未决议题,力争不断分析、挖掘现象背后的本质,我们才能有效解决之,并在仲裁研究和实践中更上一层楼。

本书的受众具有广泛性,无论是仲裁初学者、研究者还是仲裁实务工作者,均可一阅。本书不仅可以用于课堂教学,配合部分更侧重于阐述仲裁理论的教科书,还可以充当仲裁实务工作者的工具书,以帮助他们进行法律检索和庭辩文书的准备。诚然,由于时间仓促,书中难免有不足之处。在此,诚挚地欢迎读者批评指正,从而帮助我们更好地对之予以完善。

刘晓红
2018 年 5 月 27 日

目录 Contents

第一章 仲裁概述 /1
    第一节 国际民商事争议解决方式 /1
    第二节 仲裁的特点 /12
    第三节 仲裁的分类 /22
    第四节 可仲裁的争议范围 /31
    第五节 商事仲裁的立法与实践 /43

第二章 仲裁协议 /51
    第一节 仲裁协议的形式和内容 /51
    第二节 仲裁协议的效力 /63
    第三节 仲裁条款的独立性 /66
    第四节 仲裁协议的转让 /70
    第五节 中国的立法与实践 /74

第三章 仲裁管辖权 /83
    第一节 管辖权取得的契约性 /83
    第二节 管辖权异议的裁决权 /88
    第三节 管辖权争议的司法介入 /93
    第四节 中国的立法与实践 /95

第四章　仲裁员　/100

第一节　仲裁员资格　/100

第二节　仲裁员选任　/108

第三节　仲裁员职业纪律和操守　/114

第四节　中国的立法与实践　/124

第五章　仲裁程序　/136

第一节　仲裁申请与受理　/136

第二节　仲裁庭的组成与仲裁员回避制度　/140

第三节　答辩与反请求　/151

第四节　证据质证　/155

第五节　鉴定与勘验　/157

第六节　辩论　/159

第七节　中国的立法与实践　/161

第六章　保全措施　/164

第一节　证据保全　/164

第二节　财产保全　/171

第三节　中国的立法与实践　/175

第七章　国际商事仲裁的法律适用　/184

第一节　仲裁程序的法律适用　/184

第二节　仲裁实体争议的法律适用　/189

第三节　中国的立法与实践　/199

第八章　裁决　/206

第一节　裁决的种类　/206

第二节　裁决的作出　/215

第三节　裁决的修正　/219

第四节　中国的立法与实践　/222

目 录

第九章 仲裁裁决的承认与执行 /226
   第一节 国际商事仲裁裁决的撤销 /226
   第二节 国际商事仲裁裁决的不予执行 /239
   第三节 跨国承认与执行国际商事仲裁裁决的法律问题 /249
   第四节 中国的立法与实践 /258

第十章 理论探索与争鸣 /280
   第一节 机构仲裁与临时仲裁 /280
   第二节 仲裁协议的效力 /289
   第三节 网上仲裁 /294
   第四节 仲裁管辖权 /300
   第五节 仲裁员职业规范 /304
   第六节 司法监督 /319
   第七节 外国仲裁裁决的认定 /325
   第八节 外国裁决的承认与执行 /335
   第九节 我国区际仲裁 /340

第一章 仲裁概述

了解仲裁方式在解决跨国商事争议中的意义和实用价值,了解仲裁的基本分类和特点,把握哪些争议可以采用仲裁方式解决。

第一节 国际民商事争议解决方式

案例 1

国际货物买卖合同纠纷案[①]

2008年5月21日,买方甲公司与卖方乙公司签订了一份销售确认书,约定乙公司向甲公司销售螺丝刀、套筒、扳手等电动工具,总价62260欧元,FOB宁波,装运期为形式发票确认后40天,装运港和目的港分别为宁波港和鹿特丹港,付款条件为25%预付款,75%余款收到提单传真后付清,并约定在本合约履行过程中或与本合约相关的所有争议适用中国《合同法》和相关中国法律。2009年1月15日,乙公司在未收取甲公司预付款的情况下,向其发运部分约定的电动工具,价值32444欧元,并出具相应发票,向甲公司传真提单要求付款。2009年6月22日,甲公司法定代表人科尼利斯在发给乙公司法定代表人王某的电子邮件中认可了这部分费用未付,金额为32444欧元。

2008年7月24日、7月28日、8月4日、8月11日,乙公司分四批将8个集装箱计8528纸箱电动工具套装运往芬兰的科特卡港,因客户没有收货,乙公司将货物交于其货运代理人汉萨海运公司保管。2008年11月27日,甲公司通过电子邮件向乙公司购买上述在港口的电动工具套装。2008年12月6日、12月

---

① 江苏省南京市中级人民法院(2010)宁商外初字第26号判决书。

13日,乙公司指示汉萨海运公司分两批将8个集装箱货物从芬兰科特卡港运到荷兰鹿特丹港,承运人川崎汽船株式会社荷兰公司签发了不可转让海运单,托运人为汉萨海运公司,收货人、通知方均为甲公司。2008年12月15日,乙公司向甲公司开具相应发票,金额为584012.8美元。2008年12月16日,甲公司向承运人川崎汽船株式会社荷兰公司出具授权书,授权海运陆运服务公司提货。2008年12月23日,海运陆运服务公司通知承运人由温坎顿雷纳亚运输公司接收货物并承担相应费用。甲公司授权他人提货后,未向乙公司支付货款。乙公司于2009年2月多次催要货款未果,遂向法院提起诉讼。

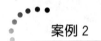

设备进口合同纠纷案①

1988年,A制品公司(以下简称"A公司")作为军工转厂企业,拟向银行贷款,用以从芬兰引进某不锈钢产品生产线。由于A公司对外贸业务不熟悉,便委托B外贸公司(以下简称"B公司")全权代理其从芬兰C公司(以下简称"C公司")引进设备,并作为进口用户签订了设备进口合同(以下简称"合同")。合同约定:设备价值100万美元,在设备交付A公司后向C公司支付60万美元,设备调试合格后支付30万美元,剩余10万美元在设备正式运行一年后支付;在设备装运前,须在装运口岸进行监督装运。

设备运到后,A公司在安装调试设备的过程中发现设备中夹杂有旧设备,认为受到了欺骗。A公司的职工情绪激动,在语言沟通有障碍的情况下,与C公司的技术人员发生了冲突,导致C公司在没有完成设备调试的情况下就撤回了技术人员。之后,C公司对A公司不予理睬,B公司也束手无策,致使A公司因这套设备举债百万美元,并且因其购置的国内配套设施和厂房长期闲置,蒙受巨大损失。

【思考题】

1. 在上述案例中,如果通过法院诉讼的方式解决争议,你作为原告,倾向于在哪国法院起诉?该国对此案是否有管辖权?
2. 你是否能预知到该国法院会适用哪国实体法审理案件?

---

① 参见何贵才:《涉外商事案例调解评析》,光明日报出版社2013年版,第29页。

3. 如果另一方当事人在法院地国的财产不足以偿还债务,需要向第三国法院申请强制执行其财产,你能肯定另一国的法院会无条件地协助执行判决吗?

4. 如果该国法院审理一个案件需要3—5年,甚至更长时间,你还会愿意采取这个方式吗?为什么?

5. 有哪些因素导致你不愿意采取诉讼方式?

6. 如果不通过诉讼方式,你能想出别的办法吗?

7. 通过非诉讼的方式解决争议,你关心哪些问题?

民商事争议又称为"民商事纠纷",是指发生在平等主体之间,以民商事权利义务为内容的社会纠纷。国际民商事争议的特点体现在"国际"二字上,如民商事争议的主体在不同国家,或者主体之间权利义务的产生、变更、消灭的事实发生在不同国家,或者主体间交易的标的物在国外等等。值得注意的是,判断国际民商事争议的主体是否在不同国家的标准仅仅是住所或经营场所,当事人的国籍并不是主要参考因素。①

国际民商事交往的形式多种多样,包括民事交往,如婚姻、抚养等,也包括商事交往,如货物买卖、服务提供等。② 在国际民商事实践中,大多数民商事交往都能够顺利地完成,但也有破坏"游戏规则"的事情发生。事实上,出于各种各样的原因,相当多的交易会发生争议或纠纷,而各国也无不采取措施减少或解决这种争议或纠纷,以维护当事人的合法权益。解决国际民商事争议的方式多种多样,概括起来主要有诉讼、替代性争议解决方式和国际商事仲裁三种。

一、诉讼

诉讼是一种常见且古老的争议解决方式。对于大多数的国内争议,当事人都会选择诉讼的方式来解决。诉讼这种方式在解决国内争议时的优势在于,法院可以对案件进行权威、公正的审判,作出有法律约束力且能得以执行的判决。而在国际民商事争议中,选择诉讼的则相对较少,其主要原因在于执行问题。对于国际民商事争议,若选择诉讼方式,一国法院作出判决后,可能会出现判决需要在另一国执行的情况。如另一方当事人在法院地国的财产不足以履行其判决下应承担的义务,胜诉方可能就需要向另一国法院申请承认和执行该判决。由于各国政治、文化、法律体系等方面的差异,且在国际层面尚未建立对他国民商

---

① 参见刘晓红、袁发强主编:《国际商事仲裁》,北京大学出版社2010年版,第3页。
② 同上书,第4页。

事判决自动承认的条约机制,一国的民商事判决有可能在他国得不到承认和执行,这就给选择诉讼方式解决纠纷的当事人带来了不确定性和风险。

二、替代性争议解决方式

(一)替代性争议解决方式的定义与起源

替代性争议解决方式(Alternative Dispute Resolution,简称 ADR)起源于美国,在美国 1998 年的《ADR 法》中,ADR 被宽泛地定义为任何主审法官宣判以外的程序和方法。随着社会的发展,ADR 也经历着不断的扩展与创新。放眼当下,ADR 制度已在世界各国普遍存在。受到不同法系、社会文化等影响,不同国家对于 ADR 的认识存在不同。反映在 ADR 的定义上,有英国学者将 ADR 定义为被法律程序接受的、通过协议而非强制性且有约束力的裁定解决争议的任何方法。法国则将 ADR 界定为法院判决或仲裁裁决之外的各种争议解决方法的总称。尽管与美国的定义存在一些出入,但一致的是各国均将 ADR 区别于诉讼制度对待。

ADR 之所以会产生并蓬勃发展,很大程度上是诉讼成本高、效率低下的结果。以美国为例,作为一个移民国家,美国难以避免多元文化的融合和冲突,这个过程往往伴随着大量争议的产生。在没有 ADR 的情况下,大量争端流向了司法程序。而司法程序往往耗时、耗力,并不总能高效地解决纠纷。不仅如此,日益增长的社会争议与有限的司法资源之间形成了一对矛盾。为有效缓解"民事诉讼爆炸"问题,发展 ADR 程序的提议迅速得到了美国各界的积极响应与落实。从司法对于 ADR 最初的不信任,到逐渐承认与共存,再最终演变为支持ADR,这个过程既表明各界对法院功能认识的变化,也折射出 ADR 与日俱增的重要性。

尽管未必存在美国式的"民事诉讼爆炸"问题,但出于构建完整的争端解决体系等考虑,ADR 在世界各国也得到了不断发展。

(二)ADR 的主要类型与一般程序

ADR 的类型较为丰富,包括"协商""调解""微型审理""简易陪审团审判""早期中立评估""专家决定程序""仲裁前公断程序""私人审判""混合型 ADR""法院附设类 ADR"等。

1. 协商(negotiation)

"协商"是双方当事人在没有任何第三方介入的情况下,通过友好协商、双方谈判的方式解决争议的一种 ADR。谈判的程序主要包括"谈判的准备""谈判的过程"和"谈判的结束"这三个阶段。在"谈判的准备"阶段,当事人主要需明确谈判的目标,划定谈判的底线,以及采取相应的谈判策略,如"竞争型"或"合作型"

等;在"谈判的过程"中,当事人主要需完成信息的交换,并且在不触碰彼此底线的情况下,采取"求同存异"的策略,从而促成谈判成果的达成;"谈判的结果"则主要分为成功情况下的"协议的签署"与"协议的执行",以及失败情况下,双方为下一步争端解决机制的发起作好准备和预估。

2. 调解(mediation)

"调解"是一种以自愿为基础,在中立第三人(调解员)的帮助下解决纠纷的一种ADR。调解员的工作在于促进双方保持交流,进而推动当事人形成一致意见。这种ADR的优势在于,伴随着专业调解员的介入,当事人的和谈较之于协商可能更为有效。不仅如此,调解也有助于维护当事人之间的商业关系或雇佣关系。另外值得一提的是,当事人达成的调解书是不能在司法程序中进行上诉的,这在一定程度上避免了案件的不确定性和额外成本。作为当事人之间达成的一致安排,在执行方面,调解书通常也显得相对更为顺畅。调解以当事人对调解员的信赖为依托,应运而生了专职、专业的调解机构。现实生活中,法院大量使用调解的方式解决讼争。

一般来说,调解的程序同样可分为三个阶段。以机构调解为例,在"调解的准备阶段"中,主要需确认调解程序的参与人,例如选定相应的调解机构,选定调解程序规则,以及选任调解员。此外,还需要提交相关文书,并载明案情、责任主张、调解请求等内容。同和解相似,调解时当事人同样需要划定自身的底线,在不突破它的情况下合意寻求解决方案。"调解的开始阶段"则涉及调解员对程序事项的说明、双方当事人信息互换、当事人主观陈述、调解员开展调解等。根据具体情况,以及当事人的意愿,调解员将采取"共同会议"或"单独会议"这两种形式。借助于"协助式调解"(facilitative mediation)和"建议式调解"(evaluative mediation)的灵活应用,调解人将最大限度地促成当事人达成解决方案。值得一提的是,调解员在调解过程中需确保"保密",否则可能会引发当事人的"道德风险",如通过策略性的不配合,进而利用在调解过程中掌握的有利信息在后续争议解决程序中"遏制"对方。"调解的结束阶段"涉及两种情况,如果可以达成调解协议,那么将涉及"调解协议的签署""调解协议的执行""调解协议的仲裁确认"和"调解协议司法确认"的程序;如果调解失败,在调解员完成有关记载、备案的情况下,当事人将寻求其他类型的争议解决机制。

3. 微型审理(mini-trial)

"微型审理"是一种常用于商事纠纷的ADR。在程序开始之前,当事人需要对"小额审判规则""参与人员事宜""证据交换规则""双方陈述时间"等作出规定。微型审理的参与人员通常由律师、专家、双方高层领导、中立建议者构成。程序开始之后,双方律师和专家将在事前约定的时间范围内,尽可能向双方高管还原争议全貌,包括案件的"法律问题"和"事实问题"。而后,在律师不继续参与的情况下,双方高层将针对所获得的信息展开私下协商,以期在求同存异的基础上确定解决方案。如遇到无法解决的争议点,双方高管则会寻求中立建议者的协助,特别是通过中立建议者了解并掌握对案件未来发展的预判。以此为基础,双方高管将继续就未决问题展开商议。程序结束后,如果能够达成协议,那么将参照"调解协议"的方式加以落实;如果失败,则一般会启动进一步的争议解决程序。

4. 简易陪审团审判(summary jury)

"简易陪审团审判"通常由许多陪审员参与,案件中的"建设性意见"由陪审团共同讨论产生。这种程序多见于需采取陪审员审理的诉讼案件(jury trial)。由于此类案件单凭中立评估人难以实现对陪审团审判相对准确的预测,因此该第三方由陪审团来做更为合适。

在程序启动之前,当事人和法官需对陪审员的选任进行确认。当事人有权根据有关规则质疑或排除特定陪审员的出席。程序开始后,当事人律师需向法庭和陪审员充分展示案件的来龙去脉,包括有关事实与证据等。出于程序效率的考虑,该程序一般不涉及证人出庭和交叉质证环节。此后,陪审员需退庭讨论并得出关于该案件的决定。虽然该决定不具有法律约束力,但由于陪审员事前并未被告知该案件采取的是"简易陪审团审判",因此他们的决定无疑较客观真实,具有较强的代表性。对于最终结论具有充分预知后,当事人通常会在正式的诉讼程序启动前采取"息讼策略",并以和解等形式化解纠纷。如果当事人未能如此选择,那么将进入正式诉讼程序。

5. 早期中立评估(early neutral evaluation)

"早期中立评估"是一种借助于第三方的客观评价来解决争端的 ADR 类型。此种类型下,一般在争议发生之后,一方或者双方会咨询一个经验丰富的个人,如律师或者法律专家等,并通过他们的评价了解自己在案件中所处的地位,包括程序和实体上的优势或劣势。若处于劣势或微弱优势的话,当事人可能会对案情作出重新评估,在权衡利弊后,摈弃一些不切实际的想法,从而寻求更务实的争议解决方案。

一方或者双方在发起早期中立评估程序之前,通常会选定经验丰富、声望颇高的中立评估人。与此同时,当事人还需要提交尽可能丰富、完整的证据材料和事实材料,从而使得中立评估人后期可以借此做出可参考性较高的评估报告。程序进行过程中,在一方或双方当事人陈述后,中立评估人则会对案件的走势给予预判。结合特定案情和自身的法律经验,中立评估人会对该案件一旦进入司法程序或仲裁程序后的结果发表观点。程序收尾阶段,如果一方当事人通过早期中立评估程序明确了自身胜算较大,则可能会进一步发起后续的争议解决程序,反之,则会选择更为理性的解决方案,如接受争议的协商解决等。值得一提的是,中立评估结论不具有法律约束力,它仅具有参考效力,如果存在后续争议解决程序,该评估结论不得作为证据使用。

6. 专家决定程序(expert determination)

"专家决定程序"是一种寻求专业领域相关人士为当事人之纠纷作出决定的ADR。此类纠纷常应用于复杂的技术领域,主要针对事实问题,如采购的设备是否满足技术标准等。该程序中的专家往往并非法律专业出身,因此他们主要针对技术类事实问题开展工作。由于他们可以直接作出判断,故一般无须引入"专家证人"的辅助。若适用得当,该程序较之于仲裁具有更高的效率。专家决定程序具有契约性质,依当事人的选择而产生。而关于人员选定、中立性、授权事项、程序性安排等方面,同样依赖于当事人的协商确定。此外,专家决定程序具有保密性,不具有证据效力。在专家决定的执行力方面,鉴于专家决定具有契约性质,故拒不执行者将因此承担违约责任。在一定程度上,专家决定程序较类似于非约束型仲裁程序(non-binding arbitration)。

7. 仲裁前公断程序(pre-arbitral referee procedure)

"仲裁前公断程序"是针对长周期交易合同而设立的一类ADR。此类合同由于履行期较长,随时可能出现较为紧急的状况。若等到仲裁程序或法院程序发起并作出结论,恐怕为时已晚。有鉴于此,国际商会率先引入了仲裁前公断程序,[1]其主要功能涉及"财产保全""行为保全""证据保全""支付令"和"文件交付令"等。该程序的发起以当事人的书面合意为前提。公断人由当事人选择或机构指定而产生,通常采取名册制度,由公断人作出的指令具有契约性和保密性。根据仲裁前公断程序规则,在无相反约定的情况下,当事人承诺将毫不迟延地履行该指令,并放弃向其他管辖机构挑战其效力的权利。实践中,由于指令缺乏终局性,故一般被作为契约而非仲裁裁决来认定。

8. 私人审判(private judging)

"私人审判"是当事人聘请或经申请由法院指定法官以解决纠纷的一种ADR,这种方式多见于美国。从本质上讲,此种ADR同样是一种契约性质的安排,但它的不同之处在于裁判人员为"法官",而非社会人士,因此,也有人称其为"租用法官式的ADR"。在当事人依合同聘请法官的情况下,他们就裁判的时间、人员的选择、具体程序的选择、证据规则等具有较大的控制力。最终形成的决定具有契约性质,无法上诉。它虽无法院判决般的既判力,却可以按照合同而

---

[1] See Pre-arbitral Referee Rules, International Court of Arbitration, 2012.

获执行,拒不执行的话,可引发违约责任。如果该程序是依法律授权情况而开展的,根据有关法域立法,该决定通常等同于法院判决,且可以进行上诉。

9. 商事仲裁(commercial arbitration)

"商事仲裁"是影响力最大的一种ADR。它是由中立的第三方,即仲裁庭,在一个非正式的程序中听取当事人的举证和辩论后,对有关争议作出有法律拘束力裁决的一种ADR。它主要有"机构仲裁"和"临时仲裁"(ad hoc arbitration)两种类型。较之于其他类型的ADR,商事仲裁裁决并非契约性质的文书,而是具有强制约束力的"准司法性决定"。不仅如此,较之于法院程序,商事仲裁一般遵守"一裁终局"的规则,当事人在极大多数情况下是难以推翻裁决或进行上诉的。仲裁程序的管辖权以有效的仲裁协议为前提,仲裁程序一旦成功发起,那么法院一般情况下便不具有对案件的管辖权。由于商事仲裁具有"准司法性",各国法律对于仲裁的约束较之于其他ADR也更强。这主要体现在事项的可仲裁性、仲裁协议效力的认定、仲裁员的资格、仲裁裁决的监督、仲裁裁决的承认与执行等方面。值得一提的是,1958年《承认及执行外国仲裁裁决公约》(以下简称《纽约公约》)的订立,为仲裁裁决在异国的承认与执行提供了极大的便利。而《联合国国际贸易法委员会国际商事仲裁示范法》(以下简称《国际商事仲裁示范法》)的推出则更是为全世界仲裁法主要内容的统一化做出了巨大贡献。正是基于上述原因,"商事仲裁"常常是国际商事争议中的首选ADR程序。

10. 混合型ADR(hybrid ADR)

"混合型ADR"是对多种类型ADR进行"排列组合"的产物,属于多层次争端解决机制。一般而言,为确保争议的终局性,多层次争端解决机制以诉讼或者仲裁作为最后一道争端解决程序。在最后一道程序被发起之前,当事人可约定采取其他类型的ADR,以争取更快捷、更恰当地解决纠纷。

较为典型的"混合型ADR"有"调解—仲裁"程序,即当事人在争议解决条款中约定,争议产生之时,当事人应本着友好协商的态度解决纠纷。若纠纷无法解决,则交由某机构调解解决。若调解无效,则交由该机构仲裁,且裁决具有终局性。在一些情况下,"调解—仲裁"程序中的调解员和仲裁员是重合的。实践中,上述类型的"混合型ADR"还产生了一系列"变形",主要包括以下六种形式:先调解后仲裁(Med-Arb)、影子调解(shadow mediation)、仲裁中调解(Arb-Med)、调解失败后每方当事人提供一个最后仲裁方案(medaloa)、调解仲裁共存(Co-Med-Arb)、仲裁后调解(Med-Post-Arb)。[①] 除较为典型的混合型ADR,当事人还可根据案情的需要,依意思自治而选择不同类型的ADR加以组合。混合型

---

① 参见王生长:《仲裁与调解相结合的理论和实务》,法律出版社2001年版,第78—79页。

ADR 的优势在于可以吸取各种 ADR 之优势,针对特定案件"量身定制"ADR 程序;其问题往往集中在混合型 ADR 之间的兼容性,以及混合型 ADR 争端解决条款的可执行性等方面。如果条款安排不当,既可能导致部分 ADR 难以发挥程序上的约束力,也可能增加 ADR 的成本,这反而不利于争议解决。

11. 法院附设类 ADR（court-annexed ADR）

"法院附设类 ADR"主要是将"调解"和"仲裁"与司法程序相结合的一种做法。在"法院附设调解"（court-sponsored mediation）中,针对特定争议事项,相关法律会规定将调解纳为诉讼的前置性程序,即当事人必须经历调解程序,并且仅当调解失败后方能开始诉讼。有些国家还存在"法院附设仲裁"（court-annexed arbitration）形式的 ADR。在美国的实践中,法院附设仲裁通常也是诉讼的前置性程序,仲裁庭作出的裁定具有约束力,其程序须遵守《联邦证据规则》等法律。尽管当事人仍旧可以发起重新审理的程序,但需要为此承担一定的风险和代价,如缴纳保证金,败诉后支付对方的律师费用,甚至接受败诉的惩罚等。

三、国际商事仲裁

由上文可知,从"替代性"的角度看,仲裁也是 ADR 的一种类型。作为现代争议解决中两种基本的法律方法,仲裁和司法解决总是相提并论地出现在国际法文件中。其实,两者虽然在形式上有些类似,但在性质上是不同的。

广义的仲裁,其历史可追溯到古希腊、古罗马时期。公元前 621 年,古希腊的成文法律中就包含仲裁的内容,城邦之间发生争议,常常采用仲裁方式解决。公元前 5 世纪,古罗马共和国时代的《十二铜表法》中对仲裁多有记载,后来由于受到高卢族的入侵,《十二铜表法》被毁,但仲裁这种解决纠纷的方式却被保存了下来。中世纪后期,由古罗马帝国废墟上兴起的各政治单位在其相互关系中曾一度广泛地运用仲裁方式解决彼此间的争端,罗马教皇经常充任仲裁人。这个时期的仲裁带有浓厚的宗教色彩,也不是近现代意义上的国际商事仲裁。

随着古罗马城市和商业经济的发展,仲裁的重要性日益凸显。由于当时社会中,封建经济仍处于主导地位,商业活动仍受到封建制度及封建经济的压制,所以商业活动所产生的争议并不能直接在古罗马的法院中得到解决,法院对商业纠纷采取抵制态度,不予受理。在这种情况下,争议双方的商人们便共同选择彼此信任的第三者来居中裁断,裁断的结果由仲裁双方自觉履行,并且一裁终局。这种仲裁的一大缺点在于仲裁裁决的执行需要双方当事人的自愿,缺乏法律强制力。

以 1794 年美英之间的《杰伊条约》（Jay Treaty）为标志,严格意义上的仲裁才真正产生。《杰伊条约》的一个重要特点是,它首次创立了具有仲裁职能的"混合委员会",美英两国卓有成效地解决了它们之间的许多重大争端。通过"混合委员会"解决争端的实践,对国际仲裁的发展做出了巨大贡献。可以说,它为现代国际仲裁机构的建立,特别是国际常设仲裁法院的诞生,提供了借鉴并铺平了道路。

近代以来,仲裁从形式到内容都产生了极大的变化。1697年,英国率先颁布了第一个仲裁法案,并于1889年制定了第一部仲裁法。时至16—18世纪,随着大机器、大生产、大消费的产生,世界市场得到了迅速发展。世界市场在推动世界经济迅速发展的同时,跨国纠纷也大量出现,国际商事仲裁应运而生,作为解决国际商事争议的方式被越来越多的国家重视。

"国际商事仲裁",是指国际商事活动中的当事人在合同中订立仲裁条款,或在纠纷发生后达成仲裁协议,自愿把它们之间的争议交予常设仲裁机构或临时仲裁庭进行裁决。目前,国际商事仲裁缺乏普遍的、被统一接受的明确概念,各种界定的不同主要是对"国际"和"商事"存在不同的解释。[①]

(一)关于"国际"的含义

大体上,各国判断商事仲裁的"国际性"的标准有两种:

1. 以实质性连接因素(material connecting factors)为认定标准

这些连接点包括仲裁的地点、当事人的国籍、住所或惯常居住地、法人注册地或者管理中心等。采用此标准的有英国、丹麦、瑞典、瑞士等欧洲国家以及埃及、叙利亚等中东国家。[②]

2. 以争议的国际性质为认定标准

该标准是指,如果争议的某一环节涉及"国际商事利益",那么就将此仲裁视为国际仲裁。例如,法国1981年《民事诉讼法》第1492条规定,"凡……涉及国际商事利益的仲裁是国际仲裁"。

无论是以实质性连接因素为认定标准,还是以争议的国际性质为认定标准,均有其各自的缺陷。比如,实质性连接因素虽明确、易辨,但过于粗线条,不符合当今国际商事交易的多样性特点。而争议性质标准的缺点是不够简单、明确。因此,在实践中,判断仲裁的国际性质时,往往要综合考虑实质性连接因素和争议的国际性质。《国际商事仲裁示范法》即采取了综合性的多种判断方法:"3. 仲裁如有下列情况即为国际仲裁:(A) 仲裁协议的当事各方在缔结协议时,它们的营业地点位于不同的国家;或(B) 下列地点之一位于当事各方营业地点所在国以外:(a) 仲裁协议中确定的或根据仲裁协议而确定的仲裁地点;(b) 履行商

[①] 参见刘晓红、袁发强主编:《国际商事仲裁》,北京大学出版社2010年版,第13页。
[②] 同上书,第14页。

事关系的大部分义务的任何地点或与争议标的关系最密切的地点；或(C)当事各方明确地同意,仲裁协议的标的与一个以上的国家有关。"①

上述定义中的(A)项和(B)项(a)以当事人的营业地和仲裁地为认定标准,而(B)项(b)以及(C)项则是依照争议涉及的"国际商事利益"为判定标准的。

我国立法从未对国际商事仲裁中的"国际"作过明确的解释。根据我国2012年修订的《民事诉讼法》和1994年的《仲裁法》,"涉外经济贸易、运输和海事中发生的纠纷"属于涉外仲裁的管辖范围。而根据中国国际经济贸易仲裁委员会(以下简称"中国贸仲")2014年《仲裁规则》第3条关于"管辖范围"的规定,国际或涉外的、涉及香港特别行政区、澳门特别行政区及台湾地区的争议案件与"国内"案件相对,似乎对"国际"作了隐含但十分宽泛的解释。

(二) 关于"商事"的含义

大多数国家的法律都将非商事性质的争议排除在仲裁管辖的范围之外。因此,确定一项争议是否属于商事争议,是商事仲裁制度中的先决事项。对于"商事"的概念,各国的定义是不一致的。例如,印度明确将"国际商事仲裁"定义为契约性或非契约性之一切商事关系所引起的仲裁,其中至少有一方当事人具有外国国籍,或为外国居民、外国法人、外国公司、外国团体,或由外国人管理和控制的个人合伙。② 俄罗斯将可提交国际商事仲裁之争议限定为：(1)发生在国际贸易和其他形式的国际经济关系中的合同争议及其他民事法律关系争议,只要一方当事人的营业地在俄罗斯外；以及(2)在俄罗斯联邦领土内设立的从事外国投资的企业、国际联合会与国际组织之间的争议,这些组织的参与者之间的争议,以及这些组织和俄罗斯联邦其他法律主体之间的争议。③

而《国际商事仲裁示范法》也并未对"商事"一词给出准确的定义,只采取列举的方式对其进行限定。此外,有不少国家(包括中国)在加入《纽约公约》时,提出了"商事保留",即声明保留的缔约国仅承认和执行在其他缔约国境内作出的

---

① 《国际商事仲裁示范法》"总则"第1条第3款。

② See Section 2(1)(f) of the 1996 Indian Arbitration and Conciliation Act (Indian ACA): "international commercial arbitration" means an arbitration relating to disputes arising out of legal relationships, whether contractual or not, considered as commercial under the law in force in India and where at least one of the parties is—(i) an individual who is a national of, or habitually resident in, any country other than India; or (ii) a body corporate in any country other than India; or (iii) a company or an association or a body of individuals whose central management and control is exercised in any country other than India; or (iv) the Government of a foreign country.

③ See Alexander S. Komarov, Arbitration in Russia: Features of the International Commercial Arbitration Court at the Chamber of Commerce and Industry of the Russian Federation, in Giditta Cordero-Moss(eds.), International Commercial Arbitration: Different Forms and Their Features, Cambridge University Press, 2013.

具有商事性质的仲裁裁决。

《最高人民法院关于执行我国加入的〈承认及执行外国仲裁裁决公约〉的通知》(1987年4月10日)第2条规定,根据我国加入该公约时所作的商事保留声明,我国仅对按照我国法律属于契约性和非契约性商事法律关系所引起的争议适用该公约。所谓"契约性和非契约性商事法律关系",具体是指由于合同、侵权或者根据有关法律规定而产生的经济上的权利义务关系,例如货物买卖、财产租赁、工程承包、加工承揽、技术转让、合资经营、合作经营、勘探开发自然资源、保险、信贷、劳务、代理、咨询服务和海上、民用航空、铁路、公路的客货运输以及产品责任、环境污染、海上事故和所有权争议等,但不包括外国投资者与东道国政府之间的争端。可见,我国关于"商事"的定义也是很广泛的。

第二节　仲裁的特点

案例 1

中国某旅行社与韩国航空社买卖合同纠纷案[①]

韩国航空社(系依法在韩国注册成立的公司)与中国某旅行社在2010年6月24日签订了一份郑州—仁川—郑州的航班切位销售合作协议书(以下简称"切位协议"),约定:航班执行期为2010年7月11日至2010年10月24日;从2010年7月4日开始,韩国航空社向中国某旅行社提供每个航班25个往返座位供其销售,韩国航空社在协议有效期内保证每个航班足位给中国某旅行社;中国某旅行社向韩国航空社支付每团25个座位总计切位押金3万元人民币,并于合同签订后3个工作日内汇至韩国航空社指定的账户;由于韩国航空社的原因取消包机航班的,韩国航空社向中国某旅行社支付罚款共计3万元;此外,双方对航班的具体航行时间、价格、行程也作了具体的约定。该协议有效期为2010年7月11日至2010年10月24日。2010年6月29日,韩国航空社向中国某旅行社出具收款单,证明其于6月29日收到中国某旅行社支付的切位协议押金3万元整。中国某旅行社在签订合同后,为该旅游线路的宣传所支出的彩页制作

[①] 河南省郑州市中级人民法院(2010)郑民三初字第790号民事判决书。

费及广告费共计3950元。在2010年7月14日，第一批赴韩国旅游的游客17人为办理签证所花费签证费用共计1700元。2010年7月13日，韩国航空社向中国某旅行社传真一份取消协议通知书，称由于中国某旅行社的原因使该公司在韩国的信用度下降并且有一定的损失，因此，该公司总部决定于7月18日终止切位协议。2010年7月24日，由于中国某旅行社的原因，原定7月18日出团的日期改为7月24日，导致原来17位游客中4人退团，取消了行程，中国某旅行社另行支出了地接费用共计9000元人民币，及重新改签花去了快递费用250元。之后，中国某旅行社一直寻找韩国航空社的工作人员并进行交涉，最终在北京找到了该公司的负责人，但韩国航空社仅返还中国某旅行社3万元的押金，没有赔偿其他损失。中国某旅行社为此次之行共花去4463.7元的相关费用。

凯雷特公司与某空运公司、某航空公司航空运输合同赔偿纠纷案、工艺品贸易合同纠纷案[①]

1995年7月23日，匈牙利凯雷特工业贸易和科技开发股份公司（以下简称"凯雷特公司"）与天津某电子仪表进出口公司（以下简称"电子仪表公司"）签订了一份工艺品贸易合同，该合同主要条款为：由电子仪表公司供给凯雷特公司花篮、牛津手包等工艺品，总价值为25210美元，贸易条款为FOB天津，装船期为1995年8月25日前。合同签订后，电子仪表公司向某空运公司天津分公司（以下简称"某空运公司"）办理了托运手续。某空运公司于1995年8月23日签收了货物，随后代填了航空货运主运单，同时还签发了一份托运人为电子仪表公司、收货人为凯雷特公司的航空分运单，并将分运单交予电子仪表公司。主运单中载明托运人为某空运公司，收货人为某空运公司指定的帮助其接收货物并收取运费的伙伴公司。该运单注明的运费收取方式为预付，签单承运人为第三人某航空公司，运费总额为166439.70元人民币。该批货物于1995年8月25日当天到达法国巴黎国际机场后，未能及时安排运抵布达佩斯。货物在途期间，凯雷特公司用传真方式多次通过货物运输业务介绍人向某空运公司查询，某空运公司在得知货物未能及时到达的情况下，及时进行了查询。某航空公司巴黎货

[①] 天津市第二中级人民法院（1996）二中经一初字第44号民事判决书。

运处的杨某某于同年9月4日致函某空运公司的邵某通报了有关运单项下的货物的中转情况,称"因法航运力不足,把货物转到汉莎航空公司承运,汉莎航空公司飞机载量有限,最后用卡车地面运输,现有96件运至布达佩斯,其余将安排后天全部运完"。该批货物于同年9月4日、9月11日分两批用卡车运至布达佩斯,并经匈牙利航空公司于9月4日、9月11日确认其有30件货物有潮湿、裂开、撕开的情况。伙伴公司于9月12日收货后及时通知了凯雷特公司,并告知其交纳运费、仓储费、理货费等费用。凯雷特公司随后进行清关,并分别于1995年9月25日、10月2日分两次交清运费及货物管理费等费用。

由于此单的运输任务是联航国际运输(天津)有限公司(以下简称"联航公司")的翟某某、宁某某介绍给某空运公司的,故最初凯雷特公司对谁来承运此批货物存在误解,并于1995年9月6日、10月2日通过某空运公司向联航公司传真通报货损、延误情况,协商索赔事宜。10月17日,凯雷特公司再次通过该传真向联航公司及某空运公司发出索赔函,并认为联航公司是此批货物的代理公司,某空运公司是第一承运人,表明所有就延误及货损等问题向联航公司提出的索赔均通过某空运公司办理,并附有索赔清单。10月18日,凯雷特公司又通过邮寄的方式将上列文件寄至某空运公司处,某空运公司亦将该文件交至某航空公司。后各方在索赔问题上未能达成一致。

【思考题】

1. 什么争议解决方式既保留了诉讼方式的特点,又避免了其可能存在的不足?
2. 仲裁方式的前提条件是什么?

一、仲裁与诉讼的对比

诉讼和仲裁是目前最常用的两种争议解决方式,都能最终达到解决纠纷的目的。通过将诉讼与仲裁的优缺点进行比较,我们可以在解决争议时选择最适合的争议解决方式,更好地解决纠纷。

(一)仲裁与诉讼的区别

1. 性质不同

诉讼是公法救济,是国家公权力机关行使国家司法权的表现。仲裁是私法救济,是根据当事人之间的协议而授权仲裁机构或仲裁庭解决争议的方式。有人将仲裁称为"准司法",在法律意义上是一种并不准确的说法。

2. 管辖不同

除少数情况下当事人可以选择管辖的法院外,诉讼一般为法定管辖,只要一方向具有管辖权的法院提起诉讼,法院就应当受理,也有权强制另一方当事人参与诉讼并作出判决。在仲裁中,当事人必须在争议发生前或发生后达成仲裁协议,或事先订立仲裁条款,才可将相关争议提交仲裁,仲裁庭也才可能因此具有管辖权。

3. 可否上诉不同

在我国,诉讼是两审终审,仲裁是一裁终局[1],即仲裁裁决在法律上具有终局性,裁决一旦作出,任何一方当事人均不得向原仲裁机构或向法院提出上诉或再审的请求。

4. 组庭原则不同

在法院诉讼中,审理案件的审判员是由法院依职权指定的,当事人无权选择审判员。而在仲裁程序中,当事人可以根据案件的性质选择仲裁员。在涉及一些专业问题时,当事人还可以选择具备相关专业知识的仲裁员进行审理。

5. 审理的原则不同[2]

诉讼的价值取向、原则及判决方式与仲裁不同,如诉讼以公开审理为原则,而仲裁则以不公开审理为原则;诉讼更多地偏向于公正,而仲裁更多地偏向于效益;法院的判决是公开的,而仲裁裁决一般是保密的;诉讼实行审级制度,而仲裁实行一裁终局。

6. 域外承认和执行方式不同

法院的判决如果要到国外执行,则必须根据司法互助条约或互惠原则才可能实现。而根据《纽约公约》,只要国际商事仲裁裁决作出地国与承认和执行国都是公约的缔约国,当事人就可以向执行地国法院提出承认和执行的申请。

结合中国的法律,仲裁与诉讼的区别具体表现为:

(1) 仲裁员仅能就申请人提出的仲裁申请范围内的事项作出裁决,同时还受到当事人仲裁协议或仲裁条款中授权仲裁庭裁决事项的限制;而在诉讼中,虽然辩论主义的影响越来越大,但法官依然有较大权力。在仲裁中,仲裁员是消极、中立、被动的裁判者,主动行使职权的情况很少;而诉讼中,法官有时候会主动行使某些职权。

(2) 仲裁程序较为灵活,当事人协议不开庭的,可以书面审理或者部分书面

---

[1] 仲裁在大多数国家都是"一裁终局",但在少数国家也有两审制、三审制。
[2] 参见《民商事领域仲裁与诉讼的关系探微》,http://www.cnarb.com/Item/4346.aspx,2015年11月3日访问。

审理,仲裁庭也有决定仲裁程序的权力,同时,仲裁庭还可以作出若干中间裁决、部分裁决;而诉讼的一审应当全部经过开庭审理,法官的程序决定权也小得多,程序的进行显得更为僵硬。

(3)仲裁以不公开审理为原则,诉讼以公开审判为原则,即使是不公开审理,判决也是公开的。

(4)限于仲裁协议的相对性和仲裁的保密性原则,原则上仲裁只能进行个案审理,并针对个案作出裁决;而诉讼中,可以进行共同诉讼(集团诉讼),制作同一判决书。尽管部分仲裁机构在这一点上学习法院以提高争议处理的效率,但步伐要谨慎得多。

(5)在事实认定上,仲裁员的自由裁量权大于法官。诉讼一般都有严格的证据规则,而仲裁常无明确而详细的证据规则,除了受制于程序正义外,对仲裁员几乎没有什么约束,国际商事仲裁尤其如此。

(6)裁判结论的形成规则不同。仲裁除少数服从多数外,在不能形成多数时按照首席仲裁员的意见裁决;诉讼中不能形成多数意见时,可能会提交审判委员会进行集体讨论并作出结论。

(7)受案范围不同。仲裁机构一般只受理民商、经济类案件,婚姻、收养、监护、抚养、继承纠纷、刑事、行政案件均不在仲裁的受理之列,而对上述案件,当事人均可进行诉讼。

(8)仲裁庭独立作出裁决,不服从任何其他人的意见和干预;而诉讼中,法官可能要服从所在法院审判委员会的意见。

(9)执行不同。当事人拒不履行仲裁机构作出的裁决时,仲裁机构无权强制执行,只能由一方当事人向人民法院申请执行该裁决。而当事人拒不履行人民法院作出的生效判决时,人民法院可以自行决定或者依当事人的申请,采取强制执行的措施。

当然,仲裁与诉讼也有许多相似之处。仲裁与诉讼的相似或相同点更多地表现在个案上。例如,仲裁员与法官在个案上行使职权的方式相似,都是运用对抗性程序审理案件的裁判者,而且都应做到公正,因此仲裁程序的进行与一审诉讼程序是相似的;仲裁员居中裁决与法官判案也是类似的;有效的法院判决和仲裁裁决对当事人的法律效力亦是相同的。在个案处理上,仲裁员的权力甚至比法官还大。国际上,由于这些原因,仲裁庭和法庭有时会有相同的名称。最著名的如国际常设仲裁法院与国际法院,虽然都称作"法院(Court)",但前者是仲裁机构,后者才是司法机构。

(二) 诉讼较之仲裁的优点

1. 当事人有上诉机会

仲裁为一局终裁,裁决一旦作出即成定局,而采用诉讼方式的当事人还有通过向法院上诉和申诉来改变对自己不利的结果的机会。

2. 诉讼具有更广泛的适用范围

我国《仲裁法》第 2 条和第 3 条对可仲裁的范围进行了限定,而诉讼的适用范围要宽广得多。

3. 诉讼的判决结果具有更广泛的效力

由于仲裁的裁决结果只能约束仲裁协议或仲裁条款的当事人,若 A 与 B 之间的合同纠纷涉及第三方 C 对 A 的违约,则 A 与 B 根据仲裁协议或仲裁条款申请仲裁所获得的仲裁裁决无法对 C 的责任进行裁决,裁决本身对 C 也不具有法律拘束力。而诉讼程序中有共同诉讼、有独立请求权第三人及无独立请求权第三人等制度,法院有权直接判决第三人承担民事责任,这能更有效地解决涉及多方的纠纷,也有利于最终判决的执行。

4. 诉讼判决具有比仲裁裁决更直接的执行力

仲裁裁决具有终局性,但仲裁裁决尚需要法院的强制执行,存在被撤销和不予执行的风险,因此一旦仲裁裁决被法院撤销或不予执行,相关争议的解决还需要经历完整的诉讼程序,从而提高了时间成本。而法院的生效判决和裁定则不存在被撤销和不予执行的情形。

(三) 仲裁较之诉讼的优点

1. 国际社会更易承认和执行仲裁裁决

此为仲裁较之诉讼判决的最大优势所在,尤其是加入《纽约公约》后,我国的仲裁裁决在世界绝大多数国家和地区都能得到承认和执行。而我国法院的判决需要在国外被执行时,执行地法院可能需要再一次审理或直接以与我国无双边协议为由而不予承认和执行。

2. 仲裁具有快速解决争议的优势

根据我国《仲裁法》规定,仲裁实行"一裁终局"制度,而法院实行两审终审制度,若当事人提起上诉,只有二审法院的判决才是最终的判决,同时当事人还有申诉以进行再审的权利。另外,各仲裁机构在仲裁规则中依据案件的性质和简易程度,将争议解决的时间进一步缩短,一般在三至六个月间就能完成全部仲裁程序,而法院往往需要跨年度的马拉松式审判才能最终解决争议。故在时间成本上,仲裁较之诉讼具有明显优势。

3. 仲裁程序非常灵活

在选择仲裁的时候,可以选择仲裁机构、仲裁规则、仲裁庭人员的构成、仲裁中适用的语言以及仲裁适用的实体法等,而法院则只能适用本国民事诉讼法及相关司法解释,同时审判人员不能由当事人自主选择,而是由法院安排。民商事法律关系中需要更多地体现当事人的意思自治,仲裁正好在纠纷解决中进一步延续了这种意思自治。

4. 仲裁属于专家裁判

仲裁机构的仲裁员一般来自世界各地、各行各业,主要是法律、经济贸易还有科学技术方面的专家、学者。当事人可以根据案件的性质以及它的行业属性挑选满意的仲裁员,从而让仲裁员的知识结构合理搭配,既有行业专家,也有法律专家,从而更好地保护当事人的权利。而法院的法官是不可能选择的,某一法院法官的知识结构是相对固定的,这跟仲裁体现出的广泛选择度是无法相比的。

5. 仲裁具有保密性优势

依据《仲裁法》规定,仲裁是不公开进行的,同时仲裁员、仲裁机构、仲裁程序的参加人都有义务不向外界透露有关仲裁的程序或实体事项。而诉讼以公开审判为原则,对于不想透露商业机密的商人,或是不想因争议而引起负面效应的企业来说,仲裁的保密性正好满足其要求。

二、商事仲裁的特点

(一)商事仲裁中的当事人具有高度的自主性与灵活性

商事仲裁最主要的法律特征是双方当事人的自主性。这种自主性主要体现在如下几个方面:

(1)商事法律关系中的双方当事人可以在有关国家所允许的范围内,自主地决定通过协议将他们之间可能或已经发生的有关争议提交仲裁解决。同时,在这一国家所允许的范围内,双方当事人所签订的仲裁协议可以对抗有关国家的司法管辖权。

(2)双方当事人可以自主地选择仲裁机构。因为仲裁管辖不存在地域管辖或级别管辖,有关仲裁机构的管辖权又完全依赖于双方当事人的仲裁协议,在双方当事人对仲裁机构作出选择前,不存在任何具有法定管辖权的仲裁机构。所以,双方当事人在选择仲裁机构时有较大自由选择的空间,在有些国家,当事人可以选择任意仲裁机构进行仲裁。但须注意,在我国,若一项商事纠纷不具有任何涉外因素,则当事人目前无法选择境外仲裁机构在境外进行仲裁。[①]

(3)双方当事人可以自主地选择仲裁地点。商事关系中的双方当事人在选

[①] 《最高人民法院关于江苏航天万源风电设备制造有限公司与艾尔姆风能叶片制品(天津)有限公司申请确认仲裁协议纠纷一案的请示的复函》(〔2012〕民四他字第2号,2012年8月31日)。

择仲裁机构时就可以考虑仲裁地点的选择,即将仲裁机构的选择与仲裁地点结合起来。即使在提前选定仲裁机构的情况下,双方当事人还可以就仲裁庭审理具体仲裁案件的仲裁地点进行选择。虽然常设仲裁机构一般都是在其仲裁机构所在地进行仲裁活动,但有时也可以作一些必要的变通。

(4) 双方当事人可以自主选择仲裁员。在选择由某一常设仲裁机构进行仲裁时,双方当事人可以在该常设仲裁机构的仲裁员名单中自主选择一名仲裁员单独成立仲裁庭或几位仲裁员组成合议庭对有关争议进行审理。而在决定由临时仲裁庭审理有关争议时,双方当事人选择仲裁员的自由更是几乎毫无限制,他们可以合意选择任何人作为仲裁员来审理他们之间的有关争议。

(5) 双方当事人可以自主地选择仲裁程序。当事人可以在其仲裁协议中约定,在仲裁过程中,仲裁机构、当事人和其他参与人从事仲裁活动所必须遵循的程序,如仲裁申请的提出、仲裁员的指定、仲裁庭的组成、仲裁审理以及仲裁裁决的作出等。

(6) 在国际商事仲裁中,当事人还可以自主选择裁决中适用的法律。双方当事人不仅可以选择仲裁庭裁决有关争议时应该适用的实体法,而且还可以自主选择仲裁过程中应适用的程序法。

(二) 商事仲裁迅速及时且费用相对低廉

首先,在商事法律关系中,一旦发生争议,双方当事人立即就可以将其争议提交仲裁,而不用像诉讼那样,必须遵循烦琐的诉讼程序和遵守各种诉讼期间的规定。其次,双方当事人所选定的仲裁员一般都是有关方面的专家或知名人士,对经济、贸易、运输和海事等方面的业务都比较熟悉,对于许多问题通过一定的调查就可以直接认定,从而大大加快了作出裁决的速度。更为重要的是,由于商事仲裁是一裁终局,当事人选择仲裁后,不需要像诉讼那样,经过二审,甚至三审,也不需要因此而交纳几次诉讼费,或支付其他的费用。所以,由于简化了争议解决程序,缩短了审理期间,加快了裁决速度,从而争议解决的费用也就大大降低。

(三) 商事仲裁具有必要的强制性

虽然仲裁机构是一种民间组织,不属于国家司法机关的范畴,仲裁庭的管辖依赖于争议双方当事人的协议,仲裁庭也大都是基于当事人的协议组成,并按照当事人所约定的程序,依据当事人所选择的法律或公平原则对有关争议进行审理并作出裁决,但这并不能否定商事仲裁具有一定的强制性。首先,商事关系中的双方当事人一旦达成协议,约定将他们之间可能或已经发生的有关争议提交仲裁裁决,任何一方当事人都无权再向有关法院提起针对该争议的诉讼。另外,依照有关国家的法律和有关仲裁机构的仲裁规则,基于当事人双方合意组成的仲裁庭,有权对当事人之间的有关争议进行审理,并作出裁决,而不像调解员那样只有就争议解决提出有关建议的权利。其次,世界各国的立法和司法实践都明确承认通过仲裁方式解决有关商事法律争议的合法性,承认有关仲裁机构依据双方当事人所签订的仲裁协议而作出的裁决的法律效力。此外,世界各国普遍规定,如果当事人不履行仲裁裁决中所确定的义务,有关国家的法院可以基于一定的条件采取必要的强制措施,以保证有关裁决在其国内的执行。

(四)商事仲裁是一种友好的法律解决方式

通过商事仲裁来解决商事法律关系中双方当事人之间的争议,可以避免因商事诉讼程序的进行而引起的心理障碍,使双方当事人能够继续保持良好的关系,从而真正实现维护和发展商事法律关系的最终目的。同时,由于仲裁庭在开庭审理案件时,是以不公开审理作为原则,从而在制度上满足了当事人不愿将其所涉争议公之于众的心理要求。再加上商事仲裁所具有的仲裁庭与当事人双方之间的平等性和庭审方式的灵活性等特点,能够使双方当事人之间因为商事争议的发生而产生的敌对情绪降低,这不仅有利于当事人之间争议的友好和妥善解决,也有利于他们今后的交往与合作。

此外,在国际商事关系中,采用商事仲裁方式解决双方当事人之间所发生的争议,还可以调和不同法律制度之间的矛盾,可以避免当事人因不信任外国法院的公正性而产生的种种顾虑。

三、国际商事仲裁的特点

(一)主体的多元性

国际商事仲裁的主体是指在国际商事仲裁关系中依法享有权利和承担义务的人。国际商事仲裁的主体具有多元性,不仅包括国家和国际组织,而且还包括不同国家或地区的自然人、法人和其他组织,有时还包括具有一定独立地位的地区。

国家(或地区)在国际商事仲裁关系中具有双重角色。一方面,国家(或地区)、组织可以制定调整国际商事仲裁关系的法律或法规,与其他主体的关系是非平等主体关系,对其他主体进行管理、监督和引导。另一方面,国家(或地区)、国际组织可作为仲裁协议中的一方当事人,与其他主体一样享有仲裁协议项下的权利,承担相应的义务。

自然人、法人和其他组织有两类:一是仲裁协议的当事人;二是与仲裁程序有关的参与人。前者为国际商事争议的当事人,后者为仲裁机构、仲裁庭、法院以及依据仲裁程序加入到仲裁过程中的其他人。

（二）调整对象的特定性

任何一个法律部门都有其特定的调整对象，这是划分法律部门的主要依据。国际商事仲裁法调整的特定社会关系是国际商事仲裁关系。国际商事仲裁关系，是指国家（或地区）、国际组织、自然人、法人以及其他组织在参与国际商事仲裁活动中所形成的社会关系，主要有以下三个方面：

1. 仲裁当事人之间的关系

仲裁当事人共同决定将争议提交仲裁机构进行仲裁后，除非仲裁协议或仲裁条款无效，任何一方不得再将该争议提交法院进行诉讼，并且，在仲裁庭作出仲裁裁决后，仲裁当事人应自觉履行。

2. 仲裁庭与当事人之间的关系

在这种关系中，当事人的主要权利与义务是向仲裁庭陈述其对争议的看法，向仲裁庭提交各种证据资料。仲裁庭在听取双方当事人对争议事实的陈述后，分清各方当事人的责任，依据双方当事人的约定规则或相关法律，作出独立、公正的裁决。

3. 法院对仲裁的监督关系

法院对仲裁的监督关系主要体现在以下几个方面：第一，在当事人违反仲裁协议或仲裁条款的约定而将争议提交法院诉讼时，裁定当事人将仲裁协议项下的争议事项提交仲裁解决；第二，法院可以根据仲裁中当事人的申请，采取财产保全和证据保全措施；第三，承认和执行仲裁庭作出的仲裁裁决；第四，仲裁裁决存在撤销或不予承认和执行的情形，法院可以对仲裁裁决作出撤销、拒绝承认或执行的决定。

（三）规范构成的多重性

构成国际商事仲裁的法律规范和规则包括国际规范（如国际商事仲裁公约、国际商事仲裁惯例）、国内规范（如国内立法、判例）、国际商事仲裁机构所制定的仲裁规则、程序性规则、实体性规则以及公法规范、私法规范。

（四）本质上的程序性

国际商事仲裁在本质上属于自成一类的程序法。调整国际商事关系的法律为实体法、冲突法。国际商事仲裁法的调整对象决定了它属于程序法，但在实施中贯彻了实体法和冲突法，因此它本质上是自成一体的程序法。

第三节 仲裁的分类

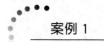

甲公司申请承认与执行仲裁裁决案[①]

香港某动力有限公司(以下简称"甲公司")与上海某航空技术进出口公司(以下简称"乙公司")因履行补偿贸易协议发生纠纷,于1991年6月29日向瑞典斯德哥尔摩商会仲裁院申请仲裁,要求乙公司赔偿其经济损失4486086美元以及其他因仲裁而支付的费用。瑞典斯德哥尔摩商会仲裁院由 Lars Rahmn, Jerome A. Chen 和 J. Gillis Wetter 组成仲裁庭,被申请人依据双方签订的补偿协议第14条提出管辖权异议,认为由于甲公司未履行第14条中"尽可能通过友好协商的方式解决"以及"向造成损害的一方索赔损失"的约定,因而无权将仲裁协议项下的争议提交仲裁解决。仲裁庭于1992年7月17日就其管辖权问题专门作出了中间裁决,并于1993年7月13日作出裁决书,裁定由乙公司向甲公司支付赔偿金4486086美元和利息,并支付仲裁费用,乙公司未履行上述裁决书。甲公司后于1995年2月28日向上海市第二中级人民法院提出强制执行的申请。法院认为,仲裁庭对该案的裁决,符合我国加入的《纽约公约》和我国法律规定的承认外国仲裁裁决的条件,最终裁定承认该仲裁裁决的效力。

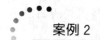

法国 ELF Aquitaine Iran 公司与伊朗国家石油公司案[②]

1966年8月27日,伊朗国家石油公司与法国一家国有企业(Enterprise de Recherches et d'Activities Petrolieres,以下简称"ERAP")和另外一家法国公司(Societe Francaise de Petroles d'Iran, Sofiran,以下简称"索菲兰公司")在伊朗

---

① 参见赵秀文主编:《国际商事仲裁案例解析》,中国人民大学出版社2005年版,第16—27页。
② 同上书,第109—121页。

首都德黑兰签署了有关勘探开发伊朗石油资源的承包合同,该合同第41条是关于如何解决合同争议的仲裁条款。

1967至1977年间,ERAP将其所有的权益转让给了Elf Iran,而ERAP的分支机构,即Societe Nationale des Petroles(以下简称"SNP")也将其在合同项下的权益转让给Aquitane Iran。后来,Elf Iran与Aquitane Iran合并为本案的申请人法国ELF Aquitaine Iran公司(以下简称"ELF公司")。

1980年1月8日,伊朗伊斯兰共和国委员会通过了一项关于设立一个审查石油协议的专门委员会法案,该法案只有下述一条规定:"石油部向专门委员会移交的所有石油协议中,凡是含有与伊朗石油部国有化法令相悖的规定,均为无效。这些协议的订立或履行中发生的请求权应当按照专门委员会的决定解决。此项专门委员会在开会时,应当有外交部的代表参加。"

1980年8月11日,伊朗国家石油公司告知ELF公司,专门委员会已经宣布1966年8月27日的合同无效。于是,ELF公司根据该合同中的仲裁条款,将争议提交仲裁解决。根据仲裁条款的规定,每一方当事人应当指定一名仲裁员。如果这两名仲裁员不能就争议解决达成一致,则由他们两个共同指定一位公断人审理本案争议。如果当事人未能指定仲裁员,则由丹麦最高法院院长指定一名独任仲裁员审理合同争议;如果当事人指定的仲裁员未能就公断人的人选达成协议,公断人也应当由丹麦最高法院院长指定。

由于ELF公司未能指定仲裁员,丹麦最高法院院长指定郭马德作为独任仲裁员。被申请人伊朗国家石油公司对仲裁员的管辖权提出异议,称合同中的仲裁条款在合同订立后由于伊朗颁布的新的立法(国有化法令)而无效。丹麦最高法院院长认为,无论伊朗国家石油公司的异议基于什么样的理由,都不能妨碍他指定仲裁员的权力(appointing authority)。本案独任仲裁员郭马德在其作出的先决裁决中,拒绝了伊朗国家石油公司的异议,称自己对本案有管辖权。

爱奥·哈代德兄弟公司与代尔坎公司案[①]

爱奥·哈代德兄弟公司(以下简称"哈代德公司")于1982年2月对代尔坎公司与北方船运公司提起诉讼,要求赔偿在1981年2月至3月间的运输途中给

---

① 参见赵秀文主编:《国际商事仲裁案例解析》,中国人民大学出版社2005年版,第123—132页。

哈代德公司的货物造成的损失。代尔坎公司以双方之间的租船合同中存在的仲裁条款为由提出抗辩。该条款规定如下：该租船合同中引起的任何争议将在伦敦仲裁，双方各规定一名仲裁员，如果两名仲裁员意见不一致则由他们共同指定的公断人作出裁断，该裁断是终局的且对双方具有约束力。仲裁庭的组成人员应从伦敦仲裁协会的仲裁员名册中选任。代尔坎公司认为应中止诉讼程序，直至仲裁庭根据租船合同中的条款支持哈代德公司的请求。哈代德公司反对代尔坎公司的请求，但对于租船合同中含有要求在伦敦仲裁这一条款并无异议，法庭接受代尔坎公司的提议并中止对此案的审理以使哈代德公司诉诸仲裁。哈代德公司并没有就法院的这一决定提起上诉，也没有诉诸仲裁。

1981年10月，代尔坎公司在伦敦提起仲裁，要求哈代德公司偿付未付的租船费用。代尔坎公司指定布鲁斯·哈瑞斯（Bruce Harris）作为仲裁员，并于1981年11月将此决定告知哈代德公司。然而，截止到1981年12月23日，哈代德公司仍没有指定仲裁员，代尔坎公司于1981年12月31日通知哈代德公司建议组成以哈瑞斯作为独任仲裁员的仲裁庭。此时，哈代德公司保留着与仲裁有关的律师，但此后不久便将其解聘，并且没有参加仲裁程序和答辩。1983年6月12日，哈瑞斯作出裁决，判令哈代德公司向代尔坎公司偿付包括利息和相关费用共计143712.4美元。

1984年3月20日，哈代德公司请求法院以其未同意租船合同中要求在伦敦仲裁的条款为由判定仲裁裁决无效。法院拒绝了这一请求并裁定哈代德公司的申辩迟延无效，而且租船合同本身也要求在伦敦裁决。

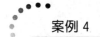
案例 4

山西某公司与香港某公司购销合同纠纷案[①]

1998年6月15日，山西某实业有限公司（以下简称"甲公司"）与香港某国际有限公司（以下简称"乙公司"）订立的焦炭购销合同中的仲裁条款约定："无论是自然产生的和以任何方式与合同或合同的解释或履行有关的任何可能会被提起仲裁的争议，应在香港提起并依据《国际商会仲裁规则》和英国法进行。在分歧或争议不能协商解决确定之日起30日内，当事人中任何一方可就争议的分歧

[①] 《山西省太原市中级人民法院关于同意太原中级人民法院不予执行国际商会仲裁院10334/AMW/BED/TE 最终裁决一案的报告》（〔2004〕晋法民四请字第1号）。

提起仲裁。仲裁费用由仲裁中失败的一方承担,仲裁裁决是终局的并对双方具有拘束力。"合同在履行中,乙公司以货物不合格为由拒收货物并要求甲公司赔偿损失,同时将此争议提交国际商会仲裁院仲裁。按照《国际商会仲裁规则》组成的独任仲裁庭经审理后于 2001 年 10 月 9 日在香港作出裁决,裁定甲公司败诉并承担 90% 的仲裁费。后乙公司向太原中院申请执行这一仲裁裁决,受理申请的人民法院依照《纽约公约》的规定对该裁决进行了审查。

【思考题】

1. 案例 1 和案例 2 在仲裁类型上有什么不同?
2. 仲裁的类型有哪些?
3. 每种仲裁类型各有什么特点?
4. 每种仲裁类型各有什么利弊?

从国际社会有关国际商事仲裁的司法实践和理论来看,商事仲裁可以依不同标准划分成不同种类。

一、国内仲裁和国外仲裁

以仲裁是否具有涉外因素为标准,可将仲裁分为国内仲裁(domestic arbitration)和国际仲裁(international arbitration)。从一个国家的角度看,所谓国内仲裁,就是指解决本国当事人之间没有涉外因素的国内民商事纠纷的仲裁;而国际仲裁,在私法的范围内,亦可称为涉外仲裁、国际商事仲裁,泛指处理具有涉外因素的民商事争议或国际性民商事争议的仲裁。①

对国内仲裁和国外仲裁的区分有以下意义:

(1) 可选择的仲裁机构不同。正如上文所述,在我国,完全不涉外的争议不可提交外国仲裁机构在境外仲裁,但有涉外因素的争议则可以作此选择。

(2) 审查仲裁裁决时适用的法律不同。在有当事人申请撤销某一仲裁裁决,或认为该仲裁裁决不能执行时,法院需要对该仲裁裁决进行审查。此时,法院会根据《仲裁法》等国内法进行判断。但在判断是否应当承认和执行国外仲裁时,则可能适用《纽约公约》、我国与他国的条约等进行审查。

(3) 执行程序不同。国内仲裁裁决在我国强制执行时,只需当事人直接向法院申请强制执行。而国外仲裁裁决在执行之前,可能需要我国法院的"承认"。

---

① 参见宋连斌主编:《仲裁法》,武汉大学出版社 2015 年版,第 5 页。

二、临时仲裁和机构仲裁

根据作出仲裁的机构不同,可将仲裁分为临时仲裁(ad hoc arbitration)和机构仲裁(institutional arbitration)。

(一)临时仲裁

临时仲裁,即 ad hoc arbitration,意为"仅以此为目的而作的仲裁"(arbitration for this purpose only),即在仲裁过程中不由任何常设机构进行程序上的全面管理,[①]仅根据当事人达成的仲裁协议,将纠纷提交选任的仲裁员,由其组成临时仲裁庭进行审理并作出具有法律约束力的仲裁裁决,在纠纷解决后该仲裁庭即告解散的仲裁方式。临时仲裁庭是为审理某一特定案件而临时设定,没有固定的地点、规则和章程的仲裁庭。例如上述案例2中的仲裁员由丹麦最高法院院长指定郭马德担任,案例3由代尔坎公司通知哈代德公司,建议组成以哈瑞斯作为独任仲裁员的仲裁庭。

临时仲裁的主要优点有:

1. 自主性

相比机构仲裁,临时仲裁制度最大的优势表现在其高度的自主性上。机构仲裁作为仲裁的组成形式之一,当然也具有一定的自主性,但由于其一般需按该机构的仲裁规则进行,当事人可选事项有限,自主性受到制约。而临时仲裁中,一方面,仲裁当事人享有极大的自主权。临时仲裁中没有任何机构对仲裁进行全面管理,当事人在仲裁员选任、仲裁庭组成、仲裁地的确定、仲裁程序的规定、仲裁规则的选用等各个环节都具有自主权,[②]即只要当事人之间达成合意,就几乎可以自行确定仲裁程序中的任何问题。另一方面,临时仲裁的仲裁庭经当事人的授权也享有很大的自主权,有极大的自由裁量空间。可见,临时仲裁无疑比机构仲裁更具有自主性优势。

2. 灵活性

机构仲裁中存在各种不能变通的程序与规则,比如仲裁员的审理权限受审理事项的约束,不得随意增减等,[③]这无疑不利于根据个案的特殊性来解决纠纷。而临时仲裁基于其自主性的特点具有极大的灵活性和可变通性。当事人可

[①] 参见黄进主编:《国际私法》,法律出版社1999年版,第791—792页。
[②] 参见王小莉:《英国仲裁制度研究(上)——兼论我国仲裁制度的发展完善》,载《仲裁研究》2007年第9期。
[③] 《国际商会仲裁规则》第27条:"仲裁庭应在签署裁决书之前,将其草案提交仲裁院。仲裁院可以对裁决书的形式进行修改,并且在不影响仲裁庭自主决定权的前提下,提醒仲裁庭注意实体问题。裁决书形式未经仲裁院批准,仲裁庭不得作出裁决。"

根据个案,从自身需求出发制定或选用仲裁规则,随时通过协商调整仲裁中的各个环节,使得仲裁程序能顺应解决争议的现实需要。正如一位英国律师所说:机构仲裁与临时仲裁之间的差别,就好比是选择购买成品衣或选择了量体裁衣。[①]

3. 高效性

机构仲裁中众多烦琐庞杂的规则和程序不可避免地拖延了纠纷解决的时间。有些仲裁机构规定"裁决书作出前必须交由仲裁院批准和修改",国际商会仲裁院审理国际商事纠纷常常需要耗费两年或更久,这势必会影响当事人的长期商业规划。反观临时仲裁,"早上发生争议,下午成立临时仲裁庭,晚上开庭审理,第二天早上作出仲裁裁决"[②]的情况非常常见。临时仲裁高效性的原因有三:首先,临时仲裁中当事人无须将时间耗费在填写格式文件等程序性事项上;其次,当事人既然能自主决定仲裁程序,那么从自身利益出发,无论是选择实体法和程序法,还是决定仲裁地、仲裁员、使用的语言,当事人必然会选择最符合案情需要、高效解决纠纷的方式;再者,临时仲裁中仲裁员的工作时间不受节假日与休息日的限制,可以随时根据实际需要作出调整,这无疑有利于提高仲裁效率。

4. 友好性

不同于机构仲裁日趋诉讼化、当事人间对立性越来越强的发展趋势,临时仲裁延续了早期仲裁的友好性。当事人基于对彼此的信任而选择临时仲裁,仲裁环节都由当事人在协商的基础上确定,双方的密切配合与互信关系使得临时仲裁的氛围相当融洽,这更有利于当事人自觉履行仲裁裁决,并保持长期的友好商业合作关系。

5. 经济性

机构仲裁在纠纷解决的费用上相对于诉讼并无太大优势,临时仲裁无疑更具经济性。首先,临时仲裁庭结案即散,不会产生常设仲裁机构所需的日常开支,当事人也无须向其交纳固定的管理费用。其次,机构仲裁中,如纠纷当事人与机构仲裁所在地的距离较远,立案以及实地调查时的巨额费用就难以避免,而临时仲裁中的当事人则可就近选择仲裁员,降低了金钱成本的同时也节约了时间成本。

6. 保密性

机构仲裁中因有仲裁机构的全面参与,不可避免地增加了知情人数。在临时仲裁中,临时仲裁庭结案即散,减少了知情人数,降低了信息被披露的可能性。

---

① 参见兰阳:《临时仲裁与机构仲裁》,载《仲裁与法律通讯》1991年第3期。
② 杨琳:《临时仲裁制度的发展及其对我国的启示》,载《德州学院学报》2006年第10期。

此外，当事人可以就仲裁员何时公布结果、是否可对外透露等问题进行约定，仲裁员负有保密义务，外界无从得知仲裁的具体情况。

当然，相对于机构仲裁，临时仲裁制度也存在明显的缺陷。首先，其程序的进行过度依赖当事人的有效配合，只要有一方当事人不愿充分合作，仲裁就很容易陷入僵局；其次，临时仲裁中没有固定的管理监督体系对仲裁进行监督和约束；最后，当事人不一定每次都能选出优秀、适格的仲裁员，这就会影响到仲裁结果的公正性，不利于临时仲裁价值的体现。

（二）机构仲裁

仲裁机构不是为解决某一特定争议而设立的，而是为了通过仲裁的方式解决争议而设立的。目前，国际社会中有很多著名的仲裁机构，如国际商会仲裁院、伦敦国际仲裁院、斯德哥尔摩商会仲裁院、美国仲裁协会、中国国际仲裁委员会、香港国际仲裁中心等。案例 1 中的瑞典斯德哥尔摩商会仲裁院和案例 4 中的国际商会仲裁院都是常设仲裁机构。

机构仲裁的主要优势有：

1. 便利双方当事人

由于常设仲裁机构通常都有自己的仲裁规则，也可以作为指定仲裁员的机构，故商人们在订立仲裁协议时，只要写明将争议交由某种仲裁机构解决即可。因为按照许多仲裁机构的仲裁规则，将争议提交某机构仲裁，即意味着适用该机构的仲裁规则，除非当事人双方另有约定。[①]

2. 办案质量和工作效率高

由于常设仲裁机构一般都提供仲裁员名册以供当事人选择仲裁员，列入名册的一般都是各个领域的专家，有丰富的实践经验。因此，一旦他们被当事人或仲裁机构指定为审理特定案件的仲裁员，一般都能对案件作出独立、公正的审理。在仲裁程序进行的过程中，如果由于一方当事人的原因不合理地拖延了案件的审理，或一方当事人经适当传唤后无正当理由拒绝参加开庭审理，仲裁庭可依据仲裁规则继续进行审理作出缺席裁决。

3. 提供与仲裁有关的行政管理与服务

常设仲裁机构一般都有秘书处或者类似机构，提供与仲裁有关的行政管理与服务，如收取仲裁费、代为指定仲裁员、提供庭审室、协助仲裁庭开案日期、提供记录、翻译、通讯、交通等方面的服务。

[①] 参见赵秀文：《国际商事仲裁法原理与案例教程》，法律出版社 2010 年版，第 40 页。

三、依法仲裁和友好仲裁

以仲裁裁决的依据为标准,仲裁可分为依法仲裁和友好仲裁(amiable composition)。依法仲裁是指仲裁庭必须依据一定的法律对纠纷进行裁决。友好仲裁则是指仲裁庭依当事人的授权,不根据严格的法律规定而按照仲裁庭认为的公允及善良原则和商业惯例对纠纷进行裁决。[①]

依法仲裁是现代仲裁制度的主要形态,也是各国对仲裁的一般要求;友好仲裁的采用通常取决于当事人的明示同意,但不得违背仲裁地的公共秩序和强制性规定。这里重点介绍友好仲裁。

(一)友好仲裁的概念和起源

友好仲裁的概念最早出现于13世纪中后期的法国,意指在作成仲裁裁决方面拥有很大自由裁量权的仲裁员,不具有必须遵从法律规则的义务,他被授予依据公平和善意原则作出裁决的权力,从而在具体的案件中排除法律规则对其的适用。

20世纪以来,现代仲裁制度不断完善和发展,在这一阶段,由于国际商事交往日益频繁,并且由此产生了大量的国际商事争议,友好仲裁基于其自治性、效益性和对依法仲裁的功能弥补性,成为了商人们热衷的仲裁方式。

(二)各国及国际社会对友好仲裁的确认

1. 各国对友好仲裁的确认

法国《民事诉讼法典》第1497条规定:如仲裁协定交付仲裁员作为和解中间人的任务,仲裁员作为和解中间人进行裁判审理,且该和解中间人作出的裁决不可上诉。

英国1996年《仲裁法》第46条规定,如果当事人同意,仲裁庭应当按照当事人同意的法律或者仲裁庭决定的其他考虑来处理争议。尽管该条款没有明确提及友好仲裁,但当事人所同意的法律适用当然包括公允及善良原则或商业惯例等。

2. 国际社会对友好仲裁的确认

最早对友好仲裁进行确认的国际公约当属1961年《欧洲国际商事仲裁公约》,其中第7条规定:"(一)当事人可通过协议自行决定仲裁员就争议所适用的实体法。如果当事人没有决定应适用的法律,仲裁员可按照其认为可适用的冲突规则的规定,适用某种准据法。在上述两种情况下,仲裁员均应考虑到合同

[①] 参见宋连斌主编:《仲裁法》,武汉大学出版社2015年版,第6页。

条款和商业惯例。(二)如当事人作出此种决定,而且仲裁员依照仲裁所适用的法律可以进行'友谊仲裁'时,仲裁员可即进行'友谊仲裁'。"

1985年《国际商事仲裁示范法》第28条规定:"仲裁庭只有在各方当事人明示授权的情况下,才应当依照公平善良原则或作为友好仲裁员作出决定。"

如国际商会仲裁院等一些仲裁机构也对友好仲裁进行了确认。《国际商会仲裁规则》第21条第3款规定:"只有当事人同意授权仲裁庭担任友好调解人或以公平合理原则作出裁决时,仲裁庭才有此权力。"《伦敦国际仲裁院仲裁规则》第22.4条也规定:"仲裁庭只有在当事人已经书面明确地协议同意时,才应对争议的实体适用'公正和公平'(ex aequo et bono)、'友好和解'(amiable composition)或'诚实约定'(honourable engagement)的原则。"

(三)我国对友好仲裁的相关立法和规则

我国在立法方面还没有明确承认友好仲裁,也没有明确规定当事人可以约定仲裁员不考虑法律规定,直接以公允及善良等原则对仲裁实体争议进行解决。

在仲裁规则方面,最典型的确认友好仲裁的规则为《中国(上海)自由贸易试验区仲裁规则》(以下简称《上海自贸区仲裁规则》)。该仲裁规则第56条规定:当事人在仲裁协议中约定,或在仲裁程序中经协商一致书面提出请求的,仲裁庭可以进行友好仲裁。仲裁庭可仅依据公允善良的原则作出裁决,但不得违反法律的强制性规定和社会公共利益。随后,上海市第二中级人民法院发布了《上海市第二中级人民法院关于适用〈中国(上海)自由贸易试验区仲裁规则〉仲裁案件司法审查和执行的若干意见》,该意见第13条规定:"仲裁庭依据友好仲裁方式进行仲裁的,若适用友好仲裁方式系经各方当事人书面同意,不违反我国法律的强制性规定,且仲裁裁决符合《上海自贸区仲裁规则》的规定,在司法审查时,可予以认可。"可见,目前在我国,上海自由贸易试验区中的友好仲裁是被明确承认的,且具有执行的保障力。

可见,依法仲裁和友好仲裁是同时存在的,且各有特点,能够给予当事人在仲裁类型上以多种选择。

第四节 可仲裁的争议范围

锡恩·索雷马尼与阿布尼·索雷马尼案①

1980至1983年期间,锡恩·索雷马尼和阿布尼·索雷马尼父子共同从事伊朗非法出口波斯地毯的生意:儿子阿布尼通过在伊朗注册一家公司从事违反伊朗税法和出口法规的非法倒卖地毯的工作;父亲则负责在英国和其他地区销售儿子从伊朗非法出口的地毯。父子两人对地毯收益分配发生争议,遂将争议提交犹太人贝斯丁仲裁裁决。

贝斯丁担任仲裁员审理该案,并于1993年3月23日适用犹太法作出裁决,裁定父亲向儿子支付576574英镑。由于父亲没有按期履行裁决,儿子就依据英国1950年《仲裁法》向法院进行了登记。1993年5月4日,法院裁定准许强制执行。父亲向法院申请撤销该裁决,理由是裁决所依据的协议违法,所以其儿子的索赔请求无效,英国法院不能执行根据违法合同作出的裁决。英国上诉法院法官Morritt、Waller和Christopher Staughton一致认为,旨在强制执行违法合同的裁决不能在英格兰和威尔士得到强制执行,并认为在英国法下,涉及违法行为的争议不能通过仲裁的方式解决。

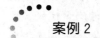

意大利船舶制造商与伊拉克国防部案②

意大利船舶制造商(Fincantieri-CantierNavali Itliani SPA,以下简称"FCI")与伊拉克国防部订立了向伊拉克海军提供轻型护卫舰的合同。所有合同均含仲

---

① 参见赵秀文主编:《国际商事仲裁案例解析》,中国人民大学出版社2005年版,第91—101页。
② 同上书,第102—108页。

裁条款:"由于本合同引起的所有争议,应当最终由巴黎商会依据该会仲裁与调解规则并依据该规则指定的三位仲裁员仲裁解决。"本案合同订立后,伊拉克入侵科威特,1990年8月,联合国安理会宣布对伊拉克实施禁运。此后,意大利和欧盟也先后通过了对伊拉克禁运的法律。在禁运实施前,FCI 和伊拉克国防部订立的多数合同项下的轻型护卫舰都还没有生产或交付,于是,双方当事人就合同履行发生了争议。

FCI 将此争议向意大利热那亚一审法院提起诉讼,称它们与伊拉克国防部的合同已经落空,并请求损害赔偿。而伊拉克国防部则对法院的管辖权提出异议,称法院应当按合同规定,令当事人将争议提交仲裁解决。一审法院支持了伊拉克国防部的请求,认定法院对本案无管辖权。而上诉法院推翻了一审法院的判决,认为本案合同争议的性质由于意大利对伊拉克的禁令而发生了根本性转变,在禁运令发布之后案件争议的事项就由可仲裁事项转为不可仲裁事项,因为当事人已无权自由处理合同项下的权利和义务,因此,仲裁庭无权作出仲裁。

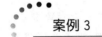

比利时某公司与瑞士某公司案①

1974年3月23日,比利时某公司与瑞士某公司签署了一项在比利时分销商品的独占分销协议。该协议中含有仲裁条款,并明确规定适用瑞士法。双方在履行协议中发生争议,比利时某公司在布鲁塞尔一审法院提起诉讼,瑞士某公司以协议中含有仲裁条款为由,对法院管辖权提出异议。

一审法院按照《纽约条约》第2条第1款的规定,适用其本国法即比利时法,认为依据比利时法规定,独占分销协议不可通过仲裁解决,因此当事人提交法院审理的事项为不可仲裁事项,因而判决该仲裁条款无效,由法院行使管辖权。瑞士公司不服,上诉到上诉法院,上诉法院适用了当事人共同选择的合同准据法即瑞士法进行判断,认为当事人之间的争议是可以通过仲裁方式解决的,因而驳回一审法院判决。

【思考题】

1. 案例1能不能通过仲裁方式解决?为什么?

---

① 参见赵秀文主编:《国际商事仲裁案例解析》,中国人民大学出版社2005年版,第116—121页。

2. 案例2能不能通过仲裁方式解决？为什么？
3. 一项争议能否采用仲裁方式解决需要考虑哪些因素？

从仲裁的发展历史看，凡涉及国家公共利益的事项，国家一般不允许仲裁的介入。法院是国家的审判机构，为了保证法律适用的统一，在很长一段时间内，法院都对仲裁采取排斥的态度，具体表现为法院可以轻易撤销当事人之间的仲裁协议和依此协议作出的仲裁裁决。仲裁在19世纪末和20世纪初开始在法律上取得一席之地。英国于1899年承认了仲裁的法律地位，但直到1979年才首次承认仲裁协议能够排除法院管辖以及仲裁员能够对法律问题作出裁决。美国在很长一段时间内对仲裁也采取敌对态度，认为仲裁协议不正当地剥夺了法院的管辖权，直到1925年美国国会通过了《联邦仲裁法》来强制美国法院承认合同中仲裁条款的效力。该法第2条规定，在任何海事交易或合同中，为了通过仲裁解决商事争议或此后因合同产生争议的书面规定，或将合同现有争议提交仲裁的书面协议，都是有效的、不可撤销且具有强制执行力的，但是具有法律或衡平法所规定的撤销契约的理由者除外。该法第3条还具体规定了法院应当将属于仲裁条款范围内的事项交由仲裁解决的情况：任何争执，如果已经有提交仲裁的书面协议，而向美国法院提起诉讼，法院根据一方当事人的请求，并且查明争执可以依照仲裁协议提交仲裁后，如果请求人不违反仲裁程序，应当停止诉讼审理，到依照协议完成仲裁为止。

一、争议可仲裁性（arbitrability）的含义

关于可仲裁事项的概念，国际仲裁学界有诸多解释，一些学者将其定义为："可在公共政策准许范围内通过仲裁解决的争议的范围。"还有一些学者将其解释为"若一国法律禁止以仲裁解决某些争议，则该争议具有不可仲裁性（non-arbitrability）。"[①]因此，我们可以将"可仲裁性"理解为仲裁协议下的争议是否可以通过仲裁的方式解决。

究竟一项争议可否通过仲裁解决往往涉及公共利益，属于一国的内国法的范畴，往往与一国在特定时期的经济社会发展状况有关，依据一国法律判定为可仲裁事项，依照另一国法律可能就不可仲裁。就如案例3中，法官对于独占分销协议依据比利时法和瑞士法分别作出了不同的裁定。在一国国内也是如此，先

---

① 杨良宜、莫世杰、杨大明：《仲裁法（从1996年英国仲裁法到国际商务仲裁）》，法律出版社2006年版，第513页。

前争议可通过仲裁解决,由于特定原因的出现可能使其丧失可仲裁性。如在案例2中,FCI和伊拉克国防部明确以仲裁解决合同的争议,但在伊拉克科威特战争爆发后,联合国和意大利都向伊拉克实施了禁运令,合同争议性质发生了根本改变,不可再通过仲裁解决。

一项争议是否可通过仲裁解决,往往涉及仲裁庭的管辖权、仲裁协议的有效性以及根据该协议作出的仲裁裁决是否可得到承认与执行诸多问题。

二、争议可仲裁性的判断标准

可仲裁性是仲裁的核心问题,它体现了替代性争议解决方式与司法的关系。可仲裁性事项越多,证明仲裁的用处越广,反之,仲裁的局限性越大。纵观各国的实践,有以下四个标准来衡量争议的可仲裁性。但我们也要注意,随着仲裁的不断深入发展,各国对仲裁的态度也由保守转变到开放,理论界也出现了新的声音。

(一) 争议的可争讼性

仲裁具有"准司法性",因此可以提起诉讼的案件大多可通过仲裁解决。仲裁制度本为解决民商事权益冲突、确认权利义务关系而产生。而诸如宣告公民失踪、死亡,认定公民行为能力、认定财产无主等案件,仅需要对于某种法律事实作出确认,而无民事权利义务之争,也不存在利害冲突的双方当事人,仲裁作为一种争端解决方式自然没有用武之地。

(二) 争议的商事性和财产性

"商事争议"也是可仲裁性的一个常见的标准。无论是在大陆法系国家还是在英美法系国家,"商事"的含义对于仲裁都具有十分重要的意义。例如,法国法律排除了关于非商事争议的仲裁条款的有效性;[①]美国的《联邦仲裁法》也仅保障"海事交易"或"证实涉及商事交易"合同中之书面仲裁协议得到执行。需要注意的是,"商事争议"本身是一个弹性的概念,既可将其严格地解释成为商人与商人之间发生的法律争议,也可以将商人与非商人之间以及非商人与非商人之间在进行商品交换活动时所发生的法律争议,甚至商人与商人、商人与非商人以及非商人与非商人之间进行民事交往时所发生的涉及财产内容的争议也囊括其中。[②] 例如,上述法国对于商事关系采取了最严格的解释,而美国对于商事范围

[①] 在这种情形下,只有已经发生的争议才可能被允许提交仲裁。See Mauro Rubino-Sammartano, International Arbitration Law and Practice (2nd revised edition), Kluwer Law International, 2001, p. 174.

[②] 参见谢石松主编:《商事仲裁法学》,高等教育出版社2003年版,第2—4页。

的认定则宽泛得多。①

此外,争议须是涉及财产关系变化的才可以进行仲裁。1998 年生效的德国《民事诉讼法典》第 1030 条以"可仲裁性"为题,规定:"任何涉及经济利益的请求可以成为仲裁协议的对象。如果仲裁协议是关于不涉及经济利益的请求,则其在当事人有权就争议问题缔结和解协议的范围内具有法律效力。"也就是说,某些仅仅涉及身份关系、财产关系的案件不可纳入仲裁范围。瑞士 1987 年《国际私法法典》第十二章第 177 条(1)规定:"任何关涉财产(de nature patrimoniale)的争议都可成为仲裁事项。"②

(三) 争议的可和解性

"可和解性"标准又称"权利自主性"标准。这一标准在较多的国家法律规定中得到了体现。③ 根据这一标准,当事人能够提交仲裁解决的争议限于其有权进行自由处分的事项,即经常表现为当事人之间可以合法地达成和解的私法领域之事项。除了前述法国和日本立法的规定,还有很多国家的仲裁立法采用了这一标准。例如,奥地利 1983 年《民事诉讼法》第 557 条规定:"在当事人有权就争议的标的达成和解的范围内,规定某一法律争议应由……仲裁员解决的协议是有效的。"葡萄牙 1986 年《自愿仲裁法》第 1 条规定,"对于立法未限定通过法院或强制仲裁解决的可处分之权利,当事人得提交仲裁员裁断"。而同年的荷兰《民事诉讼法典》第 1020 条以否定性的语句表达了同样的意思。韩国 1973 年《仲裁法》在第 2 条"仲裁协议"第 1 款中明确规定:"当事人达成了全部或部分地以仲裁方式解决当事人之间发生的或将来可能发生的有关私法中的法律问题的协议时,仲裁协议即行生效。但是,它不适用于不能由有关当事人处分的法律问题。"意大利 1990 年《民事诉讼法典》第 806 条将涉及个人身份、别居以及其他不能通过和解解决的争议排除于仲裁范围之外。

以"可和解性"为标准,则诸如主体民事地位的认定,一些涉及有关强制性法律规定以及行政管理、刑事违法的争议都不得进行仲裁。很多国家允许刑事诉讼中附带的民事赔偿问题可以通过仲裁解决,④ 这与当事人"权利自主"的标准仍是一致的。当事人对于争议所涉及的权益可依据自己意志自由处分,从而将刑事、行政争议等排除。法国 1804 年《民法典》第 2059 条规定:"凡是可自由处

---

① See Mauro Rubino-Sammartano, International Arbitration Law and Practice (2nd revised edition), Kluwer Law International, p. 174.
② 宋连斌、林一飞译编:《国际商事仲裁新资料选编》,武汉出版社 2001 年版,第 56 页。
③ 参见陈治东、沈伟:《国际商事仲裁裁决承认与执行的国际化趋势》,载《中国法学》1998 年第 2 期,第 114 页。
④ 参见唐蕴锋:《争议可仲裁性浅析》,载《南京经济学院学报》2001 年第 4 期,第 64 页。

分的权利,均可提交仲裁解决。"上述案例 2 中,由于禁运令的公布,合同项下的权利已经不能由当事人自由处分,所以争议也转变为不可仲裁。

（四）争议是否涉及公共政策

所有国家都不会放弃的一个标准就是公共秩序或公共政策。[①] 无论在大陆法系还是英美法系国家,都出现了这样一类表述社会、法律、道德的基本原则以及社会重大利益的概念。受到现代国家高度重视的公共秩序(或政策),已经发展成为一项对内可以否定当事人妨害一国"文明的政治和社会基础"的约定,对外可以在一定程度上排除与该国一些基本信念相抵触的外国法适用的法律制度。[②]

在英美法系国家中,公共政策的考虑是法院在可仲裁性问题上作出有关决定的基本因素;在大量有关可仲裁性问题的判例中,公共政策频繁为法官们所援引,以论证自身观点,驳斥不同的意见。而大陆法系国家也常在立法明确列举了可以或不可以仲裁的事项之后,同时提出公共秩序的标准作为兜底条款。

当然,作为对各国立法状况的一个概括,以上标准自然存在例外。例如,尽管是财产性质的争议,德国《民事诉讼法典》第 1030 条第 2 款就规定:"有关德国境内住宅合同关系存在与否的仲裁协议是无效的";而虽然是涉及私人身份、婚姻争执等事项的争议,南非法律允许当事人在得到法院认可的情况下提交仲裁解决;在沙特阿拉伯,《可兰经》则明文规定了对于婚姻争议的仲裁。[③] 还有一些国家的可仲裁性立法也存在针对某些领域的特别规定。这些例外体现出了各国对于仲裁的不同态度,而个性立法的背后是争议的特殊性和一国历史文化和社会经济的特殊背景,不影响从普遍和整体的角度对于可仲裁标准进行的前述归纳。

[①] 公共政策是英美法系通用的概念,美国法院曾将其表述为"一国基本的道德与正义观"。See Parsons & Whittemore Overseas Co., Inc. v. Société Générale de l'Industrie du Papier (RAKTA), 508 F 2d 969; II Yearbook (1976), 205. 公共政策在国内法中的意义主要是保证法院不会去执行违背上述基本原则或重大利益的契约。大陆法系国家使用的与公共政策内涵相似的术语为"公共秩序"(order public),或称"保留条款"(vorbehaltsklausel)或"排除条款"(ausschie bungsklausel)。与英美法系起着消极防范作用的公共政策之概念略微不同的是,大陆法系的公共秩序还从肯定的意义上指向了那些不能为当事人协议所排除的、具有直接适用效力的法律。但实践中,两者的差异所有减少,公共政策、公共秩序两个词的区别几乎被忽略,经常被互换使用。此外,表达与公共政策或公共秩序类似意义的常见表述包括"法律秩序""社会公共利益""善良风俗""国家制度的基本原则"等语。参见赵健:《国际商事仲裁的司法监督》,法律出版社 2000 年版,第 192 页;李双元:《国际私法(冲突法篇)》,武汉大学出版社 1987 年版,第 221 页。

[②] 参见[法]亨利·巴蒂福尔等:《国际私法总论》,陈洪武等译,中国对外翻译出版公司 1989 年版,第 493 页。

[③] See Albert Jan Van Den Berg, National Reports-Saudi Arabic, Yearbook Commercial Arbitration (VIX-1984), Law International, 1984, p. 16.

三、可仲裁事项的适用法律

无论争议案件由仲裁机构仲裁，还是由法院决定争议标的的可仲裁性，都需要有一定的法律作为标准来判断。

（一）当事人所选择的法律或合同应适用的法律

当事人在仲裁协议中所选择适用的法律也可决定争议的事项是否可以通过仲裁的方式解决。这种法律适用方式充分体现了当事人意思自治原则，尊重了双方当事人的意见。例如在案例3中，比利时上诉法院在对比利时某公司诉瑞士某公司一案所涉及的争议标的的可仲裁性的问题上，依据瑞士法作出了与布鲁塞尔一审法院相反的裁定。

（二）仲裁地或法院地法

如果当事人在仲裁协议中未能就该协议应当适用的法律作出约定，则由仲裁庭决定该仲裁协议应当适用的法律。在决定争议事项的可仲裁性的问题上，根据《纽约公约》第5条第1款第1项关于仲裁协议的效力问题的规定，可适用仲裁地法决定仲裁事项是否能通过仲裁方式解决。在国际商事仲裁实践中，鉴于各国对可仲裁事项的规定不同，适用不同国家的法律很可能会导致不同的结果。在各国关于国际商事仲裁的立法与实践中，适用什么样的法律确定争议标的的可仲裁性，归根结底取决于由谁来审理当事人所提交的案件。就同一争议标的而言，有的国家的法律允许通过仲裁解决，而有些国家出于国内公共政策方面的考虑，不允许通过仲裁方式解决。在这种情况下，即便当事人订有将争议提交仲裁解决的协议，并且也规定了合同应当适用的法律，审理案件的法院仍然可以以当地的强制性规则必须予以适用为由，认定仲裁协议无效，或者以仲裁裁决项下的争议依据当地的法律不能通过仲裁解决为由，拒绝承认与执行已经作出的仲裁裁决。因此，法院地法在决定可仲裁性事项的问题上发挥着决定性的作用。

例如，案例2就涉及争议标的的可仲裁性问题，意大利法院适用其本国法，认定当事人之间争议的标的为不可仲裁的事项，因而拒绝执行当事人之间的合同中的仲裁条款。在当事人申请执行外国仲裁裁决的情况下，按照《纽约公约》第5条第2款第1项的规定，如果被申请承认与执行地所在国的主管机关认定依照被请求承认与执行外国仲裁裁决的国家的法律，裁决事项为不可通过仲裁解决的事项，即可拒绝承认与执行该外国仲裁裁决，尽管该裁决事项依照仲裁庭认为应当适用的法律是可以通过仲裁解决的事项。

四、决定可仲裁事项及其适用的法律结构

在国际商事仲裁立法与实践中,有权对争议事项的可仲裁性作出决定的机构包括:

(一)仲裁机构或仲裁庭

仲裁管辖的前提条件是当事人之间存在有效的仲裁协议,如果一方当事人就仲裁协议项下的事项的可仲裁性提出异议,就可能导致该仲裁协议无效;而如果该仲裁协议无效,仲裁机构或仲裁庭就不能取得对该有关争议的管辖权。依照《国际商事仲裁示范法》和许多国家的法律以及仲裁机构的仲裁规则,仲裁机构或仲裁庭均有权对此作出决定。然而,此项决定只是初步的,如果该决定与法院的决定相悖,法院的决定优于仲裁庭或仲裁机构的决定。

(二)法院

法院对仲裁协议项下的争议是否能够通过仲裁解决作出的决定是最终的。在国际商事仲裁实践中,法院对此作出决定主要发生在以下三种场合:

1. 被请求执行仲裁协议的法院

当事人对仲裁协议的效力提出异议,可要求法院作出裁定。在国际商事仲裁实践中,多数案件都是订有仲裁协议的一方当事人首先向有关国家的法院起诉,而另一方当事人在应诉时以双方当事人之间存在着仲裁协议为由,请求法院裁定终止诉讼,将争议提交仲裁解决。如案例 3 中就是比利时某公司首先在比利时布鲁塞尔法院的商事法庭起诉的。

2. 裁决地国法院

如果裁决地国法院依其本国法认为,仲裁协议项下的争议不能通过仲裁方式解决,也会认定仲裁协议无效,并根据一方当事人的请求,撤销据此协议作出的仲裁裁决。

3. 被请求承认与执行仲裁裁决的国家的法院

按《纽约公约》第 5 条第 2 款第 1 项的规定,如果申请承认与执行地所在国的主管机关依照该国法律认定争议事项为不能通过仲裁解决的事项的,得拒绝承认与执行该裁决。

五、争议可仲裁性的发展趋势

随着国际商事交往的加强,国际商事仲裁也随之发展,各国对于仲裁事项可仲裁性的判断标准也出现统一的趋势。各国大多采用有利于仲裁发展的方式来解释可仲裁的争议事项,其原因在于国家往往想发展成为仲裁中心或是仲裁本身的受益者,仲裁员水平也日益提高,因此,国家会将法院的重点更多放在国民

关心的事项而非私人商业纠纷上。① 对于公共政策的适用,各国的态度也日益谨慎,如果一般的违法合同就是违反公共利益,就不能仲裁,将大大损害仲裁独立性条款的效力,只有在非常特殊的情况下,双方当事人以违反社会公共利益和基本道德为基本出发点而订立的自始违法合同中的仲裁条款才自始无效。② 同时,商业交往和经济发展使得许多新经济对象出现,也渐渐被纳入仲裁的领域,如证券、反垄断和知识产权领域等。

(一)证券交易的可仲裁性

证券交易是一种投资方式,涉及的范围非常广泛,包括证券交易所和其成员之间、各个交易机构之间、经纪人与客户之间的关系等,在这些关系中,最令人瞩目的就是经纪人与客户之间的争议及其解决方式。证券交易仲裁主要就是指经纪人与客户之间争议的仲裁。

证券争议仲裁最早可追溯至1972年纽约证券交易所,自此,各个证券业自律组织纷纷建立了针对证券争议的仲裁程序。③ 1925年美国国会制定《联邦仲裁法案》,矫正了司法对仲裁的不友善立场。④ 其后,国会通过了两个主要立法来规制证券交易,即1933年《证券法案》与1934年《证券交易法案》。

在1953年的 Wilko v. Swan 案中,个人投资者在联邦地区法院对 Swan 经纪公司提起诉讼,诉称经纪公司的账户管理人向他传播虚假消息以及股票。美国联邦最高法院依据1933年《证券法案》裁定争议不能提交仲裁。20年后,美国联邦最高法院在 Scherk v. Alberto-Culver 案中则认定,1934年《证券交易法案》项下的请求权可以仲裁。该案中,美国公司购买了德国国民的商标和他在一些国家的其他资产,双方在美国、英国与德国进行谈判并在奥地利签署合同,合同约定在瑞士交付执行,并约定了在国际商会仲裁院进行仲裁的仲裁条款。美国联邦最高法院认为该案中的协议与 Wilko 案中协议的主要区别在于,该案中的协议是国际性的,如果本院不强制执行该国际协议的仲裁条款,则当事人可以在许多国家提起平行诉讼,由此使得国际商事争议的解决具有很大的不确定性。但该案并没有推翻 Wilko 案中确立的国内证券交易请求权的可仲裁性判决。

直到1987年的 Shearson/American Express, Inc. v. McMahon 案,美国联邦最高法院终于承认仲裁庭解决1934年《证券交易法案》第12条第2款争议的

---

① 参见杨良宜、莫世杰、杨大明:《仲裁法(从1996年英国仲裁法到国际商务仲裁)》,法律出版社2006年版,第513页。
② 参见赵秀文主编:《国际商事仲裁案例解析》,中国人民大学出版社2005年版,第98页。
③ See Constantine N. Katsoris, Roadmap to Securities ADR, 11 *Fordham J. Corp. & Fin. L.*, 2006, p. 417.
④ See Kurt A. Peterson, The Arbitrability of Claims Under the Federal Securities Laws, 12 *J. Corp. L.*, 1987, p. 356.

能力在国际交易与国内交易方面是相同的,在《证券交易法案》本身或其他立法中,没有任何迹象表明国会要禁止放弃对法定权利的救济,因此裁断国内证券交易争议具有可仲裁性。

美国对证券交易争议解决方式态度的转变反映了对仲裁这种争议解决方式的支持,也反映了现实的需要,即越来越多的私人将资金用于投资证券,毫无疑问随之也产生了越来越多的争议。因此,为减轻法院的压力,允许通过仲裁解决证券交易过程中的争议。

(二)反垄断争议的可仲裁性

由于反垄断而产生的争议与市场竞争利益密切相关,更与国家管理市场、维护竞争秩序的公共政策息息相关,因此,曾经诸多国家否定反垄断争议的可仲裁性。但在近几十年的发展中,各国法院采用了宽松态度,可仲裁事项呈现出扩大化趋势。欧美国家不断调整公共政策的范畴,一些涉及公共利益但却又同时涉及私益的案件进入仲裁视野。[①]

作为第一个颁布反垄断法律的国家,美国对反垄断争议可仲裁性的规定和实践对其他国家影响深远。1968 年,美国第二巡回法院法官在 American Safety Equipment Corp. v. J. P. Maguire & Co. 一案中指出,反托拉斯的争议并非单纯的私人争议,因而不能交由普通商业社会的仲裁员决定,该案例确定了著名的"美国安全规则"。随着商事仲裁的发展,美国法院对于反托拉斯争议可仲裁性的解释逐步放宽。在 1975 年的 Mistubishi Motors Corp. v. Soler hrysler-plymouth, Inc. 案中,美国联邦最高法院认为,不能以公共政策为由禁止将国际反托拉斯争议提交仲裁,从而推翻了在美国持续了近 20 年的"国家安全原则"。

在欧洲,法国巴黎上诉法院于 1991 年授权仲裁庭对违反强制性规则的行为给予制裁,并于 1993 年对制裁进行划分,即在欧洲竞争法律下仲裁庭无权裁决作出禁令或者罚款,但可以对违反强制性规则的行为给予民事制裁。德国 1998 年《仲裁程序修订法》删除了《反限制竞争法》第 91 条第 1 款关于反垄断争议可仲裁性的传统限制,即合同当事人之间涉及竞争、反垄断的争议可以交付仲裁裁决。

从美国和欧洲的立法和实践来看,承认反垄断争议的可仲裁性已经成为国际法制的趋势。

(三)知识产权的可仲裁性

广义的知识产权(intellectual property),包括一切人类智力创作的成果,即

---

① See Antoine Kirry, Arbitrability: Current Trend in Europe, 12 ARB. INTL. 386, 1996, p. 375.

《建立世界知识产权组织公约》中对知识产权所划定的范围,①包括对文学、艺术、科学作品、艺术家的表演、录音制品及广播的权利,还包括对人类在各领域的发明、科学发现、工业设计、商品商标、服务商标、商号和其他商业标记权利,也包括对制止不正当竞争的权利,以及所有源于工业、科学、文学、艺术领域智力活动所产生的权利。概言之,知识产权是指著作权、商标与专利权三项权利。在相当长时间内,尽管仲裁已经广泛应用于纠纷的解决,但知识产权领域却将其排除在外,包括法国、日本在内的诸多国家均规定知识产权争议不具有可仲裁性。涉及知识产权的争议主要有两类:一类是基于许可合同而产生的争议;另一类则是未经许可而擅自使用他人知识产权的侵权行为带来的对他人知识产权的侵犯。随着这两类案件的不断增加,一些国家才逐渐开始通过仲裁方式解决知识产权争议。

美国于1984年对《专利法》进行了修改,在第35编第135节增加了(d)款,该款规定:当事人在专利权发生期间,在美国专利和商标局长依法确定的期限内,可以决定将此项争议或与此有关的争议提交仲裁解决。在Kamakazi Music Corp. v. Robbins Music Corp.一案中,上诉法院准许了版权侵权索赔的可仲裁性。该案中的原告控告被告在一项许可期满后继续印刷和销售原告享有版权保护的作品。被告称此案为违约案件,应当交由仲裁,地区法院支持了被告的诉请。但是,由于仲裁裁决原告胜诉,被告不服,上诉至联邦第二巡回法院,上诉法院认为公共政策并不禁止将版权侵权索赔提交仲裁解决。② 在Saucy Susan Products, Inc v. Auied Old English, Inc. 一案中,法院裁定,涉及商标及商号的争议可以提交仲裁裁决。至此,美国从20世纪80年代开始,允许知识产权争议通过仲裁解决。

在大陆法系国家,对于一事项是否可以仲裁的标准是:国家对于未制定强制性规则的事项,由当事人自己决定。在这方面最典型的代表即法国1804年《民法典》第2059条的规定:"凡是可自由处分的权利,均可提交仲裁解决。"知识产权也是一种财产性权利,知识产权所有权人对于国家法律所赋予的对专利、商标或其他知识产权所享有的权利,当然也可以自由地处分。如果知识产权权利人与其他人订立许可、转让其权利的协议,并在协议中规定通过仲裁方式解决他们之间争议的条款,这样的仲裁协议就可以得到有关国家法院的强制执行。

---

① 参见郑成思:《知识产权法》,法律出版社2003年版,第5页。
② 参见〔美〕大为·普朗特:《美国的知识产权争议仲裁问题研究》,江波译,载《仲裁与法律通讯》1996年第5期。

六、我国的立法和实践

我国对于争议可仲裁性的规定，主要体现在1981年《关于我国加入〈承认及执行外国仲裁裁决公约〉的决定中的互惠保留声明和商事保留声明》、1987年《关于执行我国加入的〈承认及执行外国仲裁裁决公约〉的通知》中对"契约性和非契约性商事法律关系"的解释，以及1995年施行的《仲裁法》和2006年《最高人民法院关于适用〈中华人民共和国仲裁法〉若干问题的解释》（以下简称《仲裁法司法解释》）。

具体来说，商事保留是指我国只承认和执行对契约性和非契约性商事法律关系争议作出的仲裁裁决。按照最高人民法院1987年4月10日发布的《关于执行我国加入的〈承认及执行外国仲裁裁决公约〉的通知》，所谓"契约性和非契约性商事法律关系"，具体是指由于合同、侵权或者根据有关法律规定而产生的经济上的权利义务关系，例如货物买卖、财产租赁、工程承包、加工承揽、技术转让、合资经营、合作经营、勘探开发资源、保险、信贷、劳务、代理、咨询服务和海上、民用航空、铁路、公路的客货运输以及产品责任、环境污染、海上事故和所有权争议等，但不包括外国投资者与东道国政府之间的争端。我国《仲裁法》第2条和第3条对可仲裁事项作了原则性规定：依据第2条的规定，平等主体的公民、法人和其他组织之间发生的合同纠纷和其他财产权益纠纷，可以仲裁；第3条将婚姻、收养、监护、扶养、继承纠纷以及依法应当由行政机关处理的行政争议排除在外。

当然，纵观我国的立法和实践，我国证券和知识产权领域也出现了仲裁的立法和实践。依据国务院发布的《股票发行与交易管理暂行条例》第79条的规定，与股票发行或者交易有关的争议，当事人可以按照协议约定向仲裁机构申请调解、仲裁。同时，该法第80条规定，证券经营机构之间以及证券经营机构与证券交易场所之间因股票的发行或者交易引起的争议，应当由证券委员会批准设立或者指定的仲裁机构调解、仲裁。据此，国务院证券委员会指定中国贸仲为该条规定的证券争议的仲裁机构。在著作权方面，《著作权法》第54条规定："著作权纠纷可以调解，也可以根据当事人达成的书面仲裁协议或者著作权合同中的仲裁条款，向仲裁机构申请仲裁。"但我国在此方面的发展还不是很成熟，所涉及的也仅仅是著作权法领域。

第五节 商事仲裁的立法与实践

案例 1

FAMOUS APEX LIMITED 与珠海市某公司借款合同案[①]

FAMOUS APEX LIMITED(以下简称"FAL")与珠海市某公司(以下简称"甲公司")于 2007 年 9 月 5 日签订贷款合同约定,贷款方 FAL 在合同项下向借款方甲公司提供人民币 1 亿元的贷款,贷款将以等值外币支付。该合同第 12.2 条约定:"在本合同履行期间,如发生争议,各方应友好协商解决,如协商不成,任何一方均有权向中国国际经济贸易仲裁委员会华南分会按照申请仲裁时有效的仲裁规则进行仲裁,仲裁地点在深圳市,或由香港国际仲裁中心依据其规则和规定通过仲裁解决,仲裁结果是终局的,对各方均有约束力。除非仲裁机构另行裁决,仲裁费用由败诉方承担。"另 FAL 与甲公司及珠海市某置业有限公司(以下简称"乙公司")于 2007 年 9 月 5 日签订了股权质押协议,约定由甲公司以其持有的乙公司 85% 的股权向 FAL 提供不可撤销的持续性连带责任担保。该合同第 24.2 条的约定与上述贷款合同的仲裁条款相同。

在合同履行过程中,FAL 称其已于 2008 年 1 月 23 日向甲公司的外债账户发放了与人民币 1 亿元等值的港币贷款,已完全履行了 FAL 在贷款合同项下的发放贷款义务,而甲公司尚欠 FAL 本金人民币 81736489 元及相关罚息没有偿还,为此 FAL 于 2011 年 10 月 12 日向珠海中院提起诉讼,请求甲公司履行还款义务,并请求确认 FAL 有权就被质押股权在上述债权范围内优先受偿。

最高人民法院在对本案的复函中指出:本案系确认涉外仲裁协议效力案件。双方当事人签订的贷款合同和股权质押协议中均约定了内容相同的仲裁协议。当事人并未约定确定仲裁协议效力所应适用的法律,但约定可以由中国国际经济贸易仲裁委员会华南分会在深圳仲裁,或由香港国际仲裁中心依据其规则仲裁。《香港国际仲裁中心机构仲裁规则》第 15.1 条规定:"除非当事人另有明确约定,依本规则仲裁的,仲裁地为中华人民共和国香港特别行政区。"因此,涉案

[①] 《最高人民法院关于 FAMOUS APEX LIMITED 与珠海市保利三好有限公司借款合同一案涉外仲裁条款效力的请示的复函》(2013 年 3 月 5 日,〔2013〕民四他字第 7 号)。

仲裁协议约定了两个仲裁地,属于仲裁地约定不明。根据《仲裁法司法解释》第16条的规定,在当事人没有约定适用的法律且仲裁地约定不明的情况下,应适用法院地法即中华人民共和国法律来审查涉案仲裁协议的效力。该解释第5条规定:"仲裁协议约定两个以上仲裁机构的,当事人可以协议选择其中的一个仲裁机构申请仲裁;当事人不能就仲裁机构选择达成一致的,仲裁协议无效。"涉案仲裁协议既约定在深圳仲裁,又约定在香港仲裁,现FAL向珠海市中级人民法院起诉,表明其已经放弃通过仲裁方式解决纠纷。在没有证据证明双方已就仲裁机构的选择达成一致意见的情况下,涉案仲裁协议应认定无效。

保罗·赖因哈特公司申请承认和执行外国仲裁裁决案①

2012年2月3日,保罗·赖因哈特公司(以下简称"保罗公司")与湖北某纺织股份有限公司(以下简称"纺织公司")签订了两份编号分别为S023354、S023355的销售合同。两份合同的一般条款条件相同,其中第12条约定:"本合同订立时,受现行有效的国际棉花协会的规则和章程的约束。除非双方当事人得以取得友好协商协议,所有与本合同有关的纠纷将根据国际棉花协会的章程和规则并适用英国法律通过仲裁解决。除了为任何主张获取担保,你方(纺织公司)不得就适合仲裁解决的纠纷采取其他法律行动对抗我方(保罗公司),除非你方(纺织公司)已经首先从国际棉花协会处取得了仲裁裁决并根据协会的章程已经用尽了所有上诉程序。此条也适用我方(保罗公司)。"

2012年7月10日,保罗公司向国际棉花协会提起仲裁申请,仲裁庭于2012年11月9日作出仲裁裁决。后保罗公司向宜昌中院申请执行该仲裁裁决,纺织公司答辩并质证称:对保罗公司提供的事实和证据没有异议,但因公司已经停止生产经营,进入破产清算状态,现在无力履行该裁决。

湖北省高级人民法院在审理该案时认为,本案所涉仲裁裁决系在英国利物浦作出,由于我国和英国均已加入《纽约公约》,根据《民事诉讼法》第283条的规定,应依照《纽约公约》的相关规定对涉案仲裁裁决进行审查。同时,该法院认为,裁决中支付利息1699.66美元、1730.07美元及总额127989.63美元从2012

---

① 《最高人民法院关于申请人保罗·赖因哈特公司与被申请人湖北清河纺织股份有限公司申请承认和执行外国仲裁裁决一案请示的答复》(2016年5月26日,〔2016〕最高法民他11号)。

年11月30日起至保罗公司收到总额付款之日利息部分超出了保罗公司申请仲裁的范围,因此,根据《纽约公约》第5条第1款第3项的规定,对该部分不予承认和执行。

最高人民法院在对该案的复函中认为,人民法院对仲裁裁决是否存在《纽约公约》第5条第1款拒绝承认和执行的情形,必须依当事人的请求进行审查,当事人未请求的,人民法院不予审查。本案中,被申请人纺织公司未就《纽约公约》第5条第1款的情形提出不予承认和执行仲裁裁决的主张,湖北省高级人民法院依职权审查并拟依照《纽约公约》第5条第1款的规定不予承认和执行裁决的观点缺乏法律依据。

【思考题】

1. 商事仲裁涉及哪些法律渊源?我国有哪些关于商事仲裁的法律规范?
2. 我国商事仲裁的发展情况怎样?
3. 国际商事仲裁的发展趋势是什么?

商事仲裁是指当事人在自愿的基础上,将有关的商事争议提交给仲裁员进行审理,并依据法律或公平原则作出对双方当事人都有拘束力的裁决的一种争议解决方式。起初商事仲裁作为一种争议解决方式主要被各国运用以解决国内商事争议,之后随着各国商事交往与合作的迅速发展,商事仲裁受到国际社会的重视,被广泛运用于国际商事争议的解决。在商事仲裁国际化的过程中,为了适应国际商事仲裁实践的需要,缓和各国仲裁立法的冲突,国际社会开始了统一各国商事仲裁立法的国际商事仲裁立法工作。

一、国际商事仲裁制度的确立

(一)国际商事仲裁制度的确立

1. 普遍性国际法律文件

20世纪初,国际联盟主持制定了1923年《仲裁条款议定书》和1927年《关于执行外国仲裁裁决的公约》。前者规定各缔约国应当承认合同中的仲裁条款以及当事人之间订立的仲裁协议的效力。后者规定了缔约国应当承认与执行仲裁庭根据有效仲裁协议作出的仲裁裁决,以及不予承认和执行外国仲裁裁决的理由,但由于参加国家有限,其作用受到很大限制。

第二次世界大战后,在联合国的主持下制定了《纽约公约》,主要规定缔约国应当承认当事人之间订立的书面仲裁协议的效力,以及承认与执行此协议作出的仲裁裁决。该公约自实施以来,成为当今世界上适用最普遍的国际公约之一。

之后另一个比较有影响的国际公约是由世界银行主持制定的,于1965年在华盛顿签署的《解决国家与他国国民间投资争端公约》(以下简称《华盛顿公约》),该公约于1966年10月14日生效。根据该公约设立的解决投资争端国际中心(ICSID)为解决一缔约国与另一缔约国国民之间的投资争议提供便利。

1985年12月11日,联合国大会一致批准通过了《国际商事仲裁示范法》。该法的产生在联合国继《纽约公约》和《联合国国际贸易法委员会仲裁规则》(以下简称《贸法会仲裁规则》)之后,对当代各国的仲裁立法、仲裁实践和国际商事仲裁法理论发展,产生了深远影响。

这些关于国际商事仲裁的法律文件是各国仲裁制度一体化发展的重要体现,是各国在国际商事仲裁领域广泛开展国际合作的重要法律基础。

2. 区域性国际法律文件

在区域性的国际商事仲裁法律文件中,有重要影响的是1961年《欧洲公约》和1975年《美洲公约》。《欧洲公约》由联合国欧洲经济委员会主持制定,1961年4月21日在日内瓦签署,1964年1月7日生效。该公约的目的是尽可能排除欧洲各国的自然人或法人相互之间在有关国际商事仲裁组织工作中的困难,特别是临时仲裁情况下仲裁程序规则上的问题,以期推动欧洲贸易的发展。主要内容包括:公约适用范围、仲裁组织、对仲裁管辖权的抗辩、法院管辖权、解决仲裁争议应使用的法律、裁决的形式及其撤销等。

《美洲公约》由美洲国家组织主持制定,1975年1月30日在巴拿马召开的国际私法特别会议上通过,又称为《巴拿马公约》,于1976年6月16日生效。美国于1978年6月9日签署加入该公约。该公约对裁决的有效性、仲裁员的选任、仲裁程序规则、裁决的执行等作了规定,当事人未在仲裁协议中明确规定仲裁规则的,公约规定,应依美洲国家商事仲裁委员会的仲裁规则进行仲裁。

除此之外,还有1889年的《蒙的维地亚公约》(是全球最早的、拉美国家间签订的有关国际商事仲裁的区域性公约)等。

3. 各国法律文件

各国制定的调整国际商事仲裁关系的法律法规、规章,是国际商事仲裁法的重要渊源。如英国于1889年制定了自己的第一部《仲裁法》,此外还有1994年我国《仲裁法》,1999年韩国《仲裁法》,2004年日本《仲裁法》等。随着越来越多的国家采纳联合国《国际商事仲裁示范法》和成为《纽约公约》的缔约国,在国际商事仲裁领域,各国的国内法在很大程度上趋于统一。

(二) 我国国际商事仲裁制度的确立与发展

1. 国际商事仲裁制度在我国的确立与发展

新中国成立之后,首先发展了涉外仲裁制度,1956年,中国国际贸易促进委员会根据中央人民政府政务院1954年的决定,通过了《中国国际贸易促进委员会对外贸易仲裁委员会仲裁程序暂行规则》,组成第一届委员会,成立了对外贸易仲裁委员会。可以说,我国的国际商事仲裁起源于中国贸仲的仲裁实践。从新中国成立初期我国两个隶属于中国国际贸易促进委员会(也称"中国国际商会")的涉外仲裁机构——对外贸易仲裁委员会(现在是中国贸仲,并在上海、深圳等地设立了分会)和海事仲裁委员会成立开始,我国现代意义上的国际商事仲裁制度已经确立起来了。

其后,我国一系列涉及商事仲裁的立法,包括1982年《民事诉讼法(试行)》、1991年《民事诉讼法》、1994年《仲裁法》和2007年《民事诉讼法》均就国际商事仲裁问题单独作了专门性的规定。为了支持和促进我国国际商事仲裁业的健康发展,这些专门性的规定通常要比我国有关国内商事仲裁的立法规定宽松、灵活得多。同时,为了不断适应社会发展和国际竞争的需要,并增强自身的国际竞争力,两个涉外仲裁委员会还多次对其仲裁规则进行了修订,使得我国的国际商事仲裁制度日趋完善。1986年和1993年,我国又先后加入了《纽约公约》和《华盛顿公约》。此外,最高人民法院还颁布了一系列司法解释,如1995年《最高人民法院关于人民法院处理与涉外仲裁及外国仲裁事项有关问题的通知》、1998年《最高人民法院关于人民法院撤销涉外仲裁裁决有关事项的通知》等,这使得我国的国际商事仲裁制度进一步丰富和完善,并与国际社会的普遍做法日趋一致。

2. 我国国内仲裁制度的确立与发展

我国国内商事仲裁制度的发展可以说是一个充满艰难与曲折的过程,新中国成立至1994年《仲裁法》颁布的四十多年间,国家发展国内商事仲裁的热情高涨。1981年我国颁布了《经济合同法》,对合同纠纷规定了"一裁两审"制。1987年我国颁布了《技术合同法》,该法规定了"协议仲裁"和"或裁或审"制,但是没有规定"一裁终局"制。1990年我国颁布了《著作权法》,承认了"一裁终局"制。1993年颁布的《消费者权益保护法》规定,消费者和经营者发生消费者权益争议的,可以"根据与经营者达成的仲裁协议提请仲裁机构仲裁"。此外,众多部门纷纷设立仲裁机构,打造了一大批门类齐全、受案范围广的行业仲裁,包括经济合同纠纷仲裁、技术合同纠纷仲裁、劳动争议仲裁、消费纠纷仲裁等。但由于受当时计划经济体制的束缚,又缺乏科学的仲裁理论作为指导,同时对国外商事仲裁的普遍实践和发展趋势也缺乏了解和借鉴,导致了我国国内商事仲裁十分混乱和尴尬的局面。这个时期的商事仲裁并不是真正意义上的商事仲裁制度,国内商事仲裁制度的本质受到扭曲。在各种类型的仲裁并存的局面下,已经存在和不断产生的问题使得制定一部专门的仲裁法显得非常有必要。1994年8月31日,我国《仲裁法》公布,自1995年9月1日起施行。在《仲裁法》颁布实施后的数年中,其运用也并非尽如人意,1995年以来最高人民法院在仲裁领域发布的数十个司法解释就充分说明了这一点。

二、国际商事仲裁的发展趋势

(一) 未来仲裁机构的发展变化趋势

常设机构在国际商事仲裁中发挥的作用越来越大,特别是在一些争议标的额巨大的案件中。当今的常设性国际仲裁机构主要有国际商会仲裁院、斯德哥尔摩仲裁院、伦敦国际仲裁院、解决投资争端国际中心、美国仲裁协会、中国国际经济贸易仲裁委员会、香港国际仲裁中心以及新加坡国际仲裁中心。常设仲裁机构具有以下优势:第一,这些仲裁机构一般有自己的仲裁规则和建议当事人采纳的标准仲裁条款,这样当事人就不必为全面具体地订立仲裁条款耗费精力;第二,这些仲裁机构都有自己的仲裁员名册,被列出的仲裁员一般都是各个领域来自不同国家的专家和学者,他们都有着丰富的解决国际商事争议的经验;第三,这些常设机构都有专门的办事机构来集中组织和管理仲裁中的各项事项,这些都是决定争议能否得到独立和公正解决的关键,而且他们作出的仲裁裁决也更容易得到外国法院的承认和执行。

各主要仲裁机构所适用的仲裁规则目前趋于统一。尽管各常设仲裁机构均有自己的仲裁规则,这些仲裁规则在一些细节上存在这样或那样的区别,但就其所规范的主要内容而言,都是大同小异。这些内容主要包括:仲裁庭组成(包括仲裁员的指定方式及对仲裁员的异议及其处理)、仲裁庭的管辖权、仲裁地点及仲裁所使用的语言、仲裁申请书、答辩状及其他书状、证据的提出、仲裁审理方式、仲裁裁决的作出及应当适用的法律等。其中,联合国贸易法委员会在1985年主持制定的《国际商事仲裁示范法》,在协调和统一各国仲裁立法、各仲裁机构仲裁规则方面,发挥了重要的作用。

(二) 国际商事仲裁人才培养、仲裁合作、文化交流日趋活跃

随着国际商事仲裁的发展,各国仲裁机构为了发展仲裁事业、减少分歧、取长补短,彼此间互相沟通、互相交流、互相访问的活动日趋增多,这也推动了仲裁制度的国际统一化趋向。如中国贸仲和中国海事仲裁委员会每年都有大量的外事活动,加强与各国仲裁界和国际仲裁组织的交流与合作,既宣传了我国的国际商事仲裁事业,也加深了对外国仲裁状况的了解,交流了仲裁文化和经验。

（三）法院对国际商事仲裁司法监督的弱化

国际商事仲裁制度的存在和发展是在法院的司法监督下进行的。通过了解各国的仲裁立法和司法实践，《纽约公约》所确立的各国法院承认和执行外国仲裁裁决之标准的内涵和外延得以丰富，这使得各国法院对国际商事仲裁裁决的承认和执行的标准逐步统一，并且"从总体上体现出各国法院对国际商事仲裁裁决司法监督的弱化趋势。"从各国实施《纽约公约》的情况看，这种司法监督的弱化主要体现在：第一，可仲裁事项的范围放宽；第二，以公共政策为由拒绝承认和执行外国仲裁裁决的标准越来越严格；第三，以国内立法和判例使《纽约公约》第5条第1款规定的拒绝承认和执行外国仲裁裁决的理由更加明晰；第四，各国涉外仲裁机构和国际商事仲裁机构普遍授予仲裁机构或仲裁庭对管辖权的自主裁量权，以减少法院对仲裁协议的过度干预。这些措施使当事人的仲裁意愿能够得到更充分的保护，使得国际商事仲裁裁决的执行也更加容易、有效。在经济全球化的浪潮中，在不违反我国社会公共秩序的情况下，我国法院对国际商事仲裁裁决司法监督的范围必将不断缩小，程度必将不断弱化。

（四）新的仲裁方式的发展——网上仲裁

新技术、新材料、新能源的发展，将影响国际商事仲裁的趋势。21世纪是信息化、网络化的时代。随着信息化社会的日渐成熟，网络已经成为日常商事交往的一个重要平台，尤其是各种网上交易更是蓬勃发展。然而，电子商务在给传统的商业交易和经营模式带来革命性的变化的同时，其自身也面临着种种挑战和障碍。在全球电子商务环境下，随着电子商务与网络的发展，大量跨国界、跨地区的交易必然引起大量的跨国界、跨地区的纠纷。以地域和国家主权概念为基础的传统司法管辖和实体法适用原则，在解决迅速发展的电子商务所引起的大量纠纷面前，已经不能适应这种全球性、快捷高效的电子商务的需要。于是在全球范围内，特别是电子商务发达的欧美，兴起了一种替代性的"在线纠纷解决机制"（即 Online Dispute Resolution，简称"ODR"，从替代性纠纷解决机制 ADR 演化而来）。

中国贸仲自2001年起在国内外率先采用网上仲裁的方式，为网络域名及通用网址等争议提供快捷高效的网上争议解决服务。截至2008年底，其网上争议解决中心已受理并审结各类争议1000多件，积累了丰富的网上仲裁经验。中国贸仲为适应当事人以快捷方式解决电子商务等纠纷的需要，充分利用网上解决域名争议的经验，针对电子商务纠纷及其他经济贸易争议，于2009年1月8日通过了《中国国际经济贸易仲裁委员会网上仲裁规则》（2009年5月1日起施行）。该规则与我国已经颁布实施的与电子商务有关的法律、法规密切衔接，以充分保证网上仲裁与我国法律体系的兼容性，进一步促进我国电子商务和网络经济的健康发展。

 本章思考题

1. 替代性争议解决方式的优缺点是什么？
2. 替代性争议解决方式在我国的发展趋势怎样？阻碍该方式在我国发展的因素有哪些？
3. 比较仲裁与诉讼在解决跨国民商事争议中的优劣。
4. 可仲裁的争议事项会受到哪些因素制约？有什么变化？

参考阅读文献

1. 韩健:《现代国际商事仲裁法的理论与实践》(修订本),法律出版社 2000 年版。
2. 杨良宜:《国际商务仲裁》,中国政法大学出版社 1997 年版。
3. 林一飞:《国际商事仲裁法律与实务》,中信出版社 2005 年版。
4. 邓杰:《略论国际商事仲裁的优势及其实现途径》,载《甘肃政法学院学报》2001 年第 4 期。
5. 屈广清:《国际仲裁制度的发展与趋同——兼论国内仲裁与国际商事仲裁的接轨》,载《中国政法学院学报》1995 年第 4 期。

第二章 仲 裁 协 议

掌握仲裁协议对书面形式的要求、仲裁协议包含的一般内容,熟悉仲裁协议对法院、仲裁员和当事人的效力,了解仲裁条款的独立性,以及我国的立法与实践对仲裁协议的要求。

第一节 仲裁协议的形式和内容

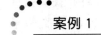

A 公司与 B 公司还款协议纠纷案[①]

1995 年 5 月 22 日,作为卖方的日本 B 公司与作为买方的中国 A 公司代表 G 先生签署了买卖冷轧钢板的合同。B 公司将货物交付给 A 公司,但 A 公司未支付货款,双方遂于 1995 年 12 月 19 日签订还款协议书,该协议书上的仲裁条款约定:"对上述问题发生纠纷,双方友好协商解决。如协商仍不能解决,将通过仲裁机构解决。"后双方因货款问题发生了争议。在追索货款的过程中,B 公司曾于 1996 年 9 月 26 日向 A 公司发出传真,传真的内容是:"A 公司 G 先生:贵公司 1996 年 9 月 22 日传真收悉。关于我社与贵公司之间就 4266.632 吨冷轧钢板贷款之事,请贵公司尽快按照双方于 1995 年 12 月 19 日订立的还款协议办理。否则,我社只有被迫按照还款协议第 4 条之规定向中国贸仲提请仲裁解决。以上请于 1996 年 9 月 28 日以前传真回复。"A 公司的签约代表 G 先生于 1996 年 9 月 26 日当天作出答复称:"如贵公司坚持仲裁,我公司只能奉陪。"于是,B 公司向中国贸仲提请仲裁,称 A 公司的行为已严重地违反了还款协议书的规

[①] 参见杨荣新主编:《仲裁法学案例教程》,知识产权出版社 2004 年版,第 89 页。

定。中国贸仲受理了本案。

被申请人A公司向仲裁委员会提出管辖权异议,认为申请人B公司与被申请人A公司就仲裁机构、地点等事项并未达成一致意见,因此,仲裁协议无效。

A公司、佘某某与B 公司确认股权转让协议仲裁条款效力案[①]

申请人A公司、佘某某与被申请人B公司于2007年5月15日签订某五金机械有限公司股权转让协议,协议第5条约定:"本协议签订后,若有争议或违约各方应通过友好协商解决,如协商不能解决则由当地外经贸部门进行调解,经调解无效后由中国对外经济贸易仲裁机构进行仲裁或当地法院诉讼解决。"此后,双方当事人就协议履行发生纠纷。A公司、佘某某曾就与B公司的股权转让纠纷提起诉讼。厦门市中级人民法院于2008年10月25日作出〔2008〕厦民初字第369号民事裁定书,以"双方当事人在合同中约定了包含以仲裁解决争议的纠纷解决方式,故法院受理本案没有合同依据。若该条款存在瑕疵,则当事人可以补充约定或重新协商予以完善,人民法院并不当然拥有管辖权。若该仲裁协议无效,只有在其被确认无效之后,人民法院才享有管辖权"等为由,裁定驳回原告A公司、佘某某的起诉。A公司、佘某某遂向厦门市中级人民法院申请确认上述协议约定的仲裁条款无效。

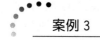

A公司与B公司仲裁事项范围确认案[②]

美国A公司与中国B公司缔结了一项合同,合同中的仲裁条款规定:"产生

---

① 参见万鄂湘主编,最高人民法院民事审判庭第四庭编:《涉外商事海事审判指导》(2009年第1辑),人民法院出版社2009年版,第79页。

② 参见杨荣新主编:《仲裁法学案例教程》,知识产权出版社2004年版,第103页。

于本协议履行过程中的任何性质的任何争议应提交中国贸仲进行仲裁。"后 A 公司声称该合同的陈述中存在欺诈,便向中国贸仲提请仲裁,请求确认该合同无效。而 B 公司则向法院提出,中国贸仲对因合同的陈述中存在欺诈而产生的争议,即合同的有效性问题的确认没有管辖权,因为其超出了仲裁事项的范围。

某电子股份有限公司与比利时某产品有限公司确认经销协议仲裁条款效力案[①]

申请人某电子股份有限公司(以下简称"电子公司")与被申请人比利时某产品有限公司于 2006 年 6 月 18 日签订一份经销协议。协议第 11 条(j)款约定争议标的应提交调解委员会,不能达成调解时,仲裁解决。协议第 11 条(k)项的仲裁条款中约定:"产生于本协议的任何争议应根据《国际商会仲裁规则》由仲裁最终解决,仲裁地点应在厦门和布鲁塞尔之间转换。仲裁裁决应为终局并对双方均有约束力,而执行裁决的判决可以由有权管辖的任何法院提出。"此后,双方就协议履行发生纠纷。2008 年以来,双方往来邮件显示纠纷未能通过调解委员会解决,而就仲裁机构及首轮仲裁地点的选定问题双方亦未能达成补充协议。电子公司起诉至厦门市中级人民法院,申请确认经销协议中约定的仲裁条款无效。

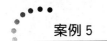

北京某体育休闲有限公司申请承认和执行外国仲裁裁决案[②]

北京某体育休闲有限公司(以下简称"甲公司")是在北京工商行政管理局朝阳分局注册成立的有限责任公司(自然人独资)。北京某投资咨询有限公司(以下简称"乙公司")是在北京市工商行政管理局注册成立的有限责任公司(外国自

[①] 参见万鄂湘主编,最高人民法院民事审判庭第四庭编:《涉外商事海事审判指导》(2009 年第 1 辑),人民法院出版社 2009 年版,第 82 页。
[②] 北京市第二中级人民法院(2013)二中民特字第 10670 号民事裁定书。

然人独资)。2007年7月20日,甲公司(甲方)与乙公司(乙方)签订合同书,约定甲、乙双方合作经营甲方现有的位于北京市朝阳区的高尔夫球场,并就甲公司的股权比例、投资金额等相关事宜达成协议,同时写明签订地在中国北京市。合同中还约定:如发生纠纷时,甲、乙双方首先应进行友好协商,达成协议,对于不能达成协议的部分可以向大韩商事仲裁院提出仲裁,仲裁结果对于甲、乙双方具有同等法律约束力。

合同签订后,经营过程中高尔夫球场土地租赁合同解除,土地被收回,高尔夫球场因此获得补偿款1800万元,两公司因土地补偿款的分配问题发生纠纷。为此,乙公司于2012年4月2日向大韩商事仲裁院提起仲裁,此后,甲公司也提起反请求。大韩商事仲裁院依据双方约定的仲裁条款受理了甲公司的仲裁申请及甲公司的反请求,适用中华人民共和国法律作为准据法,作出仲裁裁决。裁决作出后,甲公司于2013年6月17日向北京市第二中级人民法院提出申请,请求法院承认上述仲裁裁决。

北京市第二中级人民法院认为,由于涉案当事人、合同标的、双方之间法律关系的设立、变更、终止的法律事实均发生在中国境内,可见该案不具有任何涉外因素,因此,根据《民事诉讼法》和《仲裁法》的规定,该案当事人不能选择由境外仲裁机构进行仲裁,合同书当中的仲裁条款无效。

【思考题】

1. 案例1中,在提交仲裁解决争议时是否符合当时对仲裁协议形式要件的要求?
2. 通过传真达成的仲裁条款是否有效?
3. 仲裁协议形式要求有什么新发展?
4. 仲裁协议有效性的实质要件是什么?
5. 当事人之间关于仲裁机构、地点是否达成一致是否影响仲裁协议的有效性?
6. 仲裁协议中对意思表示的要求是什么?
7. 当事人约定争议可以向仲裁机构申请仲裁也可以向人民法院起诉的效力是什么?
8. 哪些事项是可提交仲裁的事项?超出仲裁事项范围的仲裁申请是否有效?
9. 仲裁协议是否必须约定明确的仲裁机构?
10. 仅规定仲裁规则和仲裁地点的仲裁协议是否有效?

一、仲裁协议的形式

与对一般民商事领域中合同或契约的要求不同,大多数有关仲裁的国际条约及各国国内的仲裁立法和仲裁实务均要求仲裁协议必须采用书面形式,否则仲裁协议无效。因此,国际商事仲裁协议必须采取书面形式已成为一项统一性的要求,为现代国际商事仲裁法所接受。[①]

(一) 传统的仲裁协议——书面形式的严格要求阶段

大多数国际公约及国家的国内法都规定仲裁协议必须采用书面形式或至少有书面证据证实。[②] 在仲裁法制化初期,各国对仲裁制度的敌视态度显现在仲裁协议的形式方面,则是设置严格的形式标准。意思自治是仲裁制度的核心,当事人的意思就是当事人的主观心理态度的反映,这种主观的心理态度只有通过客观的表现才能为人所知,为了具体表现当事人的主观心理才有了契约的出现,契约就是当事人在意思自治前提下所订立的协议。各国家的国内法和国际公约规定仲裁协议必须采用书面形式的目的和功能就在于确保当事人真正同意仲裁并证明仲裁协议的存在和内容。[③] 如果仲裁协议不符合这些形式要件则其效力就不被承认。《纽约公约》第 2 条规定,仲裁协议须以书面形式订立,并将仲裁协议的书面形式定义为"当事人所签订或在互换函电中所载明的仲裁条款或仲裁协议。"按照公约的规定,仲裁协议可分为两种:其一,经双方当事人签署的订立在合同中的仲裁条款或仲裁协议书;其二,在双方当事人通过互换或者往来函件、电文中所订立合同中的仲裁条款或者仲裁协议书。公约就协议的形式规定了协议必须经过签署才能生效的苛刻条件。《纽约公约》对仲裁协议书面形式的强调,对各缔约国仲裁协议的形式要件产生了直接影响,而其本身也是各缔约国在仲裁协议形式要件上坚持严格要求的产物。[④] 这些规定显然脱离商事实践中当事人通过来往书信、电报、传真等手段达成协议的实际情况。

(二) 仲裁协议的晚近发展——书面形式要求的降低

各国之所以规定仲裁协议必须采取书面形式,主要是为了保证仲裁的效率、

---

① See Julian D. M. Lew(ed.), *Contemporary Problems in International Arbitration*, Martinus Nijhoff Publishers, 1987, p.59.

② See Julian D. M. Lew, Loukas A. Mistelis and Stefan M. Kroll, Comparative International Commercial Arbitration, *Kluwer Law Internaional*, 2003, p.131.

③ Ibid., p.132.

④ 参见王勇民:《中国仲裁协议形式要件宽松化趋势评述》,载《仲裁研究》(第 15 辑),法律出版社 2008 年版,第 1—7 页。

便于证明仲裁协议的存在。[①] 换言之,只要当事人能正确表明自己的仲裁意愿,并有相应的证据证明就应当承认仲裁协议的有效性。实践中当事人表示仲裁意愿的方式不仅仅只有书面形式。随着现代社会的发展,人与人之间的交流也越来越多样化,当事人可以通过多种手段来表明自己的意愿。在这样一种大环境的影响下,如果还以书面形式作为仲裁协议有效的绝对条件,明显地限制了仲裁的发展。《纽约公约》对仲裁协议书面形式的严格要求也受到了学者的批判:"《纽约公约》的原旨是要支持国际仲裁,但它对书面的仲裁协议定得太局限、太严格,反而是去否定仲裁。"[②]因此,对仲裁协议书面形式要求进行改革势在必行。以1985年联合国主持下制定的《国际商事仲裁示范法》为标志,对仲裁协议的形式要求出现了降低的趋势。该法规定,仲裁协议满足下述情况之一即满足书面形式的要求:第一,仲裁协议载于当事各方签署的文件中,或载于往来的书信、电传或提供协议记录的其他电讯手段中,或在申诉书和答辩书的交换中当事一方声称有协议而当事他方不否认;第二,在合同中提出参照载有仲裁条款的一项文件,如果该合同是书面的而且这种参照足以使该仲裁条款构成该合同的一部分。[③]

在英国1996年《仲裁法》、德国1998年仲裁立法之后,国际上掀起了修改本国仲裁法律的高潮。这些立法不拘泥于《纽约公约》的表述文字,大大扩展了"书面"仲裁协议的范围:不但包含了传真、电子数据交换等反映现代通讯的最新成果,而且将商事交易中的习惯做法也纳入其中,并最大限度地满足了当事人的仲裁意愿,从而为仲裁协议的形式要件确立了新的国际规范。这些规范主要表现在以下几点:

(1)仲裁协议不必由当事人签署。

(2)仲裁协议可以由当事人默示接受。默示接受包括接受仲裁协议、接受一方当事人存在仲裁协议的主张以及接受仲裁的管辖等。

(3)仲裁协议可以不是书面的,只要有书面证据就可以,强调双方当事人的仲裁合意。

(4)扩大了"书面"的含义。刻录于有形介质或贮存于电子或其他介质上,能以可感知的形式重新恢复的信息,都是书面形式,包括了电子邮件、录音、录像等形式。

---

① 参见丁颖:《仲裁协议的书面形式要求——网络时代的再思考》,载《河北法学》2011年第3期,第139—146页。
② 杨良宜:《国际商务仲裁》,中国政法大学出版社1997年版,第121页。
③ 参见侯登华:《仲裁协议法律制度研究——意思自治视野下当事人权利程序保障》,知识产权出版社2012年版,第87页。

(三) 我国对于仲裁协议"书面形式"的扩展

我国《仲裁法》和 2000 年《中国国际经济贸易仲裁委员会仲裁规则(2015 版)》(以下简称《中国贸仲仲裁规则(2015 版)》)、2000 年《中国海事仲裁委员会仲裁规则》并没有对"书面形式"作出界定,但是在其他法律规定和法律实践中出现了对这一概念的扩展理解。我国《合同法》第 11 条规定:"书面形式是指合同书、信件和数据电文(包括电报、电传、电子数据交换和电子邮件)等可以有形地表现所载内容的形式。"《电子签名法》第 4 条规定:"能够有形地表现所载内容、并可以随时调取查用的数据电文,视为符合法律、法规要求的书面形式。"2006 年最高人民法院《仲裁法司法解释》第 1 条规定:"仲裁法第十六条规定的'其他书面形式'的仲裁协议,包括以合同书、信件和数据电文(包括电报、电传、电子数据交换和电子邮件)等形式达成的请求仲裁的协议。"《北京仲裁委员会仲裁规则》第 4 条第 2 款规定:"仲裁协议应当采取书面形式。书面形式包括但不限于合同书、信件和数据电文(包括电报、电传、电子数据交换和电子邮件)等可以有形表现所载内容的形式。"

二、仲裁协议的一般内容

仲裁协议的内容直接影响到仲裁协议的有效性和可执行性,但是对于一项有效和可执行的仲裁协议具体应包括哪些内容,各国的仲裁立法大多没有作出明确的规定。一般而言,一项完善的仲裁协议至少应包括以下内容:当事人的仲裁意愿、仲裁事项、仲裁地点、仲裁机构、仲裁规则以及仲裁裁决的效力。

(一) 仲裁意愿

当事人的仲裁意愿是仲裁协议最重要的内容,或者说是一项有效仲裁协议的首要内容。各国对仲裁协议的具体内容虽然缺乏统一的规定,但对仲裁协议中必须体现当事人的仲裁意愿却有一致的要求。随着商事仲裁的深入发展,越来越多的国家甚至认为只要能确定当事人的仲裁意愿,仲裁协议就是有效的和可执行的。

(二) 仲裁地点

当事人在仲裁协议中一般都会订明仲裁地点。仲裁地点在商事仲裁中非常重要,它的确定对仲裁协议的效力、仲裁程序法和实体法的适用,以及仲裁裁决的承认和执行等一系列重要问题都会产生直接的影响,如仲裁协议效力的确定一般而言以仲裁地国家的法律作为准据法。即使当事人另外作出了选择,其所选择的法律仍然不能违反仲裁地国家法律中的强制性规定,否则其选择无效。例如,一项没有约定仲裁机构但是约定了在北京仲裁的仲裁协议,在我国就会被认定为一项无效的仲裁协议,因为我国《仲裁法》对于在仲裁协议中明确约定仲裁机构是一项强制性要求。由此可以看出,仲裁地点是用于确定仲裁协议准据法的一个重要连接因素,仲裁地国家的法律则对仲裁协议的效力有着重要的甚至是决定性的影响。

（三）仲裁机构

当事人可以将争议提交仲裁机构进行仲裁,通常当事人在仲裁协议中会约定一个仲裁机构。将争议提交机构仲裁已成为越来越多人的选择。与临时仲裁相比,仲裁机构有一套自己的仲裁规则可供当事人直接适用,而且仲裁机构一般都有自己的仲裁员名册供当事人选择仲裁员。

（四）仲裁规则

仲裁规则是双方当事人和仲裁庭在整个仲裁过程中所必须遵守的程序规则,主要用于调整和规范商事仲裁的内部程序,制约商事仲裁活动的进行。在当事人选择机构仲裁的情形下,通常会直接适用仲裁机构的仲裁规则,例如在我国,《中国贸仲仲裁规则(2015版)》规定,当事人约定将争议提交中国贸仲仲裁的,视为同意按照其仲裁规则进行仲裁。现在,为了使当事人享有更大的自主权,越来越多的仲裁机构允许当事人选择适用他们认为合适的仲裁规则,如《中国贸仲仲裁规则(2015版)》同时规定,当事人在选择该仲裁委进行仲裁时,也可以对其仲裁规则进行变更或约定适用其他仲裁规则。而在选择临时仲裁的情况下,由于不涉及仲裁机构,当事人更需要自行拟定仲裁规则,或者是确定选择适用某些国际仲裁机构的仲裁规则,当然,当事人还可以授权仲裁员为其选择或确定仲裁规则。

（五）仲裁裁决的效力

几乎所有的国家都承认商事仲裁的"一裁终局"制,即裁决一经作出即具有终局性的效力,双方当事人应自动履行,任何一方当事人都不得就裁决中的事实认定或法律适用问题向法院提起上诉。不过,也有少数国家虽然不否认商事仲裁的一裁终局性,但是在一定范围内保留当事人就裁决可以上诉的权利,例如英国1996年《仲裁法》第69条第1款规定:"除非当事人另有约定,仲裁程序的一方当事人(经通知其他当事人和仲裁庭)可就仲裁程序中所作出的裁决中存在的法律问题向法院提起上诉。"因此,为了排除法院对裁决的实体审查,由当事人事先在仲裁协议中规定裁决的终局性效力,放弃对裁决提起上诉的权利就显得很有必要。

三、仲裁协议的实质要件

（一）当事人具有相应的民事法律能力

当事人的缔约能力是当事人民事权利能力和行为能力的体现,是法律对合同成立的最基本的要求。① 世界上绝大多数国家对自然人和法人订立国际民商事仲裁协议的能力并没有特别的规定,这便意味着自然人和法人订立仲裁协议能力的问题适用订约能力的一般规则,即具有订立其他合同能力的当事人便具有订立国际商事仲裁协议的能力。②

订立仲裁协议作为当事人做出的一种民事行为,其最基本的前提是当事人具有权利能力和完全的民事行为能力。限制民事行为能力人、无民事行为能力人签订的仲裁协议无效。

（二）仲裁的意思表示

请求仲裁的意思表示被普遍认为是仲裁协议最根本的要素。仲裁当事人必需具有订立仲裁协议的明确意思表示。现代仲裁制度中,请求仲裁的意思表示必须明确、肯定,符合仲裁一裁终局的本质以及具有排除法院管辖权的效力而不得有任何的模棱两可、语义不清或似是而非。③

1. 请求仲裁的意思表示是真实的

仲裁协议体现的是当事人的意思自治,请求仲裁的意思表示必须是体现当事人的真实意愿。有关仲裁的国际仲裁规则及国内立法普遍规定,一方以欺诈、胁迫等手段或迫使另一方当事人同其订立的仲裁协议无效。

2. 请求仲裁的意思表示是明确的

一项仲裁协议不仅仅需要体现当事人真实的意思表示,而且这种意思表示必须是明确的。通常情况下,有关仲裁的国际仲裁规则及国内立法都普遍要求仲裁协议必须采用书面形式。否则,当事人请求仲裁协议的意思表示就有可能因为模糊不清而被认定为无效。④

现实中,常常出现当事人在仲裁协议中约定以仲裁方式解决纠纷或者向人民法院起诉的情况。对于这种有瑕疵的仲裁协议,主流的观点认为仲裁协议无效,因为这种约定违反了"或裁或审"制度。当然,也有一部分人认为约定"仲裁解决纠纷或者向人民法院起诉"的表达之中已经肯定了接受仲裁的意思表示,根据"利于有效性"的解释原则,应当确认仲裁协议有效。对于这种有瑕疵的仲裁协议,如果一方当事人申请仲裁,而另一方当事人不对仲裁机构受理该案提出异议,则更适合认定为该仲裁协议有效。我国的司法实践即是采取这种做法,《仲裁法司法解释》第 7 条规定:"当事人约定争议可以向仲裁机构申请仲裁也可以

---

① 参见侯登华:《论仲裁协议效力的认定》,载《研究生法学》2003 年第 1 期,第 100—104 页。
② 参见张圣翠:《国际商事仲裁主体可仲裁性规则及其适用》,载《上海财经大学学报》2006 年第 3 期,第 40 页。
③ 参见高菲:《论仲裁协议》,载《仲裁与法律通讯》1995 年第 5 期,第 56 页。
④ 参见刘晓红、袁发强主编:《国际商事仲裁》,北京大学出版社 2010 年版,第 158 页。

向人民法院起诉的,仲裁协议无效。但一方向仲裁机构申请仲裁,另一方未在仲裁法第二十条第二款规定期间内提出异议的除外。"

(三) 仲裁事项

提交仲裁的事项系指当事人提交仲裁解决的争议内容,也有学者直接将其解释为争议的范围,[①]我国台湾地区学者则将仲裁事项称为"仲裁协议之标的"。[②] 提交仲裁的事项也被认为是仲裁协议最基本的要素之一,这是因为该要素对于整个仲裁程序具有极其重要的意义。

首先,它直接关系到仲裁协议的效力,即一项仲裁协议能否生效的问题。如果当事人在仲裁协议中未约定仲裁事项,仲裁庭即无权审理案件和作出裁决,因此仲裁协议是无法得到实际执行的,因而是无效的。

其次,当事人对提交仲裁事项的约定不仅需考虑到有关国家仲裁法对于有关争议事项的可仲裁性的规定,而且在机构仲裁的情况下,还需考虑到有关仲裁机构的仲裁规则中对其仲裁审理范围的规定,否则,在违反有关仲裁法或仲裁规则规定的情况下,会导致仲裁协议的无效或无法在指定的仲裁机构执行。

最后,当事人对仲裁事项的约定决定了仲裁庭的管辖权范围,仲裁庭审理和裁决的事项也仅限于仲裁协议所规定的仲裁事项。同时,在当事人依据仲裁事项申请仲裁时,当事人请求仲裁的事项与反请求事项只限于仲裁协议所规定的争议事项。[③]

一方面,提交仲裁的事项决定了仲裁范围。如果当事人在仲裁协议中未约定仲裁事项,仲裁庭就无权审理案件和作出裁决;而当事人对仲裁事项的约定也决定了仲裁庭的管辖权范围,仲裁庭审理和裁决的事项只能限于仲裁协议所规定的仲裁事项。

另一方面,并非所有的事项都可以提交仲裁。提交仲裁的事项,必须符合一个要求,即事项的可仲裁性。对于哪些争议是属于可仲裁的,不同国家的法律规定不尽相同,但通常认为,与合同有关的争议大部分都是可仲裁的。当仲裁申请超出仲裁事项时,该争议事项已不属于仲裁条款约定的仲裁事项,即对此事项,当事人之间没有请求仲裁的意思表示,所以超出仲裁事项的仲裁申请无效。

[①] 参见陈治东:《国际商事仲裁法》,法律出版社1998年版,第108页。
[②] 参见蓝瀛芳:《争议的仲裁容许性》,载《辅仁法学》(第五期),1986年1月,第261页。
[③] 参见刘晓红:《国际商事仲裁协议的法理与实证研究》,华东政法学院2004届国际法博士学位论文,第38—39页。

四、仲裁机构的特殊规定

（一）选择两个仲裁机构的

当事人在仲裁协议中可能约定既可以由甲仲裁机构仲裁，又可以由乙仲裁机构仲裁，即同时约定两个仲裁机构。对这种有瑕疵的仲裁条款，理论界和大多数国家和地区的仲裁立法和司法实践均采取了肯定态度，因为尽管当事人在仲裁协议中选择了两个甚至多个仲裁机构，使得仲裁协议存在了不确定因素，但只要在提起仲裁时选择其中之一的仲裁机构，该协议就可得到执行。

（二）只选择仲裁地点未选择仲裁机构的

我国《仲裁法》明确规定，仲裁机构是仲裁协议的最根本要素之一。仲裁协议如果没有明确约定仲裁机构，则无效。仲裁协议约定的仲裁机构，严格地讲，必须是准确无误地指出这个仲裁机构的名称。根据我国最高人民法院《仲裁法司法解释》第4条的规定，仲裁协议仅约定纠纷适用的仲裁规则的，视为未约定仲裁机构，但当事人达成补充协议或者按照约定的仲裁规则能够确定仲裁机构的除外。

（三）国内案件不能选择外国仲裁机构

在一国领域内发生的民商事纠纷如何解决，关系到该国的司法主权，通常为该国的公共政策所调整。当事人只能在法律准许的范围内作出约定，超出法律许可范围任意约定即应认定无效。如在案例5中，我国和韩国均为《纽约公约》的成员国，应当根据《民事诉讼法》第283条及《纽约公约》的相关规定进行审查。本案中订立合同书的双方当事人均为中国法人，合同书内容是双方就两公司在中国境内的高尔夫球场进行股份转让及合作，所涉的标的物在中国境内，合同亦在中国境内订立和履行。因此，合同书没有涉外民事关系的构成要素，不属于涉外合同，该合同以及仲裁条款所适用的法律，无论当事人是否作出明示约定，均应确定为中国法律。根据《民事诉讼法》第271条以及《仲裁法》第65条的规定，我国法律未授权当事人将不具有涉外因素的争议交由境外仲裁机构或者在境外临时仲裁，故本案当事人约定将争议提交大韩商事仲裁院仲裁的条款无效，且该条款之效力瑕疵不能因当事人在仲裁程序中未提出异议而得到补正，大韩商事仲裁院对本案争议不享有管辖权。

《最高人民法院关于人民法院处理涉外仲裁及外国仲裁案件的若干规定（征求意见稿）》第20条第7款规定："国内当事人将无涉外因素的争议约定外国仲裁的，经一方当事人申请，人民法院应认定仲裁协议无效。"最高人民法院民四庭在《涉外商事海事审判实务问题解答(一)》第83问中解释道:"根据《中华人民共和国民事诉讼法》第257条和《中华人民共和国仲裁法》第65条的规定,涉外经济贸易、运输、海事中发生的纠纷,当事人可以通过订立合同中的仲裁条款或者事后达成的书面仲裁协议,提交我国仲裁机构或者其他仲裁机构仲裁。但法律并未允许国内当事人将其不具有涉外因素的争议提请外国仲裁。因此,如果国内当事人将其不具有涉外因素的合同或者财产权益纠纷约定提请外国仲裁机构仲裁或者在外国进行临时仲裁的,人民法院应认定有关仲裁协议无效。"

必须指出的是,从国际商事仲裁实践来看,基于种种原因,对仲裁机构的约定这一仲裁协议实质要件的要求,并未被当事人严格遵守,不规范约定仲裁机构的情形屡见不鲜,如有的未约定仲裁机构,有的约定多个仲裁机构,还有的约定了错误的或不存在的仲裁机构。事实上,各国的立法和实践对于此类仲裁协议有效性的认定存在着较大分歧。因此,一项缺少确定仲裁机构的仲裁协议是否有效,完全取决于有关国家的仲裁立法以及一国司法对仲裁的态度。一些国家的仲裁法承认此类缺乏确定仲裁机构的仲裁协议的效力,由此看来,仲裁机构并非被视为仲裁协议中必不可少的实质要件。[①]

(四) 约定的仲裁机构不存在的仲裁协议的效力

实践中,有些仲裁协议虽然约定了仲裁机构,但约定的仲裁机构不存在,这种情况下,尽管在表面上看,仲裁协议具备了各项要素而有效,但由于所选择的仲裁机构不存在,仲裁协议是无法执行的,这就导致了该仲裁协议实际上是无效的。

(五) 约定的仲裁机构名称不准确的仲裁协议的效力

当事人在仲裁协议中约定的仲裁机构名称不准确是国际商事仲裁中常见的现象。对于这种有瑕疵的仲裁协议,理论界和司法实践中通常也会采取比较宽容的态度,只要能根据仲裁协议中的名称合理推断出当事人实际所指的仲裁机构,这样的仲裁协议就是有效的。

---

① 参见刘晓红:《国际商事仲裁协议的法理与实证研究》,商务印书馆2005年版,第39页。

第二节 仲裁协议的效力

案例

某出版进出口公司、某光盘技术公司与某科技公司买卖合同纠纷案[①]

2002年9月6日,某出版进出口公司(以下简称"甲公司")作为买方,某光盘技术有限责任公司(以下简称"乙公司")作为最终用户,某科技有限公司(以下简称"丙公司")作为卖方共同签订了 Convac 8800 型 DVD 光盘复制生产线买卖合同。合同中约定:"凡因本合同引起的或与本合同有关的争议,均应提交中国国际贸易促进会仲裁委员会按照该委员会颁布的仲裁程序暂行条例进行仲裁,仲裁地点在北京。仲裁委员会的裁决是终局的,双方均受其约束。任何一方均不得寻求法院或其他当局上诉以修改其决定。"2003年3月7日,三方签订第二次补充协议,其中第2条约定:乙公司同意丙公司更换同型号货物,6个月期限期满时生产线仍无法达到验收标准,丙公司同意无须中国国际贸易促进会仲裁,接受无条件退货并承担乙公司一切损失(以下简称"无须仲裁")。2003年9月27日,三方签订第三次补充协议,约定丙公司同意有三次合同中的相关条款执行并对合同内容不寻求任何仲裁或申诉(以下简称"不寻求仲裁")。后三方发生争议,甲公司、乙公司向法院起诉。原审法院认为,三方当事人在合同中约定了仲裁条款,其后又签订了第二次补充协议和第三次补充协议,丙公司在作出"无须仲裁""不寻求仲裁"表示时,其真实意思应在于当协议约定的补救措施未能达到效果时,丙公司就主动接受退货并赔偿损失,无须通过仲裁解决。因此,"无须仲裁""不寻求仲裁"并不是解除了主合同中的仲裁协议,当事人仍应通过仲裁来解决相关争议,故一审法院裁定驳回甲公司、乙公司的起诉。甲公司、乙公司不服一审裁定,提出上诉。二审法院认为,第三次补充合同明确约定丙公司同意"不寻求任何仲裁",这一条款对丙公司有约束力;甲公司、乙公司向法院起诉,视

[①] 参见万鄂湘主编,最高人民法院民事审判庭第四庭编:《涉外商事海事审判指导与研究》(2004年第3辑),人民法院出版社2004年版,第54—57页。

为已放弃仲裁。故法院可以受理本案,二审裁定撤销一审驳回起诉的裁定。最高人民法院根据二审法院的请示,在复函中确认:第二次补充协议和第三次补充协议中的相关约定并没有实质地改变当事人在原合同中通过仲裁解决纠纷的意思表示,当事人之间的仲裁协议仍然有效,应通过仲裁解决相关争议,法院对本案不享有管辖权。

【思考题】

　　1. 一项有效的仲裁协议的作用是什么?
　　2. 当事人在合同已约定了仲裁条款,争议发生时一方当事人向法院起诉,法院应如何处理?

　　确定仲裁协议的有效性对仲裁具有十分重要的意义。一项仲裁协议的效力是多方面的,归纳起来,仲裁协议在法律上的效力主要表现为以下三个方面:

一、对当事人的效力

　　仲裁协议也是合同的一种,仲裁协议的订立就表明当事人同意将以后可能发生的争议提交仲裁解决。① 对当事人而言,订立仲裁协议就意味着当事人承担了将争议事项提交仲裁的义务。仲裁协议是当事人意思自治的体现,仲裁协议一旦被确定为有效,任何一方当事人都要受其约束,履行仲裁协议项下的义务。这种约束的含义就是,依照仲裁协议,当事人将他们之间发生的争议提交相应的仲裁机构解决,而不能再采用诉讼的方式处理该争议,除非双方当事人另行达成诉讼解决纠纷的协议。② 如果一方当事人违背仲裁协议,将协议范围内的争议事项向人民法院提起诉讼,另一方当事人就有权依据仲裁协议提出抗辩,要求法院停止诉讼程序,将案件交由仲裁庭审理。2008年,在《最高人民法院关于订有仲裁条款的合同一方当事人不出庭应诉应如何处理的复函》中,明确指出法院在受理后发现有仲裁条款的,应先审查确定仲裁条款的效力。如仲裁条款有效,被告经合法传唤未答辩应诉,不能据此认定其放弃仲裁并认定人民法院取得管辖权。③

---

　　① See Gary B. Born, International Commercial Arbitration, Kluwer Law International, 2014, p. 225.
　　② 参见乔欣:《比较商事仲裁》,法律出版社2004年版,第164页。
　　③ 参见万鄂湘主编,最高人民法院民事审判庭第四庭编:《涉外商事海事审判指导》(2008年第1辑),人民法院出版社2008年版,第82页。

在当事人履行了将争议提交仲裁机构解决的主义务基础上,当事人还要履行相应的附随义务:当事人要积极地参与仲裁程序,确保仲裁程序的顺利进行;在仲裁庭作出裁决后,当事人应当承认该仲裁裁决的效力,履行裁决中相应的义务,除非该项裁决依相关国内法被认定为无效。

二、对仲裁庭或仲裁机构的效力

对于仲裁机构或仲裁庭,仲裁协议对其的效力直接表现为授权效力,一项有效的仲裁协议是仲裁庭或仲裁机构确定其管辖权的基础。仲裁机构是一种民间性的自治组织,在没有国家公权力的保障下,仲裁庭对当事人之间争议事项的管辖权,就源于仲裁协议的授权。当事人同意将有关事项提交仲裁,才使仲裁机构有了审理案件的权力,仲裁协议就是当事人之间合意的体现。换言之,是当事人通过订立仲裁协议授权仲裁机构或仲裁庭处理争议的权力。

仲裁协议对仲裁机构或仲裁庭的效力还表现在对仲裁庭或仲裁机构权力的限制上。仲裁庭或仲裁机构只能对仲裁协议范围内的争议事项行使管辖权,对于超出仲裁协议的事项仲裁庭或仲裁机构无权审理。即使仲裁庭或仲裁机构对超出协议的事项进行审理并作出了裁决,当事人也可以申请撤销该仲裁裁决。[①] 若当事人在仲裁协议中约定了仲裁庭的组成方式,仲裁庭的组成也应当按仲裁协议进行。[②]

三、对法院的效力

如果说仲裁协议对仲裁庭或仲裁机构是积极地授予其权力,对于法院而言,仲裁协议的效力则主要体现在消极地约束上。当事人协议将争议提交仲裁,但如果一方当事人拒不履行协议约定,坚持将争议提交诉讼,就会使仲裁协议形同虚设。为此,仲裁协议在授予仲裁庭或仲裁机构积极管辖权的同时,也排除了法

[①] 如王国林申请撤销〔2012〕中国贸深裁字第 3 号仲裁裁决案,参见万鄂湘主编,最高人民法院民事审判庭第四庭编:《涉外商事海事审判指导与研究》(2012 年第 1 辑),人民法院出版社 2012 年版,第 136 页;辉影媒体销售有限公司申请撤销〔2003〕大仲字第 083 号仲裁裁决案,参见万鄂湘主编,最高人民法院民事审判庭第四庭编:《涉外商事海事审判指导与研究》(2005 年第 1 辑),人民法院出版社 2005 年版,第 59 页;美国 GMI 公司申请承认英国伦敦金属交易所仲裁裁决案,参见万鄂湘主编,最高人民法院民事审判庭第四庭编:《涉外商事海事审判指导与研究》(2004 年第 1 辑),人民法院出版社 2004 年版,第 30—31 页。

[②] 如申请人瑞士邦基有限公司申请承认和执行英国仲裁裁决案,参见万鄂湘主编,最高人民法院民事审判庭第四庭编:《涉外商事海事审判指导与研究》(2007 年第 2 辑),人民法院出版社 2007 年版,第 32—42 页;韦斯顿瓦克公司申请承认与执行英国仲裁裁决案,参见万鄂湘主编,最高人民法院民事审判庭第四庭编:《涉外商事海事审判指导与研究》(2012 年第 1 辑),人民法院出版社 2012 年版,第 115—116 页。

院的司法管辖权。在仲裁协议有效的前提下,当事人必须将争议提交仲裁,法院不应当再受理当事人的争议,如已受理,当另一方当事人提出请求时,应立即终止诉讼程序,这也是对当事人意思自治的一种尊重。实践中,如果一方当事人向法院提起诉讼,另一方当事人也出庭应诉而没有提出管辖权异议,就表明双方当事人已达成了新的协议,原来的仲裁协议自动失效,在此种情况下法院有权受理当事人的争议。① 在本节案例中,最高人民法院最终认定了合同中仲裁条款的效力,在仲裁条款有效的前提下,当事人理应将争议提交仲裁,法院已受理的应当驳回当事人的起诉。

第三节 仲裁条款的独立性

案例

中国技术进出口总公司与瑞士工业资源公司侵权损害赔偿纠纷案②

1984年12月28日,中国技术进出口总公司(以下简称"中技公司")受某金属材料公司的委托,与美国旭日开发公司(以下简称"旭日开发公司")签订购买9000吨钢材的合同。后因旭日开发公司无力履约,经中技公司同意将卖方变更为瑞士工业资源公司(以下简称"瑞士公司")。1985年4月1日,瑞士公司与中技公司签订了合同修改协议书,将钢材数量由原定的9000吨增至9180吨,价款为229.5万美元不变,信用证支付。合同签订后,中技公司即通过中国银行于1985年4月19日开出以瑞士公司为受益人的不可撤销信用证。随后,瑞士公司将全套单据通过银行提交中技公司。同年6月1日,中国银行上海分行将全部货款汇付瑞士公司。货款汇付后,中技公司却迟迟未收到货物。从1985年7月起,中技公司连续以电传、函件方式与瑞士公司交涉。但瑞士公司或拒不答复,或以种种理由进行搪塞。经过多次交涉,中技公司仍未收到货物,后通过调查,中技公司发现瑞士公司所提交的钢材质量检验书、重量证书及装箱单均系伪

---

① See Guo Xiaowen, The Validity and Performance of Arbitration Agreements in China, *Journal of International Arbitration*, Vol. 11, Issue 1, 1994, pp. 47—56.
② 中国技术进出口总公司诉瑞士工业资源公司侵权损害赔偿纠纷上诉案,中华人民共和国最高人民法院公报,1989年,第1号,第26—28页。

造,货物并没有在提单中所载明的装运港装运上船。为此,中技公司向法院提起诉讼,要求瑞士公司返还货款并赔偿相应的损失。一审法院审理后判决中技公司胜诉。瑞士公司不服一审法院判决,向上海市高级人民法院提出上诉,其上诉的理由之一就是双方签订的购销合同中有仲裁条款,原审法院对本案无管辖权。上海高院认定,瑞士公司利用合同形式进行欺诈,已超出履行合同的范围,不仅破坏了合同,而且构成了侵权。双方当事人的纠纷,已非合同权利义务的争议,而是侵权损害赔偿纠纷。中技公司有权向法院提起侵权之诉,而不受双方所订立的仲裁条款的约束。

【思考题】

1. 什么是仲裁条款的独立性?仲裁条款独立性的依据是什么?
2. 我国立法和实践中是如何规定仲裁条款独立性的?

一、仲裁条款独立性的含义及理论依据

(一) 仲裁条款独立性的含义

仲裁协议有两种表现形式:合同中的仲裁条款及专门的仲裁协议书。仲裁协议书是当事人就争议解决方式而专门订立的,其本身就独立于合同,其效力的确定是根据仲裁协议有效性的规则来判断,不受主合同效力的影响,这已为各国的仲裁实践和仲裁规则所确认。当仲裁协议是合同中的一个条款,其效力是否受主合同的影响则是不确定的。仲裁条款独立性原则就是针对合同中的仲裁条款而言的,其含义是:包含于主合同中的仲裁条款的效力不受主合同效力的影响,仲裁条款与主合同在效力确定上是两个完全独立的合同,主合同无效并不必然导致仲裁条款的无效。也就是说,在主合同因某种原因无效或失效的情况下,当事人仍然可以将争议提交仲裁,仲裁条款本身并不因主合同的无效或失效而当然无效或失效,除非该仲裁条款依其所适用的法律被确定为无效。仲裁条款独立性原则现已成为国际仲裁理论的基石,为各国立法和实践所普遍接受。

(二) 仲裁条款独立性原则的理论依据

首先,仲裁条款独立性原则是尊重当事人意思自治的体现。意思自治是国际商事仲裁中的一项基本原则,对于仲裁协议效力的判断也应遵从这一基本原则。当事人在订立合同时就约定将相关争议提交仲裁,因此,在争议发生时,即使主合同无效或失效,也应尊重当事人的意思自治确定仲裁条款的效力,允许当事人通过仲裁解决相关争议。

其次,仲裁条款自身的特殊性。仲裁条款虽然是合同的一部分,但它并不同于合同中的其他条款,基于其自身的特殊性,也不应当将仲裁条款简单理解为合同的一个部分。合同中的其他条款规定的是双方当事人之间的权利义务关系,违反这些条款的直接后果是产生损害赔偿问题;但仲裁条款是当事人之间共同承担的权利义务,即根据双方之间的约定将他们的争议提交仲裁解决,违反仲裁条款并不产生损害赔偿问题。换个角度来说,仲裁条款是主合同的结果事项,它在将来有关事项出现或不出现的情况下才加以运作,而不是双方当事人在订约时就期望实施的。[①] 因此,在确定仲裁条款效力时,应独立于主合同的效力来判断。

最后,支持仲裁发展的国际趋势。仲裁作为一种争议解决方式,因其不同于诉讼的快捷、方便等特点,已受到越来越多的当事人青睐,各国的立法和实践中也愈来愈多地体现了支持仲裁的发展趋势。从当前的国际形势来看,并非所有的国际争端都适合用司法程序来解决,仲裁已成为一种普遍的替代性纠纷解决方式。[②] 确认仲裁条款的独立性是为了保证仲裁条款的效力不受主合同效力的影响,减少对仲裁条款的限制,是支持国际商事仲裁发展的表现。

二、仲裁条款独立性的确立和发展

对于仲裁条款的独立性问题经历了一个从不承认到承认的过程。传统观点认为,仲裁条款是主合同不可分割的一部分,主合同无效,包含于主合同中的仲裁条款亦当然无效。这种观点的主要理由是,作为主合同一个组成部分的仲裁条款,是针对主合同的法律关系而起作用的。既然主合同无效,那么附属于主合同的仲裁条款因此就失去了存在基础,仲裁条款就当然无效。[③] 传统观点认识到了仲裁条款包含于主合同的特点,但忽视了仲裁条款自身的特性,正如上文的分析,仲裁条款对主合同的依存绝不表现在它与当事人实体权利义务的联系上。仲裁条款是合同当事人通过协议对于第三方的授权,这种授权的目的在于选择和安排一种纠纷解决方式,即当他们之间发生约定的因合同而起或与合同有关的争议时,他们应将争议交由第三方通过仲裁方式解决。[④] 仲裁条款是主合同的一个部分这点是毋庸置疑的,仲裁协议与主合同之间的关联也不言而喻。两者的关联性体现在:第一,仲裁条款因主合同的订立而订立,并随主合同的全部

---

① 参见乔欣:《比较商事仲裁》,法律出版社 2004 年版,第 149 页。
② See Manuel Indlekofer, International Arbitration and the Permanent Court of Arbitration, *Kluwer Law International*, 2013, p. 131.
③ 参见刘想树:《仲裁条款的独立性问题》,载《现代法学》2002 年第 3 期,第 90—96 页。
④ 参见赵宁:《仲裁协议独立性的法理与实践》,载《兰州学刊》2003 年第 3 期,第 97—100 页。

履行而终止;第二,仲裁条款效力的实现通常以发生与主合同有关的争议为前提条件,没有争议,仲裁条款的效力就无从实现;第三,仲裁条款约定的提交仲裁庭和仲裁员仲裁的事项应是关于主合同的争议,而非其他性质的争议。[①] 因此,仲裁条款与主合同的联系主要体现在仲裁条款效力的实现有赖于主合同争议的发生。

  传统观点从法律逻辑上来看有其存在的道理,但随着国际经济贸易的发展,越来越多的国家确立了鼓励商事仲裁发展的政策,这种严格限制仲裁条款效力的做法越来越多地遭到批判和抛弃。以仲裁条款表现的仲裁协议极为普遍,如果合同当事人一方在他方提请仲裁时主张合同无效,仲裁庭就不得不先让当事人取得法院关于合同有效的判决,才得以开始仲裁程序,那么整个仲裁制度就失去了存在的基础。在此背景下,仲裁条款独立性理念逐步确立和发展起来。[②] 一般认为,较早确立仲裁条款可以独立于主合同而存在的案件是 1942 年英国法院审理的海曼案(Heyman v. Darwins Ltd.)。[③] 该案涉及在一个无效合同中仲裁条款的效力问题,初审法院的 Macmillan 法官认为,如果合同自始不存在,那么作为合同一部分的仲裁协议也就不存在,因为在合同中包含着小协议。Macmillan 法官的观点是典型的传统观点。但上议院的 Simon 法官认为,合同中的仲裁条款与当事人之间达成的其他仲裁协议书一样,必须按照订立该协议时的具体情况下所使用的文字进行解释。如果双方当事人已经签署了有拘束力的合同,无论涉及该合同的效力,还是一方当事人是否违约,或者是否存在着一方当事人不再继续履行或者双方当事人都不再继续履行合同的情况,这样的争议都应当视为"与合同有关的""根据合同产生的"或"合同项下"的争议。而所有这些争议,都应当通过仲裁的方法而不是诉讼的方法解决。上议院的 Diplock 法官在 1981 年审理另一案时再次确认了仲裁条款的独立性原则,他在提及海曼案时明确提出,仲裁条款是一个从属于主合同的独立合同,因此,它可以独立于主合同而存在。

[①] 参见周婷婷:《仲裁条款的独立性问题》,载《仲裁研究》2008 年第 1 期,第 17—23 页。
[②] 参见刘晓红:《国际商事仲裁协议的法理与实证》,商务印书馆 2005 年版,第 131 页。
[③] 参见赵秀文:《国际商事仲裁法原理与案例教程》,法律出版社 2010 年版,第 87 页。

第四节 仲裁协议的转让

香港某集团与武汉某公司合营合同纠纷案①

香港某集团(以下简称"甲公司")与武汉某公司(以下简称"乙公司")签订了一份合营合同,双方在合同中约定将与合同有关的一切争议提交中国国际经济贸易仲裁委员会(CIETAC)仲裁。同年12月,武汉另一家公司(以下简称"丙公司")与乙公司签订协议,乙公司将其在合资公司的全部股权转让给丙公司。同时,丙公司还与甲公司签订了一份协议书,协议书中确认由丙公司替代乙公司作为合资公司的中方,合资公司也改名为武汉某高科技有限公司。协议书还对原合资公司章程和合资合同中的投资额、注册资本、经营范围作了修改,但未提及原合同中的仲裁条款。后双方发生争议,甲公司申请仲裁,而丙公司向武汉市中级人民法院申请确认仲裁条款无效。该法院经审理认为,依照我国《仲裁法》第18、19、20条和《民事诉讼法》第140条第11款的规定,裁定甲公司所依据的武汉某高科技有限公司合资合同的仲裁条款无效,不能作为确认双方接受CIETAC管辖权的依据。甲公司不服裁定,CIETAC亦向最高人民法院反映情况。最高人民法院认为武汉中院的裁定是错误的,指令湖北省高级人民法院按审判监督程序予以纠正,湖北省高院于1999年初作出终审裁定,肯定了CIETAC对该案的管辖权。

【思考题】
1. 如何理解仲裁协议的独立性?
2. 合同转让对原仲裁协议效力的影响如何?

---

① 武汉市中级人民法院〔1997〕武经终字第0277号民事裁定书。

一、理论上的分歧

本节案例涉及的是合同转让后原合同中仲裁条款的效力问题。对于这一问题,我国直到 2006 年《仲裁法司法解释》施行,才有了相关规定。在这一问题上,我国的司法实践走在了立法的前面。

在本案例中,对于合同转让后仲裁条款效力的认定,经历了一个从否定到肯定的过程。武汉中院依据仲裁协议独立性的原则,认为仲裁协议独立于主合同,当事人必须对合同转让后仲裁条款的效力作出明确的意思表示,否则仲裁条款无效。而本案例中,丙公司与甲公司签订的协议书只是对甲公司与乙公司之间合资合同的认可和部分更改,并未明确规定仲裁条款,据此,武汉中院认为合同转让后仲裁条款无效,仲裁庭对此案无管辖权。

武汉中院对本案的裁定看似在维护仲裁条款独立性原则,实则是对这一原则的错误理解,并将其用在了错误的场合,曲解了这一原则适用的本意。仲裁条款独立性是对仲裁条款效力的特殊规定,是指仲裁条款的效力独立于主合同。仲裁条款独立性意味着仲裁条款的某种无因性,仲裁条款是否有效应单独判断,不受主合同效力的影响。独立性并非意味着仲裁条款在文本上独立于主合同,换言之,在文本构成上,主合同和仲裁条款是在同一个合同中,但在效力判断上,仲裁条款和主合同则视为两个独立的合同。因此,合同转让时受让人是否接受了仲裁条款,只需看其是否排除或修改了该条款,不必一定得另作特定的意思表示。这对合同的所有条款都是一样的,只要受让人未排除某个条款,则表明该条款被接受了。[①] 仲裁协议独立性原则的出发点是尽量使仲裁协议有效,使其不受主合同效力的影响。而按照武汉中院的判决,在合同转让情况下,当事人必须对仲裁条款作出特别约定才能使之有效,这显然增加了仲裁条款在合同转让情形下生效的负担,与这一原则的初衷是相背离的。最高院经过审查适时地指出了武汉中院判决中的错误,认为协议书只是对原合营合同部分条款的变更,未变更的其他条款仍然有效。当事人没有对原合同中仲裁条款的效力提出异议,应视为对仲裁条款的默示承认。

合同转让时仲裁协议是否也随之转让的问题,一直是理论界争论不休的话题,目前存在两种截然不同的观点。一部分学者持赞同观点,认为仲裁协议是合同的一个部分,商事合同应当是一个整体,一方当事人将其权利义务转让给第三方时,所转让的是合同的整体,当然也就包括了该合同中的仲裁条款。而受让人

[①] 参见宋连斌:《合同转让对仲裁条款效力的影响——评武汉中苑科教公司诉香港龙海集团有限公司确认仲裁条款效力案》,载《中国对外贸易》2002 年第 12 期,第 45—47 页。

在接受转让的合同时,也是接受这个合同整体,只要受让人没有对其中的仲裁条款提出异议,就表明其接受该仲裁条款。另一部分学者则持反对观点,他们认为仲裁条款不必然地与合同一同转让,这一观点主要源于仲裁条款的独立说,即仲裁条款独立于主合同而存在,当主合同转让时,除非当事人对此有明确的约定,仲裁条款并不随之转让。对于仲裁条款的独立性问题前面已有详细介绍,在此不再赘述。两种观点都有其存在的理论依据,赞同论基于合同整体说,认为仲裁条款项下的权利义务是附属于主合同的,当主合同的权利义务转让时,附属的权利义务理应随之转让。而反对论则基于仲裁条款的独立性原则,认为仲裁条款中的权利是程序上的权利,不是合同的实体权利,不应受支配合同实体权利的规则的约束;另外,仲裁条款中不仅仅包括对当事人权利的约定,还有相关义务的规定,即不得将条款项下的争议提交法院解决的义务。对此义务,若没有得到受让人的明示同意,则不能转让。[1]

对于上述两种观点,实践中都有相应的判例。上述案例中,武汉中院的判决即是从反对论的观点出发,根据仲裁协议独立性原则,认为仲裁协议不随主合同的转让而转让,而最高人民法院则持赞同论的观点,认为只要受让人没有明确地表示反对,仲裁协议即随主合同的转让而对受让人生效。合同转让时仲裁条款的效力问题是仲裁协议效力扩张理论下的一种特定情形,随着国际商事仲裁的日渐活跃及仲裁制度的日趋完善,仲裁协议效力扩张问题受到越来越多学者的关注。在仲裁协议效力扩张理论下,有学者提出仲裁条款的独立性原则,是在商事交往实践中逐渐发展起来的,类似于一种习惯的形成,且这种"习惯"已经在国内以及国际仲裁中被各国所接受和大量适用。但它并不是一种法的基本原则,且在商事仲裁领域,国际仲裁立法以及各国国内仲裁立法中,仲裁协议独立性原则的作用是有限的,只是用来确保仲裁协议不会因为主合同无效而无效。在确定仲裁协议效力扩张的适用问题上,不应当以该原则为基础和依据,即在合同发生债权债务的转移时,仲裁条款的独立性并不能阻碍仲裁协议效力扩张至新的债权债务当事人。[2] 承认仲裁协议效力的扩张已为多数国家的司法判例所确认,合同转让时仲裁条款随之一并转移显然更符合这一理论。

对于合同转让时仲裁条款的效力问题存在上述两种完全不同的观点,实践中各国的做法也多有差异。按照目前多数国家有关的立法与实践,仲裁条款的独立性作为一项原则,仍然为大多数国家所认同。仲裁条款可以独立于主合同

---

[1] 参见赵秀文主编:《国际商事仲裁及其适用法律研究》,北京大学出版社2002年版,第51页。
[2] 参见王小莉:《仲裁协议效力扩张的主要表现形式及其问题研究》,载《仲裁研究》2010年第2期,第6—16页。

而存在,这是毋庸置疑的,但在合同转让时,人们往往将合同视为一个整体,合同转让理应包括对其中仲裁条款的转让。其中的理由是显而易见的:当出让人向受让人转让其合同项下的权利与义务时,受让人不可能不知道合同中所包含的仲裁条款,除非他提出证据证明他不知道该仲裁条款的存在。如果受让人在接受出让人向其转让的含有仲裁条款的合同时没有对此提出异议,并在转让协议上签了字,对于在履行该合同中发生的争议,就应当按照合同中的规定,提交仲裁解决。① 上述案例中,湖北省高院按审判监督程序作出的终审裁定,肯定了仲裁条款的效力,符合国际上多数国家的实践趋势。

二、合同转让的几种情形

上述案例中,乙公司是将其在合资合同项下的全部权利义务转让给丙公司,而在实践中还存在其他合同转让的情形。一般而言,按照合同转让的权利义务不同,可将合同的转让分为合同的概括转让、债权让与和债务承担三种情形。合同的概括转让,又称合同的承受,是指合同转让人将其在合同中整体的权利义务概括地转让给受让人,譬如上述案例中的合同转让。在这种合同承受的情形下,各国普遍适用的是仲裁条款"自动移转规则"(automatic assignment rule)。根据该规则,合同的转让人经合同另一方或者其他方当事人的同意,将其在合同中的权利义务概括移转给受让人,如果合同中订有仲裁条款,该条款对合同的受让人与合同的其他当事人具有约束力,除非受让人或债务人在合同转让时或得到合同转让通知时明确反对仲裁条款继续适用。②

关于合同的债务承担,合同法一般规定,债权人同意是使债务承担有效的最主要的条件。这种情形下,债权人同意是合同权利义务转让生效的前提条件,这是为了保障债权人债权的顺利实现。债权人需要考虑如果受让人不按约定履行合同义务时,可以采取何种救济措施来维护自身的利益,债权人在同意合同转让时,可以推定其默示同意了合同中的仲裁条款。因此,在债务承担情形下,除非债权人或受让人明确提出相反的意思表示,仲裁协议应视为与主合同一同转让给受让人。

合同债权让与,是在通知债务人的情况下将合同项下的债权转让给第三人,按照民法的一般原理,债权让与的情况下只需通知债务人即可,无须取得其同意。在未征得原债务人同意的情况下即转移合同项下的债权,其中的仲裁条款是否也一并随之转移,对于这一问题,学者们有着不同的看法。正如前文所述,

---

① 参见赵秀文:《国际商事仲裁法原理与案例教程》,法律出版社 2010 年版,第 99 页。
② 参见刘晓红:《国际商事仲裁协议的法理与实证》,商务印书馆 2005 年版,第 219 页。

一部分学者认为仲裁条款是附属于主合同项下的权利,应当与主合同其他条款项下权利一并随主合同转让。另一种观点则认为仲裁协议独立于主合同,是一种程序上的权利,不能仅仅通过主合同实体上权利的转让,而使受让人接受仲裁协议。对于这两个观点的分歧前文已有介绍,此处不再赘述。

第五节　中国的立法与实践

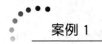

江苏某轻纺公司与香港某公司、加拿大某公司侵权纠纷案①

1996年5月5日,江苏某轻纺公司(以下简称"甲公司")与香港某公司(以下简称"乙公司")签订销售合同,约定由乙公司向甲公司销售旧电机。同年5月6日,乙公司与加拿大某公司(以下简称"丙公司")签订销售合同,约定由丙公司向甲公司销售旧电机。两份销售合同均约定:"凡因执行本合约所发生的或与本合约有关的一切争议,双方可以通过友好协商解决;如果协商不能解决,应提交中国国际经济贸易仲裁委员会,根据该会的仲裁规则进行仲裁。"货物到港后,经商查明:"本批货物主要为各类废结构件、废钢管、废齿轮箱、废元箱等"。甲公司遂以乙公司和丙公司侵权为由向江苏省高级人民法院提起诉讼。乙公司和丙公司提出管辖权异议,称本案当事人已对合同纠纷自愿达成仲裁协议,人民法院依法不应受理。

江苏省高级人民法院认为,本案是因欺诈而引起的侵权损害赔偿纠纷。虽然当事人在买卖合同中订有仲裁条款,但本案由于被告利用合同进行欺诈,已超出履行合同范围,构成侵权。双方当事人的纠纷已非合同权利义务的争议,而是侵权损害赔偿纠纷。原告有权向法院提出侵权之诉,而不受仲裁条款的约束。

乙公司与丙公司后就此判决向最高人民法院上诉,最高人民法院认为:本案争议的焦点在于仲裁机构是否有权对当事人间的侵权纠纷作出裁决。根据《仲裁法》第2条及《中国贸仲仲裁规则(2015版)》第2条的有关规定,仲裁机构有权受理侵权纠纷,因此本案应通过仲裁解决,人民法院无管辖权。本案双方当事

---

① 江苏省轻纺公司诉香港裕亿公司等侵权纠纷上诉案评析,中华人民共和国最高人民法院公报,1998年,第3号。

人在合同中明确约定发生纠纷通过仲裁方式解决,在该合同未经有关机关确认无效的情况下,当事人均应受该合同条款的约束。

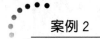

天津某船舶燃料有限公司与丹麦某石油(中国)有限公司、山东某海运公司船舶物料供应合同纠纷仲裁条款效力确认案[①]

2008年3月至5月期间,山东某海运公司(以下简称"甲公司")要求丹麦某石油(中国)有限公司(以下简称"乙公司")为其所属的三艘船舶加油,油款总计为657705.76美元。但除上述油款外,甲公司还向乙公司多支付了164621.3美元和205637.9欧元。2008年11月11日,甲公司与乙公司签订了油款支付情况确认书,共同确认甲公司重复支付上述油款。2009年6月30日,甲公司将上述油款支付情况确认书中的债权217071.45美元转让给了天津某船舶燃料有限公司(以下简称"丙公司"),但乙公司拒绝向丙公司支付款项,丙公司据此向天津海事法院提起诉讼,请求法院判令乙公司向其返还油款217071.45美元及利息。乙公司在答辩期间对本案提出管辖权异议,认为其与甲公司之间的船用燃油销售合同中约定了仲裁条款,该条款规定:"涉及本协议或与本协议有关的任何协议的纠纷都应在奥尔堡和/或哥本哈根按照生效的丹麦仲裁法通过仲裁予以最终解决,除非卖方另有决定。"故天津海事法院对本案无管辖权,请求法院驳回丙公司的起诉或将本案移送至有管辖权的法院。

天津海事法院认为,本案中丙公司对于乙公司的债权系由甲公司转让而来,是债权的受让人,其本身与乙公司之间并不具有船用燃油销售合同关系,因此涉案的仲裁协议为乙公司与甲公司之间的约定,并非与丙公司之间的约定。

天津高级人民法院认为,甲公司对乙公司享有债权的凭证是油款支付情况确认书,丙公司接受债权的依据也是该确认书,而在该确认书中并没有载明甲公司与乙公司之间的仲裁协议。因此,丙公司在接受债权时并不知道乙公司与甲公司之间存在单独的仲裁协议。根据《仲裁法司法解释》第9条的规定,"债权债

[①] 《最高人民法院关于天津中燃船舶燃料有限公司与丹麦宝运石油(中国)有限公司、山东烟台国际海运公司船舶物料供应合同纠纷仲裁条款效力问题的请示的复函》(2010年10月10日,[2010]民四他字第62号)。

务全部或者部分转让的,仲裁协议对受让人有效,但当事人另有约定、在受让债权债务时受让人明确反对或者不知有单独仲裁协议的除外",应当认定上述仲裁协议对丙公司没有约束力。此后,最高人民法院也同意了天津高级人民法院的意见。

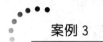
案例 3

日本双叶被服有限会社申请确认仲裁协议效力案①

该案中,双方当事人在合同中约定了仲裁条款,即"凡因执行本合同所发生的或与本合同有关的一切争议,双方应通过友好协商解决,如果协商不能解决,可以在中国的仲裁机构进行仲裁,也可以在其他仲裁机构仲裁"。日本双叶被服有限会社向人民法院申请确认该仲裁协议无效。最高人民法院认为,根据《仲裁法》第16条的规定,有效的仲裁条款应当包括明确的仲裁机构,而本案当事人之间的仲裁条款并没有明确约定仲裁机构;且当事人之间又未能就仲裁机构达成补充协议。因此,根据《仲裁法》第18条的规定,应当认定该仲裁条款无效。

【思考题】

1. 我国立法对仲裁协议的规定是否符合国际商事仲裁的发展趋势?
2. 国际社会如何看待仲裁条款独立性问题?
3. 实践中如何看待仲裁协议的转让?
4. 仲裁协议有效性的认定主体有哪些?

一、我国有关仲裁协议形式要件和实质要件的立法

我国目前的立法规定,一项有效的仲裁协议必须具备形式上的合法性和实质上的合法性。我国《仲裁法》第三章专门针对仲裁协议作出了规定,仲裁协议包括合同中订立的仲裁条款和以其他书面方式在纠纷发生前或者发生后达成的请求仲裁的协议。该规定与《纽约公约》中对仲裁协议的规定是一致的。《纽约

---

① 《最高人民法院关于申请人日本双叶被服有限会社申请确认仲裁协议效力案件的请示的复函》(2004年9月8日,〔2004〕民四他字第30号)。

公约》仅仅规定了达成仲裁协议的意思表示和仲裁协议的书面形式要求,我国立法在此基础上,又对仲裁协议应当具备的其他要件作了规定,可以分为对仲裁协议形式要件的规定和实质要件的规定。

(一)仲裁协议在形式上的合法性

无论是《纽约公约》还是我国《仲裁法》,都要求仲裁协议采用书面形式。关于书面形式的具体含义,我国《合同法》第 11 条规定:"书面形式是指合同书、信件和数据电文(包括电报、电传、传真、电子数据交换和电子邮件)等可以有形地表现所载内容的形式。"此外,我国《仲裁法》第 17 条规定了属于无效仲裁协议的情形:(1)约定的仲裁事项超出法律规定的仲裁范围;(2)无民事行为能力人或者限制民事行为能力人订立的仲裁协议;(3)一方采取胁迫手段,迫使对方订立的仲裁协议。随着电子商务的发展,我国法律对于书面形式的解释与国际社会对书面形式的解释基本上保持一致:只要是可以有形地表现仲裁协议的内容,无论其存在于何种媒介上,均可视为书面形式。

(二)仲裁协议有效性的实质要件

我国的《仲裁法》明确规定了仲裁协议有效性应当具备的条件,根据《仲裁法》第 16 条,仲裁协议应当具备以下内容才有效:当事人请求仲裁的意思表示、仲裁事项、选定的仲裁委员会。

1. 请求仲裁的意思表示

该意思表示是指双方当事人同意将他们之间已经发生的或者即将发生的争议提交仲裁解决。在合同中订有仲裁条款的情形下,一方当事人起草合同,另一方当事人即使没有在合同书上签字但以其实际行为履行了合同主要义务的,视为签署了该合同,是合同的一方当事人,合同中的仲裁条款当然对其具有约束力。

2. 仲裁事项

当事人提交仲裁解决的事项必须是依据国家的法律规定可以提交仲裁解决的事项。在国际商事交往中,一般合同项下的争议都可以提交仲裁解决,除非法律另有规定。我国《仲裁法》规定不能通过仲裁解决的争议事项包括:(1)收养、监护、抚养、继承纠纷;(2)依法应当由行政机关处理的行政争议。

3. 仲裁委员会

"选定的仲裁委员会"指仲裁协议必须写明仲裁机构。《仲裁法》第 18 条规定,如果当事人在仲裁协议中对仲裁事项或仲裁委员会没有约定或者约定不明,当事人之间可以达成补充协议;无法达成补充协议的,仲裁协议无效。当事人有时会在仲裁协议中约定既可以由甲仲裁机构仲裁,又可以由乙仲裁机构仲裁。对这种有瑕疵的仲裁条款,理论界和大多数国家和地区的仲裁立法和司法实践均采取了肯定态度,因为尽管当事人在仲裁协议中选择了两个甚至多个仲裁机构,使得仲裁协议存在了不确定因素,但只要在提起仲裁时选择其中之一的仲裁机构,该协议就可得到执行。但是根据我国《仲裁法》第 18 条的规定,在提起仲裁时,双方当事人就仲裁机构的确定未达成补充协议的,应认定仲裁协议无效。

二、我国仲裁条款独立性的相关规定及司法实践

关于仲裁条款的独立性,我国《仲裁法》已作了明确的规定,肯定了仲裁条款与主合同之间的独立性和可分性。《仲裁法》第 19 条第 1 款规定:"仲裁协议独立存在,合同的变更、解除、终止或者无效,不影响仲裁协议的效力。"我国《合同法》第 57 条也作了类似的规定:"合同无效、被撤销或者终止的,不影响合同中独立存在的有关解决争议方法的条款的效力。"从我国的相关立法中可以看出,仲裁协议的独立性已在我国立法上得到确认。

在我国的司法实践中,对于仲裁条款的独立性问题经历了一个从否定到肯定的过程。在 1995 年《仲裁法》颁布施行之前,我国立法上还没有对仲裁协议效力的明确规定,关于仲裁条款能否独立于它所依存的合同而独立存在,完全取决于各人民法院的裁定,因而在司法实践中存在着相互矛盾的情况。如本章第三节案例和本节案例 1 中,对于欺诈订立的合同中的仲裁条款的效力,法院就作出了完全不同的认定。江苏省轻纺公司案被认为是我国承认仲裁条款独立性的第一案。[①] 最高人民法院对此案的裁定具有划时代的意义,结束了我国地方法院对自始无效和欺诈合同中仲裁条款的效力问题作出相互矛盾的判决的状况,为以后各地方法院在处理类似案件时提供了指导。最高人民法院在判决中明确了仲裁条款独立性原则,即便合同是一方当事人通过欺诈方式订立,合同中的仲裁条款也可以独立于合同存在,因该合同而产生的争议,应当提交仲裁解决。仲裁条款独立性原则在我国立法和司法实践中都得到了充分的体现。

近年来我国有关国际商事仲裁的立法与实践已经证明,仲裁条款的独立性不仅在立法上有依据,在司法实践中也得到了确立和巩固。尤其是对于自始无效的合同以及通过欺诈而订立的合同中的仲裁条款的效力认定,顺应了国际商事仲裁立法与实践的发展趋势。

三、我国关于仲裁协议转让问题的立法规定与实践评析

我国对于这一问题一直没有明确的立法上的规定,直到 2005 年最高人民法院才在《仲裁法司法解释》第 8 条和第 9 条中对仲裁协议的转让专门作了规定:

---

① 参见乔欣:《和谐文化理念视角下的中国仲裁制度研究》,厦门大学出版社 2011 年版,第 176 页。

除非当事人之间另有约定,当事人订立仲裁协议后合并、分立的,协议对其权利义务的继受人有效。当合同项下的权利与义务向第三方转让时,债权债务全部或者部分转让的,仲裁协议对受让人有效,但当事人另有约定、在受让债权债务时受让人明确反对或者不知有单独仲裁协议的除外。由此可知,我国对这一问题的态度与多数国家的做法一致,充分尊重当事人的意愿,除非另有约定,合同转让时仲裁条款也随之转移。在本节案例2中,丙公司是基于甲公司与乙公司签订的油款支付情况确认书而取得对乙公司的债权,但该确认书中并没有载明甲公司与乙公司之间的仲裁协议。丙公司在接受债权时并不知道仲裁协议的存在,据此,法院认为仲裁协议对丙公司没有约束力。[①] 从我国的立法和相关的司法实践中可以看出,在我国,除非当事人另有约定或不知道仲裁协议的存在,合同转让后仲裁协议依然有效。

四、确定仲裁协议有效性的机构

当事人对仲裁协议的有效性提出异议时,应由谁来认定仲裁协议的效力是实践中经常会遇到的问题,对此各国仲裁立法和实践中的具体做法不尽相同。一般而言,在仲裁程序开始之前,如一方当事人认为仲裁协议无效、失效或无法执行而向法院起诉,司法程序中仲裁协议的效力当然只能由法院来决定;裁决作出后,如当事人就裁决申请承认和执行或者请求撤销或不予执行,此时由于已从仲裁程序过渡至司法程序,因而对裁决所依据的仲裁协议有效性的认定仍然只能由法院来进行。这两种情况是法院对商事仲裁支持和监督的重要表现,各国的做法别无二致。[②] 但从仲裁程序开始到仲裁裁决作出期间仲裁协议效力的认定机构,各国的做法存在一定差异。

(一)仲裁机构

由仲裁机构决定仲裁协议的效力这一做法目前在国际社会上还不太普遍,只有少数国家规定由仲裁机构来确定仲裁协议的效力,我国即为这一做法的典型国家。根据我国《仲裁法》规定,当事人对仲裁协议的效力有异议的,可请求仲裁委员会作出决定。我国一些仲裁机构的仲裁规则中也有相似的规定,如《中国贸仲仲裁规则(2015版)》就规定,仲裁委员会有权对仲裁协议的存在、效力以及仲裁案件的管辖权作出决定。如有必要,仲裁委员会也可以授权仲裁庭作出管辖权决定。有些国际性的仲裁规则也规定由仲裁机构决定仲裁协议的效力,

---

① 参见万鄂湘主编,最高人民法院民事审判庭第四庭编:《涉外商事海事审判指导与研究》(2010年第2辑),人民法院出版社2010年版,第109—112页。
② 参见邓杰:《商事仲裁法理论与实务》,兰州大学出版社2005年版,第63页。

2012年《国际商会仲裁规则》第6条就规定,若当事人对仲裁协议的存在、效力或范围提出异议,仲裁院应就仲裁是否继续进行以及应在何等范围内继续进行作出决定。仲裁院如依表面证据,认为一个仲裁规则要求的仲裁协议可能存在,则仲裁程序应继续进行。由仲裁机构确定仲裁协议的效力实际上剥夺了仲裁庭的正当权力,使仲裁庭无权决定自己的管辖权,而必须依附于仲裁委员会。这一做法不但在实践中难以操作,而且与国际上的普遍实践相违背,不利于我国商事仲裁的发展。

(二) 仲裁庭

由仲裁庭对仲裁协议的有效性予以认定,是当前大多数国家的做法。许多国家的仲裁立法和仲裁规则中都明确规定,仲裁庭有权就商事仲裁协议有效与否的问题作出管辖权决定。如德国1998年《民事诉讼法典》规定,仲裁庭可以决定自己的管辖权并同时对仲裁协议的存在或效力作出决定。英国2014年《伦敦国际仲裁院仲裁规则》规定,仲裁庭有权决定其管辖权,包括对协议是否自始存在、有效性或效力的异议作出决定。仲裁协议的有效性关系到案件的管辖权,赋予仲裁庭决定仲裁协议有效性的权力,使仲裁庭将其决定仲裁管辖权的权力与决定仲裁协议有效性的权力结合在一起,增强了仲裁庭的权力,仲裁庭的权力就更趋于完整。正因如此,这一做法得到了大多数国家的支持,目前已基本成为一种普遍的国际实践。

(三) 法院

法院基于其对仲裁的司法监督权,对关于仲裁协议效力的异议保留了必要的干预,在适当的情况下法院也可以直接处理对仲裁协议效力的异议。在仲裁程序进行中,法院可以在适当的情况下,对仲裁协议的有效性直接作出认定。换言之,在认定仲裁协议有效性的问题上,法院与仲裁庭或仲裁机构享有并存的权力。当然,为了尽量减少仲裁程序中的司法干预,法院的这项权力是受到严格限制的,一般是被限制在为商事仲裁提供必要的支持和协助的范围内。[①] 但在我国,法院在认定仲裁协议效力问题上享有优先于仲裁委员会的管辖权。《仲裁法》第20条规定:"当事人对仲裁协议的效力有异议的,可以请求仲裁委员会作出决定或者请求人民法院作出裁定。一方请求仲裁委员会作出决定,另一方请求人民法院作出裁定的,由人民法院裁定。"从我国的司法实践来看,当事人向法

[①] 参见邓杰:《商事仲裁法理论与实务》,兰州大学出版社2005年版,第63页。

院申请确认仲裁条款的效力是比较常见的情况。① 本节案例3中,就是当事人日本双叶被服有限会社向我国法院申请确认仲裁条款无效。根据我国法律规定,当事人向法院申请确认仲裁条款效力时,应当由法院确认仲裁条款的效力。此外,如前所述,仲裁程序开始之前或仲裁裁决作出之后,仲裁协议有效性的认定只能由法院来进行。而在裁决的执行阶段,法院亦可以根据当事人的申请对相关仲裁裁决的有效性作出认定,并决定是否予以撤销或拒绝承认和执行。司法实践中,当事人就外国仲裁机构所作的仲裁裁决向我国法院申请承认和执行的情况十分常见,在决定是否予以承认和执行时,法院就需要对相关仲裁裁决效力作出认定。②

本章思考题

1. 仲裁条款和仲裁协议书之间的区别在哪里?

2. 在合同中包含仲裁条款的情形下,主合同所依据的准据法是否也当然地适用于仲裁条款?

3. 国际商事仲裁协议的性质是什么?

4. 关于国际商事仲裁协议有效性的判定,你如何看待中国目前的立法与实践?

参考阅读文献

1. 杨荣新主编:《仲裁法学案例教程》,知识产权出版社2004年版。

2. 刘晓红、袁发强主编:《国际商事仲裁》,北京大学出版社2010年版。

3. 刘晓红:《国际商事仲裁协议的法理与实证》,商务印书馆2005年版。

---

① 例如,确认成都七彩服装有限责任公司与创始有限公司专营合同中仲裁条款效力案,参见万鄂湘主编,最高人民法院民事审判庭第四庭编:《涉外商事海事审判指导与研究》(2007年第2辑),人民法院出版社2007年版,第80—84页;关于西恩服务公司请求法院确认其与沧州乾成钢管股份有限公司签订的ZX090201-08购销合同中仲裁协议无效案,参见万鄂湘主编,最高人民法院民事审判庭第四庭编:《涉外商事海事审判指导与研究》(2012年第2辑),人民法院出版社2012年版,第122—125页。

② 例如,彼得·舒德申请承认及执行美国仲裁委员会裁决案,参见万鄂湘主编,最高人民法院民事审判庭第四庭编:《涉外商事海事审判指导与研究》(2007年第1辑),人民法院出版社2007年版,第87—93页;美国对外贸易有限公司申请承认和执行(美国)国际仲裁解决中心商业仲裁法庭裁决案,参见万鄂湘主编,最高人民法院民事审判庭第四庭编:《涉外商事海事审判指导与研究》(2009年第2辑),人民法院出版社2009年版,第87—92页;申请人天瑞酒店投资有限公司与被申请人杭州易居酒店管理有限公司申请承认仲裁裁决案,参见万鄂湘主编,最高人民法院民事审判庭第四庭编:《涉外商事海事审判指导与研究》(2011年第1辑),人民法院出版社2011年版,第174—180页。

4. 赵秀文:《国际商事仲裁法原理与案例教程》,法律出版社 2010 年版。

5. Julian D. M. Lew (ed.), *Contemporary Problems in International Arbitration*, Martinus Nijhoff Publishers, 1987.

6. Julian D. M. Lew, Loukas A. Mistelis and Stefan M. Kroll, Comparative International Commercial Arbitration, *Kluwer Law Internaional*, 2003.

第三章 仲裁管辖权

了解仲裁管辖权的来源,了解法院对仲裁管辖权及程序异议的裁决权,了解中国相关的立法与司法实践。

第一节 管辖权取得的契约性

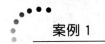

王某某申请撤销仲裁裁决案[①]

2006年,王某某、吴某某(我国台湾地区居民)与案外人戴某某三方签订合作协议,协议约定:三方合作以A商行的名义展开经营活动,其中王某某占有的股份为45%。2009年,王某某与吴某某又签订了股权转让协议书,该协议书中有一条款规定:"凡因本合同引起的或与本合同有关的任何争议,双方应友好协商解决,如协商不成,双方均同意提交贸仲华南分会调解中心进行调解,一方不愿调解或调解不成的,均应提交贸仲华南分会仲裁。"

2011年,吴某某依据股权转让协议书中的仲裁条款向中国贸仲华南分会提起仲裁。该案仲裁程序适用中国贸仲2005年施行的《中国贸仲仲裁规则》。王某某于2011年7月提交管辖权异议书,主张股权转让协议书未生效,故仲裁条款亦未生效。对此中国贸仲于2011年9月作出管辖权决定:(1)中国贸仲华南分会对该案具有管辖权;(2)该案仲裁程序应当在吴某某和王某某之间继续进行。2011年11月仲裁庭开庭审理该案,并裁决王某某补偿吴某某损失等。之

[①] 《最高人民法院关于王国林申请撤销中国国际经济贸易仲裁委员会华南分会(2012)中国贸仲深裁字第3号仲裁裁决一案的请示的复函》(2013年2月26日,〔2013〕民四他字第8号)。

后当事人王某某申请撤销仲裁裁决,理由为:(1)裁决书超出了仲裁请求范围,仲裁了无权仲裁事项;(2)仲裁庭受理及审理本案违反法律规定等。

本案中仲裁裁决为涉台仲裁裁决,因此,应参照《民事诉讼法》第258条第1款的规定审查。深圳市中院认为,原仲裁条款具有请求仲裁的意思表示和仲裁事项,亦选定了仲裁委员会,仲裁条款有效。王某某该撤裁理由不成立;王某某主张仲裁裁决超裁的理由成立,因为仲裁裁决具有《民事诉讼法》第258条第1款第4项规定的情形。综上所述,该项仲裁裁决违反了《仲裁法》和《中国贸仲仲裁规则》的相关规定,依法应予以撤销。

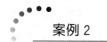
案例2

香港某有限公司申请执行仲裁裁决案[①]

2000年1月,香港某有限公司(以下简称"甲公司",系在香港注册登记的企业法人,)与南京某科技有限公司(以下简称"乙公司",系在南京注册的企业法人)签订了关于合作设立某科技有限公司的合作合同(以下简称"合同1"),但最终到审批机关办理批准备案登记手续时改为关于合作设立某咨询科技有限公司的合作合同(以下简称"合同2")。两份合同在公司名称、经营范围、投资总额与注册资本等处略有差别,但在争议的解决部分均约定了任何因本合同引起或与本合同有关的争议均应提交在北京的中国贸仲进行仲裁。

后双方在履行合作合同中产生争议。2004年4月甲公司向中国贸仲申请仲裁,后中国贸仲于2005年1月作出裁决,裁决乙公司停止继续从事计算机软件及硬件和系统集成产品的开发、生产、销售及售后服务。2004年10月,乙公司向中国贸仲申请仲裁,中国贸仲于2005年4月作出裁决,裁决终止合作合同,解散合作公司。2006年4月,甲公司以未经审批备案的合同1向中国贸仲再次提起仲裁申请,请求确认甲公司在2005年中国贸仲裁决生效后继续违约。2006年7月,甲公司提交变更仲裁请求申请书。2006年8月,中国贸仲发函,称合作合同仅对合同双方当事人具有约束力,故仲裁审理范围限于合同双方,即甲公司与乙公司。甲公司要求附加的11个被申请人之间的民事权利义务关系不属于本

---

① 《最高人民法院关于是否不予执行中国国际经济贸易仲裁委员会〔2008〕中国贸仲京裁字第0379号仲裁裁决的请示报告的复函》(2010年5月27日,〔2010〕民四他字第21号)。

案仲裁庭的审理范围,故本案被申请人不变,仍为乙公司。

2006年8月,甲公司提交变更仲裁请求申请书,变更仲裁请求。此后,仲裁庭于2006年8月向双方当事人发出开庭通知,但甲公司再次提出延期开庭申请,仲裁庭将开庭时间延至2006年12月。

2007年2月,甲公司向南京市中院提起以南京市鼓楼区对外贸易经济合作局为被告的行政诉讼,请求确认在南京市鼓楼区对外贸易经济合作局的章程、合作合同文本的审批备案行为违法并予以撤销,重新作出行政行为,批准备案其持有的合作合同文本。同月,甲公司向中国贸仲申请终止仲裁程序。2007年3月,中国贸仲同意甲公司的申请,暂停仲裁程序。2007年4月,南京市中院作出行政裁定书,认定甲公司的起诉已超过法定期限,应不予受理,裁定驳回甲公司的起诉。之后,甲公司向南京市中院提起上诉。2007年9月,南京市中院作出终审行政裁定书,裁定驳回上诉,维持原裁定。2007年6月,仲裁庭恢复仲裁程序。

仲裁庭分别于2007年8月、2008年1月进行了第二次与第三次庭审,并于2008年8月作出仲裁裁决,两份合同文本均属于仲裁庭审理范围。

南京市中院经审查并经审委会讨论后形成一致意见:认为本案讼争的仲裁裁决有《民事诉讼法》第258条规定的情形,应裁定不予执行。首先,仲裁庭裁决乙公司将违反合作合同约定所获得利益返还合作公司属于《民事诉讼法》第258条中第1款第1项规定"当事人在合同中没有订有仲裁条款或事后没有达成书面仲裁协议"以及第4项规定"裁决的事项不属于仲裁协议的范围"的情形。其次,仲裁庭将两份合作合同均作为仲裁审理范围亦属于超裁行为。

最高人民法院在其复函中认为,仲裁裁决的第一项内容为乙公司应当将其违反合作合同约定所获利益偿付给合营公司。故合营公司是该项利益的权利主体,应由合营公司向乙公司进行主张,甲公司无权替代合营公司提起仲裁。仲裁机构根据甲公司的申请,就乙公司应偿付给合营公司的收益进行仲裁并作出裁决,实质上是就合营公司与乙公司之间的纠纷进行了仲裁。而本案合作合同系由甲公司和乙公司签订,其仲裁条款的范围仅限于甲公司和乙公司之间因合作合同引起或与合作合同有关的争议,故仲裁机构对合营公司与乙公司之间的纠纷无权仲裁,该项仲裁裁决应不予执行。

【思考题】

1. 案例1中的仲裁协议是否有效?为什么?
2. 仲裁协议独立性原则对案例1中的仲裁协议是否有影响?为什么?

3. 仲裁庭的裁决是否超出了案例1中的仲裁协议的管辖范围？如果确实超裁，应当如何处理？

4. 确定仲裁协议效力的准据法是什么？

5. 当事人的仲裁协议是否具有排除强行法规范的效力？

6. 当事人是否有权合意否认仲裁协议的效力？

国际商事仲裁管辖权，是指国际商事仲裁机构或仲裁庭、仲裁员依据当事人之间达成的仲裁协议或依据法律的规定对特定的国际商事争议进行审理并作出有拘束力的裁决的权力。国际商事仲裁管辖权是仲裁庭进行民商事仲裁的前提和基础。如果仲裁庭没有管辖权，即使作出了仲裁裁决，也有可能被人民法院撤销或不予执行。

在将争议提交仲裁庭之前或之后，还有一个条件需要判断，即仲裁协议的有效性。关于仲裁协议的有效性的判断及仲裁协议的效力问题已经在本书第二章作了详细介绍，在此不再赘述。

仲裁协议的效力是影响管辖权的最重要的因素。仲裁庭对仲裁案件进行管辖的依据主要来自国家法律或当事人的授权。当事人可以通过仲裁协议或仲裁条款的方式授权仲裁庭对当事人之间的争议进行处理。在国际商事仲裁立法和实践中，包括我国的仲裁法律，无论是合同中的仲裁条款，还是单独的约定通过仲裁解决争议的协议，都统称为"仲裁协议"(arbitration agreement)。仲裁协议的效力直接决定仲裁庭是否有权力对当事人之间的争议进行审理并作出有约束力的裁决。即便仲裁庭依据自裁管辖原则(the doctrine of competence and competence)认定仲裁协议有效并行使管辖权，但如果法院认为仲裁庭的裁决所依据的仲裁协议无效，仍然可以撤销仲裁裁决或拒绝承认与执行。

由此可以认为仲裁庭的管辖权来自于当事人之间的仲裁协议，当事人之间有效的仲裁协议是仲裁庭对案件进行裁决的前提。

仲裁协议是国际商事仲裁管辖权的基石，是确定国际商事仲裁管辖权的必要条件之一。一方面，仲裁庭基于有效的仲裁协议取得合法的管辖权。另一方面，当事人一旦选择了仲裁解决纠纷，就排除了司法管辖。如果当事人在提起仲裁之后，就相同争议又向人民法院提起诉讼的，人民法院不予受理，除非当事人都同意放弃仲裁。仲裁机构是民间机构，不是国家机关，因此，仲裁裁决的有效执行有赖于法院的支持与监督。如果一方当事人不履行仲裁裁决，另一方当事人可以向人民法院申请强制执行。通过人民法院的确认、保护和监督，国际商事仲裁管辖权的行使得以保障。

确定国际商事仲裁管辖权具有重要的意义。首先,有效的仲裁管辖权排除法院对特定案件的管辖权,法院不得对有仲裁协议的争议案件进行审理。大多数国家都在相应法律中对此作了明文规定,《国际商事仲裁示范法》第5条也规定:"由本法管辖的事情,任何法院均不得干预,除非本法有此规定"。当仲裁庭对仲裁管辖权作出裁决后,如果一方当事人不同意决定,可以向法院提出申请,同时,另一方当事人也可以针对此决定向法院提出异议。其次,有效的仲裁管辖权决定仲裁结果的可执行性。仲裁管辖权的有效性对仲裁结果非常重要,如果仲裁管辖权无效,当事人就可以否定仲裁裁决,向相关部门申请撤销仲裁裁决。所以,仲裁管辖权有效性的作用就是否定当事人对仲裁结果的质疑。最后,有效的仲裁管辖权是仲裁程序顺利进行的基础。仲裁庭在审理案件之前,必须通过有效的管辖权组成仲裁庭,这样审理的案件才算有效。

结合具体案例进行分析,在案例1中,最高人民法院认为,该案系当事人申请撤销我国仲裁机构作出的涉台仲裁裁决案件,应当参照《仲裁法》第70条和《民事诉讼法》第274条第1款的规定进行审查。

首先,关于仲裁条款的效力问题。该案当事人在涉案合同中约定了明确的仲裁条款。根据仲裁条款独立性原则,涉案合同的无效并不影响合同中仲裁条款的效力。因此,涉案仲裁条款有效。

其次,关于仲裁裁决是否存在超裁问题。该案中,吴某某系以涉案合同有效并要求王某某支付股权转让余款为请求提起仲裁,仲裁庭有权主动对涉案合同的效力进行审查并作出认定。但是,仲裁庭在未向当事人释明合同无效的后果以及未给予当事人变更仲裁请求机会的情况下,直接对合同无效后的返还以及赔偿责任作出裁决,确实超出了当事人的请求,属于超裁。人民法院可以参照《仲裁法》第70条和《民事诉讼法》第274条第1款第4项的规定对涉案仲裁裁决予以撤销,但是考虑到该案标的具体情况,仲裁庭有能力纠正上述错误,人民法院可给予仲裁庭重新仲裁的机会。

因此,最高人民法院认为,对于该案的具体处理,人民法院应当根据《仲裁法》第61条的规定通知仲裁庭重新仲裁,如果仲裁庭拒绝重新仲裁,人民法院可以对涉案仲裁裁决予以撤销。

第二节 管辖权异议的裁决权

成都优邦文具有限公司、王某某申请撤销仲裁裁决案[①]

2007年2月,友邦胶袋印制有限公司(以下简称"友邦公司")与成都优邦文具有限公司(以下简称"优邦公司")签订了一份商标使用许可合同,并约定了纠纷解决方式,即由双方先行协商,协商不成时,双方一致同意将争议提交到深圳仲裁委员会并按该会仲裁规则处理。2007年2月7日,王某某、祈某、陈某某共同签署一份担保书,就本案合同共同为优邦公司向友邦公司提供担保,保证责任为连带保证责任。

2007年2月,优邦公司与深圳长友公司(友邦公司注册商标和条码通过深圳长友公司交给优邦公司,深圳长友公司的股东之一为香港友邦公司)签订一份合同书,该合同有效期为5年,自2007年1月1日起至2011年12月31日止。2008年10月,深圳长友公司向优邦公司发出一份《关于解除合同书的通知》,该通知内容如下:因贵公司严重违约,友邦公司已于2008年10月27日通知解除与贵公司签订的商标使用许可合同,我公司依据合同第9条规定,即日起解除与贵公司2007年2月1日签订的合同书,请贵公司依据合同规定进行市场交接工作等。

友邦公司依据2007年2月与优邦公司签订的商标使用许可合同中约定的仲裁条款,于2011年1月向深圳仲裁委员会提出仲裁申请,请求裁决:(1)优邦公司与友邦公司终止履行双方签订的商标使用许可合同,优邦公司立即停止使用友邦公司的注册商标;(2)优邦公司支付友邦公司商标使用费、违约金;(3)第二、三、四被申请人王某某、祈某、陈某某对上列优邦公司应支付给友邦公司的款项承担连带清偿责任等。2011年4月,王某某向仲裁庭提出无管辖权异议申请书,认为:王某某并不是商标使用许可合同中的当事人,并不受该合同中仲裁条款的约束。仲裁庭依据《仲裁法》第20条之规定,作出涉外管辖权异议决定

---

① 《最高人民法院关于成都优邦文具有限公司、王建国申请撤销深圳仲裁委员会(2011)深仲裁字第601号仲裁裁决一案的请示的复函》(2013年3月20日,〔2013〕民四他字第9号)。

书,驳回王某某关于案件管辖权的异议,并在后续的仲裁裁决中一并对担保事项进行了裁决。后优邦公司与王某某以仲裁庭超裁为由,向深圳中院申请撤销仲裁裁决。

最高人民法院在对本案作出复函时认为:涉案担保合同没有约定仲裁条款,仲裁庭关于主合同有仲裁条款,担保合同作为从合同应当受到主合同中仲裁条款约束的意见缺乏法律依据。仲裁庭对没有约定仲裁条款的担保合同进行审理并作出裁决,担保人王某某申请撤销该仲裁裁决中涉及其作为担保人部分的裁项的理由成立。鉴于王某某与祈某、陈某某系共同保证人,三者具有共同的法律地位,且关于该三人责任的裁决共同表述在裁决书第(四)项中,人民法院宜将该裁项作为一项不可分的裁决予以撤销。

【思考题】

1. 提出管辖权异议的主体是谁?当事人提出管辖权异议的根据是什么?提出管辖权异议的时间要求是什么?

2. 在当事人提出管辖权异议时,仲裁庭是否有权作出自身是否具有管辖权的决定?理由是什么?

3. 除了仲裁庭自身之外,管辖权异议的裁决主体还有哪些?

一、仲裁管辖权异议

仲裁管辖权异议,是指一方将争议提交仲裁机构,但另外一方当事人认为双方之间无仲裁协议或者仲裁协议无效或者有其他理由,对仲裁机构或仲裁庭的管辖权提出异议,从而由仲裁机构、仲裁庭、法院对当事人提出的异议进行处理并作出决定。仲裁机构的仲裁规则一般都有处理管辖权异议的条款,我国仲裁法律没有明确使用"管辖权异议"一词,也没有对仲裁管辖权异议的含义作出明确的界定。

(一) 管辖权异议的主要依据和理由

1. 仲裁协议的效力是影响管辖权异议最重要的因素

管辖权异议最重要的依据和理由,是当事人之间有无仲裁协议及仲裁协议是否有效。一方面,仲裁协议是当事人将争议提交仲裁的依据。一旦发生仲裁协议范围内的争议,当事人不得单方就同一争议向法院提起诉讼。另一方面,仲裁协议也是仲裁机构和仲裁庭受理争议案件的依据,是仲裁机构取得管辖权的必要条件之一。如《国际商会仲裁规则》第 4 条、《贸法会仲裁规则》第 3 条、《斯德哥尔摩商会仲裁员仲裁规则》第 2 条、《美国仲裁协会国际仲裁规则》第 2 条第 3 款、《伦敦国际仲裁院仲裁规则》第 1 条第 1 款第 2 项、《中国贸仲仲裁规则(2015 版)》第 10 条第 1 款都明确说明提交仲裁申请时,必须提交当事人之间的仲裁协议或仲裁条款。如当事人之间无仲裁协议或仲裁协议无效,则仲裁机构就完全失去了对仲裁案件进行管辖的依据和基础。当事人通过订立仲裁协议或仲裁条款的方式赋予仲裁庭对当事人之间的争议进行处理的权力。仲裁协议的效力直接决定仲裁庭是否有权对当事人之间的争议进行审理并作出有约束力的裁决。即便仲裁庭依据自裁管辖原则认定仲裁协议有效并行使管辖权,但如果法院认为仲裁庭的裁决所依据的仲裁协议无效,仍然可以撤销仲裁裁决或拒绝承认与执行。

2. 争议事项是否在当事人授权仲裁庭处理的范围内

如果当事人仅同意将合同内 A 事项的相关问题提交仲裁,那么仲裁庭显然就对该合同中 B 事项的相关争议不具有管辖权,即仲裁庭对超过仲裁协议约定仲裁事项之外的争议不具有管辖权。

(二) 商事仲裁管辖权异议的提出

1. 管辖权异议提出的主体

毫无疑问,当事人是提出异议的主体。在仲裁程序中,通常是被申请人提出管辖权异议,否定仲裁机构或仲裁庭的管辖权。裁决作出后,在裁决的异议和撤销阶段,通常由撤销申请人提出;在裁决的承认与执行中,通常由被申请人提出。问题是,在双方当事人都未提出管辖权异议的情况下,仲裁机构或仲裁庭可否主动依职权提出管辖权异议,主动否定自己的管辖权?

2. 管辖权异议提出的时限

商事仲裁程序开始后,无论是申请人还是被申请人,如果对仲裁机构或仲裁庭的全部或部分管辖权有异议,应及时提出,这是大多数国家仲裁法和仲裁机构的仲裁规则所要求的。毫无疑问,当事人及时提出管辖权异议,有助于保证仲裁程序在尊重当事人意愿及法律规定的基础上进行,也有助于仲裁庭及时确定自己的管辖权,以免浪费当事人的时间、精力和金钱。

(三) 对管辖权异议进行认定的主体

当事人对管辖权产生争议后,为了使仲裁程序能够继续进行或者排除不应当进入仲裁程序的争议继续占用仲裁资源,必须对管辖权争议进行处理,这就涉及谁有权对管辖权异议作出决定的问题。有权对仲裁管辖权异议作出决定的主体可能是仲裁机构、仲裁庭或法院。

1. 仲裁机构

笔者认为仲裁管辖权的主体是仲裁庭,仲裁机构只是行使管理职能,为仲裁庭提供协助,不具有实质审查的权力和能力。仲裁管辖权应当既包括对实体争议进行审理和处理的权力,也包括对程序事项进行管理和决定的权力,如果由仲裁机构对异议进行处理,会破坏仲裁庭权力的完整性。另外,如果把认定权交给仲裁机构,仲裁庭就要受制于仲裁机构的认定,不利于仲裁权行使的独立性,还会造成程序周折、中断和往复,不符合仲裁经济、快捷的要求。

2. 仲裁庭

不能让仲裁庭进行自裁管辖的观点认为:这有违自然公正,仲裁庭对自己去留的判断涉及个人利益;提出仲裁权异议的人正是希望以此阻止仲裁庭对其行使权力,不愿被卷入仲裁程序,让仲裁庭决定其是否有管辖权自我矛盾。但是笔者认为,当事人之所以选择仲裁,是因为对仲裁的中立性和公正性具有充分的信任,而且对仲裁员的选择充分体现了当事人的意思自治,当事人肯定会选择自己认为会公正地进行裁决的仲裁员,所以对仲裁庭作出的异议认定也会信服。正如法院对管辖权异议可以作出裁定一样,仲裁庭对自己是否有管辖权也有权进行决定。由仲裁庭决定管辖权异议,是其权力的应有内容,也符合仲裁灵活、快捷的价值追求。

3. 法院

将管辖权异议交给法院处理存在一定的弊端,等待法院处理的过程势必会造成仲裁的延误,诉讼的公开性和严格的程序性与当事人当初选择仲裁所追求的灵活性、保密性相矛盾;如果是诉讼标的额很可观的案件,还有可能出现法院从仲裁庭手中抢夺案源的现象;如果形成了法院决定管辖权争议的趋势,有可能造成法院干预仲裁的气氛,不利于仲裁制度的独立、快速发展。但是,仲裁权的行使也不能完全不受任何监督,由法院对仲裁进行适度的监督也是通行的做法,因此,一般也都赋予法院一定的决定权。这就继而产生了仲裁庭对管辖权异议的认定权和法院对仲裁管辖权异议的认定权的关系问题。

国际仲裁实践表明,当事人对仲裁庭管辖权的异议,既可能在仲裁开始或进行过程中提出,也可能在裁决作出后提出。在仲裁开始前或者仲裁裁决作出后,当事人一般可以向有管辖权的法院提出;在仲裁过程中,多半是向仲裁庭提出异议被驳回后再向法院提起申诉。多数国家的立法和有关的国际公约虽然规定了仲裁庭有权对当事人提出的管辖权异议及自身是否具有管辖权作出决定,但仲裁庭的这种决定并不具有终局效力,仲裁庭的决定要接受法院的司法监督。《纽约公约》第 2 条第 3 款规定,仲裁协议经法院认定无效、失效或不能执行的,法院有权受理该争议。如果仲裁协议不存在无效、失效或不能执行的情形,法院会作出由当事人提交仲裁的决定,这实际上表明,仲裁庭对自身管辖权的决定实际上要服从法院作出的决定。

二、机构仲裁情形下管辖权异议的裁定主体

为了适应国际商事仲裁的发展趋势,我国于 1986 年加入《纽约公约》,并作出了互惠保留和商事保留。然而,我国的很多做法与《纽约公约》的规定不尽一致。首先,我国对于国际商事仲裁管辖权异议进行审查和裁判的主体由仲裁机构来承担。《仲裁法》第 20 条规定:"当事人对仲裁协议的效力有异议的,可以请求仲裁委员会作出决定或者请求人民法院作出裁定。一方请求仲裁委员会作出决定,另一方请求人民法院作出裁定的,由人民法院裁定。当事人对仲裁协议的效力有异议,应当在仲裁庭首次开庭前提出。"由此可以看出,在我国,由仲裁委员会对管辖权异议进行认定,但这种方式与自裁管辖权的原则并不相符。由仲裁委员会认定仲裁管辖权异议会存在一些弊端:(1) 仲裁机构只承担审查仲裁协议存在与否和仲裁程序是否依据本仲裁机构的仲裁规则顺利进行,所以不是裁决机构,应由仲裁庭经过审理决定管辖权异议是否成立;(2) 由仲裁机构决定管辖权的异议,导致仲裁庭必须将裁决结果向仲裁机构进行汇报,仲裁机构才是最后决定者,这会导致仲裁庭过分依赖仲裁机构,失去独立性和自主性;(3) 由于管辖权的异议在仲裁庭与仲裁机构之间往返次数非常多,导致人为介入的因素增多。

在机构仲裁中,出现管辖权纠纷,是由仲裁机构还是由仲裁庭来决定呢?大多数国家都承认仲裁庭有权调查对自身提出的管辖权异议。如《欧洲国际商事仲裁公约》第 5.3 条规定,仲裁庭有权决定仲裁协议是否存在,有权对自己的管辖权作出决定。《国际商事仲裁示范法》也规定:"仲裁庭可以对其自身的管辖权包括对仲裁协议的存在或效力的任何异议作出决定。"

1998 年 10 月 21 日《最高人民法院关于确认仲裁协议效力几个问题的批复》第 3 条说明:"当事人对仲裁协议的效力有异议,一方当事人请求仲裁机构确认仲裁协议的效力,另一方当事人请求人民法院确认仲裁协议无效,如果仲裁机构先于人民法院接受申请并已作出决定,人民法院不予受理;如果仲裁机构接受申请后尚未作出决定,人民法院应予受理,同时通知仲裁机构中止仲裁。"这表明仲裁庭不具有独立的自主决定权。我国《仲裁法》规定,在受理阶段,仲裁机构对仲裁争议进行表面审查。在争议受理后,仲裁庭成立前,当事人一方对仲裁机构提出管辖权异议的,仲裁机构可以对管辖权异议进行实质审查,并作出决定。

但是,在国外实践中和《纽约公约》中均认为,作出管辖权异议裁定的权力属于仲裁庭而非仲裁机构,仲裁机构只是进行表面审查。我国这种做法,一方面会造成仲裁庭对仲裁机构的过度依赖,影响仲裁庭的公正性。另一方面,仲裁机构进行实质审查,有可能导致仲裁庭进行审理后得出的关于管辖权的结论与仲裁

机构的结论不同和矛盾,从而不利于维护仲裁程序的统一性。在对仲裁协议效力提出异议时,我国的仲裁机构和法院都有决定权,但法院拥有优先的决定权。这一做法显然有悖于国际社会的普遍实践:仲裁机构没有裁决案件和审理的职能,这种职能是由仲裁庭来完成,而这种选择也符合自治原则。

第三节 管辖权争议的司法介入

上海某企业集团(淮安)投资有限公司申请撤销仲裁裁决案[①]

上海某企业集团(淮安)投资有限公司(以下简称"甲公司")与某企业有限公司(住所地为香港,以下简称"乙公司")于2013年初签订了一份房屋租赁合同,双方约定由甲公司向乙公司提供江苏省淮安经济开发区迎宾大道1号"淮安亿丰时代广场购物中心"部分场地用于影院企业,以经营电影院业务。合同同时约定,就该合同项下产生的纠纷,双方应提交中国国际经济贸易仲裁委员会(上海分会)仲裁。

乙公司后就其与甲公司的争议提交中国国际经济贸易仲裁委员会(上海分会)进行仲裁。但甲公司认为,该争议实际上应提交上海国际经济贸易仲裁委员会进行仲裁,而该争议裁决机构对此案无管辖权。

北京市第四中级人民法院经审理认为,根据《最高人民法院关于对上海市高级人民法院等就涉及中国国际经济贸易仲裁委员会及其原分会等仲裁机构所作仲裁裁决司法审查案件请示问题的批复》第3条之规定,中国国际经济贸易仲裁委员会(上海分会)对该案具有管辖权。

【思考题】
1. 什么是司法介入?
2. 在产生管辖权异议时进行司法介入应注意的问题是什么?

---

① 北京市第四中级人民法院(2015)四中民(商)特字第00329号民事裁定书。

国际商事仲裁是广泛适用于国际商事争议的争议解决方法,各国立法在广泛适用仲裁解决争议的同时,又通常规定,本国的内国法院可在不同程度上、以不同的方式参与到国际商事仲裁的各个环节,对其进行监督及支持。

司法介入泛指内国法院对于国际商事仲裁所施加的各类积极性或消极性的法律影响,一般而言具有两方面的含义:一方面是法院赋予国际商事仲裁的支持与协助,如命令当事人依仲裁协议将争议提交仲裁、任命或更换仲裁员、在仲裁中实施保全措施、承认和执行仲裁裁决等;另一方面是法院对国际商事仲裁的监督和控制,如拒绝承认与执行仲裁裁决、撤销或宣布仲裁裁决无效、裁定重新仲裁等。鉴于法院拥有针对仲裁程序的介入权,在许多国家,仲裁的自裁管辖权并不必然具有终局性,要受到法院的最终制约。仲裁作为一种非国家权力的纠纷解决机制,其公正性和裁决可执行性必然受到司法的审查和支持,这是司法介入权存在的根本原因。在本节案例中,实际上就是法院在对案件进行审查后,对仲裁庭管辖权的认定与维护。

英国1996年《仲裁法》就规定了法院对仲裁管辖介入具有广泛的权力。但这一介入的目的主要是为了支持和协助仲裁,而不是争夺权力。法院行使上述权力必须要以尊重当事人的意思自治为前提。为了防止部分当事人采取管辖权异议方式变相拖延、妨碍仲裁程序的正常进行,英国1996年《仲裁法》还规定了法院审理管辖权异议时不停止仲裁的原则。应当说,法院与仲裁庭对于管辖权异议的并存控制,以及法院审查不停止仲裁的原则,得到了广泛的认同。德国《民事诉讼法》也作了相应的立法规定。作为各国仲裁立法重要参考依据的《国际商事仲裁示范法》也确立了同样的立法原则。

仲裁程序中如当事人对仲裁管辖权提出异议,仲裁庭有权对此进行决定,但这种决定并不具有终局的效力,法院具有最终裁决权。即当事人对仲裁庭所作的管辖权决定不服,可以诉请法院审查并作出裁定。客观上,法院可以在仲裁受理时、仲裁进行中、裁决作出后等三个时间阶段介入仲裁程序。根据《国际商事仲裁示范法》第16条第3款关于仲裁管辖权异议处理的规定,可以解读为,仲裁庭对于管辖权异议可以通过初步决定或者在仲裁裁决中一并处置两种方式处理。如果是初步决定,当事人就可以在仲裁程序进行过程中要求法院的介入,但不发生中止仲裁的效果;但如果对管辖权异议是在仲裁裁决中处置的,那么当事人当然只能请求法院在仲裁结束后介入管辖权的争议。需注意的是,各国的立法中关于法院有权在哪一时点介入的规定,还是存在差异的。

第四节 中国的立法与实践

案例 1

某粮食集团有限公司与来宝资源有限公司(新加坡)买卖合同纠纷案①

某粮食集团有限公司(以下简称"粮食集团")与来宝资源有限公司(新加坡,以下简称"来宝公司")于2004年3月3日签订进口大豆合同,合同争议解决条款约定:由合同履行引起的争议,任何一方可提交仲裁,如果被告是买方,争议提交香港国际仲裁中心;如果被告是卖方,争议提交给伦敦谷物与饲料贸易协会。由合同引起的争议均按照英国法解决。2004年4月17日,来宝公司租船将货物从巴西运往青岛。运输途中,船舶数度停航,至2004年7月8日,运输船舶在青岛港开始卸货。卸货过程中发现含有种衣剂有毒大豆,双方经协商达成补充合同约定:由于货物被我国有权部门要求在卸货前必须进行挑选,符合检验条件后方可入境,为重申双方责任与义务,特别是明确挑选处理货物所产生的一切费用,该船货物因含有种衣剂大豆不能正常卸货而产生的滞期费用由来宝公司承担,因挑选大豆给粮食集团造成的费用由来宝公司承担,粮食集团有权对来宝公司因挑选大豆而造成的延期交货提出索赔,补充合同系进口合同项下的追加条款,补充合同项下的纠纷按照中国法律在中国法院解决。2005年初,来宝公司依据仲裁条款在香港国际仲裁中心对粮食集团提起仲裁申请,请求事项包括因船舶延期所造成的额外船舶租金、滞期损失等五项。2006年2月,粮食集团向仲裁庭提出管辖权异议。2006年12月14日,仲裁庭就管辖权问题作出裁决,认为其对于船舶在抵达青岛港之前的滞期船租问题有管辖权,而对于船舶在青岛港卸货、挑选货物造成的滞期租金部分请求,仲裁庭无管辖权。

最高法院在对本案作出复函时认为:当事人在主合同中签订的仲裁协议虽然涉及两个仲裁机构,但从其具体表述看,无论是买方还是卖方申请仲裁,其指

---

① 《最高人民法院关于深圳市粮食集团有限公司诉来宝资源有限公司(新加坡)买卖合同纠纷一案的请示的复函》(2010年6月9日,〔2010〕民四他字第22号)。

向的仲裁机构均是明确的且只有一个,仲裁协议应认定有效。对于因主合同产生的纠纷,粮食集团应依据约定的仲裁协议通过仲裁方式解决,人民法院无管辖权。当事人明确约定补充合同项下的纠纷在中国法院解决,故对当事人之间因补充合同产生的纠纷,我国法院享有管辖权。

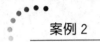
案例 2

某煤炭运销公司申请确认不存在仲裁协议案[①]

2005 年 6 月 13 日,某煤炭运销公司(以下简称"煤炭公司")与案外人 Fiesta Investment Ltd.(以下简称"FIL 公司")签订买卖合同,约定由 FIL 公司向煤炭公司购买 56 万吨煤炭,分 14 次运输,单价为 56.5 美元/吨,FOB 中国新港。

2005 年 11 月,煤炭公司将 49098 吨煤炭在天津新港装上 FIL 公司承租的"瑞姆(Rmever Aim)"轮,从天津新港运往土耳其,天津北方联合国际船舶代理有限公司作为船舶代理人于 2005 年 11 月 13 日签发了编号为 01 的提单,该提单记载的托运人为煤炭公司,收货人凭指示,通知方为土耳其公司 Eti Krom A/S。该提单注明采用"康金提单"1994 年版本,提单正面记载:"与租约合并使用,运费按照 2005 年 11 月 7 日的租约支付,租约中的波罗的海航运公会船舶国际安全管理条款、千禧年条款、新杰森条款、互有责任碰撞条款、保赔协会加油条款、时间统一条款和首要条款等并入本提单。"

马瑞尼克船务公司(以下简称"马瑞尼克公司",系在希腊注册的公司)为"瑞姆"轮的船舶所有人,它将该轮期租给 T. K. B Shipping A/S(以下简称"TKB 公司")。2005 年 11 月 7 日,TKB 公司将该轮程租给 Yilmar Shipping and Trading Ltd.(以下简称"YST 公司")。同日,YST 公司与 FIL 公司签订了航次租船合同,将"瑞姆"轮程租给 FIL 公司。该合同第 33 条约定,本租船合同产生的争议应在伦敦仲裁并适用英国法。

2005 年 12 月 9 日,"瑞姆"轮在航行途中发生火灾。马瑞尼克公司以该事故系煤炭公司的货物所致并给其造成巨大损失为由,向煤炭公司提出索赔并提交伦敦仲裁。2010 年 1 月 28 日,煤炭公司收到马瑞尼克公司的仲裁索赔书。2010 年 2 月 24 日,煤炭公司致函伦敦仲裁庭,认为双方不存在仲裁协议,仲裁

[①]《最高人民法院关于神华煤炭运销公司与马瑞尼克船务公司确认之诉仲裁条款问题的请示的复函》(2013 年 2 月 4 日,〔2013〕民四他字第 4 号)。

庭没有管辖权,要求驳回马瑞尼克公司的索赔。2010年3月30日,仲裁庭认为其有管辖权,驳回了煤炭公司的异议。2010年11月10日,煤炭公司向天津海事法院提起诉讼,要求确认其与马瑞尼克公司之间不存在仲裁协议。

天津海事法院于2012年9月20日进行开庭审理,双方对以下问题存在争议:(1)本案应当适用中国法还是英国法;(2)在确定法律适用的前提下,双方是否存在仲裁协议;(3)本案是否属于《仲裁法司法解释》第13条第2款规定的"仲裁机构对仲裁协议的效力作出决定后,当事人向人民法院申请确认仲裁协议效力或者申请撤销仲裁机构的决定的,人民法院不予受理"的情况。

天津海事法院认为本案是确定仲裁协议是否有效并入提单,并非确定仲裁条款的效力,故不能适用《仲裁法司法解释》第16条的规定。鉴于双方未能就法律适用达成一致,而涉案运输的起运港为中国天津,提单也是在天津签发的,因此中国法律与本案具有最密切联系,本案应适用中国法律。根据最高人民法院(2006)民四他字第49号复函的精神,可以认定涉案租约中的仲裁条款没有并入提单,即双方并不存在仲裁协议。

此外,由于我国《仲裁法》第20条规定:当事人对仲裁协议的效力有异议的,可以请求仲裁委员会作出决定或者请求人民法院作出裁定。一方请求仲裁委员会作出决定,另一方请求人民法院作出裁定的,由人民法院裁定。同时,《仲裁法司法解释》第13条规定:仲裁机构对仲裁协议的效力作出决定后,当事人向人民法院申请确认仲裁协议效力或者申请撤销仲裁机构的决定的,人民法院不予受理。本案中,仲裁庭已经对其管辖权问题作出了裁定,因此,天津海事法院就《仲裁法司法解释》第13条中的"仲裁机构"是否包括外国仲裁机构这一问题,即法院能否受理此案的问题,层报至最高人民法院。

最高人民法院在就此问题进行答复时认为:《仲裁法司法解释》第13条系针对《仲裁法》第20条作出的司法解释。《仲裁法》第20条所指的仲裁委员会系依据《仲裁法》第10条和第66条设立的仲裁委员会,并不包括外国仲裁机构。故《仲裁法司法解释》第13条的规定并不适用于外国仲裁机构对仲裁协议效力作出认定的情形,因此天津海事法院应当受理此项争议。

【思考题】

1. 当事人应当如何提起管辖权异议?
2. 法院是否有权认定仲裁协议的效力?
3. 我国与外国在处理仲裁庭自裁管辖权方面有什么不同?
4. 法院是否有权确认仲裁庭的管辖权?

国际商事仲裁协议自主性的间接结果是仲裁庭的自裁管辖权,[①]又称"管辖权/管辖权原则",即仲裁庭享有对其自身的管辖权,包括对仲裁协议的存在或效力等问题作出裁定的权力,无须事先通过司法决定。

仲裁庭的自裁管辖权在逻辑上存在难以克服的障碍。仲裁协议有效在先,仲裁庭成立在后,仲裁庭是否成立取决于仲裁协议是否有效,由尚未确定是否成立的仲裁庭决定仲裁协议是否有效,颠倒了二者之间的因果关系。

然而,正如我国学者李双元教授的精辟论述:"这一学说是有很大优越性的,它至少可以保证在有初步证据表明当事人之间已有仲裁协议并经最后确认这个仲裁协议有效时,不至于导致先发生一个司法程序解决仲裁协议的效力,然后再移送仲裁发生仲裁程序解决实体争议而拖延争议解决的时间。"[②]

仲裁主要体现当事人将其约定的争议提交仲裁的合意,赋予仲裁庭自裁管辖权更有利于上述目标的实现,并同时具有良好的实践效果。因此,赋予仲裁庭自裁管辖权已经成为国际商事仲裁的基本原则之一,并为多数国家所接受。

《国际商事仲裁示范法》对仲裁庭自裁管辖权规定如下:"仲裁庭可以对它自己的管辖权包括对仲裁协议的存在或效力的任何异议,作出裁定。"[③]

此外,法国《民事诉讼法典》第1466条、瑞士《关于国际私法的联邦法》第86条、德国《民事诉讼法典》第1040条、英国1996年《仲裁法》第30条等国内法对仲裁庭的自裁管辖权也作出了明确的确认。

我国《仲裁法》规定,当事各方对仲裁协议效力有异议时,仲裁委员会应当作出决定;但若一方当事人要求仲裁委员会作出决定,另一方诉诸法院,则法院拥有最终决定权。[④]《仲裁法司法解释》进一步规定了决定仲裁协议效力的法院的审级为中级人民法院,[⑤]且法院仅在仲裁委员会未作出决定且当事人确未参加仲裁时方可受理对仲裁协议的异议。[⑥]

在案例1中,最高人民法院认为,该案双方当事人在主合同中约定:"由合同履行引起的争议,任何一方可提交仲裁,如果被告是买方,争议提交香港国际仲裁中心;如果被告是卖方,争议提交伦敦谷物与饲料贸易协会。由合同引起的争议均按照英国法解决。"该案双方当事人未明确约定确认仲裁协议效力的法律,也未约定明确的仲裁地,根据《仲裁法司法解释》第16条的规定,应适用法院地

[①] 参见〔法〕菲利普·福盖德等:《国际商事仲裁》(影印版),中信出版社2004年版,第209页。
[②] 李双元主编:《国际经济贸易法律与实务新论》,湖南大学出版社1996年版,第396页。
[③] 《国际商事仲裁示范法》第16条。
[④] 参见《仲裁法》第20条。
[⑤] 参见《仲裁法司法解释》第12条。
[⑥] 参见《仲裁法司法解释》第13条。

法即我国的法律作为确认该案仲裁协议效力的法律。

当事人在主合同中签订的仲裁协议虽然涉及两个仲裁机构,但从其具体表述看,无论是买方还是卖方申请仲裁,其指向的仲裁机构均是明确的且只有一个,仲裁协议应认定有效。对于因主合同产生的纠纷,粮食集团应依据约定的仲裁协议通过仲裁方式解决,人民法院无管辖权。当事人明确约定补充合同项下的纠纷在中国法院解决,故对当事人之间因补充合同产生的纠纷,我国法院享有管辖权。

在案例2中,最高人民法院认为,首先,关于该案是否适用《仲裁法司法解释》第13条第2款的问题。依照《仲裁法》第七章的规定,同意下级法院关于《仲裁法》及《仲裁法司法解释》的规定可以适用于涉外仲裁的意见。但是,《仲裁法司法解释》第13条系针对《仲裁法》第20条作出的司法解释。《仲裁法》第20条所指的仲裁委员会系依据《仲裁法》第10条和第66条设立的仲裁委员会,并不包括外国仲裁机构。故《仲裁法司法解释》第13条的规定并不适用于外国仲裁机构对仲裁协议效力作出认定的情形,因此天津海事法院应当受理此项争议。

其次,关于法律适用的问题。该案系煤炭公司请求确认不存在仲裁协议之诉。涉案提单为与租约合并使用的简式提单,但提单正面并未明示记载将租约包括仲裁条款并入提单,故租约中的仲裁条款并未有效并入提单。该案并非对租约中仲裁条款效力的审查,下级法院认为应当适用中国法律确认双方当事人之间是否存在仲裁协议正确。

可见,我国在承认仲裁庭自裁管辖权的基础上,保留了法院最终认定仲裁庭管辖权的权力,此种权力可以对当事人之间的仲裁协议进行保护,也可以对仲裁庭的管辖权进行监督。需注意的是,根据案例2,在我国,目前只有在国内的仲裁机构作出管辖权决定后,我国法院才失去对管辖权异议的决定权,而在外国仲裁机构作出管辖权决定的情况下,我国法院依然享有对管辖权异议的决定权。

本章思考题

1. 什么是仲裁管辖权?
2. 仲裁管辖权的行使原则和方式是什么?
3. 什么是司法介入?
4. 管辖权的司法介入的内容是什么?

参考阅读文献

1. 谢石松主编:《商事仲裁法学》,高等教育出版社2003年版。
2. 刘晓红:《国际商事仲裁协议的法理与实证》,商务印书馆2005年版。

第四章 仲 裁 员

 **本章要点**

掌握仲裁员资格的认定条件、仲裁员的选任方式和变更,熟悉仲裁员的职业纪律,以及我国的立法与实践对仲裁员的要求。

第一节 仲裁员资格

案例 1

选定仲裁机构仲裁员名册外人士担任仲裁员问题

外国某公司就其与中国某企业的中外合资纠纷向中国贸仲申请仲裁。仲裁委员会在受理仲裁申请后,依照该会仲裁规则向申请人送达了仲裁员名册。申请人认为仲裁员名册中无该国国籍的仲裁员,遂自行指定该国某律师事务所的律师为其指定仲裁员人选。但因该名律师并不载于仲裁委员会的仲裁员名册中,仲裁委员会没有接受当事人的指定,而是要求其重新依照仲裁员名册指定一名仲裁员。申请人认为,其指定的该名律师多次担任过外国仲裁案件的仲裁员,具有丰富的经验和较高的专业水平,足以胜任仲裁工作,所以不同意更换仲裁员。

案例 2

未被续聘的仲裁员在原参加审理的案件裁决书上签名时人民法院是否应当执行该仲裁裁决问题①

在深圳某实业有限公司与中国某建设深圳公司合资经营合同纠纷案仲裁过程中,陈某被当事人指定为该案的仲裁员。陈某具有合法的仲裁员身份,并参与了开庭工作。后深圳仲裁委员会更换了仲裁员名册,新的名册中没有陈某的名字,但陈某仍旧继续参与案件审理,并在裁决书上签名。此后,当事人向深圳市中级人民法院申请执行该仲裁裁决。最高人民法院在对该案的答复中认为,仲裁机构更换仲裁员名册,仅能约束该机构以后审理的案件,不影响陈某在此前已合法成立的仲裁庭中的案件审理工作。

【思考题】

1. 在我国,取得仲裁员资格的条件是什么?
2. 在职的法官是否可以担任仲裁员?
3. 仲裁期间,仲裁员未被仲裁机构续聘,是否具有继续参与审理案件的资格?
4. 仲裁员名册的性质是什么?当事人能否指定仲裁员名册以外的人担任仲裁员?

在商事领域,仲裁已成为除诉讼之外最经常被采用的争议解决方式,尤为商人所青睐,其原因在于仲裁的简便、快速和一裁终局制。仲裁员组成仲裁庭或者单独进行仲裁,相较于法官在诉讼程序中的作用,仲裁员在仲裁中的自主性更为明显,他们须在成文的法律与非成文的商业惯例之间把握平衡点,以保证仲裁结果的公正性。更为关键的是,仲裁员对案件的仲裁结果如何,直接影响当事人能否对仲裁这一争议解决方式保持连续性的信任。可以说,仲裁员是仲裁的生命力所在,是仲裁得以继续生存和发展的必要条件。关于仲裁员的资格认定,主要包括两大方面:一是法定资格条件,即怎样才能成为仲裁员;二是仲裁员的聘任

---

① 《最高人民法院关于未被续聘的仲裁员在原参加审理的案件裁决书上签名人民法院应当执行该仲裁裁决书批复》(1998年8月31日,法释〔1998〕21号)。

条件,即仲裁机构自制的本机构仲裁员聘任条件,只有符合仲裁机构制定的仲裁员聘任条件,才获得载入仲裁员名册的资格。

一、仲裁员资格取得的法定条件

《仲裁法》第13条规定了仲裁员的法定资格条件:"仲裁委员会应当从公道正派的人员中聘任仲裁员。仲裁员应当符合下列条件之一:(一)从事仲裁工作满八年的;(二)从事律师工作满八年的;(三)曾任审判员满八年的;(四)从事法律研究、教学工作并具有高级职称的;(五)具有法律知识、从事经济贸易等专业工作并具有高级职称或者具有同等专业水平。仲裁委员会按照不同专业设仲裁员名册。"《仲裁法》第13条所规定的仲裁员资格条件较为表面,仲裁员的资格取得与否必须从以下几方面考虑:

(一) 行为能力

仲裁员不能由法人或者社会团体担任,一般要求主体是自然人,并且是具有完全民事行为能力的自然人。关于年龄问题,《仲裁法》没有具体规定。但作为一个具有完全民事行为能力的自然人,必须年满十八周岁。而从仲裁员的从业年限规定大多需满八年的要求来看,事实上已经对于担任仲裁员的年龄从侧面提出了要求。

(二) 国籍要求

《仲裁法》中没有具体条文禁止外籍自然人担任我国仲裁员。实践中,我国仲裁正向国际化发展,希望承办更多的国际争议案件。考虑到国际民商事争议中当事人因语言、商事习惯、个人倾向等因素,存在更愿意选择由本国籍仲裁员仲裁案件的可能性,我国仲裁委员会招募了一批外国仲裁员。从大多数仲裁委员会的仲裁员名册来看,均具有一定数量的外国国籍仲裁员,例如深圳国际仲裁院仲裁员中有超过三成的外国国籍仲裁员。可见,我国仲裁员也可由外国国籍自然人担任。同时,我国港澳台人士也可以被选任成为我国仲裁员,具体条件参照外籍仲裁员资格要求。

(三) 职业要求

依《仲裁法》第13条的规定,从事仲裁工作或律师工作或审判员工作达到一定年限或者具备一定专业知识且具有相应职称,即可成为仲裁员。这对从事何种职业能成为仲裁员提出了疑问:

1. 仲裁工作人员。《仲裁法》第13条第1项规定从事仲裁工作满八年是成为仲裁员的条件之一。然而对于仲裁工作的定义并没有明确的法定解释,实践中可以对仲裁工作作广义解释,即一切与仲裁有关的工作,包括人事管理和党政工作等;同样也可以作狭义解释,即仲裁工作是与开展仲裁程序有关的工作,包括仲裁秘书的工作等。考虑到仲裁员是裁判商事争议的人员,需要具备相应的专业能力和法律能力。法律规定仲裁工作人员在从事仲裁工作满八年之后可以获得资格,其设定前提是工作人员在从事八年的仲裁工作中获得了以后能够胜任仲裁任务的能力。

2. 律师。律师有资格成为仲裁员是因为其具备丰富的法律知识和较高的业务水平。从事律师工作满八年毫无疑问代表其拥有相应的法律能力,符合仲裁员资格。律师可以分为在职律师和离职律师。无任何犯罪前科,在本行业具有良好声誉,工作满八年的离职律师有资格成为仲裁员。而在职律师能否成为仲裁员在实践中有所争议,有学者认为在职律师担任仲裁员可能影响仲裁的独立性和公正性。

3. 审判员。审判员是行使国家审判权的人民法院法官,代表国家司法公权力。《仲裁法》要求曾任审判员满八年方可获得仲裁员的资格。"曾任"二字要求该名审判员必须已离职,而不能以现职审判员身份成为仲裁员参与仲裁。这是因为法官如若担任仲裁员从事仲裁工作将超出法官的职权范围,不利于依法公正地保护当事人的合法权益。仲裁一裁终局,法院对仲裁进行司法监督,如果法官是某案件的仲裁员,则极可能影响司法对仲裁的监督效果。2004年7月最高人民法院颁发了《最高人民法院关于现职法官不得担任仲裁员的通知》,明确规定在职审判员不能成为仲裁员,被仲裁委员会聘任。法官已成为仲裁员并被仲裁委员会载入名册的应当辞去仲裁员职务,同时与仲裁委员会解除聘任关系。

4. 其他专业性人才。只要具备相应的专业知识并被该专业领域所认可,且被仲裁案件所需要,除仲裁工作人员、律师和审判员之外的其他专业性人才,如大学法学教授、高级金融从业人员或者有名望的商人都有机会成为仲裁员。商事仲裁案件并不仅涉及法律问题,更多情况下仲裁员需要运用商业惯例等专业能力裁判案件。这也是仲裁与诉讼的明显区别之一。商事争议是商人之间的争议,由对商业交易惯例更为熟悉的商人进行仲裁尤为同行所信任。因而在有些情况下,当事人在仲裁协议中会明确约定仲裁员必须是"商人"。最为典型的例子是英国的当事人会笼统地约定仲裁员或者公断人应是"商业界人士",而英国法院也愿意赋予其效力。[①]

(四)专业要求

《仲裁法》第12条规定:"仲裁委员会的组成人员中,法律、经济贸易专家不得少于三分之二。"法律对于仲裁机构的仲裁员队伍构成的要求侧重于法律和经济贸易专家。针对上述专家,《仲裁法》规定须从业一定年份或者具备一定职称:

---

① 参见马占军:《仲裁员若干法律问题探析》,载《仲裁研究》2007年第4期。

1. 对于法律教学和研究工作者,一般要求法律专业硕士研究生及以上学历,或者具有法律专业本科学历并多次担任首席仲裁员或者独任仲裁员,办案能力强的,且在律师行业中应具有较高的专业水准和良好信誉,无任何违法行为或者不良反映。

2. 经济贸易、金融专业等工作者一般应具备本科或者本科以上学历,且具有本专业正高职称或者副高职称,或者在相关单位担任专业技术领导职务。同时,考虑到仲裁的法律特性,经济贸易、金融专业等工作者应具备相关法律知识以保证仲裁结果的公正性。

3. 其他法律事务工作者。对他们的要求应结合前三者的条件,或者具有与仲裁案件相符的学历,或者具有相关从业经历且经验丰富。

二、仲裁员的聘任条件

自然人符合《仲裁法》第13条规定的资格条件之后并不当然能参与到仲裁之中。仲裁可分为机构仲裁和临时仲裁,鉴于我国目前不承认临时仲裁,故取得仲裁员资格后如果没有被仲裁委员会聘任并载入仲裁员名册,则一般不能被当事人选择成为案件的仲裁员。① 仲裁员资格的获得需要申请者向仲裁委员会申请,由委员会审核决定聘任与否。该种聘任是对仲裁员资格的实质认可。《仲裁法》对于仲裁员法定资格条件采用严格立法模式,在从业经验和职称方面规定得较为严苛。除此之外,仲裁机构针对本机构聘用的仲裁人员会作出聘任管理规定,以补充对仲裁员的资格要求,细化仲裁员资格条件。

(一)仲裁员聘任条件

仲裁委员会大多会专门规定仲裁员聘任条件以补充法定资格条件。《仲裁法》对于仲裁员的资格要求集中于专业能力与从业经验两方面,而关于仲裁员的其他要求则需通过聘任条款补充。以《北京仲裁委员会仲裁员聘用管理办法(2012版)》为例,该办法将法定资格条件规定在聘任条件内,此外,又相应增补聘任条件,归纳来看具体包括:(1)熟知并遵守仲裁委员会制定的相关守则、规则和规定;(2)诚实信用、认真勤勉、注重效率;(3)具有一定的学历、资历、知识和经验,熟悉相关仲裁法律和仲裁规则;(4)明察善断、善于学习,具有较强的语言文字表达能力,能够组织开庭审理、制作裁决,办案效果好;(5)身体健康、精力充沛,有相应的时间从事仲裁工作;(6)年龄不超过66周岁,但遇经验丰富或

---

① 但当事人有时也可选择仲裁员名册外的仲裁员,如《中国贸仲仲裁规则(2015版)》第26条规定:"(二)当事人约定在仲裁委员会仲裁员名册之外选定仲裁员的,当事人选定的或根据当事人约定指定的人士经仲裁委员会主任确认后可以担任仲裁员。"

者特殊专业人才,年龄可以适当放宽;(7)至少擅长一门以上外语,如果是外籍自然人,则应对中文有一定了解。自然人在满足法定资格条件和仲裁机构聘任条件再向仲裁委员会申请后,有机会成为该仲裁机构聘任的仲裁员,获得仲裁员聘任书,被载入仲裁员名册,继而被当事人选任或指定成为某案的仲裁员。

(二)仲裁员续聘

在我国,仲裁员被仲裁机构聘任为本仲裁委员会仲裁员时,才享有完整意义上的仲裁员资格。通常意义上,每届仲裁员任期为三至五年不等,例如中国贸仲每届仲裁员任期三年,[①]北京仲裁委员会仲裁员每届任期为五年。[②] 仲裁员任期届满后须由仲裁委员会对仲裁员聘任期内的表现进行考核,综合考虑该名仲裁员的履行职责情况、本人意愿及工作需要,再决定续聘与否。上文提到,仲裁员在获得仲裁机构聘任之后方可真正成为仲裁员。如果仲裁员聘任期间被解聘或者聘任期满未被续聘,此情形下仲裁员是否仍有资格继续参与正在仲裁的案件?答案是肯定的。如在案例2中,仲裁委员会新的仲裁员名册中,并未包含该案其中一名仲裁员,但在这种情况下,仲裁员仍旧参与仲裁并在裁决书上签名是完全合法合理的。这是因为,仲裁员在被仲裁委员会聘任之时就具有履行仲裁职责的义务,即使其聘任期满未被续聘或者非因不称职而被解聘,对于尚未审结的仲裁案件,仍可以继续履行仲裁员职责直至仲裁程序结束,而仲裁员所作的仲裁裁决因此同样具有法律效力。当然前提必须是该名仲裁员非因违法违纪事由被解聘。违法违纪仲裁员的仲裁裁决可能影响仲裁的公正性和独立性,应另作分析。

(三)仲裁员名册

仲裁员名册由仲裁机构制作,将本机构所聘任的仲裁员的有关信息整理编辑成册提供给当事人选择。名册中包含仲裁员的姓名、学历、专业或者专长、职业、阅历等内容。仲裁员名册不仅能够帮助仲裁机构管理本机构仲裁人员,更重要的是让当事人更直观地了解仲裁机构的仲裁人员组成以及每个仲裁员的基本情况,以便他们选择合适的仲裁员仲裁案件。仲裁机构制作仲裁员名册不仅仅是国内外仲裁机构的行业惯例,同时也是法律规定的条件。《仲裁法》第13条规定:"仲裁委员会按不同专业设仲裁员名册。"同时,《仲裁法》第25条规定:"仲裁委员会受理仲裁申请后,应当在仲裁规则规定的期限内将仲裁规则和仲裁员名册送达申请人,并将仲裁申请书副本和仲裁规则、仲裁员名册送达被申请人。"上述两个条文规定仲裁机构必须制定本机构仲裁员名册并提供给当事人。

在我国只承认机构仲裁的情况下,当事人只能将案件提交给仲裁机构申请

---

① 参见《中国国际经济贸易仲裁委员会仲裁员聘任规定》第5条。
② 参见《北京仲裁委员会仲裁员聘用管理办法(2012版)》第7条。

仲裁,而不能单独指定仲裁员仲裁案件。仲裁员名册可分为以下两种:一是强制仲裁员名册制。强制仲裁员名册制要求当事人在选择仲裁员时必须从受理争议的仲裁机构所提供的仲裁员名册中挑选案件中的仲裁员,选择名册以外的仲裁员将不被仲裁机构承认,所作裁决也是无效的。二是开放仲裁员名册制。该制度允许当事人选择仲裁机构提供的仲裁员名册以外的仲裁员,即充分尊重当事人在仲裁员选定方面的意思自治,扩大仲裁员来源。当事人既可以从仲裁员名册中选择仲裁员,也可以在名册之外选择仲裁员。仲裁机构须承认当事人在名册之外的选择,仲裁员所作裁决也不因为其不在名册之内而失去法律效力。《仲裁法》对于仲裁员名册的性质无明确规定,在实践中,我国仲裁机构大多采用强制仲裁员名册制。当事人如果向某一仲裁机构提交仲裁申请,那么当事人也只能从仲裁机构提供的仲裁员名册中选择仲裁员,否则选择无效。仲裁员名册的性质具体需参考由当事人选择适用的仲裁规则的规定。

　　本节案例1中,申请人认为仲裁员名册中无该国国籍的仲裁员,遂自行指定该国某律师事务所的律师为其仲裁员。因该律师不在仲裁委员会的仲裁员名册中,仲裁委员会不予接受,要求其重新依照名册指定。事实上,申请人既然向中国贸仲提起仲裁,就表示其愿意受《仲裁法》和中国贸仲制定的仲裁规则约束。依《中国贸仲仲裁规则(2015版)》第26条关于仲裁员选定或指定的规定:"(一)仲裁委员会制定统一适用于仲裁委员会及其分会/中心的仲裁员名册;当事人从仲裁委员会制定的仲裁员名册中选定仲裁员。(二)当事人约定在仲裁委员会仲裁员名册之外选定仲裁员的,当事人选定的或根据当事人约定指定的人士经仲裁委员会主任确认后可以担任仲裁员。"从这一规则来看,中国贸仲并不持完全采取强制仲裁员名册制的态度,而是给予了当事人从仲裁员名册之外选择仲裁员的权利。但是,当事人行使自主选择权的前提是:(1)当事人之间达成于仲裁员名册之外选择仲裁员的合意;(2)当事人选定的人士需经仲裁委员会主任确认之后方可担任仲裁员。实践中,当事人能否事先或者在选择仲裁员过程中顺利达成于名册外选定仲裁员的约定尚不可知,即使当事人双方一致选择仲裁员名册之外的仲裁员进行仲裁,该名仲裁员仍需得到中国贸仲主任确认可以担任案件仲裁员,该指定方能生效。另外,注意到该规则所使用文字,当事人选定或根据当事人约定指定的"人士",而非"仲裁员"。可见,只有经仲裁委员会主任依法确认之后方可担任仲裁员。也就是说,中国贸仲对于非本机构仲裁员名册中的其他仲裁员并不持完全认同的态度。只有依据《仲裁法》和中国贸仲仲裁员聘任条件重新进行申请审核方可确认该"人士"的仲裁员资格,即使该"人士"已获得其他机构认可的仲裁员资格。案例1中假设申请人和被申请人均同意在仲裁员名册之外选定仲裁员,但仲裁委员会主任不接受这种名册之外的指定(当然这种不接受应该有理由),而是要求申请人更换仲裁员,申请人则只能另从仲裁员名册中重新选定仲裁员担任案件仲裁员,或者将争议交给另外一个仲裁机构仲裁。

三、仲裁员资格的丧失

仲裁员资格的丧失是指原本取得仲裁员资格的仲裁员因某些事由使得仲裁员资格丧失。仲裁员在符合《仲裁法》资格条款和仲裁机构聘任条件之后拥有完全的仲裁员资格。《仲裁法》规定仲裁行业必须建立仲裁协会以规范仲裁,其中应该包括对仲裁员的任命和管理职责。如今仲裁协会仍未成立,仲裁员的聘任和管理的权力分散交由各个仲裁机构实行。《仲裁法》第38条规定:"仲裁员有本法第三十四条第四项规定的情形,情节严重的,或者有本法第五十八条第六项规定的情形的,应当依法承担法律责任,仲裁委员会应当将其除名。"仲裁委员会除名将使仲裁员丧失仲裁员资格。另外,如仲裁员违反仲裁机构制定的仲裁规则,违背仲裁员职业纪律和操守,因个人原因导致仲裁程序受阻或者仲裁裁决效力瑕疵或无效等情形下,仲裁委员会有权对仲裁员不予续聘或者进行解聘。

仲裁员在符合法定仲裁资格条件和仲裁机构聘任条件之后才具备真正意义上的仲裁员资格,拥有参与仲裁的可能性。如果一位仲裁员在聘任期间被解聘或聘任期满之后不予续聘,那么他在实质上再也无法参与任何案件的仲裁,等同于被仲裁委员会除名。特别是我国仲裁机构普遍实行强制仲裁员名册制,不在仲裁员名册中的仲裁员难以被当事人知悉或者即使被知悉也难以得到仲裁机构委员会的认可。不被续聘或者被解聘的仲裁员除非重新被其他仲裁机构聘任,否则他实质上已经丧失仲裁员资格。因此,被仲裁机构除名、被解聘或者聘任期满不予续聘都可能使仲裁员丧失仲裁员资格。

四、当事人选定与否对仲裁员资格的影响

在符合仲裁员法定资格条件和仲裁机构的聘任条件之后,自然人可向仲裁机构提交申请表明自己成为该机构仲裁员的意愿,再经由仲裁机构审核,从而使申请人成为仲裁机构仲裁员名册上的成员之一。在这种情况下,可以认定该名自然人具备了完全意义上的仲裁员资格,无论是形式上的还是实质上的。至于具体的商事争议中当事人是否选定某位仲裁员担任案件的仲裁人员,对于其仲裁员资格并无影响。当事人选择仲裁员受到国籍、语言、专业、个人喜好等原因的左右,选定哪位仲裁员是其意思自治的具体表现。再加上一些大型仲裁委员会,如中国贸仲和北京仲裁委员会的仲裁员名册所载仲裁员人数多达上千人的原因,一些仲裁员不可避免地可能被当事人忽略,但这并不影响仲裁员资格。因

此,仲裁员名册中的仲裁员并不因为当事人未指定而丧失仲裁员资格。更何况,对于仲裁员而言,有关机构或者仲裁委员会主任的指定亦可使其受理相关仲裁案件。总之,当事人的选定与否仅决定仲裁员能否参与到某一具体案件的仲裁程序中,对仲裁员的资格问题并无影响。

第二节　仲裁员选任

中国某财产保险股份有限公司开封中心支公司申请撤销仲裁裁决案[①]

西安某物流有限公司(以下简称"物流公司")于2009年11月18日向郑州仲裁委员会就其与中国某财产保险股份有限公司开封中心支公司(以下简称"保险公司")的争议提交仲裁申请,仲裁委员会通过EMS特快专递向保险公司邮寄送达了仲裁通知书、仲裁申请书、仲裁规则、仲裁员名册、仲裁选定书、举证通知书、风险提示书、送达地址确认书、送达回证,保险公司于2009年11月21日签收。物流公司与保险公司均未在规定期限内选定仲裁员,依据《郑州仲裁委员会仲裁规则》之规定,郑州仲裁委员会主任指定侯某某为独任仲裁员,于2009年12月2日组成仲裁庭审理该案,并向双方送达了组庭通知书和开庭通知书。郑州仲裁委员会于2014年3月5日作出最终裁决。

此后,保险公司向郑州市中级人民法院申请撤销该仲裁裁决,其中一项理由为仲裁员的选定违反仲裁法律规定,剥夺了保险公司选任仲裁员的权利。

郑州市中级人民法院经审理认为,由于双方均未在规定期限内选定仲裁员,依据《郑州仲裁委员会仲裁规则》之规定,郑州仲裁委员会主任指定侯某某为独任仲裁员,于2009年12月2日组成仲裁庭审理该案,并向双方送达了组庭通知书和开庭通知书。2009年12月18日上午9时,郑州市仲裁委员会对该案进行开庭审理,双方均到庭参加了诉讼,亦未对仲裁庭的组成及仲裁程序提出异议。因此,保险公司的此项理由不成立。

[①] 河南省郑州市人民法院(2014)郑民三撤仲字第61号民事裁定书。

第四章 仲 裁 员

【思考题】

1. 仲裁庭的组成方式有几种？
2. 独任仲裁员的选任方式是什么？
3. 三人仲裁庭如何产生？选择首席仲裁员与另外两名仲裁员的方式有何不同？
4. 双方当事人对首席仲裁员选择不同时应如何处理？
5. 什么情况下仲裁委员会主任能够代为指定首席仲裁员？仲裁委员会主任指定仲裁员时应注意些什么？
6. 仲裁期间如需更换仲裁员，更换的仲裁员应怎样选任？

我国仅承认机构仲裁，即依照当事人双方的协议将争议交由一个常设仲裁机构并依该机构制定的仲裁规则进行仲裁。仲裁机构受理仲裁案件后，将组成仲裁庭审理案件。《仲裁法》第30条规定："仲裁庭可以由三名仲裁员或者一名仲裁员组成。"如果仲裁庭由一名仲裁员组成，则仲裁庭为独任仲裁庭，该名仲裁员为独任仲裁员。如果由三名仲裁员组成仲裁庭，其中一位为首席仲裁员。当事人可以协议选择设立独任仲裁庭或者三人仲裁庭仲裁案件。一般情况下，采用简易程序仲裁案件的大多成立独任仲裁庭，除非当事人另有约定。其他案件如果当事人没有特别约定或者仲裁规则另有规定的话，一般组成三人仲裁庭审理仲裁案件。

一、独任仲裁庭的组成

独任仲裁庭由一名仲裁员组成，当事人从仲裁机构提供的仲裁员名册中选择一位仲裁员作为独任仲裁员。《仲裁法》第31条规定："当事人约定由一名仲裁员成立仲裁庭的，应当各自选定或者各自委托仲裁委员会主任指定仲裁员。"仲裁机构在受理案件后，将提供给双方当事人本机构的仲裁员名册供他们从中选择。争议双方当事人在被申请人收到仲裁通知后指定时间内选定或者委托仲裁委员会主任指定一名仲裁员。当事人未在上述期限内选定或委托仲裁委员会主任指定的，由仲裁委员会主任指定，本节案例中即是如此。当事人选任仲裁员的时限由仲裁规则确定。当事人可以通过提交推荐名单的方式选任仲裁员。在选择独任仲裁员时，当事人提交的推荐名单一般应不超过三人，具体人数要求依据仲裁机构制定的仲裁规则决定。如果双方当事人提交的仲裁员名单中有一名人选相同的，则该名仲裁员成为独任仲裁员。如果有一名以上人选相同的，由仲裁委员会主任根据案件的具体情况在相同人选中选择一名作为独任仲裁员。如果当事人推荐名单中没有一个人选相同时,仲裁员委员会将有权指定独任仲裁员。

二、三人仲裁庭仲裁员的选任

三人仲裁庭是仲裁庭的常设组成方式,包括一名首席仲裁员和两名其他仲裁人员。当事人有权决定是否由三名仲裁员组成仲裁庭对当事人提交的争议进行仲裁。《仲裁法》第 31 条规定:"当事人约定由三名仲裁员组成仲裁庭的,应当各自选定或者各自委托仲裁委员会主任指定一名仲裁员。第三名仲裁员由当事人共同选定或者共同委托仲裁委员会主任指定。第三名仲裁员是首席仲裁员。"

(一) 仲裁庭其他仲裁人员的选任

三人仲裁庭中其他两名仲裁人员也称为"边裁",两名边裁的选任方式主要由申请人和被申请人在各自收到仲裁通知后指定期限内选定或者委托仲裁委员会主任指定一名仲裁员。当事人未在上述期限内选定或者委托仲裁委员会主任指定的,由仲裁委员会主任指定。

1. 选择主体。将争议提交给仲裁机构的双方或者多方当事人有权选择仲裁员,双方当事人可以各自指定一名仲裁员。如果仲裁案件有两个以上的申请人或者被申请人时,申请人方或被申请人方应各自协商,共同选定或者共同委托仲裁委员会主任指定一名仲裁员。

2. 时间期限。选任期限由仲裁规则决定。当事人在各自收到仲裁通知书之后的规定期限内选择一名仲裁员或者委托仲裁委员会主任指定。边裁的选任无须等到另外一方当事人收到仲裁通知书再开始指定。因此,当事人各方选择边裁的开始时间和终止时间不同。

3. 仲裁员来源。仲裁员应来源于仲裁机构制定的仲裁员名册,除非仲裁规则允许当事人选择仲裁员名册之外的人选,或者当事人事先约定选择仲裁机构仲裁员名册之外的人选且经仲裁委员会主任认可。

4. 当事人未能在规定期限内顺利完成仲裁员选任的,由仲裁委员会主任替代当事人完成指定。

(二) 仲裁庭首席仲裁员的选任

仲裁庭除两名边裁人员之外的第三名仲裁员,称为"首席仲裁员"。首席仲裁员是仲裁庭的主干与核心,依据《仲裁法》第 53 条规定:"裁决应当按照多数仲裁员的意见作出,少数仲裁员的不同意见可以记入笔录。仲裁庭不能形成多数意见时,裁决应当按照首席仲裁员的意见作出。"首席仲裁员除在裁决中起到重要作用外,还同时承担着全程主持仲裁运作的责任,负责与另外两名边裁人员的沟通协作。可见,首席仲裁员对于三人仲裁庭而言至关重要,只有选择一名真正称职的首席仲裁员,才能保证案件的顺利审理。

1. 由仲裁案件双方当事人各自从仲裁员名册中或者仲裁机构提供的推荐名单中各自挑选一名或者数名首席仲裁员人选。如果仲裁案件涉及多方当事人,则由申请方和被申请方各自共同协商向仲裁机构提交首席仲裁员人选。

2. 选任期限。首席仲裁员的选任时间应从双方当事人在被申请人收到仲裁通知书后一定时间内共同选定或者共同委托仲裁员委员会主任指定。选任期限与边裁选任期限一致,但双方选任期限起算时间为被申请人收到仲裁通知书之日起。选任期限由仲裁机构制定的仲裁规则规定。

3. 仲裁员来源。首席仲裁员仍应从仲裁机构提供的仲裁员名册中选取,除非仲裁规则另有规定或者当事人事先约定可以从仲裁员名册之外选择仲裁员并为仲裁委员会主任所认可。除强制仲裁员名册制之外,一些仲裁机构在经当事人申请或者同意后可以向当事人提供一批首席仲裁员候选名单,以供当事人选择。

4. 首席仲裁员的确认。双方当事人或者各方当事人提交的首席仲裁员名单或者从仲裁机构提供的推荐名单中所作的选择中有一名共同人选的,该名人选成为首席仲裁员。如果有两名及以上人选相同的,由仲裁委员会主任根据案件具体情况指定一名人选为首席仲裁员。如果没有相同人选的,由仲裁委员会主任代为指定。

5. 当事人对首席仲裁员人选无法达成共同意见的,可以委托仲裁委员会主任指定。如果没有委托,仲裁委员会主任亦有权代为指定。

首席仲裁员除上述选任方法之外,还有另一种选任方法,是由当事人双方在规定时间内各自选择一名仲裁员,再由双方当事人选择的仲裁员共同推选一名仲裁员成为首席仲裁员,即由边裁选择首席仲裁员。该种选任方式考虑到仲裁员之间在专业领域彼此熟知,由边裁推选首席仲裁员代表着边裁对首席仲裁员的绝对信任,同时有利于仲裁庭的稳定。该种选任首席仲裁员的方式在国际上较为普遍,但我国法律和仲裁规则中并无相关规定,实践中武汉仲裁委员会正在尝试用该种选任方式推选首席仲裁员。

三、仲裁委员会主任指定仲裁员

《仲裁法》规定由当事人自由选择仲裁员是充分尊重当事人意思自治的表现,规定仲裁委员会主任补充指定仲裁员则是为了提高仲裁效率,以便以最快速度确定仲裁庭的人员组成从而开展仲裁程序。仲裁委员会主任获得替代当事人指定仲裁员的权力有两个前提:(1)当事人无法就仲裁员的选择达成一致意见;

或者(2)当事人共同委托仲裁委员会主任代为指定仲裁员。一般情况下,仲裁员名册所载仲裁员人数少则几百多则上千,当事人如果对仲裁不够了解便很难迅速地从名册中选择出适合案件审理的仲裁员。还有一种情形是当事人各方不能达成一致意见共同指定仲裁员时,需要仲裁委员会主任从专业角度帮助当事人选择合适的仲裁员。《仲裁法》第32条明确规定:"当事人没有在仲裁规则规定的期限内约定仲裁庭的组成方式或者选定仲裁员的,由仲裁委员会主任指定。"该条款明确规定仲裁委员会主任指定仲裁员是当事人意思自治选任仲裁员的补充方式。仲裁委员会主任指定仲裁员时应结合以下具体情况进行考虑:

1. 案件事实情况。当事人提交的商事争议性质决定其需要怎样的仲裁员对案件进行仲裁。《仲裁法》也规定仲裁机构需依专业不同设立仲裁员名册。案件性质不同,所需专业人才也不同,仲裁委员会主任必须考虑到案件的事实情况,具体分析,兼顾当事人的国籍、语言、习惯等多种因素,从而为案件选择合适的仲裁员。

2. 专业能力和仲裁经验。在选择仲裁员,特别是独任仲裁员或者首席仲裁员时,需要特别注意仲裁员的专业能力和仲裁经验问题。首席仲裁员发挥的作用相较于边裁而言更为重要,独任仲裁员则一人决定仲裁程序的全部。他们需要具备足够专业的技术能力和丰富的仲裁经验。仲裁委员会主任应挑选具有法律、经济贸易、科学技术或海商海事等专业知识和实际工作经验丰富的仲裁员,尤其是多次担任首席仲裁员或者独任仲裁员,办案能力强的人选,应当优先被考虑。

3. 仲裁员时间安排。审理一个仲裁案件虽然不像诉讼那样需要花费漫长的审理周期,但从受理仲裁开始直至作出仲裁裁决仍需经过一定时间,其中将包括证据交换、数次开庭审理等等。仲裁委员会主任指定的仲裁员应确保具有充足的时间参与仲裁,不因个人事由阻碍仲裁程序的进行,也不得中途无故退出仲裁程序。

4. 仲裁员所在地域。仲裁机构仲裁员名册内的仲裁员并不一定全是本地仲裁员,而可能来自全国各地甚至是国外。仲裁委员会选任仲裁员需考虑仲裁员工作、生活的地点,以保证仲裁员能够方便快捷地来往于工作地点与仲裁庭地之间。

四、仲裁庭成员变更

仲裁庭组成人员确定之后,仲裁委员会主任应书面通知当事人仲裁庭组成人员信息。在仲裁程序进行过程中,可能会出现仲裁员更换的情况。仲裁员更换可能是由以下原因造成:

1. 仲裁员申请回避。仲裁员接受选任之前或者选任之后发现自己与当事人之间存在经济、家庭、个人或者社会等关系,可能影响案件审理的公正性,或者可能使当事人产生不公正偏颇印象的,主动申请回避或者被当事人要求回避的,仲裁委员会主任应同意回避申请,重新依仲裁员选任程序选择新的仲裁员。

2. 仲裁员辞职。仲裁员拒绝接受指定、因个人身体状况及其他可能影响正常履行仲裁员职责的原因要求退出仲裁,不能参与案件审理的。仲裁庭委员会主任应向当事人表明情况,书面送达重新选定仲裁员通知。当事人在指定期限内重新选择仲裁员,否则仲裁委员会主任有权代为指定仲裁员。

3. 仲裁员在仲裁期间被解聘、不予续聘或者暂不列入仲裁员名册。暂不列入仲裁员名册是指仲裁员在聘任期间因违反《仲裁法》、仲裁规则或者仲裁员守则,本来应解聘但仍需查证核实,在调查期间暂不列入仲裁员名册。一般情况下,除非仲裁员严重违反公正、独立之规定,否则不会被解聘、不予续聘或者暂不列入仲裁员名册。当仲裁过程中出现上述三种情况时,仲裁委员会主任首先应通知仲裁员本人,由仲裁员本人决定是否退出正在审理的案件。如果仲裁员不同意退出,由当事人决定是否由该名仲裁员继续审理案件。如果当事人均同意该名仲裁员继续审理案件,则无须重新选任仲裁员。当事人不同意该名仲裁员继续审理案件的,需在规定时间内共同协商重新选择仲裁员,如果指定时间内当事人无法选择适合的仲裁员替换人选,则由仲裁委员会主任指定。

4. 仲裁委员会主任指定不适当。仲裁委员会主任在指定首席仲裁员的过程中出现徇私枉法、偏袒的情形将导致首席仲裁员不适当,因为该种选择可能使当事人产生不信任、不公正的印象。鉴于仲裁委员会主任在首席仲裁员指定过程中出现了违法违纪行为,需由当事人决定是否再授予仲裁委员会主任指定首席仲裁员的权力。如果当事人不同意再由仲裁委员会主任指定,则应共同协商决定。当事人无法共同协商决定的,由仲裁委员会副主任代为指定。

5. 双方当事人一致要求某位仲裁员退出案件审理。如果仲裁员在案件审理过程中有任何违法违纪情形致使当事人对其产生不信任的感觉,当事人有权提出让该名仲裁员退出案件审理。此时仲裁员的空缺按照仲裁员常规选任程序重新选任。

第三节 仲裁员职业纪律和操守

案例 1

巴西 ORBIS 公司与波兰 CENTROZAP 公司仲裁案[①]

巴西 ORBIS 公司和波兰 CENTROZAP 公司之间就货物买卖合同的履行发生争议。按照合同中的仲裁条款,仲裁在将瑞士的苏黎世进行。ORBIS 指定了一位瑞士法官作为仲裁员,CENTROZAP 指定了一位波兰律师作为仲裁员。之后,CENTROZAP 经调查发现,ORBIS 曾聘请苏黎世当地的一家律师事务所为其承办该仲裁案件,而被指定的那位瑞士法官的妻子正是该律师事务所的律师助理。CENTROZAP 遂要求该仲裁员回避,但该仲裁员认为这种关系不会影响其公正仲裁的立场,拒绝回避。CENTROZAP 向法院起诉,要求撤换该仲裁员。该项争议最终交由瑞士最高法院作出决定。瑞士最高法院在判决中认为,该仲裁员的妻子受雇的律师事务所在仲裁案中代理了一方当事人这一事实,使该仲裁员在仲裁中的独立性得不到完全的和可靠的保证,因而,该仲裁员不适合在该仲裁案中担任仲裁员。

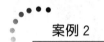
案例 2

仲裁员与当事人代理人的大学同事关系是否构成回避理由问题[②]

在中国国际经济贸易仲裁委员会深圳分会受理的一个仲裁案件中,某大学的 L 教授被申请仲裁的一方当事人指定为仲裁员,而该当事人的代理人是与这位教授同一所大学的教师。仲裁案中的被申请人对此提出异议,认为对方当事人代理人和 L 教授的同事关系已经构成了其自行回避的理由,建议 L 教授自行

---

① 参见郭晓文:《怎样保证仲裁员的独立性》,载《国际经济法论丛》2001 年第 4 卷,第 539 页。
② 同上书,第 541 页。

回避,否则将考虑申请回避。秘书处把当事人的意见转达给 L 教授,请他自己斟酌决定是否自行回避。L 教授得知这一情况后,同意自行回避。他在请求自行回避的信中称,虽然他和仲裁申请人的代理人仅为一般同事关系,除了在同一所大学共事外,没有任何私人交往,不属于《中国贸仲仲裁规则》第 28 条规定的应该回避的情形,但考虑到当事人对此种关系的顾虑,为了保证当事人对仲裁庭公正性的信心,他自愿退出。

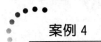

仲裁员事先曾向当事人提供咨询问题[①]

法国的 Urys 夫妇和巴黎当地一家大型百货公司 Galeries Lafayette 发生仲裁争议。按照双方签署的仲裁文件,Urys 指定了 X 先生作为仲裁员,Galeries Lafayette 指定了 Y 先生为仲裁员,两位被指定的仲裁员又推选了第三名仲裁员,组成了仲裁庭。仲裁裁决于 1966 年作出,裁决 Urys 胜诉。Galeries Lafayette 在裁决后经调查发现,X 先生在被指定为仲裁员之前,向 Urys 提供了对该案的咨询意见,并表示 Urys 有把握获得胜诉。因此,Galeries Lafayette 向巴黎上诉法院提出上诉,最后由法国最高法院判决。巴黎上诉法院和法国最高法院都认为,X 先生事先向当事人提供咨询的行为,已令其在仲裁案中丧失了独立性,裁决已经缺乏公平的基础,故该裁决无效。

案例 4

仲裁员接受当事人馈赠问题[②]

在 Air Corporation Employees' Union vs. D. V. Vyas 一案中,印度孟买高等法院因一仲裁案中的首席仲裁员接受当事人馈赠的行为,撤销了仲裁裁决。该仲裁争议发生在印度政府控股的印度航空公司(Air-India)和该公司的工会之间,一位孟买高等法院的退休法官被指定为仲裁庭的首席仲裁员。在未事先通

---

① 参见郭晓文:《怎样保证仲裁员的独立性》,载《国际经济法论丛》2001 年第 4 卷,第 544 页。
② 同上书,第 549 页。

知工会,也未获得工会事后同意的情况下,印度航空公司向该位首席仲裁员赠送了两张该公司从孟买飞往纽约的首航机票,邀请他及夫人参加首航庆祝仪式。该位首席仲裁员将其作为一项荣誉,欣然接受了赠票,偕同夫人飞往纽约参加了首航仪式。孟买高等法院指出,撤销裁决并非因为仲裁裁决本身存在问题,而是因为这位首席仲裁员偕同夫人接受一方当事人招待的行为,已经令其失去了在该仲裁案中担任仲裁员的资格。

【思考题】

1. 仲裁员的职业纪律和操守是指什么?
2. 为什么要制定仲裁员职业纪律和操守?如果违反仲裁员职业纪律和操守将会导致什么后果?
3. 回避制度的具体规定是什么?违反回避制度会导致怎样的后果?
4. 披露制度与回避制度的关系是什么?
5. 怎样保障仲裁员职业纪律和操守的实施?

对于仲裁,有一句话是这样说的:"有什么样的仲裁员,就有什么样的仲裁。"仲裁员资格条件只是规范仲裁员的准入,在取得仲裁员资格之后需要有仲裁员职业纪律和操守规范仲裁员行为,保证其在仲裁工作中恪尽职守,保持公正、独立。仲裁员职业纪律和操守是指仲裁员在从事仲裁工作时所要遵守的伦理准则或行为操守。仲裁员职业纪律和操守为仲裁员这一职业提供了一套有效的行为准则。同时,仲裁员职业纪律和操守的设立不仅仅是为仲裁员的行为操守提供指引,也是对外界确立一套可靠的参考标准和评价机制,加强当事人监督力度,增强公众对于仲裁解决争议的信心。

仲裁员职业纪律和操守应当包括仲裁员的道德要求、专业能力和行为规范三方面内容,主要侧重于对仲裁员的道德规范与行为指引。仲裁员职业纪律和操守调整仲裁员聘任期间的所有行为,既包括被选任为仲裁员之前、选任之后、仲裁程序中和作出仲裁裁决时,也包括仲裁员未参与仲裁案件期间。考虑到仲裁员在获得仲裁员资格之后即承担着仲裁这一神圣的使命,载入仲裁员名册后随时可能被当事人选择成为某一案件的仲裁员,因此必须时刻以仲裁员职业纪律和操守为自身行为准则,而不仅仅只有仲裁程序开始之后的行为受到监督。案例3中仲裁员因事先向当事人提供咨询意见,致使其选任后所作仲裁裁决效力产生瑕疵。有些仲裁员在仲裁开始之前私自向当事人推销自己,这也是违反仲裁员公正性要求的行为。另外,再加上仲裁员的"非职业性"特点决定他们平时从事着其他工作,即使在仲裁过程中亦可能如此。这种"非职业性"的特点可能降低当事人对仲裁员及仲裁公正性的信任,从而影响仲裁事业的发展。因此,一套完备且合理的仲裁员职业纪律和操守是必需的。完备是指调整对象的全面,合理是指对仲裁员职业纪律和操守制定的合法合理化。

一、仲裁员职业纪律与操守基本原则

(一)坚持独立、公正地仲裁案件,不为任何外因所诱导

假如将公正称为"仲裁第一性",独立毫无疑问是"仲裁第二性"。仲裁员职业纪律和操守中,独立工作、公正办案乃是首要原则。尽管仲裁具有民间性、契约性两大特征,当事人在仲裁案件中的意思自治起到的作用较大,但作为一种纠纷解决方式,仲裁结果的公正、独立是当事人的最终选择,也是仲裁的根本意义所在。"独立"有两方面的内涵:(1)独立于当事人;(2)独立于司法机关。对于仲裁员而言,无论由哪方当事人指定均应保证其中立性,只服从于案件本身,而不作任何一方的"代言人"。特别是被当事人选任的边裁,在仲裁过程中不自觉地成为当事人的"辩护律师",各自代表某一方当事人的意见,此种情形应极力避免。仲裁员保持独立的地位进行仲裁,可以最大限度地保证公正性。

(二)仲裁中避免给当事人产生不公平、偏袒的印象

仲裁要求仲裁员须与当事人无任何经济关系、社会关系和个人关系,或者与争议事实存在某种利害关系。任何可能导致仲裁公正性被怀疑的情形都应该被避免,如此才能保证案件仲裁结果的公平正义。在该原则指引下,回避制度和披露制度是两大重要保证。除此之外,避免给当事人产生不公平、偏袒的印象,还要求仲裁员应当遵循仲裁协议或者仲裁规则规定的与当事人联系的方式,除非另有协议或规则另有规定。仲裁员不得私下会见任何一方当事人,不得接受任何一方当事人的请客送礼等行为。在仲裁过程中也应保证将信息毫无差别地传递给各方当事人,而不作隐瞒或欺骗行为。

(三)有效推动仲裁程序进行,规范仲裁,保证高效结案

当事人可以自由选择由何种仲裁规则裁决案件。但有学者提出,在仲裁进行过程中,真正决定仲裁规则的乃是仲裁员,而非当事人选用的仲裁规则。仲裁规则规范仲裁员应该在什么时间以什么样的方式推动仲裁程序的进行,但这都只是理论层面上的规则,在仲裁程序开始之后,仲裁员有权利决定仲裁程

序的节奏。① 有些案例中仲裁员在私人利益的引导之下,拖慢仲裁程序而使得某一方当事人获益,或者有些仲裁员无法发现一方当事人刻意阻碍仲裁进程,从而延缓了案件的审理导致仲裁久拖未决。因此,仲裁员应该确保自己勤勉行事,保证仲裁的高效进行。

（四）忠于职责,保密行事

仲裁裁决的最大特色就是保密性,这种保密性能够最大限度地保护当事人的商业秘密不被外界所知。仲裁员由当事人选任,相当于与当事人订立契约关系,保证其将忠于职责,有效仲裁。基于这种关系,仲裁员不得实施有损害于当事人利益的行为,且对与案件有关的信息和所有问题保密,除非此种透露是仲裁协议、仲裁规则或者仲裁法律允许的。特别是对于仲裁裁决的保密,在裁决未作出之前,仲裁员不得向当事人或者外界透露任何关于仲裁裁决的内容,并借此获得利益。

（五）审慎作出仲裁裁决,保证仲裁裁决公平正义

仲裁裁决是仲裁程序的最后阶段,当事人将争议提交仲裁是为了获得一份公平正义的仲裁裁决书。在制作仲裁裁决书阶段,仲裁员应遵循仲裁规则的规定。仲裁员应仅在仲裁协议约定的争议范围内进行裁判;保证独立行使仲裁权,避免受到外界影响作出不公正裁决;仲裁裁决书应按规范制定,避免拖沓仲裁。

（六）不断提高专业知识能力,保证自己的专业权威性

选择仲裁解决商事争议基本已经成为一种商事惯例。当事人更愿意选择仲裁,是因为相较于法官,仲裁员在专业领域更具有权威性。一名法官可能在法律知识方面遥遥领先,同时也具备一定的专业知识。但是对于当事人而言,他更希望依据自己争议的性质、具体情况去选择一名在该专业更为权威的专家仲裁案件,这样更能保证案件结果的公正。特别是商事争议中,对于商人而言,有时法律意义上的公平正义并不是他们所追求的商事上的公正。仲裁员应当具有处理案件相应的学识、能力和经验。

二、仲裁员职业纪律和操守的具体规定

《仲裁法》对于仲裁员职业纪律和操守没有具体规定,仅可从仲裁员资格条件条款分析出对仲裁员职业纪律和操守的相关原则性要求和具体标准。《仲裁法》对于仲裁员的资格要求和责任条款反映出法律对于仲裁员职业纪律和操守

---

① See Andreas F. Lowenfeld, International Arbitration as Omelette: What Goes into the Mix, Stefan N. Frommel & Barry A. K. Rider, *Conflicting Legal Cultures in Commercial Arbitration*, *Old Issues and New Trends*, Kluwer, 1999, p. 21.

有更高的期许。

(一) 道德要求

仲裁法对于仲裁员的原则性要求是"公道正派",除此之外仲裁员仍需具备一些特殊的职业道德,作为从事仲裁职业所必需具备的道德品质。

1. 崇尚正义,公正廉洁。公正廉洁是仲裁员的生命,也是仲裁制度的生命。只有公正廉洁的仲裁员才能够得到当事人的信任,树立自己的道德威望,保障仲裁活动的顺利进行和纠纷的公正解决。同时,只有保持内心的公正廉洁,注重道德的力量,自我控制,自我规范,才能从事仲裁这一职业。仲裁员不仅要保证自身廉洁,作为首席仲裁员,还应督促另外两位仲裁员。案例 4 中,即使仲裁程序本身没有任何问题,但因为首席仲裁员与当事人之间存在馈赠行为,使得仲裁员的廉洁性被质疑,仲裁裁决从而有了不公正的可能性,而这种可能性是不被法律所允许的。

2. 独立。独立是指仲裁员在地位上、行事上的独立,包括:

(1) 仲裁员独立于当事人。仲裁员不因当事人指定而服从于当事人,成为当事人一方的代言人。仲裁员应独立于当事人行事,依法律和仲裁规则裁判案件,保证裁决结果的公正性。

(2) 仲裁员独立于仲裁机构。仲裁机构聘任仲裁员,当事人从仲裁机构提供的仲裁员名册中挑选具体的仲裁员,但这不意味着仲裁机构在仲裁案件时能够对仲裁员随意干预,将意志强加于仲裁员,特别是仲裁机构的行政官员不得随意发号施令。仲裁员在仲裁过程中应保证不被仲裁机构的非专业意见左右。

(3) 仲裁庭成员之间应保持中立,确保各方地位平等。三人仲裁庭中设两名边裁和一名首席仲裁员,三者之间没有隶属关系,边裁不应完全听命于首席仲裁员。如果首席仲裁员作出错误决定,边裁应坚持立场,保证仲裁公正进行。

3. 诚实信用。仲裁员对于任何可能造成或者可能影响当事人印象的事由都应主动披露,在可能影响仲裁公正、独立的情形下应申请回避或允许当事人提出回避。

回避制度是保障公正仲裁、维护仲裁信誉的一项重要制度。《仲裁法》第 34 条规定:"仲裁员有下列情形之一的,必须回避,当事人也有权提出回避申请:(一) 是本案当事人或者当事人、代理人的近亲属;(二) 与本案有利害关系;(三) 与本案当事人、代理人有其他关系,可能影响公正仲裁的;(四) 私自会见当事人、代理人或者接受代理人的请客送礼的。"如有《仲裁法》规定的法定情形,即使当事人没有提出回避申请,仲裁员也必须申请回避。如果仲裁员没有主动申请回避,仲裁机构根据其发现的情况也可以决定仲裁员回避。

我国在确定仲裁员回避问题上采取严格标准制度,只要存在可能影响仲裁公正的"可能性",仲裁员就应当回避。《仲裁法》第 34 条规定的四种情形对于现实情况无法完全概括,例如"利害关系"的解释就甚是模糊。案例 1 中,一方当事人指定的瑞士仲裁员的妻子在该方当事人曾聘请为自己承办该仲裁案件的律师事务所工作,由此另一方当事人要求该名瑞士仲裁员回避,被该名仲裁员拒绝,并认为这种关系不会影响公正仲裁。然而瑞士最高法院最终审理确认该仲裁员的妻子受雇的律师事务所在仲裁案中代理了一方当事人这一事实,使该仲裁员在仲裁中的独立性得不到完全的和可靠的保证,因而,该仲裁员不适合在该仲裁案中担任仲裁员。这是回避制度中严格标准的体现,无论利害关系的程度如何,只要存在影响仲裁公正的可能性,仲裁员都应回避。案例 2 中的仲裁员即使事实上并无仲裁规则规定的回避情形,但考虑到可能给当事人造成不公正、偏颇的印象而同意自行回避。该案例表明,当出现灰色区域难以判断是否应该让仲裁员回避时,宜采用严格标准制。这是因为回避制度的设立目的并不是判断仲裁员的品行优劣,而是为了避免造成仲裁不公正的可能性。

披露制度与回避制度是相辅相成的。被选定或者被指定的仲裁员,如与案件有个人利害关系的,应当自行向仲裁委员会和当事人主动披露并请求回避。大多数情况下,当事人对于仲裁员与案件是否存在关系很难知悉,需要仲裁员秉持诚实信用原则主动向当事人披露。披露并不等同于回避,仲裁员披露自己和某个案件的关系不意味着一定会被要求回避,回避与否由当事人或者仲裁委员会主任决定。

《仲裁法》对于当事人与案件的个人利害关系未作扩充解释,而实践中大多作广义解释,仲裁员与案件之间的任何联系都应包括在内,即使仲裁员本身并不确定。仲裁员应披露情形除了《仲裁法》第 34 条规定的四种法定情形之外,还包括:(1) 对本案当事人事先提供过咨询的;(2) 为本案当事人推荐、介绍代理人的;(3) 担任过本案或与本案有关联的案件的证人、鉴定人、勘验人、辩护人、代理人的;(4) 与本案当事人有同事、代理、雇佣、顾问关系的;(5) 与当事人或代理人为共同权利人、共同义务人或者有其他共同利益的;(6) 与当事人或代理人有较为密切的交谊或者嫌怨关系的。[①] 在这些情形下,仲裁员都应毫不犹豫地以书面形式向仲裁机构和当事人披露。至于仲裁员披露的信息是否与案件真正有个人利害关系,是否足以影响仲裁员履行仲裁职责,是否影响仲裁裁决的公正性,均应由当事人确定。当事人认为仲裁员披露的信息将影响公正仲裁而申请回避的,由仲裁委员会主任决定是否回避。仲裁委员会主任应当回避的,由仲裁委员会集体决定。

---

① 参见《北京仲裁委员会仲裁员守则(2006 年版)》第 5 条。

案例 3 中 X 先生在被指定为仲裁员之前,向案件的一方当事人提供过对该案的咨询意见,但事先未向另一方当事人披露这一咨询行为,以致在仲裁裁决作出之后被另一方当事人知悉从而向法院提出撤销仲裁裁决。法院经审理认为 X 先生向当事人提供咨询的行为,已令其在该仲裁案中丧失了独立性,裁决已经缺少公平的基础,故而判决撤销仲裁裁决。仲裁员事先向当事人提供过咨询意见,表示当事人有很大的胜算,由此当事人选任该名仲裁员为仲裁庭组成人员。这样的因果联系使另一方当事人和法院有理由相信该名仲裁员在仲裁过程中很可能代表着另一方当事人的利益行事,从而影响案件裁决的公正性。该名仲裁员应当事先向一方当事人披露为另一方当事人提供过咨询意见的事实,再由该当事人决定是否需要回避。如当事人要求仲裁员回避,仲裁机构便可以在仲裁程序开始之前指定其他仲裁员仲裁案件,从而避免裁决后期被撤销,以免对仲裁增加不必要的诉累,延误争议解决时间。

(二)专业能力

仲裁员因其具备的专业能力和仲裁经验得到当事人的信赖而被选任。仲裁员在被仲裁委员会聘任之后应保持自主学习能力,不断提升专业能力:(1)熟悉案件所涉专业知识;(2)熟知相关法律法规、商业惯例;(3)培养庭审能力、表达能力和逻辑思维,保证顺利推进仲裁程序的进行;(4)具备分析案件事实、认定有效证据的能力;(5)能够按照仲裁机构的要求制作规范的裁决书或者提供制作裁决书的书面意见。

(三)行为规范

行为方式是道德水准的外在表现。仲裁员在崇尚正义、公正廉洁、公道正派和诚实信用的道德规范下,具体的行为方式仍需要仲裁员职业纪律和操守的指引。行为规范可按仲裁进程细化为:基本行为规范、选任中的行为规范、仲裁程序中的行为规范和作出仲裁裁决阶段的行为规范。在具体行为规范内容上可以规定积极条款,即要求仲裁员必须为一些行为,也可从消极方面要求仲裁员不为一些行为。在不能穷尽所有行为规范的情形下,规定禁止条款更为简便易行。

1. 仲裁员在仲裁聘任期间应保证载入仲裁员名册的内容真实有效,保证能通过所登记的联络方式和通信地址找到仲裁员。仲裁员个人信息如有变动,应及时向仲裁机构申请变更登记。

2. 仲裁员应准时参与仲裁机构组织的仲裁员培训和考核,定期学习仲裁规则、仲裁员守则和仲裁相关法律法规。

3. 在被选任或者指定阶段,应遵守仲裁规则的相关规定,不得与当事人有任何不正当接触,也不得与当事人有私下会面,或者事先提供任何咨询。

4. 仲裁员在选任期间应及时向当事人或者仲裁机构披露自己与案件之间

的利害关系,如与案件有利害关系须主动申请回避。仲裁审理过程中发现有需要披露的信息也不得隐瞒。

5. 仲裁员在接受选任或者指定之后,须勤勉办案。开庭审理或者仲裁庭合议时,不能迟到、早退或者无故缺席。

6. 在仲裁期间,不得违反当事人协议约定的或者选用的仲裁规则。

7. 仲裁期间不得接受当事人请客、馈赠或者提供的其他利益,无论以何种名目。

8. 仲裁员不得在仲裁期间不阅卷、不认真阅卷、不研究案情、不发表意见、不审查仲裁裁决,亦不能因为仲裁意见与其他仲裁员不同而拒绝在开庭笔录、合议笔录、材料清单或者仲裁裁决书上签字。

9. 仲裁期间,仲裁员须避免与当事人任何一方进行直接或者间接的交流。在仲裁程序中应平等地对待案件各方当事人,尊重参与仲裁的各方当事人。

10. 三人仲裁庭中,仲裁员应相互配合、相互合作,共同参与仲裁程序。首席仲裁员应调动其他两名仲裁员的积极性,公正仲裁,不徇私枉法。

11. 遵循保密原则,不得对外界随意透露案件事实和当事人信息。因仲裁所知悉的一方当事人的秘密特别是商业机密,应向另一方保密。

上述行为规范只是对最需注意的仲裁员行为规范的一些列举,具体的仲裁员职业纪律和操守可参照仲裁机构制定的仲裁员守则和仲裁规则。

三、仲裁员职业纪律和操守的实施保障

仲裁员职业纪律和操守的设立目的有如下四种:(1) 提升仲裁员队伍的整体素质,加强仲裁员专业、道德建设,约束仲裁员的职业行为;(2) 弥补仲裁机构规定的不足,为仲裁机构任命仲裁员提供一定的标准,《仲裁法》规定的仲裁员资格条件较为宽泛,以仲裁员职业规范来提供更细化的标准,更利于选择仲裁员;(3) 为当事人提供一套行之有效的参考标准和评价机制,当事人对于仲裁员的否定性评价将直接影响仲裁员在业界的名声,如此能够保障当事人在仲裁中的意思自治,提升当事人对仲裁的信心;(4) 司法机关以此对仲裁进行司法监督。《国际商事仲裁示范法》中的拒绝承认和执行仲裁裁决的理由和《仲裁法》第58条第6项规定撤销仲裁裁决的理由均与仲裁员有关。关于撤销仲裁员,职业规范具体针对仲裁员的行为进行的准确定性足以对相关法律条文进行解释,从而使得司法监督既能规制仲裁又能给仲裁留有足够的发展空间。

另外,仲裁员职业纪律和操守不是强制性规定,仅具有建议性质。仲裁机构、仲裁员、当事人等采纳与否均受其意思自治。但为了达成上述目的,仲裁员职业纪律和操守在制定之后需依靠实践措施进行保障:

1. 对于仲裁员而言,仲裁员职业纪律和操守仅是他们的道德指南和行为指

引,并无义务性要求,故仲裁员的自律是仲裁员职业纪律和操守得以实施的必备条件。只有仲裁员以职业纪律和操守作为自己的行为准则,自我约束,自我要求,对仲裁事业和当事人负责,仲裁员职业纪律和操守才能真正落到实处。

2. 仲裁机构属于民间争议解决机构。当事人可以自由选择由哪个仲裁机构仲裁案件,哪怕该案件与该仲裁机构毫无联系,而不像诉讼中会对管辖有所限制。在某种程度上,仲裁机构的案件数量直接由其仲裁员的质量所决定。如果仲裁机构的仲裁员名册中的仲裁员品德、专业权威和行为操守俱佳,那么无疑将吸引一大批当事人将案件提交由该机构仲裁。这也是商事社会仲裁机构所要面临的竞争和挑战。因此,仲裁机构需重视仲裁员职业纪律和操守,将其作为本机构的仲裁员守则,对在其名册中的仲裁员采取一些强制性的措施要求规范其行为。

3. 仲裁员职业纪律和操守的制定对于当事人而言百利而无一害,当事人既可依此挑选称职的仲裁员,也可依此判断仲裁程序及结果是否公正。仲裁员在仲裁过程中和作出仲裁裁决时是否秉持公正独立的原则,是否为当事人的利益着想,以及对当事人负责与否,均可依仲裁员职业纪律和规范的规定判断。当事人依据仲裁员职业纪律和规范的规定给予仲裁员肯定或否定的评价。当事人可以通过将仲裁员职业纪律和操守并入仲裁协议,从而赋予规范以法律约束力。在仲裁员未按照仲裁员职业纪律和规范行事时给予其否定评价。否定的评价将使一批不合格的仲裁员的行业名声变差,变相被剔除出仲裁员队伍,从而保证仲裁员队伍的高质素。

4. 仲裁员职业纪律和操守对于司法机关依据现有法律对仲裁进行监督起到了细化补充的作用。虽然仲裁员职业规范本身不具有强制约束力,更无法律效力,却对界定仲裁员在仲裁过程中是否徇私舞弊、索贿受贿、枉法裁决具有重要意义。同时,制定科学合理的仲裁员职业纪律和操守规范能够对以后立法的修改提供参考意见。

四、仲裁员责任与仲裁员职业纪律和操守

前文已经提及,仲裁员职业纪律和操守不具有强制力,属于行业职业规范,仅属建议性质,除非当事人将其并入仲裁协议赋予其法律效力。目前仲裁员职业纪律和操守没有形成行业性规定,而是由各个仲裁机构规定,只对仲裁机构名册内的仲裁员有约束效力。违反仲裁员职业纪律和操守将会导致的仲裁员责任包括:

(一)被仲裁委员会除名

仲裁员违反仲裁机构制定的仲裁员守则,即违反仲裁员职业纪律和操守,情节严重时将会被仲裁委员会除名以示惩戒。《仲裁法》第 38 条规定:仲裁员有本法第34条第4项规定的情形,情节严重的,或者有本法第58条第6项规定的情形的,应当依法承担法律责任,仲裁委员会应当将其除名。仲裁委员会的除名将使得仲裁员丧失资格,对于仲裁员而言虽非法律后果却也是一种"惩罚"。同时,除名处理对于仲裁员而言是一种基本责任,仲裁员违反仲裁员职业纪律和操守不仅会遭除名处理,还会承担法律责任。

（二）民事责任

违反仲裁员职业纪律和规范规定,如保密职责的条款,而使当事人产生损失的,当事人有权向仲裁员追究民事责任以补偿其经济损失。追究仲裁员民事责任与仲裁委员会将仲裁员除名处理两者之间并不矛盾。

（三）刑事责任

仲裁员只有在严重违反仲裁员职业纪律和操守的情况下才可能被追究刑事责任。如《仲裁法》第58条第6款规定:"当事人提出证据证明裁决有下列情形之一的,可以向仲裁委员会所在地的中级人民法院申请撤销裁决:……（六）仲裁员在仲裁该案时有索贿受贿,徇私舞弊,枉法裁决行为的。"仲裁员在仲裁案件时如发生索贿受贿、徇私舞弊和枉法裁决的行为,情节严重的属于违法行为,须要追究刑事责任。《刑法》第399条之一规定:"……依法承担仲裁职责的人员,在仲裁活动中故意违背事实和法律作枉法裁决,情节严重的,处三年以下有期徒刑或者拘役;情节特别严重的,处三年以上七年以下有期徒刑。"被追究刑事责任的仲裁员同时也会被仲裁委员会作除名处理。

第四节　中国的立法与实践

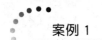
案例1

刘某某、张某枉法仲裁罪案①

2001年5月,开发商刘某以90万元的价格从别处购得金滔大厦的开发权。因前期开发,刘某就拆迁赔偿问题与凌某兄妹达成补偿协议书,约定通过原地安置12平方米,卖108.7平方米,再以36.27平方米抵偿安置费的方式,将中山北

---

① 参见《湖南省首例枉法仲裁案件一审判决,两被告人获刑》,http://www.legaldaily.com.cn/zfb/content/2011-09/26/content_3000058.htm?node=33973,2017年12月1日访问。

路45号金滔大厦103号门面(合计158.77平方米)转让给凌某兄妹。因刘某开发的金滔大厦项目拖欠国土使用费,未取得国土使用权证,且未通过竣工验收,该项目通过正规途径根本无法办理产权证。正当刘某在为如何办理产权一事一筹莫展时,其父的好友、衡阳仲裁委员会仲裁员刘某某告诉他:"通过仲裁可以办理产权证。"身为仲裁员的刘某某让开发商刘某以购房户或他人的名义伪造相关资料申请仲裁,刘某某、张某(系书记员)则根据刘某的需要制作仲裁调解书。之后,购房者亲自或委托刘某申请法院强制执行,再凭法院的强制执行裁定书到房产局办理产权。由于经仲裁后,法院和房产局一般不再对项目是否符合办理产权条件进行实质审查。伪造申请仲裁的全部证据材料,由被申请人代替申请人"一手操办"。但是,在这种情况下,仲裁员刘某某和书记员张某还是进行了仲裁。2007年9月28日,未经任何形式的审理,张某就将仲裁调解书发给了刘某。该调解书没有经过仲裁员的签发就送达了。2007年以来,刘某某、张某通过虚假仲裁的形式为开发商刘某办理了8套住宅(门面)的产权证,其中5套已经办成,3套在案发时手续尚未办完。2008年11月17日,石鼓区人民检察院对仲裁员刘某某以涉嫌枉法仲裁罪正式立案侦查。

案例 2

戚某某违反仲裁法规定私自会见当事人被除名事件[①]

戚某某,某政法大学退休教授,被天津市仲裁委员会聘任为仲裁员。在天津某房地产公司(以下简称"甲公司")与某实业发展(上海)有限公司(以下简称"乙公司")的合同争议仲裁案件中,由被申请人乙公司选定为仲裁员,与申请人甲公司选定的仲裁员及天津市仲裁委员会主任指定的首席仲裁员共同组成了仲裁庭审理案件。案件审理期间,戚某某在其住地天津美都大酒店的餐厅包房内,私自会见了本案被申请人乙公司的法律顾问陈某某及代理律师张某,并接受了二人的宴请。天津仲裁委员会认为,戚某某的上述行为违反了《仲裁法》中禁止仲裁员私自会见当事人、代理人,或者接受当事人、代理人的请客送礼的规定,同时违反了《天津仲裁委员会仲裁员行为规范》中关于仲裁员在仲裁案件过程中,不得以任何直接或者间接方式,包括会面、电话、信件、传真、电子邮件等,私自接触任

[①] 《关于天津仲裁委员会仲裁员戚天常违反仲裁法的规定私自会见当事人被除名的通报》(国务院法制办,2006年2月23日)。

何一方当事人或者代理人，不得接受当事人或者代理人的请客送礼、索贿受贿、枉法裁决的规定。经仲裁委员会会议研究决定，将戚某某从天津市仲裁委员会仲裁员名册中除名。

【思考题】

1. 中国关于仲裁员制度的立法有哪些？
2. 仲裁机构在实践中对于仲裁员的规定包括哪些？
3. 关于仲裁员制度，中国立法和实践中的不足之处在哪里？

我国颁布的关于仲裁的法律法规主要包括《仲裁法》和《仲裁法司法解释》。《仲裁法》自1994年8月31日公布，于1995年9月1日起施行。《仲裁法司法解释》自2005年12月26日公布，于2006年9月8日起施行。除此之外，我国依法设立的各个仲裁机构均会依照仲裁法律相关规定制定本机构的仲裁规则、仲裁员守则和仲裁员聘任规定以规范仲裁。仲裁机构自制的规则和规定不同于仲裁法律，不具有强制力，仅在当事人选用的时候才具有法律效力。我国立法对于仲裁员的规定较宽泛，内容也相对简单，在规范仲裁员资格上有所欠缺。相对而言，立法对于仲裁员规定的不足侧面要求仲裁机构必须制定本机构仲裁员的规范，加强对所属仲裁员的管理。

一、仲裁员资格

（一）立法规定

《仲裁法》是我国第一部仲裁单行法律，对于仲裁员资格条款的规定见于该法第12条和第13条。《仲裁法》第12条规定："仲裁委员会的组成人员中，法律、经济贸易专家不得少于三分之二。"第13条规定："仲裁委员会应当从公道正派的人员中聘任仲裁员。仲裁员应当符合下列条件之一：（一）从事仲裁工作满八年的；（二）从事律师工作满八年的；（三）曾任审判员满八年的；（四）从事法律研究、教学工作并具有高级职称的；（五）具有法律知识、从事经济贸易等专业工作并具有高级职称或者具有同等专业水平的。仲裁委员会按照不同专业设仲裁员名册。"仲裁员法定资格条件规定不尽合理，《仲裁法》仅对仲裁员的专业要求相对较高，侧重于法律和经济贸易方面的专家。《仲裁法》对仲裁工作人员、律师和审判员规定八年的工作经验，这三个"八年"的工作要求太高，大大提高了仲裁员准入门槛，虽能将一大批专业能力不足的工作者排除在外，但同时也会剥夺那些专业能力强的年轻人士成为仲裁员的机会。考虑到《仲裁法》首次将仲裁确认为商事争议的解决方式,立法必须持谨慎态度,为保证仲裁员能够胜任工作,对于仲裁员资格规定得较为严格,但在仲裁已近成熟的今天,三个"八年"是否应该改变值得探讨。

(二)仲裁机构实践

《仲裁法》对于仲裁员资格规定采用严格标准,但仅规定较高的专业条件不能全面反映仲裁对仲裁员的要求。实践中,仲裁机构对如何成为本机构仲裁员主要采取两种操作方式:(1)制定本机构的仲裁员聘任管理办法并对外公布,以仲裁员聘任管理办法完善仲裁申请表;(2)不制定仲裁员聘任管理办法,仅通过申请表的内容对仲裁员的资格作出具体要求。无论仲裁机构采用何种方式聘任仲裁员,均毫无疑问以《仲裁法》第13条规定的内容为基础条件,再在法定条件之外依据实际需求制定相应条款补充仲裁员资格条件。

例如,广州仲裁委员会并不对外公布仲裁员聘任办法,而是支持在线申请成为仲裁员。网络申请系统中需要填写的信息包括个人基本信息、[①]配偶情况、学历简历、工作履历、符合何种仲裁员法定条件、适合应聘何种专业仲裁、每年可以从事仲裁的时间,以及单位意见、本人申请和个人照片等。虽然没有具体规则,但可以看出对于仲裁员的要求侧重于专业学历、实践经验、工作时间和家庭情况等。

与此不同的是,中国国际经济贸易仲裁委员会、厦门仲裁委员会、北京仲裁委员会等均制定一套仲裁委员会聘任管理办法。北京仲裁委员会2012年施行的《仲裁员聘用管理办法》全文共17条,其中第1条至第3条规定仲裁员资格条件。《北京仲裁委员会仲裁员聘用管理办法》第1条规定:"为提高仲裁案件质量,吸纳学识精深、品行高尚之专业人才担任仲裁员,特制定本办法。"第2条规定:"北京仲裁委员会仲裁员应符合《中华人民共和国仲裁法》第十三条规定的条件,同时还应满足下列条件:(一)遵守《北京仲裁委员会仲裁规则》……(二)诚实信用、认真勤勉、注重效率;(三)具有本办法第三条规定的学历……熟悉《仲裁法》……(四)明察善断、善于学习……(五)身体健康、精力充沛……(六)年龄不满66周岁……"第3条规定:"不同职业、专业领域的仲裁员应满足下列各项条件:(一)法律教学、研究工作者:1.具有教授、研究员高级职称,或者……(二)律师:1.具有法律专业硕士研究生或以上学历;或者……(三)经济贸易工作者:1.具有大学本科或本科以上学历……(四)离职审判员:1.具有法律专业本科或本科以上学历……(五)其他法律事务工作者:1.具有法律专业本科或本科以上学历,或者……港、澳、台及外籍人士除符合上述标准外,应具有丰富的

---

① 个人基本信息包括学位、学历、专业职称、外语水平等。

仲裁实践经验,并且具有相应时间、精力承办案件。"

厦门仲裁委员会亦将仲裁员聘任条件规定于仲裁员管理办法内,设专章规定仲裁员资格。《厦门仲裁委员会仲裁员管理办法》自2009年开始施行,共七章。其中第二章规定仲裁员的聘任。第3条规定:"仲裁员实行聘任制。符合《仲裁法》第十三条规定,且具备以下条件的,可以聘任为本会仲裁员:(一)热爱仲裁事业,具有为社会服务的精神;(二)公道正派、廉洁自律、诚实守信、认真勤勉;(三)无违法、违纪行为以及违反职业道德规范的行为;(四)身体健康,有相应的时间从事仲裁工作;(五)年龄在65周岁以下,但属本会仲裁工作所需特殊专业的仲裁员的年龄可适当放宽;(六)符合本办法第4条规定的条件。"第4条规定:"不同专业领域仲裁员的学历、资历、知识、经验等应符合下列条件:(一)律师……(二)曾任审判员……(三)法学研究、教学工作者……(四)经济贸易等专业工作者……"第5条规定:"申请担任本会仲裁员,应当填写《厦门仲裁委员会仲裁员申请表》……"第6条规定:"本会设立总的仲裁员名册,并可根据业务发展需要设立专业仲裁员名册。"第7条规定:"仲裁员聘书是仲裁员从事仲裁工作的证明,不得用于与仲裁工作无关的活动。仲裁员聘书须妥善保存至聘书载明的聘任之日……"

中国贸仲制定的《仲裁员聘任规定》第2条规定了担任仲裁员的条件,该条款对中国(大陆)籍仲裁员、外籍仲裁员和港澳台仲裁员三类分别进行规定:(一)中国(大陆)籍仲裁员应当具备以下条件:1. 热爱仲裁事业,公道正派,品行高尚,坚持独立公正办案原则;2. 从事仲裁工作满8年,或者从事律师工作满8年,或者曾任审判员满8年,或者从事法律研究、教学工作并具有高级职称,或者具有法律知识、从事经济贸易等专业工作并具有高级职称或者具有同等专业水平;3. 拥护仲裁委员会章程,愿意遵守仲裁委员会仲裁规则、仲裁员守则以及仲裁委员会其他有关规定;4. 掌握一门外语并可以作为工作语言,少数知名人士可适当放宽;5. 能够保证仲裁办案时间;6. 仲裁委员会规定的其他条件。(二)外籍仲裁员应当具备以下条件:1. 热爱仲裁事业,公道正派、品行高尚,坚持独立公正办案原则;2. 具有法律、经济贸易、科学技术或海商海事等专业知识和实际工作经验;3. 拥护仲裁委员会章程,愿意遵守仲裁委员会仲裁规则、仲裁员守则以及仲裁委员会其他有关规定;4. 掌握一定的中文知识,少数知名人士可适当放宽;5. 仲裁委员会规定的其他条件。(三)在港澳台人士中聘任仲裁员,参照外籍仲裁员条件。

从上述仲裁机构制定的仲裁员资格条件来看,仲裁机构对于仲裁员资格规定尽管详略不同,但对仲裁员的专业能力、道德品质、身体健康和年龄都作了相应的规定。事实上,仲裁机构制定的仲裁员聘任条件有其共同的侧重点。在这些基础上,立法未作出明确规定之前,制定全行业统一的仲裁员聘任条件似乎具有较大的可行性。

二、仲裁员选任

仲裁员具有一个特性,即它的"非职业性",每个仲裁员都有自己的职业和专业领域,只有被当事人选定或者被仲裁机构指定而仲裁员又接受选任后方能开始仲裁案件。在仲裁员选任问题上主要是选任仲裁员组成仲裁庭,仲裁庭包括独任仲裁庭和三人仲裁庭两种。仲裁庭由哪些仲裁员组成依赖于当事人的选定和仲裁委员会主任的指定。

(一) 立法规定

《仲裁法》第 30 条规定:"仲裁庭可以由三名仲裁员或者一名仲裁员组成。由三名仲裁员组成的,设首席仲裁员。"第 31 条规定:"当事人约定由三名仲裁员组成仲裁庭的,应当各自选定或者各自委托仲裁委员会主任指定一名仲裁员,第三名仲裁员由当事人共同选定或者共同委托仲裁委员会主任指定。第三名仲裁员是首席仲裁员。当事人约定由一名仲裁员成立仲裁庭的,应当由当事人共同选定或者共同委托仲裁委员会主任指定仲裁员。"第 32 条规定:"当事人没有在仲裁规则规定的期限内约定仲裁庭的组成方式或者选定仲裁员的,由仲裁委员会主任指定。"《仲裁法》集合了之前立法的经验,总结了国外关于仲裁员选任的立法和惯例,在充分尊重当事人意思自治选任仲裁员的前提下,同时兼采高效仲裁原则,赋予仲裁委员会主任指定仲裁员的权力。在当事人无法决定仲裁员或者故意不决定仲裁员以拖延仲裁的情况下,仲裁委员会主任可以行使职权确定仲裁庭组成人员以推动仲裁快速进行。

(二) 仲裁机构实践

对于仲裁员选任方式,除《仲裁法》第 31 条和第 32 条的规定之外,主要由仲裁机构制定的仲裁规则规定。大多仲裁规则与《仲裁法》规定相似:由当事人意思自治决定仲裁庭组成人员,当事人亦可共同委托仲裁委员会主任指定仲裁员,并且独任仲裁庭、三人仲裁庭中边裁与首席仲裁员的选任方式均不相同,但更具体的仲裁庭组成人员选任规则仍要依赖于争议所提交的仲裁机构制定的相关仲裁规则。

1. 选任开始时间

当事人从何时开始选任仲裁员由各个仲裁机构制定的仲裁规则规定。中国贸仲、北京仲裁委员会、武汉仲裁委员会现行仲裁规则规定:双方当事人应当自收到仲裁通知之日起分别选定或者委托仲裁委员会主任指定一名仲裁员。双方当事人应当自被申请人收到仲裁通知之日起共同选定或者共同委托仲裁委员会主任指定首席仲裁员。《上海仲裁委员会仲裁规则》规定各方当事人应当在仲裁受理通知书或者仲裁通知书规定的期限内选定仲裁员。《中国广州仲裁委员会仲裁规则》规定当事人自收到受理通知书之日起 15 日内没有约定仲裁庭的组成方式、选定仲裁员或选定不一致的,由本会主任指定。实践中仲裁机构制定的仲裁规则基本规定当事人在收到仲裁通知书之日起开始选定仲裁员,而首席仲裁员的选任开始时间是从被申请人收到仲裁申请书时开始计算。

2. 选任期限

当事人选任仲裁员的时间包括三人仲裁庭中两名边裁的选任期限和首席仲裁员的选任期限,大多仲裁机构的仲裁规则均将此期限规定为当事人收到仲裁通知书 15 日内。厦门仲裁委员会、武汉仲裁委员会的规定为 10 日内。边裁的选任期限和首席仲裁员的选任期限一致。

3. 选任方式

仲裁庭组成人员由当事人选任或者仲裁委员会主任指定。北京仲裁委员会、中国贸仲、上海仲裁委员会、武汉仲裁委员会规定由当事人在规定选任期限内选择仲裁庭组成方式和仲裁人员,也可以共同委托仲裁委员会主任确定仲裁庭组成方式并指定仲裁员,或者在期限届满当事人未选任的情况下由仲裁委员会主任指定。当事人从仲裁机构提供的仲裁员名册或者推荐名单中挑选一名或数名仲裁员人选,其中有相同人选的,该相同人选为首席仲裁员,如有一名以上相同人选的或无相同人选则由仲裁委员会主任指定。

《厦门仲裁委员会仲裁规则》对于仲裁庭组成方式和仲裁员选任的规定较为全面,其中第 17 条规定了仲裁庭的确定方法:"(一)当事人对仲裁庭组成方式选定一致的,从其选定,并按如下方式确定仲裁庭组成人员:1. 当事人一致选定三人仲裁庭的,应各自选定或者各自委托本会主任指定一名仲裁员,第三名仲裁员由当事人共同选定或者共同委托本会主任指定。第三名仲裁员是首席仲裁员。2. 当事人一致选定独任仲裁庭的,由当事人共同选定或共同委托本会主任指定独任仲裁员。3. 当事人在仲裁规则规定的期限内没有选定仲裁员或者选定的首席仲裁员、独任仲裁员不一致的,由本会主任指定。(二)当事人对仲裁庭组成方式选定不一致的,由本会主任根据案件具体情况决定仲裁庭的组成方式,并按如下方式确定仲裁庭组成人员:1. 本会主任决定仲裁庭组成方式为独任庭的,应通知选定三人仲裁庭的一方当事人于五日(在中华人民共和国领域内没有住所的为十日)内选定独任仲裁员,并按本条第(一)款的规定确定仲裁庭组成人员。2. 本会主任决定仲裁庭组成方式为三人庭的,应通知选定独任仲裁庭的一方当事人于五日(在中华人民共和国领域内没有住所的为十日)内选定仲裁员及首席仲裁员,并按本条第(一)款的规定确定仲裁庭组成人员。(三)一方或双方当事人逾期未选定仲裁庭组成方式,由本会主任根据案件具体情况决定仲裁庭的组成方式,并按如下方式确定仲裁庭组成人员:1.决定仲裁庭组成方式为独任仲裁庭的,由本会主任指定一名仲裁员担任独任仲裁员。2.决定仲裁庭组成方式为三人仲裁庭的,首席仲裁员由本会主任指定,当事人选定的仲裁员为仲裁庭组成人员;当事人在仲裁规则规定的期限内没有选定仲裁员的,由本会主任指定。(四)仲裁案件当事人一方为两个或两个以上的,仲裁庭组成方式的选定及仲裁员的选定、委托指定,应当在该方当事人内部协商一致并共同行使。在规定期限内没有协商一致的,由本会主任决定仲裁庭的组成方式及指定仲裁员。"厦门仲裁委员会较其他仲裁委员会制定的仲裁员选任规则的不同之处在于仲裁委员会将当事人协商一致、协商不一致以及逾期未选择的情况下应该如何选任仲裁员纳入考虑范围,首先尊重当事人自主选任仲裁员的权利,仅在当事人无法行使选任权利或者故意拖延行使选任权时,赋予仲裁委员会主任指定仲裁员的权力。

在国际商事仲裁中,除了由当事人和仲裁委员会主任选任仲裁员之外,还有另外三种方式可以选任仲裁员:(1)三人仲裁庭中的两名边裁亦可共同推选首席仲裁员;(2)当事人不必一定委托仲裁委员会主任代为指定仲裁员,也可以协议约定委任某个中立机构代替当事人选任仲裁员;(3)在仲裁委员会主任指定存在问题的情况下,当事人可以提交法院,申请法院代为指定仲裁员。上述三种选任方式中,目前只有武汉仲裁委员会允许当事人无法指定首席仲裁员的情况下由边裁共同推选首席仲裁员,其他方式在实践中并未施行,仲裁规则仅支持当事人选任或者仲裁委员会主任指定。

4. 仲裁员选任来源

仲裁委员会仲裁规则规定当事人选任仲裁员必须从仲裁机构提供的仲裁员名册中挑选,否则无效。《中国贸仲仲裁规则(2015版)》第24条第2款规定:"当事人约定在仲裁委员会仲裁员名册之外选定仲裁员的,当事人选定的或根据当事人之间的协议指定的人士经仲裁委员会主任依法确认后可以担任仲裁员。"该规则突破了强制仲裁员名册制要求,允许当事人协议选任仲裁员名册之外的仲裁员,但需要仲裁委员会主任的确认,是一种不完全的开放仲裁员名册制。由上海国际经济贸易仲裁委员会颁布的于2014年5月1日起施行的《中国(上海)自由贸易试验区仲裁规则》(以下简称《上海自贸区仲裁规则》)第27条规定:"(一)当事人可从仲裁员名册中选定仲裁员;(二)当事人可以推荐仲裁员名册外的人士担任仲裁员,也可以约定共同推荐仲裁员名册外的人士担任首席仲裁员或独任仲裁员。"这是我国实践中第一次尝试采取完全开放仲裁员名册制,使当事人在选择仲裁员时有了更大的选择空间,只需向仲裁机构提供选任的仲裁员基本信息即可,而不像中国贸仲的半开放仲裁员名册制,当事人可以选择仲裁员名册之外的仲裁员的前提是仲裁委员会主任对选任的确认。事实上,《仲裁法》亦没有明确规定必须从仲裁员名册中挑选仲裁员,故《上海自贸区仲裁规则》的尝试是合乎法律规定的。

除了仲裁员名册之外,仲裁机构为了便于当事人从仲裁员名册中选任仲裁员,经当事人申请可以向当事人提供推荐名单,当然该推荐名单中的仲裁员人选依旧来源于仲裁员名册。仲裁委员会一般为当事人提供的是首席仲裁员推荐名单。例如,《北京仲裁委员会仲裁规则》第18条第2款规定:"经双方当事人申请或者同意,本会也可以提供五至七名首席仲裁员候选名单,由双方当事人在第(一)款规定的期限内从中选择一至三名仲裁员作为首席仲裁员人选。"《上海仲裁委员会仲裁规则(2012年修订版)》第28条规定:"……当事人也可以在仲裁委员会推荐的首席仲裁员名单中提名一至三人为首席仲裁员……"仲裁委员会提供推荐名单的好处在于,仲裁委员会主任对于本机构仲裁员名册中仲裁员的了解比当事人更多、更深刻,能够从专业角度给当事人推荐合适的仲裁员人选,方便仲裁。

三、仲裁员职业纪律和操守

仲裁员职业纪律和操守又可称为"仲裁员职业规范",是规范仲裁员职业行为的基本准则,对仲裁员起到引导和规范作用。

(一) 立法规定

《仲裁法》对于仲裁员职业纪律和操守没有具体详细的规定,但仍可以从《仲裁法》第34条的回避事由[①]和第58条第6款[②]看出立法对于仲裁员的基本要求。仲裁员职业纪律和操守最关键的是保持仲裁员的公正清廉,平等对待双方当事人,不偏私、不枉法,保证裁决的公正性。因此,在仲裁一开始和仲裁过程中,仲裁员如果发现或者被发现自己与当事人之间有任何个人、社会、经济或者其他利益关系,或者事先与当事人有过不正当联系,接受过当事人请客送礼的,均应主动回避。同时,《仲裁法》第38条规定:"仲裁员有本法第三十四条第四项规定的情形,情节严重的,或者有本法第五十八条第六项规定的情形的,应当依

---

① 《仲裁法》第34条:"仲裁员有下列情形之一的,必须回避,当事人也有权提出回避申请:(一)是本案当事人或者当事人、代理人的近亲属;(二)与本案有利害关系;(三)与本案当事人、代理人有其他关系,可能影响公正仲裁的;(四)私自会见当事人、代理人或者接受代理人的请客送礼的。"
② 《仲裁法》第58条第6款:"当事人提出证据证明裁决有下列情形之一的,可以向仲裁委员会所在地的中级人民法院申请撤销裁决:……(六)仲裁员在仲裁该案时有索贿受贿,徇私舞弊,枉法裁决行为的。"

法承担法律责任,仲裁委员会应当将其除名。"立法规定仲裁员在违反《仲裁法》规定的类似仲裁员职业纪律和操守条款时将承担相应责任。

(二)仲裁机构实践

仲裁员职业纪律和规范在仲裁机构的规定中又称为"仲裁员守则""仲裁员道德行为规范""仲裁员职业规范""仲裁员行为规范"等。实践中仲裁机构对于仲裁员职业纪律和规范的规定存在三个问题:

1. 并不是每个仲裁机构都会制定仲裁员职业纪律和操守。全国两百多个仲裁机构,只有一些大型的仲裁机构会制定相应的仲裁员守则条款,而其余的仲裁机构则不会,外界仅能从其制定的仲裁规则或者仲裁员聘任管理规定中看出其对仲裁员行为规范的要求。如此便导致一些仲裁机构的仲裁员没有具体的职业纪律和操守可以遵循,当事人亦无法以此制约和评判仲裁员。

2. 仲裁机构制定的仲裁员职业纪律规范更新力度欠缺。对现有仲裁机构制定的仲裁员守则进行分析会发现,除了北京仲裁委员会每2—3年对本机构仲裁员守则进行更新之外,其他仲裁机构的仲裁员守则或仲裁员行为规范均制定年份较早且长时间不更新。例如,《中国国际经济贸易仲裁委员会仲裁员守则》于1993年通过,只在1994年进行修订过;深圳仲裁委员会《仲裁员管理办法》自2007年施行,到目前为止亦无修改;《杭州仲裁委员会仲裁员守则》自2004年施行,其后也无变动;《武汉仲裁委员会仲裁员守则》于2005年施行,直至今日还没有修改。纵使是更新较快的《北京仲裁委员会仲裁员守则》,其最新版本也只是2006年版,之后再无新版本面世,根本无法适应日益发展的仲裁行业对仲裁员的要求。可见,目前仲裁机构对仲裁员职业纪律和规范的重视不足。

3. 没有形成全行业的仲裁员职业纪律和操守规范。为了建设一支健全专业的仲裁员队伍,提升仲裁员整体素质,规范仲裁的发展,制定全行业的仲裁员职业纪律和操守势在必行。只有建立了全行业的仲裁员职业纪律和规范,才能避免仲裁机构各自为政,订立的仲裁员职业纪律和规范差别各异。

以《北京仲裁委员会仲裁员守则》为例,该守则目前共有五个版本,分别为1996年版、1998年版、2001年版、2004年版和2006年版。《北京仲裁委员会仲裁员守则》五个版本的变化主要在于:(1)历经由简单规定到复杂规定再到简单规定的变化。《北京仲裁委员会仲裁员守则》1996年版规定仲裁员职业纪律和操守共16条,1998年版20条,2001年版26条,达到最高峰,2004年版删减为14条,2006年版仍旧维持14条的规定。(2)《北京仲裁委员会仲裁员守则》2004年版和2006年版对仲裁员职业纪律和操守的规定基本相同,而2001年版相较于其他四个版本,最大的区别在于此版本的仲裁员守则详细规定了仲裁员仲裁过程中的仲裁行为,包括开庭前、开庭中和开庭审理结束时仲裁员应遵守的行为规范。例如,其中第 11 条规定:"仲裁庭开庭日期确定后,仲裁员不得随意因个人事由影响开庭。仲裁员能够预见或应当预见自己不能参加开庭的,应于首次开庭 7 日(再次开庭 3 日)前通知首席仲裁员和秘书并作出合理补救。未遵守前款规定的,为无正当理由缺席。"2001 年版仲裁员守则如此详细地规定仲裁员行为规范有利也有弊。好处在于,严格制约仲裁员行为可以避免仲裁员故意拖延仲裁程序的进行,也能够给当事人提供监督的具体准则,即使是对仲裁毫无了解的当事人也可以根据详细的仲裁员守则监督仲裁程序的进行以及仲裁员的行为是否合法。坏处在于,对于仲裁员的行为规范要求规定得过于严格、过于细致,将会束缚仲裁员在仲裁中的自主性,使仲裁员沦为仲裁的"工具",而这与仲裁的本质背道而驰,也应是当事人所不愿意见到的。仲裁的魅力就在于仲裁员令大众信服的专业能力和道德品格,如果仅仅依规则行事,那么就无须对仲裁员进行高要求、高标准的选拔了。这大概也是北京仲裁委员会在 2004 年版本和 2006 年版本中精简规范,将对仲裁员职业纪律和操守的要求大多转变为原则性规定,仅针对回避事由和披露问题进行详细规定的原因所在。

  在本节案例 2 中,虽然戚某某的确有不当行为,但事实上,他在与当事人会面之后已向天津仲裁委员会汇报了该情况,认为自己不再适合做本案的仲裁员。天津仲裁委员会也回函称"关于请辞本案仲裁员的请求已经报告领导,很可惜就本案无法再与您合作"。但之后天津仲裁委员会仍让该仲裁员参与了仲裁,直到该事件被媒体曝光之后,天津仲裁委员会才作出了相关处理。国务院法制办公室甚至向全国各仲裁委员会下发了对戚某某除名并永不聘任的通知。如此,也使得戚某某在仲裁行业被"终生禁入"。案件中戚某某毫无疑问违背了仲裁员的职业纪律和操守,但是他已向仲裁委员会申请回避,而仲裁机构亦同意该回避申请,为什么之后戚某某仍能够继续参与到仲裁审理之中?可见仲裁机构并没有严格遵守仲裁法律和本机构制定的仲裁员职业纪律和操守,仅仅对戚某某作了表面上的处理,实质上却仍让戚某某参与仲裁。直到媒体报道,事态严重,仲裁委员会和国务院法制办公室才作出相关惩罚。实践中对于仲裁员有无严格依照仲裁员职业纪律和操守约束自身,仲裁机构是否按照仲裁员职业纪律和操守规范本机构仲裁人员缺少必要的监督。就我国的仲裁现状而言,除完善立法、依法规范仲裁员和加强对仲裁机构实践运作的监督之外,建立仲裁协会进行行业自律也是有效途径之一。

本章思考题

1. 我国仲裁员资格取得的条件是什么?
2. 仲裁期间如需更换仲裁员,更换的仲裁员应怎样选任?
3. 仲裁员的职业纪律和操守是指什么?
4. 回避制度的具体规定是什么?

参考阅读文献

1. 《中国国际经济贸易仲裁委员会仲裁员聘任规定》。
2. 《北京仲裁委员会仲裁员聘用管理办法(2012版)》。
3. 马占军:《仲裁员若干法律问题探析》,载《仲裁研究》2007年第4期。

第五章 仲裁程序

 **本章要点**

掌握仲裁的申请与受理、仲裁庭的组成,熟悉仲裁审理中的答辩、证据质证、辩论等程序,以及我国立法与实践对仲裁程序的规定。

第一节 仲裁申请与受理

上海某轨道交通投资开发建设有限公司、
林某申请撤销仲裁裁决案[①]

上海某轨道交通开发建设有限公司(以下简称"A 公司")、林某北京某房地产开发有限公司(以下简称"B 公司")、香港某有限公司(以下简称"C 公司")共同出资设立了上海某置业发展有限公司(以下简称"D 公司"),合资合同第 57 条约定:凡执行本合同所发生的或与本合同有关的一切争议,合营各方应通过友好协商或调解解决,如经过协商调解无效,应提交中国对外经济贸易仲裁委员会上海分会进行仲裁,仲裁裁决是终局的,对各方都有约束力,合营各方应执行裁决,仲裁费用由败诉方承担。

因林某、B 公司以及 C 公司未按约履行出资义务,D 公司于 2004 年 2 月 13 日再次召开董事会,并作出董事会决议。该董事会决议的主要内容是:各投资方必须于 2004 年 2 月 23 日前对 D 公司增资到位,未按时增资到位的投资方,则同意退出 D 公司,其他股东对其股份拥有优先购买权。

[①] 《最高人民法院关于上海城通轨道交通投资开发建设有限公司、林敏申请撤销仲裁裁决一案的请示的复函》(2007 年 9 月 18 日,〔2007〕民四他字第 12 号)。

2004年3月,D公司各投资方通过了一份会议纪要,该会议纪要的主要内容是:(1)在董事会决议的基础上,各投资方同意资金到位的最后时间为2004年3月23日;(2)各投资方必须于2004年3月23日前,严格按照董事会决议履行各自义务,不得拖延时间;(3)各投资方在注入资金时,不得以交通枢纽内已中标的土地进行抵押、转让,不得通过质押D公司股权等方式取得资金;(4)各投资方如不能履行本决议的,如有纠纷,由上海仲裁委员会进行仲裁。2004年4月,A公司和林某以B公司及C公司未按约履行义务为由,向上海仲裁委员会提起仲裁。6月8日,B公司向上海市第一中级人民法院提出申请,请求确认会议纪要中的仲裁条款无效,上海仲裁委员会无权受理A公司、林某与B公司、C公司股权转让纠纷一案,该案应按照合资合同中的仲裁条款由中国贸仲上海分会进行仲裁。6月28日,A公司以其与林某已向上海仲裁委员会提起仲裁为由,请求中国贸仲上海分会撤销B公司在中国贸仲上海分会申请仲裁的案件。7月,中国贸仲作出管辖权决定,确定中国贸仲上海分会对该案享有管辖权。8月,A公司和林某向上海市第二中级人民法院提出申请,请求确认合资合同中约定的由中国贸仲上海分会进行仲裁的仲裁条款对会议纪要不具有约束力。9月,上海市第一中级人民法院认定中国贸仲上海分会对有关D公司增资事项不具有管辖权,同时裁定会议纪要中关于由上海仲裁委员会仲裁的条款有效。11月,上海市第二中级人民法院作出民事裁定,以中国贸仲已在先对该案作出管辖权决定为由,驳回A公司、林某前述申请。2004年11月25日,中国贸仲上海分会作出〔2004〕中国贸仲沪裁字第0167号仲裁裁决(以下简称"涉案仲裁裁决"),裁决董事会决议未生效。2004年12月6日,A公司和林某向上海市第二中级人民法院申请撤销涉案仲裁裁决。

最高人民法院在对该案作出答复时认为,该案争议的实质问题是解决合资合同中仲裁条款和会议纪要中仲裁条款效力范围的冲突问题,亦即两仲裁条款约定的仲裁事项的冲突问题。涉案仲裁裁决解决的是当事人对董事会决议效力问题的争议。根据目前查明的事实,董事会决议是对合资各方增资问题作出的决议,作为本案当事人的各合资方在董事会决议作出后,又召开股东会议,形成一份会议纪要,会议纪要进一步对董事会决议的履行作出了约定,并明确"各投资方如不能履行本决议的,如有纠纷,由上海仲裁委员会进行仲裁"。如当事人未在会议纪要中约定新的仲裁条款,则对于因履行董事会决议产生的纠纷,中国贸仲上海分会依据合资合同中的仲裁条款当然有权进行仲裁。但是,由于当事人在会议纪要中约定了新的仲裁条款,依据该约定,因履行董事会决议(包括对其效力)产生的争议,当事人均应依照会议纪要中仲裁条款的约定,由上海仲裁委员会仲裁解决。因此,中国贸仲上海分会无权对因董事会决议产生的纠纷进行仲裁。

【思考题】

1. 仲裁程序是如何开始的?
2. 仲裁程序的启动有何意义?法律效果如何?
3. 当事人申请仲裁的条件、具体的程序是什么?

一、申请

仲裁申请是指当事人就他们之间已经发生的合同争议或其他财产权益争议,根据仲裁协议,依法提请有关的仲裁机构或仲裁庭按照程序规则进行审理、裁决的书面请求。[①] 仲裁申请的提出,一般必需具备一定的条件,对此各国仲裁立法和仲裁规则都有明确的规定。虽然各国的规定略有差异,但总的来看也基本类似。这些条件主要有:当事人需初步证实存在有效的仲裁协议;需提出明确的仲裁请求;陈述相应的事实和理由;提供必要的证据和证据来源等。如2010年瑞典《斯德哥尔摩商会仲裁院仲裁规则》第2条规定,仲裁申请书应包括:(1)当事人双方及其法律顾问的名称、地址、电话和传真号码以及电子信箱;(2)争议要点;(3)申请人索赔要求的初步说明;(4)据以解决争议的仲裁协议或仲裁条款的副本或说明;(5)有关仲裁员人数和仲裁地的意见;(6)如果适用,申请人指定的仲裁员的姓名、地址、电话号码、传真号码以及电子信箱。我国《仲裁法》第21条对此也作了类似的规定,当事人申请仲裁应当符合下列条件:(1)有仲裁协议;(2)有具体的仲裁请求和事实、理由;(3)属于仲裁委员会的受理范围。

仲裁协议是仲裁制度的基石,是当事人之间达成合意的表现,也是仲裁机构受理争议、行使管辖权的依据。仲裁协议是当事人申请仲裁的前提条件,但个别情况下,如果申请仲裁时当事人之间不存在仲裁协议,而当事人一方又坚决要求向仲裁机构申请仲裁,机构在说明法律、法规的相关规定后,可尝试予以受理,并通知被申请人。[②] 如果被申请人没有明确表示反对,可让双方当事人补签仲裁协议,继续进行仲裁程序;反之,则仲裁机构应立即终止仲裁程序,撤销案件。对

[①] 参见韩健主编:《商事仲裁律师基础实务》,中国人民大学出版社2014年版,第189页。
[②] 参见邓杰:《商事仲裁法理论与实务》,兰州大学出版社2005年版,第141页。

于仲裁协议的有效要件,前文已有详细介绍,在此不再赘述。

仲裁请求是申请人向被申请人提出的具体的权利主张,即申请人希望通过仲裁来保护的具体权益,也是申请人希望被申请人履行的具体义务。因此,申请人的仲裁请求应具体、明确,同时还应说明相应的事实和理由,以证明自己要求的合理性。当然,对于申请人提供的事实理由,还有待仲裁机构和仲裁庭的进一步审查才能确定其真实性。当事人提出仲裁申请的事项还必须在我国仲裁委员会受理的范围内,有关身份关系方面的争议即不属于仲裁委员会处理的范围。

二、受理

申请是受理的前提,受理是申请的进一步发展。所谓受理,是指仲裁委员会收到当事人提交的仲裁申请后,经审查认为符合法定的申请仲裁的条件,决定予以接受并开始组织实施仲裁活动的行为。① 当事人提交仲裁申请就启动了仲裁程序,但案件要进入审理程序,还有待仲裁机构的进一步审查,才能确定是否受理当事人的申请。从仲裁实务来看,仲裁的受理主要是针对机构仲裁而言的,因为在临时仲裁中,如果仲裁员不愿意或者认为自己不适合或不能解决当事人提交的商事争议,可以拒绝接受当事人的指定或任命,当事人则可以依协议或依法律规定另行组建仲裁庭,而不存在是否受理的问题。②

在仲裁机构决定受理案件之前要进行立案审查,只有满足了一定的条件,仲裁机构才会受理当事人的争议。对于立案审查,各仲裁机构在这方面的规定不尽相同。我国《仲裁法》第24条规定,仲裁机构收到仲裁申请书之日起5日内,认为符合受理条件的,应当受理,并通知当事人;认为不符合受理条件的,应当书面通知当事人不予受理,并说明理由。此处所指的受理条件,即《仲裁法》第21条关于当事人申请仲裁需满足的三个条件。除此之外,我国仲裁机构通常还对如下问题进行审查:仲裁当事人是否适格,案件是否属于仲裁机构的受案范围,申请仲裁的手续是否完备,是否已缴纳相关仲裁费用。仲裁机构决定受理案件后,就会向当事人送达受理通知,受理通知的送达可以采用书面形式,也可以采用口头形式。根据《仲裁法》的规定,仲裁机构在受理当事人的申请后,还应当在仲裁规则规定的期限内将仲裁规则和仲裁员名册送达;并将仲裁申请书副本和仲裁规则、仲裁员名册送达被申请人。若仲裁机构在审查后,决定不予受理的,

---

① 参见黄进、宋连斌、徐前权:《仲裁法学》,中国政法大学出版社2008年版,第105—107页。
② 参见邓杰:《商事仲裁法理论与实务》,兰州大学出版社2005年版,第142页。

则必须以书面形式通知当事人,并告知其不予受理的理由,以便当事人能及时采取措施,补正相关申请材料或寻求其他的争议解决方式。

第二节 仲裁庭的组成与仲裁员回避制度

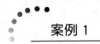
案例 1

马绍尔群岛第一投资公司申请承认和执行英国伦敦临时仲裁庭仲裁裁决案[①]

马绍尔群岛第一投资公司(以下简称"FIC")与福建省某某公司(以下简称"某某公司")签订了关于船舶建造的选择权协议并约定:因协议产生的或与之有关的任何争议应在伦敦提交仲裁,仲裁程序、仲裁裁决的执行应依据英国1996年《仲裁法》或其任何当前生效的修订或重订规定以及伦敦海事仲裁员协会当时的生效规则。协议中还约定了仲裁庭的组成方式,即双方各指定一名仲裁员,并由指定的该两名仲裁员挑选第三名仲裁员。

之后,双方发生纠纷。经英国伦敦临时仲裁庭裁决,由某某公司赔偿FIC相关损失。随后,FIC根据英国仲裁庭的裁决向我国福建省高级人民法院提出申请,请求承认与执行该仲裁裁决。

福建省高级人民院经审查确认,本案仲裁员甲因涉嫌犯罪被刑事拘留而没有参与最终仲裁裁决的全部审议,本案仲裁庭的组成与当事人之间仲裁协议不符,也与仲裁所在国法律不符。因此,法院认定本案仲裁庭组成存在缺陷,构成《纽约公约》第5条第1款第4项不予承认与执行的情形。最终法院裁定不予承认和执行本案的仲裁裁决。

[①] 参见万鄂湘主编,最高人民法院民事审判庭第四庭编:《涉外商事海事审判指导》(2008年第1辑),人民法院出版社2008年版,第60—67页。

案例 2

关于是否不予承认和执行国际商会洛桑
12330/TE/MW/AVH 仲裁裁决案[①]

2001年6月18日,申请人乐华美兰控股公司、荷比卢家装投资公司(以下简称"荷比卢")与被申请人天津家世界集团有限公司(以下简称"家世界")、天津市北辰区家世界购物广场有限公司(以下简称"北辰家世界")、天津市北方建筑材料商贸股份有限公司(以下简称"北方建材")、西安家世界购物广场有限公司(以下简称"西安家世界")签订了框架协议。当事各方的目的是准备组建合营商业企业,同时还要在天津和西安设立由申请人控制的两家房地产公司。协议中还约定,各方须通过友好协商解决任何与协议有关的争议,如无法协商解决,则该争议将根据《国际商会仲裁规则》交由根据该规则任命的三名仲裁员裁决,仲裁地点为瑞士洛桑。2011年11月16日,家世界与荷比卢签订合营合同,约定双方合资成立天津乐华梅兰家居有限公司。合同中也约定了与框架协议中相同的仲裁条款。之后,申请人荷比卢认为被申请人家世界没有履行框架协议,向国际商会仲裁院申请仲裁。国际商会仲裁院根据仲裁规则组建了仲裁庭,但在仲裁期间,其中一名仲裁员王某某因涉嫌经济犯罪被逮捕,另外两名仲裁员仍然作出了裁决。被申请人认为应当替换仲裁员王某某,同时认为另两名仲裁员不能公正审理本案,请求该两名仲裁员回避。仲裁院驳回当事人的回避申请,决定由余下两名仲裁员继续仲裁。被申请人认为在其提出回避申请后,仲裁院应依据《国际商会仲裁规则》替换该两名仲裁员,仲裁院的做法违背了相应的仲裁规则。法院认为本案中仲裁庭的组成和仲裁程序违反了《国际商会仲裁规则》的规定,也与当事人的约定不符,裁定不予承认和执行该仲裁裁决。

---

① 参见万鄂湘主编,最高人民法院民事审判庭第四庭编:《涉外商事海事审判指导》(2009年第2辑),人民法院出版社2009年版,第111—125页。

案例 3

新加坡中天投资(集团)有限公司申请撤销中国国际经济贸易仲裁委员会仲裁裁决案[①]

新加坡中天投资(集团)有限公司(以下简称"中天公司")与某某物流有限公司(以下简称"物流公司")在履行股权托管协议的过程中发生争议,物流公司依据仲裁条款于 2009 年 12 月向中国贸仲提起仲裁申请,请求:中天公司继续履行股权托管协议,并支付仲裁律师费、差旅费、仲裁费和保全费。中天公司在仲裁过程中主张股权转让合同未经审批无效,股权托付协议依附于股权转让合同,实为变相的股权转让协议,亦为无效。

仲裁庭于 2010 年 11 月作出如下裁决:(1)物流公司与中天公司于 2007 年 10 月 8 日签订的股权托管协议的托管事项继续履行;(2)中天公司支付物流公司律师代理费;(3)驳回物流公司其他仲裁请求;(4)仲裁费由中天公司承担 90%,由物流公司承担 10%等。

后中天公司向北京市第一中级人民法院申请撤销该仲裁裁决,理由之一即为仲裁员杨某与物流公司的代理人徐某某之间系师生关系,存在可能引起对仲裁员独立性或公正性产生合理怀疑的事实或情况,但仲裁员对此并未进行披露,不符合《中国国际经济贸易仲裁委员会仲裁规则(2005 年)》第 25 条的规定,因此,应当因我国《民事诉讼法》第 258 条第 1 款第 3 项规定的"仲裁的程序与仲裁规则不符"而撤销该裁决。

北京市第一中级人民法院和北京市高级人民法院经审理后认为,仲裁员杨某系某某大学法学院院长,物流公司的仲裁代理人徐某某毕业于该大学,取得了法律硕士学位。虽然杨某与徐某某之间并不存在直接的授业指导关系,但徐某某系北京某律师事务所筹备组的负责人,开业后成为该律师事务所的主任,而仲裁员杨某在该律师事务所开业时作为嘉宾出席并致辞。根据上述事实,中天公司对于仲裁员杨某与物流公司仲裁代理人徐某某之间是否存在较为密切的社会关系,有理由产生合理的怀疑。而仲裁员对前述事实并未进行披露,符合我国《民事诉讼法》第 258 条第 1 款第 3 项规定的"仲裁的程序与仲裁规则不符的"法

[①] 《最高人民法院关于新加坡中天投资(集团)有限公司申请撤销中国国际经济贸易仲裁委员会仲裁裁决一案的请示的复函》(2012 年 10 月 25 日,〔2012〕民四他字第 47 号)。

定撤销情形,故中天公司的该项撤销理由应予支持。

最高人民法院在对该案的答复中认为,从现有的实际情况看,徐某某与杨某二人只是拥有共同的教育背景和共同出席典礼活动的经历,他们之间不存在直接的授业指导关系和其他的利害关系,尚不足以构成对仲裁独立性和公正性的影响。因此,仅以上述事实不足以认定徐某某与杨某二人之间存在较为密切的社会关系且可能影响仲裁的独立性或公正性。

案例 4

邦基农贸新加坡私人有限公司申请承认和执行英国仲裁裁决案[①]

邦基农贸新加坡私人有限公司(申请人,以下简称"邦基农贸")与广东某某粮油集团有限公司(被申请人,以下简称"粮油公司")于 2004 年 3 月 4 日签订了大豆买卖合同,合同约定当双方存在争议并且无法达成协议时,应通过仲裁解决,仲裁地依据 FOSFA 22 在伦敦。由该相关机构所作的仲裁裁决为终局的,对双方当事人均有约束力,败诉一方承担仲裁费用。2004 年 8 月 10 日,邦基农贸以粮油公司迟延开立信用证造成违约为由向伦敦 FOSFA(国际油、油籽和油脂协会)提起仲裁,并按照仲裁条款规定委任 R. W. Rookes 先生为仲裁员,同时通过传真方式通知粮油公司已经提起 FOSFA 仲裁,并要求粮油公司指定仲裁员,但粮油公司未给予答复。基于邦基农贸的申请,FOSFA 于 2004 年 9 月 15 日发函要求邦基农贸在限定时间内指定仲裁员。2004 年 10 月 1 日,FOSFA 致粮油公司传真,为其指定 S. Bigwood 作为仲裁员。2004 年 10 月 8 日,粮油公司在致 FOSFA 的传真中提出拒绝 FOSFA 为其指定的仲裁员 S. Bigwood,并请求延长指定仲裁员期限。2004 年 10 月 8 日,FOSFA 通知粮油公司拒绝其延长期限的申请。2004 年 10 月 11 日,粮油公司致 FOSFA 传真,以存在利益冲突为由拒绝 FOSFA 指定仲裁员并再次要求延长指定仲裁员的期限。2004 年 10 月 11 日,FOSFA 通知粮油公司,不予认可邦基农贸提出的仲裁员异议,拒绝粮油公司的延期申请。2004 年 10 月 25 日,FOSFA 通知粮油公司,原代为指定的仲裁员 S. Bigwood 主动申请回避,改指定另一名仲裁员 W. Plug 先生作为其的仲裁

---

① 《最高人民法院关于邦基农贸新加坡私人有限公司申请承认和执行英国仲裁裁决一案的请示的复函》(2007 年 6 月 25 日,〔2006〕民四他字第 41 号)。

员。2005年2月24日,FOSFA在致粮油公司的传真中,指令粮油公司在21日内提交答辩。2005年3月30日,FOSFA在致粮油公司的传真中,再次敦促其在14日内提交答辩。2005年5月11日,FOSFA在致粮油公司的传真中,第三次敦促其在14日内提交答辩。

由于粮油公司始终没有提交答辩,R. W. Rookes 与 W. Plug 组成的仲裁庭于2005年7月19日作出终局裁决。该裁决结果是:(1) 买方应立即支付卖方3892900美元作为55000公吨货物合同价和市场价的价差;(2) 买方应立即支付从2004年6月15日直至实际付款之日止、年利率为3.628%的利息,在数额为3892900美元的基础上每3个月计息一次;(3) 买方可以从卖方的请求中扣除100万元人民币或者其等值美元,外加从2004年6月15日至实际付款之日止、以每3个月计息一次的复利计算的利息;(4) 买方应支付本仲裁的费用和开支(含协会费用820英镑、仲裁费用1800英镑、非会员费750英镑,共3370英镑),假如卖方预先支付了部分或者所有的仲裁费用,卖方有权得到买方的立即补偿;(5) 卖方关于法律费用和其他救济的请求不予支持。

上述裁决作出后,仲裁员于2005年7月27日确认已收到邦基农贸垫付的仲裁费,并将仲裁裁决书正本邮寄邦基农贸。2005年9月7日,仲裁员发现裁决书中存在一个打印错误,即通过FOSFA向邦基农贸送达了对裁决书的书面更正。应邦基农贸的委托,通商律师事务所律师刘某专程于2005年10月12日前往粮油公司所在地,亲自将裁决书和书面更正的原件送达给粮油公司,刘某证实粮油公司的何某签收了上述文件。

此后,邦基农贸向阳江中院申请承认与执行该仲裁裁决。该案争议焦点之一即为仲裁庭的组成和仲裁程序是否符合FOSFA的仲裁规则。

广东省高级人民法院认为,根据FOSFA的仲裁规则,FOSFA没有义务向当事人提供仲裁员名册和仲裁规则。因此,粮油公司认为FOSFA未向其提供仲裁规则和仲裁员名册,无法指定仲裁员的抗辩理由不成立。FOSFA在粮油公司未指定仲裁员的情况下为其委任一名仲裁员符合仲裁规则的规定。至于粮油公司提出没有收到邦基农贸仲裁申请的抗辩,由于粮油公司向法院提交了通过DHL将仲裁申请邮寄给粮油公司的运单底联,而且从粮油公司与FOSFA之间的来往函件看,粮油公司并没有对未收到仲裁申请提出异议,因此,粮油公司这一抗辩理由也不能成立。另外,根据FOSFA的仲裁规则,一方当事人未提起任何答辩,仲裁庭无须对案件进行庭审。由于此前FOSFA已经给予粮油公司充分的时间提交答辩状,粮油公司以没有收到开庭通知,无法进行答辩为由的抗辩亦不符合仲裁规则的规定,应不予支持。

但最高人民法院在对此案的答复中提出了不同的观点:我国和英国均是《纽约公约》的缔约国,根据《民事诉讼法》第269条的规定,本案仲裁裁决是否可以得到承认与执行,应当按照《纽约公约》的规定进行审查。关于本案所涉仲裁协议和仲裁程序的审查,应当适用双方当事人明确约定的FOSFA于2001年1月1日修订并生效的《上诉和仲裁规则》以及英国1996年《仲裁法》。《上诉和仲裁规则》第1条(f)款规定,"本协会将通知没有选定仲裁员或者替代仲裁员的一方当事人,本协会将为其指定一名仲裁员,除非该方当事人在本协会向其发出通知后的14日内为自己选定了仲裁员"。而本案仲裁庭在原为粮油公司指定的仲裁员S. Bigwood先生自动回避后并没有向粮油公司发出选定替代仲裁员的通知,而是径直为其重新指定了仲裁员。仲裁庭重新指定仲裁员的行为违反了当事人约定的仲裁规则的上述规定,应认定属于《纽约公约》第5条第1款(丁)项规定的"仲裁机关之组成或仲裁程序与各造间协议不符"的情形。据此,人民法院应当拒绝承认和执行本案仲裁裁决。

【思考题】

1. 如何确定仲裁庭的组成方式?仲裁庭如何作出仲裁裁决?
2. 何为缺员仲裁庭?缺员仲裁庭所作出的仲裁裁决的效力如何?
3. 仲裁庭组成有缺陷的情况下应采取什么补救措施?
4. 仲裁庭组成方式如何确定?
5. 当事人申请仲裁员回避后的处理?
6. 仲裁庭中仲裁员因故不能参与仲裁时,应当如何处理?

一、仲裁庭成员的资格及其认定

决策者的权威是争议解决的核心,在一个文明的法律秩序下,任何争议解决方式都要求决策者具有公平正义观念。[①] 仲裁员即仲裁庭成员,也即仲裁中的决策者,仲裁员是决定仲裁质量的关键因素,仲裁员的任职资格、人品、智慧、业务经验对争议的合理解决有着决定性的影响。[②] 因此,对仲裁员资格的认定显

---

① See Hon James Allsop, The Authority of the Arbitrator, *Arbitration International*, Vol. 30, Issue 4, 2014, pp. 639—660.
② 参见宋连斌:《中国仲裁员制度改革初探》,载《中国国际私法与比较法年刊(2001年·第4卷)》,法律出版社2001年版,第575页。

得尤为重要。但当前许多国家并没有对仲裁员的资格作出特别的规定,综观各国的实践,对仲裁员的资格一般包括两个方面的要求:一般要求和特别要求。

仲裁员应当是具备完全民事行为能力的自然人,这是作为仲裁员的一般资格要求。具备完全民事行为能力才能对其行为承担相应的责任,仲裁员具备完全民事行为能力,是其实施任何有效民事行为的基本要求。同时,仲裁员还必须是未受过刑事处分或被开除公职的自然人,法人不能担任仲裁员,这点已在各国实践中达成普遍共识。

仲裁员还应具备相应的专业素养和职业道德,这是对仲裁员特殊的资格要求。仲裁员是对案件进行审理并作出裁决的人,为确保其能对案件作出公正合理的判断,仲裁员必须具备相应的专业知识,除此之外,仲裁员还应具备解决争议的能力和经验,专业的仲裁员能大大提高仲裁的效率和质量。仲裁员要独立、公正地对案件作出裁决,因此,仲裁员必须具备公正无私的道德品质,仲裁员的良好道德声誉也能增强当事人对仲裁庭的信心。许多仲裁机构的仲裁规则中都对仲裁员的个人品德提出了明确要求。此外,在具体案件中,还要求仲裁员不能与案件当事人具有亲属关系或利害关系,也不能具有其他可能影响案件公正的关系,以确保仲裁员能独立公正地作出裁决。仲裁员回避制度即是为了保证仲裁员的公正独立性。对于仲裁员的独立性问题下面会作详细的介绍。在实际情况中,当事人对相对方或仲裁机构代为选定的仲裁员的情况可能并不是很了解,需要通过多种途径才能确定仲裁员是否有需要回避的情形。为解决当事人可能无法详尽了解仲裁员是否有回避事由的难题,仲裁员披露制度应运而生。许多国家的仲裁立法和仲裁规则都有关于仲裁员披露制度的规定,如《国际商会仲裁规则》第 11 条、《伦敦国际仲裁院仲裁规则》第 10 条对仲裁员的披露义务作了规定。《中国贸仲仲裁规则(2015 版)》中也对仲裁员披露义务有明确的规定:"(一)被选定或被指定的仲裁员应签署声明书,披露可能引起对其公正性和独立性产生合理怀疑的任何事实或情况。(二)在仲裁程序中出现应披露情形的,仲裁员应立即书面披露。(三)仲裁员的声明书及/或披露的信息应提交仲裁委员会秘书局并由其转交各方当事人。"在案例 3 中,中天公司提出的申请撤销裁决的理由之一就是仲裁员与被申请人物流公司的仲裁代理人具有师生关系,而仲裁员未向中国贸仲披露,影响对案件的公正审理。① 经查,虽然被申请人的仲裁代理人徐某某与仲裁员杨某没有直接的师生关系,但在徐某某任主任的律所开业时,仲裁员杨某曾作为嘉宾出席并致辞。北京市高级人民法院据此认为,中

---

① 参见万鄂湘主编,最高人民法院民事审判庭第四庭编:《涉外商事海事审判指导》(2012 年第 2 辑),人民法院出版社 2012 年版,第 148—155 页。

天公司对于仲裁员杨某与物流公司仲裁代理人徐某某之间是否存在较为密切的社会关系,有理由产生合理怀疑,而仲裁员未如实进行披露违背了仲裁规则。但最高人民法院在复函中作出了不同的认定:从实际情况来看,仲裁员杨某与物流公司的仲裁代理人徐某某只是拥有共同的教育背景和共同出席典礼活动的经历,他们之间不存在直接的授业指导关系和其他的利害关系,不足以构成对仲裁独立性和公正性的影响。实践中,对于利害关系的判断并没有一个统一、确定的标准,从北京市高级人民法院和最高人民法院对这一案件的不同认定也可以看出,对于同一案件,不同的法院会有不同的判断标准,从而导致截然不同的结果。

二、仲裁庭与仲裁机构

仲裁庭是指由当事人选定,或者其他有权机构依据当事人的授权,或依据法律或仲裁规则的规定所指定的商事仲裁员组成的,具体负责对已交付的商事争议进行审理并作出裁决的组织。① 仲裁庭的组成对案件的审理至关重要,是案件能够顺利进入审理程序的前提。而仲裁机构并不负责对特定的案件进行审理,而是主要提供仲裁方面的服务。仲裁机构有专门的名称、固定的地点和相应办公机构,各常设仲裁机构也都有自己的仲裁规则。在机构仲裁的情况下,仲裁机构的主要职能是监督仲裁庭的活动,确保仲裁庭按照其仲裁规则进行仲裁活动。而在临时仲裁的情况下,临时仲裁庭是为解决某一特定争议而产生的,案件一旦审理结束,该仲裁庭也就不复存在。所以,无论是临时仲裁,还是在机构仲裁的情况下,仲裁庭是通过仲裁解决争议的主体,负责作出仲裁裁决的也是仲裁庭,而不是仲裁机构。②

三、仲裁庭的组成

仲裁庭的组成人数一般由当事人约定或者由当事人约定适用的仲裁规则作出规定,仲裁员的确定也一般由当事人选定或仲裁机构指定。实践中,仲裁庭的组成人数多为奇数,根据仲裁庭组成人数的不同,可将仲裁庭分为由一名仲裁员组成的独任仲裁庭、由两名仲裁员组成的仲裁庭和由三名或三名以上仲裁员组成的仲裁庭。其中最为常见的是独任仲裁庭和由三名仲裁员组成的仲裁庭。

(一)独任仲裁庭

独任仲裁庭是由当事人共同指定或由他们共同委托的第三方指定的一名仲裁员组成的仲裁庭。一方面,独任仲裁庭的最大优势在于简便、快捷、经济。独

---

① 参见邓杰:《商事仲裁法理论与实务》,兰州大学出版社2005年版,第101页。
② 参见赵秀文:《国际商事仲裁法原理与案例教程》,法律出版社2010年版,第123页。

任仲裁庭只有一名仲裁员,其组成方式相对简单。而在案件审理上,独任仲裁员可直接对案件作出裁决,无须与其他人进行合议,这就极大地提高了案件审理的效率,加快案件审结的进程,同时也减少了费用的支出。但另一方面,独任仲裁庭的独裁方式,对仲裁员提出了更严格的要求。案件的审理由独任仲裁员一人决定,其公正性往往会受到质疑。为确保案件审理的公正性,一些仲裁机构在其仲裁规则中明确规定,除当事人另有约定外,独任仲裁员的国籍一般与争议双方当事人的国籍都不相同。实践中,双方当事人往往难以找到一名为双方所共同依赖的人做仲裁员。所以,通过当事人协议指定独任仲裁员组成仲裁庭的情况较少。独任仲裁员大多是依法或依仲裁规则由有关机构或法院指定。[①] 从当前的实践来看,独任仲裁庭只适用于标的额小或争议比较简单而适用简易程序的案件,因为这类案件相对比较简单,独任仲裁员足以胜任对案件的审理,同时也为当事人节省了时间和费用。在我国的仲裁实务中,各仲裁机构的仲裁规则都对简易程序制度有明确的规定:在有关仲裁案件的标的额很小,低于一定的数额,或者虽然达到或超过了一定的数额,但案情比较简单的情况下,可由一名仲裁员组成独任仲裁庭,适用简易程序来审理和裁决案件。

(二) 由两名仲裁员组成的仲裁庭

由两名仲裁员组成的仲裁庭在实践中并不常见,目前还只是存在于少数国家和一些特殊行业中。在国际上,一些商人或贸易者的组织协会内部成立了仲裁机构,按照通常的行业惯例,争议产生后,由双方当事人各指定一名仲裁员组成两人仲裁庭对案件进行审理。如果两名仲裁员能达成一致意见,则按此意见对案件作出裁决。但是,如果两名仲裁员无法形成一致意见,则须将案件交给他们共同指定的一位公断人进行审理。此时,两名仲裁员的角色转换成为各当事人的辩护人参与到案件的裁决过程中,而这名公断人则像独任仲裁庭的独任仲裁员一样作出裁决,无须征求任何人的同意。公断人作出的裁决为终局裁决,对双方当事人都有约束力。这种做法是把仲裁作为"友好"解决争议的方法,具有迅速、方便的特点。[②] 在两人制仲裁庭中,两名仲裁员的地位作用是相同的,案件的审理裁决,需要两人的默契配合,如果两人缺乏默契则会影响案件的正常进行。所以,两人制仲裁庭在国际商事仲裁实践中并没有得到推广,还只是存在于小范围的特殊行业中。

(三) 由三名仲裁员组成的仲裁庭

由三名仲裁员组成的仲裁庭,是当今国际商事仲裁实践中最为常见的仲裁

---

① 参见韩健:《现代国际商事仲裁法的理论与实践》(修订本),法律出版社 2000 年版,第 154 页。
② 同上书,第 155 页。

庭组成方式。这种情况通常是由双方当事人各指定一名仲裁员,第三名仲裁员,即首席仲裁员可由双方当事人共同指定,或者由双方共同指定的仲裁员代为选定,或由当事人共同委托的第三方指定。三人制仲裁庭的组成方式比较复杂,案件审理的时间也更长。但从实践来看,当事人还是更倾向于这种三人制仲裁庭的组成方式,因为仲裁庭中有当事人自己选定的仲裁员参与,对于当事人而言也更为放心,无形中增强了当事人对仲裁庭的信心。因此,这类仲裁庭作出的裁决也更易为当事人所接受。

国际商事仲裁最大的特点在于充分尊重当事人的意思自治,仲裁庭也是在尊重当事人意思自治的前提下组成的。因此,仲裁庭成员一般由当事人自己选定,在当事人已经达成合意的情况下,仲裁庭的组成将完全按照当事人的意思进行。在机构仲裁的情况下,各仲裁机构都备有自己的仲裁员名册,当事人无法在规定的时间内指定仲裁员时,有的仲裁机构仲裁规则规定,由仲裁机构代为指定。在本节案例1中,双方当事人已经在协议中明确了仲裁庭的组成方式,就应当按当事人的意思组成仲裁庭,在无法组成仲裁庭的情况下应及时通知当事人,以便作出相应的处理重新组成仲裁庭。

四、仲裁员的回避

国际商事仲裁员的回避,是指国际商事仲裁中仲裁员被选定或被指定后发现其存在不宜、不能在该案中担任仲裁员的情况,该仲裁员退出案件,不再在该案中担任仲裁员的制度。[①] 与诉讼程序中的回避制度类似,仲裁中的回避同样有两种方式:主动回避和被动回避。主动回避是指仲裁员认为自己存在不适合担任相应案件仲裁员的情形,主动提出回避请求。在本节案例2中,仲裁员S. Bigwood 就是主动申请回避。被动回避则是指当事人发现仲裁员与案件存在利害关系或其他不适合担任该案仲裁员的情形,向仲裁机构申请该名仲裁员回避。如在本节案例2中,粮油公司在被指定了仲裁员 S. Bigwood 后,向仲裁机构申请该仲裁员回避。仲裁员回避的理由也与民事诉讼中审判人员的回避理由大体相同,如:仲裁员不具备完全民事行为能力,仲裁员与案件当事人存在亲属关系或利害关系及其他可能影响案件公正审理的情形等。我国《仲裁法》第34条规定了仲裁员应该回避的理由:第一,是本案当事人或者当事人、代理人的近亲属的;第二,与本案有利害关系的;第三,与本案有其他关系,可能影响公正仲裁的;第四,私自会见当事人、代理人,或者接受当事人、代理人请客送礼的。可以看出,我国《仲裁法》对仲裁员的回避理由的规定与我国《民事诉讼法》中关

[①] 参见邓瑞平等:《国际商事仲裁法学》,法律出版社 2010 年版,第 247 页。

于审判人员回避的规定基本一致。①

当事人应当在一定期限内尽快提出回避申请,以确保仲裁程序不被过多地拖延。否则,将被视为放弃提出回避申请的权利,或者即使提出了回避申请,另一方当事人也可以超过时限为由提出抗辩。对于当事人提出回避申请的具体期限,各国仲裁立法及仲裁规则的规定都不尽相同,但一般都要求当事人在知道存在回避事由后尽快提出回避申请。我国《仲裁法》第 35 条对当事人提出回避申请的期限作了明确规定:"当事人提出回避申请,应当说明理由,在首次开庭前提出。回避事由在首次开庭后知道的,可以在最后一次开庭终结前提出。"

无论是当事人提出回避申请还是仲裁员自行提出回避申请,都需要相应的机构或人员进行审查处理。综观当前各国实践,一般是由仲裁庭或仲裁机构来决定,当事人对仲裁庭或仲裁机构的决定不服可向法院起诉,由法院作出最终决定。我国《仲裁法》第 36 条规定,仲裁员是否回避,由仲裁委员会主任决定;仲裁委员会主任担任仲裁员时,由仲裁委员会集体决定。

五、仲裁庭的重组

仲裁庭的重组是针对仲裁庭组成出现瑕疵的救济。仲裁庭的组成出现瑕疵的原因有很多,譬如仲裁员生病、辞职、死亡等原因都会导致仲裁员不能及时履行职责,当事人对仲裁员提出回避申请及仲裁员主动申请回避也会导致仲裁庭重组。一般来说,重新任命或选择仲裁员、重新组建仲裁庭的方式,与任命或选择原仲裁庭、组建原仲裁庭的方式基本相同。在美国和英国,必须按照任命被替换的仲裁员的方式任命新的仲裁员。② 在临时仲裁中,如果当事人约定了仲裁员空缺时的补救办法就按当事人的约定进行,但双方当事人有时并没有约定这种补缺的办法,此时首先应尊重当事人的意思自治。如果双方当事人仍不能达成协议,一般由法院来决定有关仲裁员的选择或选择方法。这时因为已经组建过仲裁庭,仲裁地也多半已经确定,一般很容易确定由哪个国家或哪个地方的法院来处理仲裁员补缺的问题。重新任命或选择仲裁员的申请,可以直接向仲裁地法院提出。在大多数商事仲裁立法比较完备的国家,都已明确授予法院这种选择权。在本节案例 2 中,仲裁员 S. Bigwood 主动申请回避后,仲裁庭并没有按仲裁规则的规定向被申请人粮油公司发出选定替代仲裁员的通知,而是径直为其重新指定了仲裁员。仲裁庭重新指定仲裁员的行为违反了当事人约定的仲裁规则的规定,导致仲裁庭的重组不符合要求。

---

① 参见《民事诉讼法》第 44 条。
② 参见韩健:《现代国际商事仲裁法的理论与实践》(修订本),法律出版社 2000 年版,第 185 页。

仲裁庭重组的一个直接影响就是中断了原来正在进行或将要进行的仲裁程序,使案件的审理进入中止状态。而重新组建的仲裁庭首先要面对的一个很重要的问题,就是如何继续进行仲裁程序,是完全推翻重来,还是在原来已进行过的仲裁程序基础上继续进行接下来的程序。完全废弃已经进行过的仲裁程序再重新开始,可能会造成重复审理,增加成本。但不重新进行,客观上剥夺了仲裁员听取当事人陈述和辩论、询问证人的机会,会造成替代仲裁员对案件了解程度不够,无法作出正确裁决。如果仲裁庭在首次开庭审理前重组,则不会出现重复审理的问题,此时案件还没有进入庭审程序,所有的仲裁员都有完整参与庭审程序的机会,不存在任何疑问。但如果仲裁庭在首次开庭后重组,则会出现前述的重复审理的问题。在这种情况下,各国的仲裁立法及仲裁规则一般规定,由重新组成的仲裁庭自行决定是否需要重新进行庭审程序。

我国《仲裁法》第37条对仲裁庭重组后的审理问题作出了明确规定:重新选定或者指定仲裁员后,当事人可以请求已进行的仲裁程序重新进行,是否准许,由仲裁庭决定;仲裁庭也可以自行决定已进行的仲裁程序是否重新进行。由此可见,在我国,仲裁庭重组后,也是由仲裁庭决定是否需重新进行审理程序。

第三节 答辩与反请求

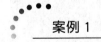

案例 1

日本信越化学工业株式会社申请承认日本商事
仲裁协会东京 07-11 号仲裁裁决案[①]

江苏某科技股份有限公司(以下简称"科技公司")与日本信越化学工业株式会社(以下简称"信越会社")签订了一份长期协议。协议第 10 条约定:本协议由日本的法律进行管辖和解释。由本协议产生的和与本协议相关的所有纠纷在双方无法协商解决的情况下,根据日本商事仲裁协会规则和程序在日本东京进行仲裁。仲裁裁决应是终局的,对双方当事人均有约束力。之后双方发生纠纷,

---

① 《最高人民法院关于不予承认日本商事仲裁协会东京 07-11 号仲裁裁决一案的请示的复函》(2010 年 6 月 29 日,〔2010〕民四他字第 32 号)。

2004年4月,信越会社向日本东京商事仲裁协会申请仲裁。2006年2月,日本东京商事仲裁协会仲裁庭作出04-05号裁决。信越会社向南通市中级人民法院提出申请承认上述04-05号裁决,南通市中级人民法院裁定驳回信越会社的申请,不予承认日本商事仲裁协会东京04-05号裁决。随后信越会社再次依据双方的长期协议向日本商事仲裁协会东京仲裁机构提出仲裁申请。2008年9月8日,仲裁庭作出了07-11号仲裁裁决,后信越会社向南通市中级人民法院申请承认该仲裁裁决。

在答辩过程中,科技公司提出了以下理由:(1)07-11号仲裁裁决再次审理了04-05号仲裁案已经仲裁过的争议,并作出了明显与04-05号仲裁裁决相违背的裁决,违反了仲裁条款关于仲裁裁决约束力和终局性的规定;(2)仲裁庭在信越会社变更仲裁请求的情形下,未能给予科技公司充分答辩期,违反了仲裁规则规定。

江苏省高级人民法院在审理后认为:(1)"双方签订的长期协议在2004年1月至2008年12月31日的协议期间依其条款可执行"的请求一方面包含请求认定双方签订的长期协议是合法有效的协议,双方当事人均有履约的义务,另一方面也包含请求认定若一方当事人违反该协议约定的义务,另一方当事人可依约主张违约赔偿。鉴于04-05号仲裁裁决已经驳回了信越会社提出的关于"双方签订的长期协议在2004年1月至2008年12月31日的协议期间依其条款可执行"的请求,故07-11号仲裁裁决再次审理并裁决科技公司需承担信越会社在2005年8月至2008年3月间因违约所导致的利润损失,违反了仲裁裁决的终局性规定。(2)仲裁规则第20.4条规定,"对变更过的申请的答辩或者反请求适用第18条或者第19条的规定。但是,期限为自协会或者仲裁庭向对方当事人发出申请变更的通知之日起三周以内"。即仲裁庭向科技公司发出信越会社的变更仲裁请求通知之日起,科技公司依照仲裁规则应拥有三周的答辩期,该权利不应被无故剥夺。本案中,信越会社于2008年3月28日向仲裁庭提交了变更仲裁请求的申请后,仲裁庭于第二日将该变更申请通知了科技公司,但仲裁庭在当年4月10日开庭听证时就当庭决定接受信越会社的变更申请,并未给予科技公司三周的答辩期,违反了仲裁规则关于变更申请答辩期的规定。因此,上述仲裁庭违反仲裁规则的行为构成了《纽约公约》第5条第1款(丁)项规定的"仲裁机关之组成或仲裁程序与各造间之协议不符,或无协议而与仲裁地所在国法律不符者"的情形。

案例 2

SG Controls Ltd. 申请执行仲裁裁决案[①]

2000年10月19日,某某股份有限公司(以下简称"某某公司")与SG Controls Ltd. 及案外人中国电子进出口公司签订了三份合同。三份合同中均约定:"凡因执行本合同所发生的或与本合同有关的一切争议,双方应通过友好协商加以解决。协商不成时,应将争议提交仲裁,仲裁在被诉方所在国进行:仲裁如在中国,则在北京中国国际经济贸易仲裁委员会按照该会仲裁规则进行仲裁。仲裁如在英国伦敦,则由该国国际经济贸易仲裁委员会按照该协会仲裁程序进行仲裁。"

SG Controls Ltd. 以某某公司不履行合同为由,于2002年2月28日向中国贸仲上海分会申请仲裁。某某公司在收到仲裁申请书后,于同年5月9日向中国贸仲上海分会提交了仲裁答辩书及反请求。中国贸仲上海分会于2004年6月11日作出裁决。2004年9月,SG Controls Ltd. 向天津市第一中级人民法院申请执行该仲裁裁决。2005年1月,某某公司向天津市第一中级人民法院申请撤销该仲裁裁决,主要理由为:合同中约定的仲裁条款无效;仲裁程序中遗漏了第三人中国电子进出口公司。

【思考题】

1. 国际民商事仲裁程序对答辩有什么要求?
2. 国际民商事仲裁中被申请人在答辩中享有什么权利?
3. 什么是仲裁程序中的反请求?
4. 国际仲裁程序中对反请求有什么规定?

一、答辩

仲裁答辩是指仲裁案件的被申请人为维护自己的权益,对申请人在仲裁申

[①] 参见万鄂湘主编,最高人民法院民事审判庭第四庭编:《涉外商事海事审判指导》(2009年第2辑),人民法院出版社2009年版,第71页。

请书中提出的仲裁请求和所依据的事实和理由进行答复和辩解的行为。[①]

根据我国《仲裁法》第 25 条，被申请人收到仲裁申请书副本后，应当在仲裁规则规定的期限内向仲裁委员会提交答辩书。被申请人未提交答辩书的，不影响仲裁程序的进行。因此，在仲裁程序中，答辩期限从被申请人收到仲裁申请书副本后开始，具体时限通常由仲裁规则规定。另外，在国际民商事仲裁中，通常要求答辩的形式为书面答辩，即提交答辩书。

以《中国贸仲仲裁规则(2015 版)》为例，主要对答辩作出了如下规定：第一，将答辩期的起点设置为被申请人收到仲裁通知之日；第二，规定答辩期限为 45 天；第三，被申请人确有正当理由请求延长提交答辩期限的，由仲裁庭决定是否延长答辩期限；第四，规定了答辩书的基本格式和内容，答辩书应由被申请人或被申请人授权的代理人签名及/或盖章，并应包括被申请人的名称和住所、对仲裁申请书的答辩及所依据的事实和理由、答辩所依据的证据材料以及其他证明文件；第五，逾期提交的答辩书并非当然无效，仲裁庭有权决定是否接受。

二、反请求

反请求是指在仲裁程序进行中被申请人针对原申请人提出的独立的请求。[②]根据我国《仲裁法》第 27 条的规定，被申请人有权提出反请求。在仲裁程序中，赋予被申请人提出反请求的权利体现了案件双方当事人法律地位平等。被申请人提出反请求以后，双方当事人互为申请人和被申请人。反请求与请求应是基于同一法律关系产生的，反请求的内容与申请人的仲裁请求属于同一仲裁协议中约定的仲裁事项。反请求具有独立性、对抗性和牵连性。独立性体现在申请人撤回仲裁申请并不影响反请求的效力，仲裁委员会仍应对其作出裁决。对抗性是指反请求是为了抵消、吞并申请人的请求，以维护自己的合法权益。反请求与仲裁请求具有牵连性，用在仲裁程序中，有利于合并审理，避免就同一事实或法律问题作出矛盾的判决，节省人力、物力。

提起反请求必需具备相应的条件：(1) 反请求只能由被申请人提起；(2) 只能向受理原仲裁申请的仲裁委员会提起；(3) 只能在仲裁委员会受理原仲裁申请后，作出仲裁裁决前提出；(4) 反请求应以书面的形式提出。

仲裁委员会收到被申请人提出的反请求后应进行审查，对于符合仲裁申请的一般条件和提出反请求的特定条件的予以受理，并在一定期限内将反请求申

[①] 参见蒋新苗、舒细麟编著：《仲裁法实例说》，湖南人民出版社 2003 年版，第 119 页。
[②] 同上。

请书副本送达申请人。申请人应当自收到反请求申请书之日起在与原申请答辩期限相同的期限内向仲裁委员会提出书面答辩;未提出书面答辩的,亦不影响仲裁程序的进行。对于原仲裁请求和被申请人的反请求,仲裁庭一般合并审理。

第四节 证 据 质 证

案例

浙江省某房地产联合发展公司申请撤销中国国际经济贸易仲裁委员会上海分会仲裁裁决案[①]

1993年4月3日,浙江省某房地产联合发展公司(以下简称"A公司")与某(香港)有限公司(以下简称"B公司",系在香港注册的公司)签订中外合资浙江省某房地产发展公司合同及章程一份,该合同和章程未报上级主管部门审批。双方又于同年7月22日签订内容大体相同但使用土地面积不同的浙江某房地产开发有限公司合同和章程。前一份合同中投资的地块占地80亩,后一份合同中投资的地块占地68亩。后一份合同于1993年7月26日经浙江省对外经济贸易委员会以(93)浙外经贸资字488号文批复同意,7月29日获企业法人营业执照。合资合同规定,合资公司生产经营的范围是杭州市文一路北侧骆家庄2号地块内天湖公寓及配套辅助设施的开发、建设、销售、服务和物业管理;公司的投资总额为1200万美元,注册资本为600万美元,A公司认缴240万美元,占注册资本的40%,B公司认缴360万美元,占注册资本的60%;注册资本以外的资金通过房屋预售款、银行贷款或双方自行投入等方式筹集。1996年6月,因双方发生纠纷,B公司向中国国际经济贸易仲裁委员会上海分会提出仲裁申请,要求确认A公司未出资、无股权、承担违约责任及终止双方合资合同等。仲裁庭作出裁决后,A公司以B公司提交的证明A公司未出资的证据材料和有关汇总表未经质证为理由之一,向上海市第一中级人民法院申请撤销该仲裁裁决。

[①] 《最高人民法院关于浙江省天河房地产联合发展公司申请撤销中国经济贸易仲裁委员会上海分会仲裁裁决案的复函》(2003年11月10日,〔2003〕民四他字第19号)。

最高人民法院在对该案的答复中认为：根据本案卷宗材料反映的事实，在仲裁过程中，仲裁庭均向双方当事人分别提供了相关的证据材料，组织了对有关证据材料的质证，当事人有充分陈述自己意见的机会，符合仲裁规则的基本要求。对证据的分析和认定属于仲裁庭的权力范围，当事人不能以仲裁庭对有关证据材料的质证程度、采信与否作为申请撤销仲裁裁决的理由。A 公司认为 B 公司提交的几份证据材料系伪证且未予质证使其丧失了对该证据申辩的机会没有事实和法律依据。另外，仲裁卷中有证据证明仲裁庭将其收到的一览表及所附的材料及附件邮寄给了 A 公司。

【思考题】

1. 仲裁程序中对于证据的质证有什么要求？
2. 仲裁裁决依据的证据是否必须经过当事人质证？

证据作为诉讼制度的核心，是指能够用来证明案件真实情况的一切客观事实材料。在民事诉讼中，诉讼证据对民事案件的正确审理起着至关重要的作用。① 仲裁虽不同于诉讼程序，但作为一种替代性的争议解决方式，证据在仲裁过程中也起到了十分重要的作用。

质证是仲裁当事人的一项重要权利。质证是指在仲裁庭主持下，一方当事人对另一方当事人提供的证据的真实性、可靠性进行询问、质疑，从而判断证据的证明力的活动。② 我国《仲裁法》第 45 条规定："证据应当在开庭时出示，当事人可以质证。"《中国贸仲仲裁规则（2015 版）》第 40 条对书面质证进行了规定，对书面审理的案件的证据材料，或开庭后提交的证据材料且当事人同意书面质证的，可以进行书面质证。书面质证时，当事人应在仲裁庭规定的期限内提交书面质证意见。

从上述案例中可以看出，仲裁程序未保证当事人的质证权利可能因为违反仲裁规则而成为撤销该仲裁裁决的理由。可见，当事人质证的权利十分关键，在仲裁程序中，仲裁庭和仲裁机构应注意保障此权利。

---

① 参见常怡主编：《民事诉讼法学》，中国政法大学出版社 1999 年版，第 177 页。
② 参见高言、刘璐主编：《仲裁法理解适用与案例评析》，人民法院出版社 1996 年版，第 136 页。

第五节　鉴定与勘验

案例

合肥市市容环境卫生管理局申请不予执行仲裁裁决案[①]

中国国际经济贸易仲裁委员会依据深圳某环保发展有限公司、合肥市市容环境卫生管理委员会(后变更为合肥市市容环境卫生管理局,以下简称"市容管理局")、香港某有限公司、合肥市进出口公司(后变更为合肥市进出口有限公司)以及美国 Wildcat Mfg. Co. , Inc.之间签订的合肥市市容环境卫生管理委员会引进美国野猫公司城市生活垃圾处理设备及技术合同中的仲裁条款作出〔2003〕贸仲裁字第 0138 号仲裁裁决后,市容管理局向合肥市中院提出裁定不予执行仲裁裁决的申请,理由之一是:仲裁裁决严重违反法定程序,即仲裁裁决的主要证据咨询报告(开庭后,仲裁庭依据市容管理局的申请聘请了有关专家就涉案设备进行了鉴定,2002 年 11 月 25 日,专家出具了《关于合肥市北部垃圾处理厂引进美国野猫公司设备问题咨询报告》)未经当事人质证便作为证据使用,违反了我国《仲裁法》第 44 条、第 45 条以及《民事诉讼法》第 66 条规定。

最高人民法院在对该案的答复中认为:《中国国际经济贸易仲裁委员会仲裁规则(2000 年)》第 40 条规定:"专家报告和鉴定报告的副本,应送给双方当事人,给予双方当事人对专家报告和鉴定报告提出意见的机会。任何一方当事人要求专家/鉴定人参加开庭的,经仲裁庭同意后,专家/鉴定人可以参加开庭,并在仲裁庭认为必要和适宜的情况下就他们的报告作出解释。"第 41 条规定:"当事人提出的证据由仲裁庭审定;专家报告和鉴定报告,由仲裁庭决定是否采纳。"该仲裁规则并未要求相关鉴定报告必须经开庭质证,仲裁庭有权对鉴定报告进行审查并决定是否采纳。在本案中,仲裁庭将鉴定报告分别送达双方当事人并要求其提出书面意见的做法既不违反仲裁规则,也保证了双方当事人的程序权利。市容管理局的此项理由亦不应予以支持。

[①] 《最高人民法院关于是否裁定不予执行中国国际经济贸易仲裁委员会仲裁裁决的复函》(2006 年 1 月 23 日,〔2005〕民四他字第 45 号)。

【思考题】

本案中的咨询报告属于什么种类的证据?有什么特殊性?

一、专家证人和鉴定报告

在国际民商事纠纷中,如果涉及某些超出当事人和仲裁庭判断能力的专业问题,大多数仲裁机构的仲裁规则允许仲裁庭在其认为有必要的情况下指定专家证人。专家证人就专业问题所作认定即为专家证据,包括检验报告、鉴定报告等。

二、对专家报告和鉴定报告的要求

专家证据必须送交给双方当事人以便其就该专家证据阐述意见。如果一方当事人要求专家出庭作证,且经仲裁庭同意,专家可以参与庭审回答当事人提问并阐述所涉及的专业问题。

我国《仲裁法》第44条规定:"仲裁庭对专门性问题认为需要鉴定的,可以交由当事人约定的鉴定部门鉴定,也可以由仲裁庭指定的鉴定部门鉴定。根据当事人的请求或者仲裁庭的要求,鉴定部门应当派鉴定人参加开庭。当事人经仲裁庭许可,可以向鉴定人提问。"

《中国贸仲仲裁规则(2015版)》第40条规定:"(一)开庭审理的案件,证据应在开庭时出示,当事人可以质证。(二)对于书面审理的案件的证据材料,或对于开庭后提交的证据材料且当事人同意书面质证的,可以进行书面质证。书面质证时,当事人应在仲裁庭规定的期限内提交书面质证意见。"第42条规定:"专家报告和鉴定报告的副本应转交当事人,给予当事人提出意见的机会。任何一方当事人要求专家或鉴定人参加开庭的,经仲裁庭同意,专家或鉴定人应参加开庭,并在仲裁庭认为必要时就所作出的报告进行解释。"《上海国际经济贸易仲裁委员会(上海国际仲裁中心)仲裁规则》也有类似的规定。

第六节 辩 论

Wicor 申请承认与执行国际商会仲裁院第 18295/CYK 号仲裁裁决案[①]

Wicor 与台州某某投资有限公司(以下简称"某某公司")签订了合资合同,该合同约定了仲裁条款,由国际商会仲裁院进行仲裁。2011 年 5 月 20 日,某某公司向法院提起与 Wicor 中外合资经营企业合同纠纷一案,Wicor 以双方之间存在仲裁条款为由提出管辖权异议,泰州中院拟认定该仲裁条款无效并依照有关规定依法上报。2012 年 3 月 30 日,泰州中院作出裁定,认定该仲裁条款并未约定仲裁机构,且不能依据仲裁规则确定仲裁机构,当事人事后并未达成补充协议,所以涉案仲裁条款无效,驳回了 Wicor 的管辖权异议。2012 年 8 月 17 日,Wicor 不服泰州中院的上述裁定,提出上诉,江苏省高级人民法院于 2012 年 12 月 11 日作出裁定,认定涉案仲裁条款无效。仲裁协议被认定为无效后,泰州中院将协议无效的认定情况通过邮寄的方式告知了国际商会仲裁院秘书处亚洲代表处。

然而,国际商会仲裁院已于 2011 年 11 月 4 日接受了 Wicor 的仲裁申请,在某某公司明确表示仲裁条款无效的情形下,于 2012 年 1 月 12 日依据当时有效的《国际商会仲裁规则》第 14 条第 1 款确定仲裁地为香港。2012 年 11 月 2 日作出了中间裁决,认定仲裁协议有效,并进而于 2014 年 7 月 18 日作出终局裁决,于 11 月 27 日作出终局补充裁决,裁决某某公司承担一系列责任(包括与合资公司之间的责任)。

Wicor 以某某公司不履行仲裁裁决为由,向泰州中院提出请求承认仲裁裁决并强制执行。其理由是:国际商会仲裁院依据《国际商会仲裁规则》确定了仲裁地为香港,根据《香港仲裁条例》第 5 条第 1 款的规定,国际商会仲裁院的仲裁

[①] 《最高人民法院关于不予执行国际商会仲裁院第 18295/CYK 号仲裁裁决一案请示的复函》(2016 年 3 月 22 日,〔2016〕最高法民他 8 号)。

适用该条例,而依据《最高人民法院关于香港仲裁裁决在内地执行的有关问题的通知》,执行仲裁裁决的审查应当依据《最高人民法院关于内地与香港特别行政区相互执行仲裁裁决的安排》(以下简称《内地—香港安排》)进行审查,且本案商业纠纷仅涉及两家私有公司,不涉及公共利益,而根据《内地—香港安排》第7条规定情形,不存在不予认可和执行的情形。

某某公司在答辩中请求拒绝承认和执行国际商会仲裁院的仲裁裁决,其理由为:(1)本案所涉的仲裁协议早已被法院依法确认为无效,但国际商会仲裁院仍然于2012年11月2日作出仲裁协议有效的仲裁裁决,损害了中国司法主权;(2)本案非内国裁决,应适用《纽约公约》,本案独任仲裁员的全部仲裁活动均在国际商会仲裁院的管理下适用国际商会的《仲裁规则》在新加坡完成,不适用《内地—香港安排》的规定进行审查,本案并非按照香港的《仲裁条例》所作的裁决;(3)根据中国法律和《纽约公约》,应当拒绝承认和执行本案仲裁裁决,根据《纽约公约》第5条第1款第1项、第2项之规定的精神,在合资合同约定的仲裁协议被法院终审裁定无效的情况下,国际商会仲裁院基于无效仲裁协议所作的裁决不能被承认和执行,且国际商会仲裁院超出仲裁协议约定的仲裁范围进行裁决,裁决的内容与生效的中国法院的判决冲突,承认和执行该仲裁裁决将损害中国的公共政策;(4)即使适用《内地—香港安排》,但是根据该规定第7条第1、3、5项的规定,法院可裁定不予执行。

【思考题】

1. 什么是辩论?
2. 辩论的意义是什么?辩论的顺序是怎样的?

辩论是指在仲裁庭的主持下,双方当事人依据在庭审中审查核实的事实和证据,就如何认定事实、适用法律以解决当事人之间的纠纷,提出自己的主张和意见,进行言辞辩论的过程。

当事人辩论是开庭审理的重要程序,也是辩论原则的重要体现。在庭审调查的基础上,通过言辞辩论,可以使当事人之间所争执的事实更加清楚,双方当事人之间的权利义务关系更加明确,为仲裁庭公正地裁决案件奠定基础。

当事人进行辩论通常按照下列顺序进行:

(1) 申请人及其仲裁代理人发言;
(2) 被申请人及其仲裁代理人发言;
(3) 双方相互辩论。

庭审辩论终结前,首席仲裁员或者独任仲裁员可以按照申请人、被申请人的顺序征询当事人的最后意见。我国《仲裁法》第 47 条规定:当事人在仲裁过程中有权进行辩论。辩论终结时,首席仲裁员或者独任仲裁员应当征询当事人的最后意见。

第七节　中国的立法与实践

案例

俞某某申请撤销仲裁裁决案[①]

林某某是旅美台胞。1992 年 12 月 21 日,林某某与杭州青少年活动中心(以下简称"活动中心")签订合作经营慈光幼稚园有限公司合同书(以下简称"合作合同")及《杭州慈光幼稚园有限公司章程》(以下简称"公司章程"),约定由林某某提供 60 万美元作为合作公司的注册资金,活动中心提供土地使用权(不作价)作为合作条件设立杭州慈光幼稚园有限公司(以下简称"合作公司"),合作公司由林某某负责经营管理,林某某不在杭州时,由俞某某(系林某某的养女)全权代理。合作合同中约定有仲裁条款。公司章程中无关于林某某去世后排除股东资格继承的规定。林某某在公司章程中确认了其在我国台湾地区的住址,并确认了其在美国的住址。合作公司的地址与活动中心的地址相同,即杭州市××街××号。1993 年 1 月 11 日,合作公司取得企业法人营业执照。

由于双方在合作经营过程中长期存在纠纷难以解决,2004 年 4 月 29 日,活动中心以林某某为仲裁被申请人向中国贸仲上海分会提起仲裁,请求裁决终止履行合作合同。仲裁期间,2004 年 7 月 10 日,林某某因病在沪去世。2005 年 1 月 13 日,中国贸仲上海分会作出裁决。

仲裁期间,中国贸仲上海分会向林某某送达相关仲裁文件的情况如下:

(1) 2004 年 4 月 29 日,按公司章程中所载台湾地址向林某某寄送仲裁通知等文件,该信件因收件人已搬迁被退回。

(2) 同年 6 月 9 日,按公司章程中所载美国地址再次向林某某寄送仲裁通

[①] 《最高人民法院关于俞影如申请撤销仲裁裁决一案的请示的复函》(2007 年 10 月 23 日,〔2007〕民四他字第 25 号)。

知等文件,该信件被名为"Judy"的人签收。

(3) 同年7月28日,按前述美国地址向林某某寄送仲裁庭组成及开庭通知,该信件投递情况不明。

(4) 同年8月24日,按前述美国地址向林某某寄送延期开庭通知,该信件被退回。

在此情况下,中国贸仲上海分会要求活动中心进一步提供林某某其他通讯地址,活动中心答复称无法提供。中国贸仲上海分会遂按照《中国国际经济贸易仲裁委员会仲裁规则(2000年)》第87条的规定,将前述美国地址认定为林某某最后为人所知的地址。

(5) 2005年1月13日,中国贸仲上海分会按照前述美国地址向林某某寄送裁决书,该信件被签收,但具体签收人不明。

除上述仲裁外,活动中心为确认林某某在履行合作合同中存在违约行为,曾于2002年7月17日向中国贸仲上海分会另案申请仲裁。在该案审理中,活动中心曾于2002年12月22日向林某某寄送信件,地址为"杭州市××街××号";中国贸仲上海分会于2003年1月30日向林某某寄送仲裁文件的地址也为该地址。该两封信件均成功送达。

后俞某某向上海市第二中级人民法院申请撤销该仲裁裁决。最高人民法院在对该案的答复中认为:林某某在公司章程中确认了其在我国台湾地区与美国的通讯地址,中国国际经济贸易仲裁委员会上海分会在活动中心表示难以提供林某某其他通讯地址的情况下,推定林某某在美国的地址为其最后一个为人所知的地址,并按照该地址送达相应文书。但是,在另外的仲裁程序中,活动中心于2002年12月按照"杭州市××街××号"地址向林某某送达了有关文件,俞某某也提供证据证明仲裁期间寄往该地址的信件被仲裁被申请人妥收的事实。活动中心在仲裁过程中并未向中国国际经济贸易仲裁委员会上海分会提供仲裁被申请人真实的最后为人所知的通讯地址,并导致了仲裁被申请人在仲裁程序当中未能提出申辩并行使相关权利。根据《民事诉讼法》第260条第1款第2项的规定,该仲裁裁决具有法定应予撤销的情形。

【思考题】

我国的仲裁送达与国际社会上有哪些不同?

由于本章中关于仲裁申请与反请求、答辩、质证、辩论等内容的我国相关仲裁立法已经在各节当中进行列举,本节不再赘述,仅就送达方式再进行一些说明。

就仲裁送达方式而言,我国没有专门的规定。《仲裁法》第 24 条、第 25 条规定,我国仲裁送达主体主要为仲裁委员会,仲裁通知、仲裁规则、仲裁员名册和仲裁委员会其他文件,及申请人提交的仲裁申请书副本和被申请人提交的答辩书副本都是由仲裁委员会送达当事人。对于仲裁送达方式,实践中主要是依据各仲裁委员会仲裁规则进行。由于缺乏统一的标准规范,各仲裁委员会对送达方式的认识存在差异,客观上造成了我国仲裁送达实践上的混乱。以公告送达为例,就我国各仲裁委员会的仲裁规则而言,对公告送达的态度存在严重分歧,有的规定了公告送达,有的则取消了公告送达。《广州仲裁委员会仲裁规则》第 51 条规定:"自然人下落不明或者用本章其他方式无法送达的,可以适用公告送达。自发出公告之日起,经过六十日,视为送达。国际仲裁案件不适用公告送达。"而在《北京仲裁委员会仲裁规则》中,则没有规定公告送达的方式。而引入公告送达的仲裁规则的规定也并不完全相同,有些仲裁规则对公告送达的适用设置了限制条件,有的则没有提及公告送达的适用条件。如在广州仲裁委员会仲裁的案件中,国际仲裁不可公告送达。从我国各仲裁委员会的仲裁规则中可以看出,我国确实存在公告送达,但从国际实践来看,公告送达并非无可取代,为确保仲裁的保密性,顺应国际商事仲裁的实践,我国也应当取消公告送达。

本章思考题

1. 仲裁的程序是如何启动的?当事人申请仲裁的条件是什么?
2. 仲裁庭的组成有哪几种形式?申请仲裁员回避的情形有哪些?
3. 国际仲裁程序与中国仲裁程序有哪些不同?

参考阅读文献

1. 蒋新苗、舒细麟编著:《仲裁法实例说》,湖南人民出版社 2003 年版。
2. 韩健:《现代国际商事仲裁法的理论与实践》(修订本),法律出版社 2000 年版。
3. 邓瑞平等:《国际商事仲裁法学》,法律出版社 2010 年版。

第六章 保全措施

本章要点

了解国际商事仲裁中临时措施的概念、作用和形式,掌握当事人申请临时措施的时间和条件,了解有权发布临时措施的机构及其程序,掌握临时措施的承认和执行程序。

第一节 证据保全

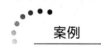
案例

如皋市玻璃纤维厂申请证据保全案[①]

申请人英瑞开曼有限公司(以下简称"英瑞公司")与被申请人如皋市玻璃纤维厂(以下简称"玻纤厂")签订协议成立合资企业南通某某服装有限公司(以下简称"服装公司")。英瑞公司根据协议约定以及不断增资与扩股,在合资企业中控股。因出资问题,英瑞公司依据仲裁条款,以玻纤厂出资不实为由向中国贸仲申请合资争议仲裁,中国贸仲予以受理。玻纤厂收到仲裁申请书后,于2001年8月30日向中国贸仲提出证据保全申请,要求对合资企业服装公司2001年6月之前的所有账册凭证进行证据保全,理由为:仲裁焦点在于是否存在出资不实的事实,此事实在服装公司账上应该清楚反映,有据可查,因此服装公司的账册、凭证在仲裁中起着至关重要的作用;而合资企业目前在英瑞公司的控制下,账册、凭证极有可能被涂改、灭失,为维护合法权益,便于顺利仲裁和裁决公正,故作此申请。中国贸仲收到玻纤厂的证据保全申请,根据《仲裁法》第68条的规

[①] 参见杜开林:《仲裁证据保全评析——从一仲裁证据保全案看现行法律规定的不足》,载《中国对外贸易》2003年第2期,第59页。

定,于2001年9月6日将玻纤厂的证据保全申请一式一份提交给证据所在地中级人民法院——江苏省南通市中级人民法院,同时表明"是否采取措施由南通市中级人民法院根据仲裁法的有关规定予以裁定"。因本案涉及仲裁机构与法院在仲裁证据保全审查权分配以及可否对案外第三人所持有的证据采取保全措施等法律问题,南通中院经审查并向江苏省高级人民法院请示,于2002年2月6日作出裁定,同意对服装公司2001年6月之前的财务账册、凭证进行证据保全。鉴于财务账册凭证数量非常多,法院采取了就地封存的方式,并通知中国贸仲派人交接,中国贸仲接到通知后,组织专家在法院的陪同下对所保全的财务账册凭证进行了查看鉴定。

【思考题】

1. 什么是证据保全?证据保全的作用是什么?
2. 由谁决定保全措施?怎么申请?

证据是国际商事仲裁程序中处理当事人争议的依据,对于裁决结果具有极其重要的意义。在仲裁裁决作出之前,如果一方当事人将对己方不利的证据销毁或隐匿,另一方当事人将无法获得公正的裁决。即使不存在当事人恶意,当作为证据的货物或财产有灭失的可能时,就有必要对它们采取相应的保全措施。例如,涉及易腐败产品质量的争议中,就有必要在产品被处置或变质、腐烂之前采取特定的措施保护货物,并及时聘请专家进行鉴定。

另外,许多国家的法律规定,除非得到法院的许可,当事人或仲裁庭不能自行调查取证。即使立法规定当事人或仲裁庭可以自行取证,没有各国法院的协助,也是很难成功的。为此,法院或者仲裁庭对那些与仲裁案件有关的、可能灭失或者以后难以取得的证据予以提取、保存或者封存发布采取临时措施命令。实践中,证据保全的方式体现为通过录音、录像、拍照、扣押、制作笔录、鉴定、勘验等方法。

考察各国的仲裁立法以及国际商事仲裁的实践,可以看出证据保全措施的发布主要有以下几种模式:(1)法院排他性发布临时措施;(2)仲裁庭排他性发布临时措施;(3)仲裁庭和法院均能发布临时措施。

(一)法院排他性发布临时措施模式

所谓的法院排他性发布临时措施模式,即仲裁机构或者仲裁庭无权发布临时措施,法院是发布此措施的唯一主体。该模式强调临时措施具有强制性,应当由具有公权力的司法机关决定,而仲裁庭属于民间组织,因此不得采取保全措施。

有些国家和地区在法律中规定,发布临时措施的权力专属于法院。例如我国《仲裁法》规定,仲裁当事人申请财产保全和证据保全的,由仲裁委员会将当事人的申请依照《民事诉讼法》的有关规定提交人民法院。

(二)仲裁庭排他性发布临时措施模式

所谓的仲裁庭排他性发布临时措施模式,即法院无权发布临时措施,仲裁庭才是发布此措施的唯一主体。这一模式目前尚不存在于任何国家的立法中,仅源于美国部分法院的司法实践中。

(三)法院与仲裁庭并存权力模式

目前,对于临时措施决定权的权力分配,国际上比较普遍的立法模式是并存权力模式,即在赋予仲裁庭发布保全措施权力的同时,也仍然允许法院保留该项权力。不过,该模式内部在具体规定上又存在一定差异,主要表现为三种:第一种是法院优先模式。第二种是法院辅助模式。法院辅助模式是指在当事人已约定同意仲裁庭行使临时措施决定权的情况下,法院一般不得决定该措施,除非仲裁庭无权行使或是暂时不能行使该权力。第三种是当事人自由选择模式。自由选择模式是指当事人可以自由选择向仲裁庭或是法院申请采取临时措施,该模式以《国际商事仲裁示范法》为代表,为许多国家所采用,例如德国、法国、瑞士、荷兰、俄罗斯、澳大利亚、加纳、埃及和印度尼西亚等国。

《国际商事仲裁示范法》第17J条规定:"法院发布与仲裁程序有关的临时措施的权力应当与法院在诉讼程序方面的权力相同,不论仲裁程序的进行地是否在本国境内。法院应当根据自己的程序,在考虑到国际仲裁的具体特征的情况下行使这一权力。"因此,在《国际商事仲裁示范法》的体系下,当事人可以自主选择是向法院抑或是仲裁庭申请临时措施,并且就立法而言,没有对该选择作出具体限制。

在申请证据保全时,绝大多数国家的国内立法和仲裁规则都要求临时措施应由当事人申请来启动,仲裁庭不能依职权决定。这些规定的出发点在于保证当事人的主导权,避免仲裁庭可能对当事人未提交的事项作出决定,从而导致仲裁庭超越其权力范围。

另外,《贸法会仲裁规则》第26(9)条明确规定:"任何一方当事人向司法当局提出临时措施请求,不得视为与仲裁协议不符,或视为放弃仲裁协议。"《国际商事仲裁示范法》第9条规定:"在仲裁程序开始前或进行期间,一方当事人请求法院采取临时保全措施和法院准予采取这种措施,并不与仲裁协议相抵触。"可知,当事人也可以向法院申请,而且与当事人之间订立的仲裁协议并不相抵触。

还有一些国家的仲裁法规定,当事人没有提出申请的,法院在必要时也可以采取临时措施。

临时措施对于仲裁的审理和仲裁裁决的最终实现具有不可替代的重要作用,尽管仲裁庭有权作出临时措施的决定,但此项决定的执行权仍然在临时措施执行地法院,仲裁庭则无此项权力。

一、临时措施在仲裁地的执行

对在本国作出的临时措施的执行,各国的规定不同,基本上可以分为四类:

(一)将仲裁庭所发布的临时措施直接当作法院的命令

这相当于认为仲裁庭发布的临时措施等同于法院发布的临时措施。例如,厄瓜多尔《仲裁与调解法》规定,如仲裁当事人作此约定,则仲裁庭发布的临时措施无须法院介入即可得到执行。尽管这一方法最大限度地有利于仲裁的独立性,但难以获得国际社会与各国国内法的普遍认同。

(二)仲裁庭或当事人向法院申请执行临时措施

这种方法允许内国司法机构为临时措施的执行提供必要的协助,仲裁庭发布的临时措施可以由仲裁地法院执行而无须司法审查。这是国际上的普遍做法。法院依法或依当事人申请进行必要的司法监督,但其审查标准应当注意临时措施本身的特点,而不应当对其进行类似于裁决的审查,尤其是不能进行任何实体问题的审查。例如,英国1996年《仲裁法》规定,法院可根据仲裁庭或任意当事人的申请就仲裁庭临时措施发布执行强制令(peremptory orders),但当事人要用尽所有仲裁的救济程序,而且该临时措施应属在规定时间后没有得到执行。

(三)将仲裁庭的临时措施转化成国内法院的命令

德国《民事诉讼法》采用的是这种方法。依当事人申请,法院可以将仲裁临时措施命令按照法院命令予以执行,但法院也可以根据德国法不能执行为由拒绝执行临时措施。法院还可以为执行方便而修改命令,或根据当事人申请而撤销命令。与上一种方式不同,法院在执行中的地位和作用得到增强,法院有可能对争议的实体问题进行司法审查。

(四)法院在仲裁庭所作临时措施的基础上重新作出临时措施的命令

根据这种方式,法院应当事人的申请自己发出具有执行力的执行命令来执行。如肯尼亚《仲裁法》就是这样规定的。显然,这种做法会大大增加费用和时间成本,直接影响到临时措施的效率。

二、临时措施在仲裁地之外的国家或地区的执行

在全球化背景下,当事人选择国际性仲裁机构的情形日益增多,临时措施所

涉及的财产或者证据位于仲裁地国以外的可能性也大大增加,由此引发了仲裁临时措施的域外承认和执行问题。

(一)《纽约公约》是否适用于临时措施的域外执行

目前在全球范围内没有统一的国际商事仲裁临时措施跨境执行公约,《纽约公约》中并未界定"仲裁裁决"是否也包含临时措施,因此临时措施是否得以依据《纽约公约》在缔约国范围内被承认与执行,各国尚存争议。

有的国家主张外国仲裁临时措施不得通过《纽约公约》获得执行。例如,在 Resort Condominiums International Inc. v. Ray Bolwell and Resort Condominiums（Australia）Pty. Ltd.[①]案中,Resort Condominiums International Inc.（以下简称"RCI"）在世界范围内开展分时业务。1986 年 2 月 18 日,RCI 与 Resort Condominiums（Australasia）Pty. Ltd.（以下简称"RCI Aust."）签订了一份许可协议。根据该协议,因该协议产生的任何主张、争议或其他事项,均应根据美国仲裁协会仲裁规则在美国印第安纳州的印第安纳波利斯进行仲裁,并且仲裁员的裁决对于 RCI 和被许可方具有终局裁决的约束力。争议产生后,RCI 在印第安纳州法院提出了禁令申请并要求仲裁。1993 年 2 月 24 日,RCI 被授予了临时性约束命令(以下简称"TRO")要求被申请人提供部分信息。1993 年 3 月 10 日,RCI 提交了要求仲裁通知书和临时措施申请。RCI Aust. 将案件起诉到联邦地区法院并要求撤销 TRO 和州法院的提供信息命令。1993 年 6 月 2 日,仲裁庭举行了两场听证会,第一场关于仲裁的程序性事项,第二场关于 RCI 申请的临时措施。1993 年 7 月 14 日,联邦地区法院法官作出了对于被申请方的禁令,禁止 RCI Aust. 在仲裁庭作出终局裁决之前进行任何与许可协议相关的活动,并进一步要求 RCI Aust. 在仲裁程序中解决与许可协议相关的所有争议。1993 年 7 月 16 日,仲裁员作出了一份临时性仲裁命令与裁决(interim arbitration order and award)。该裁决与法院 7 月 14 日所作出的禁令存在多条相同的条款,只是存在一些补充性内容。RCI 向澳大利亚昆士兰州最高法院申请执行该裁决。澳大利亚昆士兰州最高法院拒绝执行外国仲裁庭作出的"临时性仲裁指令与裁决",认为该临时性禁令显然不具有仲裁裁决的效力,而根据《纽约公约》的精神,只有具有终局性、拘束力的裁决才能得到承认与执行。

但是,美国一些法院的实践与澳大利亚法院相反。在特定的条件下,仲裁庭发布的临时措施可以依据《纽约公约》予以执行。例如,在 Sperry International

---

① See Resort Condominiums International Inc. v. Ray Bowell and Resort Condominiums, Pty. Ltd., Supreme Court of Queensland, 29 October 1993, in Albert Jan van den Berg (ed.), Yearbook Commercial Arbitration (1995), Kluwer Law International, Volume XX, 1995, pp. 628—650.

Trade Inc. v. Government of Israel 案[①]中,仲裁庭以"裁决"的形式发布了一项临时措施,要求以色列政府禁止使用信用证。以色列政府辩称该项裁决不是终局性的,因此不能被执行。法院拒绝了以色列政府的主张,认为从本质上讲,这项临时裁决是为案件的实体争议服务,临时裁决尽管在特定的时间是临时的,但是对于其所解决的实事来说是最终的,因此也应该适用于联邦仲裁法案关于最终裁决的规定。在 Publicis Communication & Publicis SAV v. True North Communications Inc. 案[②]中,美国联邦第七巡回法院判决,仲裁庭作出的虽系"命令"而非"裁决",但从其内容分析,具有终局性,能根据《纽约公约》的规定获得执行。

(二)《国际商事仲裁示范法》规定的临时措施执行制度

1. 临时措施的拘束力和域外可执行性

《国际商事仲裁示范法》第17H条第1款明确规定,由仲裁庭发出的临时措施是有约束力的,并且可在遵守第17I条的各项规定的前提下,向有管辖权的法院提出申请后加以执行,而不论该措施是在哪一国发出的。

2. 执行申请人的义务

《国际商事仲裁示范法》第17H条第2款规定了执行申请人的义务。首先,寻求或已经获得对某项临时措施的执行的当事人,应将该临时措施的任何终结、中止或修改迅速通知法院。其次,在两种情形下,执行法院可以命令执行申请人提供适当担保。一是仲裁庭在作出临时措施时没有要求提供担保,但执行法院认为"情况适当"时;二是执行法院认为对于保护第三方的权利是必要的情况下,可以命令申请方提供适当担保。

(三)执行地国的国内立法和法院实践

尽管《国际商事仲裁示范法》对临时措施的强制执行问题作出了明确规定,但因其本身的效力不能达到公约的普遍约束力的高度,现阶段国际商事仲裁临时措施的强制执行问题只能依靠各国国内法进行调整。

目前,大多数国家的法律仅明确规定法院对本国仲裁中的临时措施应协助执行,而对于外国仲裁中发布的临时措施则或者未作规定,或者明确规定不予协助。世界上仅有极少数的国家和地区在其立法中规定了法院对国外仲裁中仲裁庭发布的临时措施予以执行。这些国家和地区包括德国、中国香港、澳大利亚、瑞士等。例如,《德国民事诉讼法》第1041条明确规定了法院执行仲裁庭发布的

---

① See Sperry International Trade Inc. v. Government of Israel, 689 F. 2d 301.
② See Publicis Communication & Publicis SAV v. True North Communications Inc., 206 F3d. 725 (7th Cir. 2000).

临时措施。法院执行对象既包括仲裁地在德国境内时发布的临时措施,也包括仲裁地在德国境外时发布的临时措施。该法第1062条进一步规定了执行仲裁庭发布的临时措施的法院,一般情形下由仲裁协议中指定的地区高等法院或无此指定时仲裁地的地区高等法院执行,在仲裁地不在德国境内的时候,则可以由被申请人的住所地、营业所所在地、惯常住所地或者该方财产所在地或争议财产所在地或临时措施涉及的财产所在地的高等法院管辖,在无上述任何联系时,则由柏林地区高等法院执行。2013年《香港仲裁条例》第61(1)条明确规定:"仲裁庭就仲裁程序而作出的命令或指示,不论是在香港或香港以外地方作出的,均可犹如具有同等效力的原讼法庭命令或指示般,以同样方式强制执行,但只有在原讼法庭许可下,方可如此强制执行。"第61(5)条进一步明确:"本条所提述的命令或指示,包括临时措施。"

香港的 The Lady Murriel〔1995〕2HKC 320 案确认了由香港法院协助其他国家执行仲裁庭发布的临时措施的原则。该案涉及 The Lady Murriel 轮船的适航性。争议涉及租约条款,在伦敦仲裁。仲裁已开始,仲裁员也已指定,但船当时锚泊在香港。承租方向香港高等法院申请检查船只的命令。承租方希望获取证据,以便在伦敦仲裁中出具;而且申请非常急迫,承租方担心开庭时可能拿不出证据(例如,船有可能因故沉没)。上诉院裁决认为:"(a) 法院可凭其固有的司法管辖权,超越成文法授权的范围,判给仲裁一方'中间措施'。但在行使此权力时,法院应非常谨慎。(b) 此类中间措施不必只能是香港法院判给救济的辅助。(c) 如果香港境外的国际商事仲裁的一方没有经仲裁庭的批准向香港法院申请中间措施,香港法院应拒绝该申请,除非其认定给予救济是必需的,不然,申请人将遭受严重的不可弥补的损害。申请人有很重的举证责任证明这一点。"

三、拒绝承认和执行临时措施

《国际商事仲裁示范法》第17I条第1款穷尽地列举了法院得以拒绝承认与执行临时措施的理由。这些理由依启动程序不同可以分为两类:一类是由临时措施所针对的当事人向法院提出,法院不会主动审查;另一类是法院依职权进行审查,无须当事人提出申请。

第一类的依申请审查事由有6种,具体是:(1)仲裁协议无效的;(2)该方当事人未得到指定仲裁员或者进行仲裁程序的适当通知,或因其他理由未能陈述其案情的;(3)超出请求仲裁范围的;(4)仲裁庭的组成或者仲裁程序与当事人的协议不一致或者不合法的;(5)未遵守仲裁庭的担保决定;或者(6)该临时措施被终止或中止的。

第二类是法院依职权审查事由,包括3种:临时措施不符合法律赋予法院的权力;临时措施违背执行地的可仲裁性规则;临时措施违背执行地的公共政策。

《国际商事仲裁示范法》第17I条第2款要求法院在作出拒绝承认和执行临时措施的决定时,不应对"临时措施的实质内容进行审查",这是"法院适度监督和支持仲裁"这一现代商事仲裁的发展理念在临时措施执行上的具体体现。

第二节 财产保全

案例

Grupo Mexicano de Desarrollo v. Alliance Bond Fund[①]

在美国 Grupo Mexicano de Desarrollo v. Alliance Bond Fund 案中,债务人未按合同义务支付到期款项,双方将争议提交仲裁。仲裁进行过程中,债权人向法院提出,债务人有破产危险且可能处置其大部分的资产,法院认为确有可能出现这样的情况,因此签发了一项临时命令,禁止债务人分散、支付、转移、运输、阻碍或以其他方式分配其财产或财产权利。

【思考题】
1. 什么是财产保全?
2. 由谁来发布财产保全措施?怎么申请?如何执行?

财产保全通常限于对与仲裁案件有关的财产所实施的查封、扣押、冻结等措施,或者是发布禁止当事人转移财产的禁令,或者将这些财产交由第三者保管等,其目的是防止当事人在最终裁决作出前隐匿、转移、变卖有关财产导致裁决无法得到切实有效的执行。例如,为了防止易腐货物由于双方当事人之间的争议不能得到及时处理而给当事人造成损失,令一方当事人先行处理此项货物,并将处理此项货物的收入存放于特定的银行账号上;或者令当事人在裁决作出之

---

① See Grupo Mexicano de Desarrollo v. Alliance Bond Fund, 527 U.S. 308, 332—333 (1999).

前不得转移存放的财产,并对其采取特殊的保护措施等。为了保障裁决的执行,可以要求一方当事人不得将与争议有关的财产出售或转移,对相关的财产进行查封或冻结银行账户,令当事人提供可供执行仲裁裁决的担保等。

财产保全的核心,是针对被申请人的财产所采取的强制措施,它的意义在于保证将来仲裁裁决有得以实现的物质保障。

与证据保全相同,国际上财产保全的发布模式也主要是以下三种:(1)法院排他性发布临时措施;(2)仲裁庭排他性发布临时措施;(3)仲裁庭和法院均能发布临时措施。同样,在国际上,绝大多数国家财产保全的申请也需要当事人自己启动,仲裁庭不主动进行。另外,当事人也可以向法院申请财产保全。

需要注意的是,财产保全中各国仲裁实践中的普遍做法是要求申请人提供相应的担保。临时措施通常是根据事态的可能性发布,如果事后证明仲裁庭不应采取临时措施,那么,被申请人因不当的临时措施而遭受的损失应该得到补偿。为了保证对被申请人的救济能够兑现,同时也为了避免临时措施被滥用,《国际商事仲裁示范法》第 17E 条规定:"仲裁庭可以要求请求临时措施的一方当事人提供与这种措施有关的适当担保。"根据该条的规定,仲裁庭可以根据具体案情自由裁量是否要求申请人提供担保,即意味着申请人提供担保并不是仲裁庭下达临时措施的必要条件。第 17H 条关于临时措施承认与执行的规定是:"(3)受理寻求承认或执行的国家的法院如果认为情况适当,在仲裁庭尚未就担保作出决定的情况下,或者在这种决定对于保护第三方的权利是必要的情况下,可以命令请求方当事人提供适当担保。"依据该条款的规定,申请人向法院申请执行该措施时,如果法院认为申请人提供担保确有必要,而仲裁庭又没有要求申请人提供担保的,法院可以要求申请人提供担保,因此被申请人的利益仍然可以在法院承认与执行该措施的阶段得到保护。

财产保全措施的发布时间一般分为仲裁前和仲裁后:

(一)仲裁开始之后

国际商事仲裁程序进行期间,或者在作出终局裁决之前,当事人可以寻求对仲裁争议项下的事项采取临时措施。《贸法会仲裁规则》第 26 条规定:"临时措施是仲裁庭在下达决定争议的终局裁决之前的任何时候下令一方当事人采取的任何临时性措施……"

(二)仲裁开始之前

在国际商事仲裁实践中,当事人订有仲裁协议,但是在仲裁程序开始之前,或者虽然一方当事人已经申请仲裁,仲裁庭还没有组成,而当事人之间的争议所涉及的事项又很紧迫的情况下,法院或仲裁庭能否根据一方当事人的请求作出采取临时措施的决定,是一个有争议的问题。

1. 法院能否发布临时措施

美国第三上诉巡回法院在 1982 年对 Cooper v. Ateliers de la Motobecane 案[①]作出裁定:《纽约公约》项下的事项在作出裁决之前,法院不宜干预。该案中的 Cooper 是纽约的公民,另一方当事人为法国公司。双方当事人订立的协议规定争议将在瑞士解决。1978 年 4 月 13 日,Cooper 欲将其在美国公司的股份转让给该法国公司,但双方不能就股票的价格达成一致。1979 年 1 月,Cooper 向纽约高等法院对该法国公司提起了第二次诉讼,并得到了法院签发的单方面扣押合资企业欠该法国公司的债务的命令。该案的上诉法院认为:"仲裁的性质是在没有司法程序干预的情况下解决争议。在涉及国际贸易时,为了避免对外国法的不熟悉,这一性质更加明显。《纽约公约》考虑到这一问题并提出了解决方案,即司法干预只能等到裁决作出之后。公约的目的和政策贯彻实施的最好方法,就是限制开始仲裁之前提出的关于是否应当强制仲裁的司法诉讼。"

然而,上述案件中上诉法院的反对意见认为,鉴于对外国仲裁裁决的执行条件与国内裁决相同,国内裁决作出前可以依法采用临时措施,而《纽约公约》规定的只是裁决后的执行问题,并没有专门就裁决前的措施作出规定。因此,不能认为公约默示地禁止此项措施。此后的 1991 年,美国第二上诉巡回法院对 Borden Inc. v. Meiji Milk Products Co. 案[②]的裁决中认定,准许当事人申请预先禁令是对仲裁的支持,与《联邦仲裁法》第 206 条的规定没有抵触。

在印度的司法实践中,尽管当事人之间订有仲裁协议,在仲裁程序开始之前,当事人可以向法院申请保全措施。这一点可以在印度最高法院于 1999 年 1 月 13 日对 Sundaram Finance Ltd. v. NEPC India Ltd. 案[③]作出的裁定中得以证明。该案中的金融公司与印度公司之间订立了关于买卖双向鼓风机的融资租赁合同,采用分期付款的方式支付。合同中含有通过仲裁解决争议的仲裁条款。印度公司按照合同规定向金融公司支付了部分货款后,不再继续支付。金融公司向地方法院提出申请,要求法院根据 1996 年《仲裁与调解法》第 9 条指定一位专员,负责对该鼓风机的保管,并将其追回。该项请求得到地方法院的准许。印度公司不服,上诉到高等法院,理由是地方法院准许采取临时措施的裁定不当,因为仲裁程序尚未开始,仲裁员也未指定。1998 年 6 月 22 日,高等法院准许了此项上诉,认为:"只有当将争议提交仲裁之后,在仲裁庭审理的过程中,或者将争议提交法院解决的情况下,或者在作出仲裁裁决后,当事人才能申请采取第 9

---

① See 57 N. Y. 2d 408 (1982).
② See 919 F. 2d 822, 826 (2d Cir. 1990).
③ See Sundaram Finance Ltd. v. NEPC India Ltd., Arbitration Law Reporter 1999, pp. 305—314.

条规定的措施。"本案经特别准许后,上诉到印度最高法院,最高法院又推翻了高等法院的裁定。最高法院认为,"法院有权在其管辖范围内,满足当事人根据1996年《仲裁与调解法》第9条规定的临时性保全措施的申请,无论此项申请在仲裁开始之前提出,还是在仲裁程序进行期间,或者是在仲裁裁决作出之后"。

2. 仲裁庭能否发布临时措施

一般而言,仲裁庭在其组成前无权发布临时措施。在国际商会仲裁的案件中,文件提交仲裁庭之前,仲裁庭无权发布临时措施。但是,仲裁庭的组成往往需要花费很长时间,在这段时间里,关键证据或财产可能被销毁或转移,有可能造成不可弥补的损失。所以,多数国家规定,在仲裁庭组成前需要法院的协助来处理这类紧急事件。

但是,近年来,通过规则修订、扩大原有规则的解释等方式,多家仲裁机构的仲裁规则都规定了仲裁庭组成前由仲裁机构发布临时措施的程序,以满足当事人的临时救济需求。例如,《新加坡国际仲裁中心仲裁规则》附则1规定了"紧急仲裁员"制度:主簿在收到申请通知及缴费之日起一个营业日内,指定一名紧急仲裁员;紧急仲裁员有权作出其视为必要的任何临时措施命令或中期裁决;仲裁庭组成后,可以对紧急仲裁员作出的临时救济命令或中期裁决重新考虑,作出修改或废止的决定;紧急仲裁员命令或裁决作出后的90天内未组成仲裁庭或申请人撤回申请的,该命令或裁决当然失去效力。

新加坡国际仲裁中心(SIAC)官方网站上公布了这样一个案例:该案的申请人和被申请人都是印度人,申请人开立了三份以被申请人为受益人的银行保函。申请人根据《新加坡国际仲裁中心仲裁规则》第26(2)条的规定申请临时紧急救济,以阻止被申请人兑现该保函。SIAC于当地时间晚上九点半收到该申请,仲裁中心主席决定接受申请并于第二天指定了紧急仲裁员。在得到指定的当天,紧急仲裁员即作出了受理临时救济申请的工作表。根据该工作表,当事人递交了书面陈述书。在指定紧急仲裁员后的一个星期内进行了一次电话审理,并于其后一天发布了一项临时命令。据此,通过紧急仲裁员制度,申请人得以在仲裁庭组成前获得临时救济措施命令,有效保障了当事人的利益。

《国际商事仲裁示范法》第17D条规定:"仲裁庭可以在任何一方当事人提出申请时修改、中止或终结其已准予采取的临时措施或已下达的初步命令,在非常情况下并事先通知各方当事人后,亦可自行修改、中止或终结其已准予采取的临时措施或已下达的初步命令。"由此可知,不同于仲裁终局裁决,仲裁庭作出的财产保全措施的裁决可以被修改、中止或终结,临时措施所针对的当事人有寻求救济的机会。

如果仲裁庭裁定根据情形本不应当准予采取临时措施或下达初步命令,则请求临时措施或申请初步命令的一方当事人应当就该措施或命令对其所针对的当事人造成的任何费用和损害承担赔偿责任。仲裁庭可以在仲裁程序的任何时候判给这种费用和损害赔偿金。

第三节 中国的立法与实践

案例

某有限公司申请解除仲裁财产保全案[①]

某有限公司(以下简称"甲公司")与某媒体销售有限公司(以下简称"乙公司")均为香港法人,因合资经营合同发生纠纷,乙公司向大连仲裁委员会申请仲裁。2003年5月29日,大连仲裁委员会向大连市中级人民法院提交了乙公司的财产保全申请,大连市中级人民法院依法组成合议庭进行审查后作出(2003)大民特字第49号民事裁定,冻结甲公司对第三人丙公司到期债权人民币124万元。2004年2月20日,大连仲裁委员会对乙公司与甲公司合资经营合同纠纷一案作出(2003)大仲字第083号裁决。裁决结果为:一、申请人乙公司的仲裁请求成立,被申请人甲公司以其持有的对申请人350万元港币的债权抵消欠付申请人2430471元货款及利息644328元人民币;二、本案仲裁费29300元,由申请人承担。

2004年2月25日,甲公司向大连中院提出解除财产保全申请。2004年3月1日,乙公司向大连中院申请撤销(2003)大仲字第083号仲裁裁决,案号为(2004)大民特字第21号,该案经大连中院审判委员会讨论,拟裁定撤销仲裁裁决,并按照最高人民法院〔1998〕40号《关于人民法院撤销涉外仲裁裁决有关事项的通知》的规定报请省院审查。

该案的主要问题为,一方当事人申请撤销仲裁裁决,另一方当事人申请解除涉外仲裁程序中采取的财产保全,应当立即解除还是比照《仲裁法》第64条的规定中止执行。

最高人民法院答复如下:《仲裁法》第64条明确规定:"一方当事人申请执行

---

① 《最高人民法院关于洪胜有限公司申请解除仲裁财产保全一案的请示的复函》(2004年10月22日,民四他字〔2004〕第25号)。

裁决,另一方当事人申请撤销裁决的,人民法院应当裁定中止执行。"而本案中并未有当事人申请执行仲裁裁决,因此也不涉及中止执行的问题。

《仲裁法》第 28 条规定:"一方当事人因另一方当事人的行为或者其他原因,可能使裁决不能执行或者难以执行的,可以申请财产保全。"根据该条的规定,当事人申请财产保全的目的应当是保证仲裁裁决的执行。《最高人民法院关于适用〈中华人民共和国民事诉讼法〉若干问题的意见》第 109 条规定:"诉讼中的财产保全裁定的效力一般应维持到生效的法律文书执行时止。"对于仲裁程序中当事人申请人民法院作出的财产保全裁定的效力,可以参照该条规定确定,即仲裁程序中人民法院作出的财产保全裁定的效力应维持到生效的仲裁裁决执行时止。因此,如仲裁裁决发生法律效力后,一方当事人申请撤销仲裁裁决,另一方当事人则申请解除在仲裁程序中采取的财产保全,在人民法院审查是否撤销仲裁裁决的阶段,不应解除财产保全。

《仲裁法》第 64 条第 2 款规定:"人民法院裁定撤销裁决的,应当裁定终结执行。"《仲裁法》第 9 条第 2 款规定:"裁决被人民法院依法裁定撤销或者不予执行的,当事人就该纠纷可以根据双方重新达成的仲裁协议申请仲裁,也可以向人民法院起诉。"因此,如果人民法院裁定撤销仲裁裁决,则该仲裁案件不再存在,且终结执行,仲裁程序中采取财产保全的目的亦已消失,故人民法院在作出撤销仲裁裁决裁定的同时,亦应解除财产保全。

【思考题】

1. 在我国的国际商事仲裁程序中,当事人应当向仲裁庭还是法院申请采取保全措施?

2. 在我国的国际商事仲裁程序中,除证据保全和财产保全外,当事人能否申请行为保全?

3. 在我国,当事人在仲裁前可否申请临时措施?

4. 申请承认与执行外国仲裁裁决的司法审查案件中,人民法院对于申请人提出的针对被申请人在我国境内的财产进行财产保全的申请,应当如何处置?

5. 当事人如何申请保全措施?是否需要提供担保?如果申请错误,是否要向被申请人进行赔偿?

6. 当事人如果不服保全裁定能否上诉?法院在什么情况下解除保全?

7. 在我国,外国仲裁庭发布的临时措施如何得到执行?

在我国,根据《民事诉讼法》和《仲裁法》等法律的规定,国际商事仲裁临时措

施一般包括财产保全、证据保全和行为保全。

一、国际商事仲裁临时措施的发布

(一) 发布临时措施的机构

我国仲裁制度中对临时措施发布权的分配采用的是法院排他性模式,根据我国法律,仲裁庭是无权发布临时措施的。我国《民事诉讼法》第 272 条规定:"当事人申请采取保全的,中华人民共和国的涉外仲裁机构应当将当事人的申请,提交被申请人住所地或者财产所在地的中级人民法院裁定。"《仲裁法》第 28 条规定:"一方当事人因另一方当事人的行为或者其他原因,可能使裁决不能执行或者难以执行的,可以申请财产保全。当事人申请财产保全的,仲裁委员会应当将当事人的申请依照民事诉讼法的有关规定提交人民法院。"《仲裁法》第 68 条规定:"涉外仲裁的当事人申请证据保全的,涉外仲裁委员会应当将当事人的申请提交证据所在地的中级人民法院。"可见,在我国,根据现有法律,仲裁庭无权发布临时措施,而是由仲裁机构将当事人要求采取保全措施的申请,转交给有管辖权的法院作出裁定。

在现代"支持仲裁"理念的推动下,我国的仲裁机构尝试着在相应的仲裁规则中对仲裁庭的临时措施发布权进行一定程度的规定。《中国贸仲仲裁规则(2015 版)》中提到,"经一方当事人请求,仲裁庭依据所适用的法律可以决定采取其认为必要或适当的临时措施,并有权决定请求临时措施的一方提供适当的担保。"2015 年 1 月 1 日起实施的《上海自贸区仲裁规则》中规定:"当事人可以根据临时措施执行地所在国家/地区有关法律的规定向仲裁委员会及/或具有管辖权的法院提出如下一种或数种临时措施的申请:1. 财产保全;2. 证据保全;3. 要求一方作出一定行为及/或禁止其作出一定行为;4. 法律规定的其他措施。"由此可见,仲裁庭是否有权发布临时措施,取决于执行地国家/地区法律是否赋予仲裁庭这一权力。可以看出,我国涉外仲裁机构即使发布临时措施,也很难得到中国法院的承认与执行。

(二) 发布临时措施的时间

1. 仲裁前

我国《民事诉讼法》第 81 条规定:"因情况紧急,在证据可能灭失或者以后难以取得的情况下,利害关系人可以在提起诉讼或者申请仲裁前向证据所在地、被申请人住所地或者对案件有管辖权的人民法院申请保全证据。"第 101 条规定:"利害关系人因情况紧急,不立即申请保全将会使其合法权益受到难以弥补的损害的,可以在提起诉讼或者申请仲裁前向被保全财产所在地、被申请人住所地或者对案件有管辖权的人民法院申请采取保全措施。"

《中国贸仲仲裁规则(2015版)》和《上海自贸区仲裁规则》中都规定了紧急仲裁员制度,规定在仲裁案件受理后仲裁庭组成前,紧急仲裁员可以作出紧急临时措施的决定。例如,《上海自贸区仲裁规则》第21条第1款规定:"当事人需在仲裁案件受理后至仲裁庭组成前提出临时措施申请的,可以根据执行地国家/地区有关法律的规定向仲裁委员会提交组成紧急仲裁庭的书面申请。当事人提交组成紧急仲裁庭的书面申请,应当说明理由;是否同意组成紧急仲裁庭,由仲裁委员会决定。"在此基础上,该仲裁规则对紧急仲裁庭组成人员的指定、担任紧急仲裁庭的仲裁员应承担的披露义务以及应遵守的回避制度、仲裁庭组成后紧急仲裁庭的案卷材料移送义务等事项予以详尽的规定。

2. 仲裁程序中、仲裁裁决作出前

我国《民事诉讼法》和《仲裁法》都对仲裁程序中、仲裁裁决作出前的财产保全和证据保全问题作出了明确规定。《民事诉讼法》第272条规定:"当事人申请采取保全的,中华人民共和国的涉外仲裁机构应当将当事人的申请,提交被申请人住所地或者财产所在地的中级人民法院裁定。"《仲裁法》第28条规定:"一方当事人因另一方当事人的行为或者其他原因,可能使裁决不能执行或者难以执行的,可以申请财产保全。当事人申请财产保全的,仲裁委员会应当将当事人的申请依照民事诉讼法的有关规定提交人民法院。"《仲裁法》第68条规定:"涉外仲裁的当事人申请证据保全的,涉外仲裁委员会应当将当事人的申请提交证据所在地的中级人民法院。"

3. 仲裁裁决作出后、受理承认和执行仲裁裁决申请之后的司法审查程序中

在我国,申请承认与执行外国仲裁裁决的案件,司法审查期间规定为两个月。但在人民法院审查过程中,因当事人办理域外证据的公证认证手续、外国法查明等原因造成不能在两个月内审结的情形并不少见。同时,由于拒绝承认与执行外国仲裁裁决的还要执行内部报告制度,层报至最高人民法院审查同意后方能裁定,审查期间更长。而在此期间,由于仲裁裁决的效力悬而未决,迟迟不能进入执行程序,不采取财产保全确实难以防范不诚信的被申请人转移、隐匿财产,使得仲裁裁决的执行最终难以得到有效保障。但是,目前我国《民事诉讼法》《仲裁法》等的有关规定仅限于仲裁前或仲裁中的临时措施,对司法审查程序中的临时措施问题尚未作明确规定。

不过,《最高人民法院关于适用〈中华人民共和国民事诉讼法〉的解释》(以下简称《民诉法司法解释》)第163条规定:"法律文书生效后,进入执行程序前,债权人因对方当事人转移财产等紧急情况,不申请保全将可能导致生效法律文书不能执行或者难以执行的,可以向执行法院申请采取保全措施。"《最高人民法院关于内地与澳门特别行政区相互认可和执行仲裁裁决的安排》第11条明确规定:

"法院在受理认可和执行仲裁裁决申请之前或者之后,可以依当事人的申请,按照法院地法律规定,对被申请人的财产采取保全措施。"

二、国际商事仲裁临时措施的种类

(一) 证据保全

1. 证据保全的管辖

《仲裁法》第 68 条规定:"涉外仲裁的当事人申请证据保全的,涉外仲裁委员会应当将当事人的申请提交证据所在地的中级人民法院。"涉外仲裁中的证据保全的管辖法院为证据所在地的中级人民法院。

《民事诉讼法》第 81 条规定:"因情况紧急,在证据可能灭失或者以后难以取得的情况下,利害关系人可以在提起诉讼或者申请仲裁前向证据所在地、被申请人住所地或者对案件有管辖权的人民法院申请保全证据。"涉外仲裁前证据保全的管辖法院为证据所在地、被申请人住所地或者对案件有管辖权的人民法院。

2. 证据保全的申请

申请仲裁中证据保全的主体是仲裁申请人;申请仲裁前证据保全的主体只能是申请仲裁前证据保全的利害关系人。证据保全申请人应提供存在紧急情况、证据可能灭失或者以后难以取得的情况的证明。

《民诉法司法解释》第 98 条规定:"证据保全可能对他人造成损失的,人民法院应当责令申请人提供相应的担保。"

(二) 财产保全

1. 财产保全的管辖

《仲裁法》第 28 条规定:"一方当事人因另一方当事人的行为或者其他原因,可能使裁决不能执行或者难以执行的,可以申请财产保全。当事人申请财产保全的,仲裁委员会应当将当事人的申请依照民事诉讼法的有关规定提交人民法院。"《民事诉讼法》第 272 条明确规定:"当事人申请采取财产保全的,中华人民共和国的涉外仲裁机构应当将当事人的申请,提交被申请人住所地或者财产所在地的中级人民法院裁定。"这一规定既明确了涉外仲裁程序中申请财产保全的地域管辖,即被申请人住所地或者财产所在地法院,也明确了级别管辖,即中级人民法院。

2. 财产保全的申请

申请仲裁中财产保全的主体是仲裁申请人;仲裁前财产保全的申请主体只能是仲裁前财产保全的利害关系人。当事人没有提出申请的,人民法院在必要时也可以裁定采取保全措施。

一般而言,申请财产保全应提交的材料包括:(1) 保全申请书。申请书中应当详细注明案件事实及理由、仲裁请求、申请保全的财产数额或标的,便于法院据此作出判断。其中,申请保全的财产价值不得高于仲裁请求(反请求)或欲提起的仲裁请求的标的额。(2)用以确认申请人与被申请人基本身份信息的材料,包括自然人的身份证复印件、企业法人营业执照或境外企业存续证明文件、法定代表人身份证明等。(3)仲裁中财产保全还应提交仲裁申请书或仲裁反请求申请书。(4)被申请人的财产线索等。

根据《民事诉讼法》第100、101条以及《民诉法司法解释》第152条的规定,所有的仲裁前财产保全必须提供担保。对于仲裁中财产保全是否必须提供担保分不同情况,国内仲裁案件的仲裁中财产保全,法院可以根据案件情况决定是否要求申请人提供担保,但涉外仲裁的财产保全申请人则必须依法提供担保。如果法律规定应当提供担保或法院认定需要提供担保,但是申请人拒绝提供担保的,法院有权驳回保全申请,且法院作出的驳回财产保全申请的裁定不能上诉。

按照《民诉法司法解释》第152条规定,在依法或依法院要求提供担保时,申请人应当提供全额担保,提供担保的数额应相当于请求保全的金额。

3. 财产保全的受理

法院受理财产保全申请后,审查申请是否符合保全条件,并在48小时内,根据情况分别作出进行财产保全或者驳回财产保全申请的裁定。

法院作出财产保全裁定后,应当立即开始执行,在仲裁请求标的额的范围内,对被申请人的相应财产采取查封、冻结、扣押、变卖保存价款等保全措施,采取何种保全措施视被保全财产的不同性质而定。

针对财产保全的相关裁定不允许上诉,但是可以根据《民事诉讼法》第108条的规定向法院申请复议一次,复议期间不停止裁定的执行。当事人或者利害关系人对财产保全裁定不服的,可以自收到裁定书之日起5日内向作出裁定的人民法院申请复议。人民法院应当在收到复议申请后10日内审查。裁定正确的,驳回当事人的申请;裁定不当的,变更或者撤销原裁定。

4. 财产保全的解除

(1)仲裁前财产保全的解除。《民事诉讼法》第101条规定,申请人在人民法院采取保全措施后30日内不依法申请仲裁的,人民法院应当解除保全。

(2)仲裁中财产保全的解除。《民诉法司法解释》第166条规定:在下列情况下,法院应当解除财产保全:① 保全错误的;② 申请人撤回保全申请的;③ 申请人的起诉或者诉讼请求被生效裁判驳回的;④ 人民法院认为应当解除保全的其他情形。

(3)执行前财产保全的解除。《民诉法司法解释》第163条规定:仲裁裁决生效后,进入执行程序前,债权人向执行法院申请采取保全措施,债权人在法律文书指定的履行期间届满后5日内不申请执行的,人民法院应当解除保全。

(三)行为保全

行为保全是2012年《民事诉讼法》修订后在保全部分新增的一种保全类型,是指法院为了保护当事人一方的合法权益,保证生效的判决或裁定得以顺利执行,避免造成损失或损失扩大,在仲裁前或仲裁过程中,责令另一方当事人作出一定行为或禁止其作出一定行为的强制性措施。

顺应这种变化,《上海自贸区仲裁规则》中也规定:"当事人可以根据临时措施执行地所在国家/地区有关法律的规定向仲裁委员会及/或具有管辖权的法院提出如下一种或数种临时措施的申请:1.财产保全;2.证据保全;3.要求一方作出一定行为及/或禁止其作出一定行为;4.法律规定的其他措施。"可见,该规则既包括了我国传统意义上的财产保全、证据保全措施,也引入了《民事诉讼法》修改后的行为保全制度。

1. 行为保全的管辖

《仲裁法》中并没有关于行为保全的规定。不过,《民事诉讼法》第272条已经把旧法表述的"财产保全"修改为"保全",即已将行为保全纳入涉外仲裁的规定之中。据此,在涉外仲裁程序中当事人申请行为保全的,仲裁机构应当将当事人的申请,提交被申请人住所地的中级人民法院裁定。

2. 行为保全的申请

申请仲裁中行为保全的主体为当事人;申请仲裁前行为保全的主体是行为保全的利害关系人。当事人没有提出申请的,人民法院在必要时也可以裁定采取保全措施。

行为保全的申请人需证明:(1)有初步证据表明申请人的合法权益正在或者将要受到被申请人的侵害;(2)如不采取行为保全将会给申请人造成损害或者使其损害扩大;(3)如不采取行为保全可能给申请人造成的损害大于如采取行为保全可能给被申请人造成的损害。但如采取行为保全会损害公共利益的,不得采取行为保全。

人民法院依申请或者依职权在仲裁中采取行为保全的,应当根据案件的具体情况,决定当事人是否应当提供担保以及担保的数额。利害关系人申请仲裁前行为保全的,应当提供担保,担保的数额由人民法院根据案件的具体情况决定。申请人应当提供担保,不提供担保的,裁定驳回申请。

3. 行为保全的受理

人民法院接受申请后,情况紧急的,必须在48小时内作出裁定;裁定采取保全措施的,应当立即开始执行。

当事人或利害关系人对行为保全裁定不服的,可以自收到裁定书之日起5

日内向作出裁定的人民法院申请复议,复议期间不停止裁定的执行。人民法院应当在收到复议申请后 10 日内审查。裁定正确的,驳回当事人的申请;裁定不当的,变更或者撤销原裁定。

4. 行为保全的解除

(1) 仲裁中的行为保全不得因担保而解除。财产保全可以通过金钱给付保证判决的执行,被申请人提供担保即可达到与采取财产保全措施相同的功能,因而可以解除保全。但在行为保全中,被申请人提供担保未必能够解决申请人权利保护问题,尤其在申请人通过制止型行为保全来保护所涉案件请求以外的其他合法权益时,更不得因被申请人的担保而解除。

(2) 仲裁前的行为保全的解除。对于仲裁前的行为保全,申请人在人民法院采取保全措施后 30 日内不依法申请仲裁的,人民法院应当解除保全。

5. 行为保全申请错误的赔偿

申请人申请保全错误,致使法院采取的保全措施错误的,申请人应当赔偿被申请人因财产保全所遭受的损失。在采取诉前或诉讼保全时,法院责令申请人提供担保,目的就在于一旦申请保全错误,就可以用其提供的担保来赔偿被申请人的损失。

三、国际商事仲裁临时措施的执行

中国的仲裁立法并没有对国际商事仲裁临时措施的域外执行问题作出明确规定,与此相关的内容是《仲裁法》第 68 条和《民事诉讼法》第 272 条的规定。从这两条可看出,涉外仲裁当事人申请保全措施,需要首先向仲裁机构提出申请,然后由仲裁机构将申请转交有关中级人民法院。这种程序与国内仲裁并无太大区别,只是将有权法院由基层法院提升为中级法院。这并不是严格意义上的有关临时措施的域外承认和执行的规定,因为它只适用于中国涉外仲裁机构处理的案件,即在中国进行的带有国际因素的商事仲裁当事人需要向我国境内法院申请保全措施的情况,而对于我国境内仲裁机构作出的临时措施决定需要向外国司法机关请求协助,或者境外仲裁机构作出的相关裁决或命令需要中国境内司法机关给予协助的情形,中国仲裁法律和机构仲裁规则等尚未有明确规定。

根据《民事诉讼法》第 283 条的规定,申请承认与执行外国仲裁裁决,人民法院应当依照中华人民共和国缔结或者参加的国际条约,或者按照互惠原则办理。审判实践中,人民法院主要依据《纽约公约》审查外国仲裁裁决,而《纽约公约》仅在第 6 条规定了特殊情形下的临时措施制度,即"倘裁决业经向第五条第一项(戊)款所称之主管机关申请撤销或停止执行,受理援引裁决案件之机关得于其认为适当时延缓关于执行裁决之决定,并得依请求执行一造之声请,命他造提供妥适之担保。"除此之外,并未明文规定缔约国关于财产保全方面的协助义务。

一方面,我国相关立法和司法解释对有关外国仲裁庭发布的临时措施在中国的承认与执行问题没有明确规定。无论临时措施以"命令""禁令"还是"裁决"的形式作出,都可能因其未具备终局性,且不符合《纽约公约》规定的裁决的条件而得不到执行。另外,依据程序问题适用法院地法的规则,外国仲裁庭临时措施在中国的执行必须符合中国相关法律,而中国目前的立法并未规定仲裁庭可以作出临时措施,因而很可能以仲裁庭的行为与我国法律不符为由,不执行该临时措施。

另一方面,外国当事人在中国贸仲申请仲裁时,当事人如果选择适用该仲裁机构仲裁规则以外的规则,经仲裁委员会同意后,也可以适用当事人选择的仲裁规则,如《贸法会仲裁规则》,而根据此规则,仲裁庭有权就临时性措施作出决定。此外,国际商会仲裁院受理的案件也有将中国作为仲裁地点的,当这些仲裁庭在中国审理仲裁案件时,依据应当适用的仲裁规则也可以作出临时性措施的决定。这种做法本身,与我国现行《民事诉讼法》和《仲裁法》中的规定不符。假定适用《贸法会仲裁规则》或者《国际商会仲裁规则》在我国境内进行仲裁时,如涉及仲裁庭根据应当适用的仲裁规则决定对位于我国境内的争议标的物采取临时措施,仲裁庭的此项决定将不能得到我国法院的执行,因为我国法律并没有赋予仲裁庭此项权力。

本章思考题

1. 可否根据《纽约公约》执行外国仲裁庭发布的临时措施?如果可以,有什么条件?
2. 《贸法会仲裁规则》第26(3)条规定具有怎样的意义?
3. 国际商事仲裁的当事人应当选择向法院还是仲裁庭申请临时措施?
4. 国际商事仲裁的当事人向法庭申请临时措施的风险有哪些?

参考阅读文献

1. 莫石、郑若骅编著:《香港仲裁实用指南》,法律出版社2004年版。
2. Publicis Communication & Publicis SAV v. True North Communications Inc., 206 F3d. 725 (7th Cir. 2000).

第七章 国际商事仲裁的法律适用

本章要点

了解国际商事仲裁的法律适用的相关问题。国际商事仲裁的法律适用,是指在国际商事仲裁中,适用何种法律来判定国际商事仲裁协议的有效性、国际商事仲裁的程序规则和仲裁当事人的实体权利义务。基于国际商事仲裁本身高度自治性的特点,国际商事仲裁的法律适用的突出特点就是仲裁当事人享有更大的意思自治,可以选择仲裁协议所适用的法律、仲裁程序法、仲裁实体法,而不必拘泥于仲裁地法律的限制。国际商事仲裁的法律适用关系到仲裁裁决的结果,具有重要的法律地位。本章将从仲裁协议的法律适用、仲裁程序的法律适用和仲裁实体问题的法律适用三个方面逐一探讨国际商事仲裁的法律适用问题。

第一节 仲裁程序的法律适用

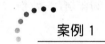
案例 1

菲律宾钢铁公司与国际钢铁服务公司案[①]

原告菲律宾钢铁公司向宾夕法尼亚西部地区法院申请确认外国仲裁裁决。被告国际钢铁服务公司请求撤销裁决,理由是菲律宾某法院已经撤销了裁决,执行该裁决会违反《纽约公约》第5条第5项。双方合同中的仲裁条款规定合同的效力、履行和执行将适用菲律宾法律,并且仲裁将在新加坡进行。仲裁员就仲裁程序适用新加坡国际仲裁法,但适用菲律宾法律来解释合同。

---

① 参见林一飞主编:《最新商事仲裁与司法实务专题案例》(第八卷),对外经济贸易大学出版社2012年版,第127页。

法院认为,合同条款表明合同的执行是适用菲律宾法律,但这并不能表明当事人同意由菲律宾的程序法来支配在新加坡仲裁的程序。根据《纽约公约》,仲裁条款规定了仲裁地点,这意味着仲裁所在地的程序法律支配仲裁程序,因此菲律宾的法院没有撤销在新加坡作出的裁决的权力。

美国国际标准电器公司与布里达斯公司案①

该案中,国际商会仲裁院仲裁庭根据该院仲裁规则,在墨西哥进行了仲裁,并作出裁决。后美国国际标准电器公司以《纽约公约》第5条第1款(e)项向纽约州法院申请撤销和拒绝执行该裁决,认为本案合同争议适用的是纽约法,那么纽约州法院对裁决具备撤销裁决的管辖权。阿根廷布里达斯公司则提出反诉,称依据《纽约公约》,纽约州法院对本案裁决不享有撤销权,同时请求法院根据《纽约公约》第3条强制执行该裁决。

纽约州法院驳回了美国公司的诉讼请求,认为《纽约公约》第5条第1款第(e)项所规定的"裁决适用法律的主管机关"中的"适用法律",完全是指仲裁所适用的程序法,而不是本案合同所适用的实体法。本案中,当事人进行仲裁所适用的是墨西哥的程序法,仲裁地点在墨西哥,故只有墨西哥法院享有撤销本案裁决的权力。

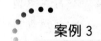

英国麦道公司与印度联盟案②

1987年7月30日,英国麦道公司与印度联盟订立了提供发射卫星服务的协议。该协议第11条规定,本协议受印度法支配,并按印度法解释。协议第8条是仲裁条款,内容如下:"由于本协议产生的或和本协议有关的一切争议,如不能通过友好的方式解决,应提交由三名仲裁员组成的仲裁庭解决。任何一方当

---

① United States District Court, Southern District of New York, 1990, 745 F. supp. 172.
② Union of India v. McDonnell Douglas Corp. [1993] 2 Lloyds Rep. 48.

事人在决定提请仲裁时,应向对方发出通知。当事人应当在此后30天内各指定一名仲裁员,并协议指定首席仲裁员,如果在60天内不能就首席仲裁员的人选达成协议,应当由国际商会会长指定该首席仲裁员。首席仲裁员不得具有本协议任何一方当事人所属国的国籍。仲裁应当根据印度1940年《仲裁法》及其任何修订所规定的程序进行,仲裁所使用的语言为英文。裁决根据多数仲裁员的意见作出,裁决是终局的,对当事人双方具有法律上的拘束力。仲裁地为英国伦敦。各方自行负担准备陈述案情的费用……"

双方当事人在履行合同中发生争议,根据协议规定提交仲裁,仲裁庭确定于1993年1月11日在伦敦开庭审理。同时,当事人向英国商事法院请求确认仲裁程序的适用法律。

负责审理本案的萨维利大法官对本案仲裁程序适用法律问题作出如下裁定:根据本案卫星发射协议第8条作出的适当解释,对于本案正在伦敦进行的仲裁程序,仲裁庭作出的裁决应当受英国法院的监督,因为当事人在仲裁协议中明示地选择伦敦作为仲裁地点,即选择了由英国法支配在伦敦进行的仲裁程序。而当事人在协议中所选择的仲裁协议的适用法律,所调整的是进行仲裁的内部行为,不同于他们所选择的对仲裁程序实施外部监督的英国程序法。

茵席玛公司与阿尔斯托姆案[①]

2004年,茵席玛公司与被告阿尔斯托姆公司签署了允许茵席玛公司在中国有限制地使用被告工业降低天然气管道中硫磺含量的技术许可协议。该协议第18条第3款规定:"所有由于本协议产生的或者与本协议有关的一切争议,包括协议的存在、效力及其终止,应当通过双方主管代表友好协商的方法解决。如果自提出协商的一方当事人通知另一方当事人开始协商之日起40天内未能达成协议,任何一方当事人均可将争议提交仲裁解决。所有此项争议最终由新加坡国际仲裁中心(SIAC)按照届时有效的国际商会(ICC)国际仲裁院仲裁规则仲裁解决。仲裁程序在新加坡进行,使用的语言为英文。仲裁庭由按照本条款规定所指定的三名仲裁员组成。仲裁裁决是终局的,对双方当事人具有拘束力。双

---

① Insigma Technology Co. Ltd v. Alstom Technology Ltd. [2009] SGCA24, Civil Appeal No. 155 of 2008/C.

方当事人应当执行裁决……"

2006年11月23日,阿尔斯托姆公司在SIAC提起仲裁。仲裁庭于2007年2月23日正式成立,并于2007年9月11日就其管辖权问题举行了听证。此后仲裁庭于2007年10月22日致函SIAC,表示仲裁庭"将根据ICC规则而不是SIAC规则进行仲裁"。2007年10月25日,SIAC复函确认:SIAC秘书处将行使ICC仲裁院秘书处的职能,ICC仲裁院秘书长的职能由SIAC注册官行使,SIAC董事会将行使ICC仲裁院的职能。

2007年12月10日,仲裁庭就本案仲裁协议的有效性和仲裁庭的管辖权问题作出裁定。

茵席玛公司不服仲裁庭裁定,向新加坡高等法院提起上诉,称仲裁协议规定由SIAC适用ICC规则仲裁。由于ICC规则具有许多独一无二的特征,它不允许ICC仲裁院以外的其他机构据此规则对仲裁程序进行管理。没有ICC秘书处和ICC仲裁院的参与,仲裁将不具有ICC仲裁的质量,仲裁庭通过"由SIAC行使ICC规则规定的管理职能"而对仲裁协议作出的解释,改写了当事人之间业已存在的仲裁协议。

新加坡高等法院裁定:本案许可协议第18条第3款的规定,清晰地表明了当事人约定由SIAC按照ICC规则管理仲裁程序这一共同的意思表示。既然SIAC已经确认了可以履行ICC规则规定的行政管理职能,包括履行规则规定的由ICC仲裁院和秘书处履行的职能,因而许可协议中的仲裁条款并非不能履行。况且,根据以往的判例,仲裁机构的仲裁规则可以合法地脱离于制定该规则的机构。因此,本案中的仲裁条款是有效的、可以强制执行和履行的。

【思考题】

1. 仲裁程序应当适用什么法律?仲裁争议适用的实体法能支配仲裁的程序问题吗?
2. 仲裁外部程序和内部程序适用的法律一样吗?如果不同,有什么区别?
3. 仲裁程序应当受当事人约定的法律约束,还是受仲裁地法的司法监督?
4. 如何看待当事人在仲裁协议中约定由某仲裁机构适用其他仲裁机构的仲裁规则进行仲裁?这种仲裁协议是否有效?

国际商事仲裁中,仲裁程序的法律适用涉及仲裁的内部程序规则和仲裁的外部程序规则的确定,这就使仲裁程序的法律适用具有一定的复杂性。由于仲裁总是在某一地域内进行,而仲裁地国家基于国家主权对其领域内进行的仲拥有规范和监督的权力,这就产生了下述一系列问题:在国际商事仲裁中,仲裁程序是适用当事人选择的仲裁规则还是适用仲裁地的仲裁法?如果当事人选择适用非仲裁地的仲裁法,那么仲裁地法院对在仲裁地进行的仲裁予以监督的程序又应如何进行?

一、仲裁内部程序的法律适用——当事人选择/仲裁庭确定

目前在国际商事仲裁的立法和实践中,当事人可以选择仲裁内部程序的法律适用,如果未作选择,仲裁庭有权按照仲裁庭认为适当的方式进行仲裁。但当事人的规定和仲裁庭的确定均不得违反仲裁地法的强制性规定。

比如,《国际商事仲裁示范法》第 19 条规定:(1) 在不违背本法规定的情况下,当事人可以自由约定仲裁庭进行仲裁时所应当遵循的程序;(2) 未达成此种约定的,仲裁庭可以在不违背本法规定的情况下,按照仲裁庭认为适当的方式进行仲裁。

但是,两者均受到《国际商事仲裁示范法》的一些强制性规定的限制,主要是当事人应当受到平等待遇并应当被给予充分机会陈述其案情的原则,及体现该原则的一些程序规定。[①]

如奥地利《民事诉讼法典》第 594 条第 1 款规定,在不违背本章强制性规定的情况下,当事人可以自由确定程序规则。当事人可因此援引其他程序规则。未达成此种约定的,仲裁庭可以在不违背本法规定的情况下,按照仲裁庭认为适当的方式进行仲裁。

如《纽约公约》第 5 条第 1 款第 4 项规定,如果仲裁庭的组成或仲裁程序同当事人间的协议不符,或者当事人之间未订此种协议时,而又与进行仲裁的国家的法律不符,仲裁裁决将不被承认或执行。可见,《纽约公约》也认可仲裁内部程序首先由当事人协议规定,如果当事人未达成此种协议时,适用仲裁地法律。

二、仲裁外部程序规则的法律适用

传统上,当事人意思自治原则也适用于仲裁的外部程序规则的确定。但是,依据《纽约公约》第 5 条第 1 款第 5 项,如果裁决已经由作出裁决地国家或裁决所依据法律的国家的主管机关撤销或停止执行,仲裁裁决将不被承认或执行。可见,在承认和执行阶段,仲裁地法和裁决准据法成为仲裁外部程序

[①] 参见《联合国贸易法委员会秘书处关于 2006 年修正的 1985 年〈国际商事仲裁示范法〉的解释说明》第 32 条、第 33 条。

规则。

此外,《国际商事仲裁示范法》第1条第1款规定:"除第8、9、17H、17I、17J、35 及 36 条外,本法只适用于仲裁地点在本国领土内的情况。"根据此地域原则,一国仲裁法的程序规则不适用于在该国管辖区域外的仲裁。随着不少国家以《国际商事仲裁示范法》为范本制定仲裁法[①]以及不少国家也采用地域原则,[②]仲裁的外部程序规则由仲裁地法支配已成为广泛采用的原则。比如法国 1981 年《民事诉讼法典》第 1504 条第 1 款规定,法国法院对在法国作出的国际商事仲裁的裁决拥有撤销审查程序的管辖权。

综上,在国际商事仲裁的立法和实践中,目前仲裁程序的法律适用的主要原则是:(1)关于仲裁的内部程序规则,当事人可以自由选择,而在双方当事人未作规定时,仲裁庭行使自由裁量权来确定,但均以不违反仲裁地的强制性规定为限;(2)关于仲裁的外部程序规则,适用仲裁地法的地域原则被普遍接受。

第二节 仲裁实体争议的法律适用

案例1

英属维京群岛买方与爱尔兰卖方关于石油销售争议仲裁案[③]

一家英属维京群岛公司和一家爱尔兰公司就一项石油合同发生争议。合同中的仲裁条款约定:产生于本合同或与本合同相关的所有争端或分歧,通过协商解决。协商不成,在被申请人所在地的仲裁院解决。[④] 合同约定了仲裁地在被申请人所在地仲裁院所在国,即爱尔兰或英属维京群岛,具体情况视谁是被申请人而定。

---

① 比如,德国、加拿大等。
② 比如,英国、瑞士、荷兰、奥地利等。
③ 参见林一飞主编:《最新商事仲裁与司法实务专题案例》(第一卷),对外经济贸易大学出版社 2008 年版,第 99—100 页。
④ All disputes or differences, which arises out of this Contract or in connection with it, will be settled by negotiations. In case of unreaching agreement they will be settled, in defendant's Arbitration Court.

在本案中，英属维京群岛公司是申请人，爱尔兰公司是被申请人，所以仲裁地为爱尔兰，程序问题适用1998年爱尔兰《仲裁（国际商事法）》。由于合同未约定适用于实体问题的法律，仲裁庭发现，由于与合同和当事人有关系的国家很多，所以不大可能确认当事人本可能选择的法律。而爱尔兰是关于合同法律适用的《罗马公约》的成员国，因此仲裁庭决定适用《罗马公约》中的合同冲突规则来确定法律适用。仲裁庭适用了《罗马公约》第4条，确定适用与合同具有最密切联系的国家的法律。本案是石油销售合同，特征履行是石油的交付，因此，卖方即爱尔兰的法律应予适用。

案例2

瑞士法院第4A-240/2009号案[①]

本案中，合同规定发生争议时应进行仲裁，在国内当事人之间应适用瑞士法律。后双方进行仲裁。裁决作出后，一方对裁决提出异议，称仲裁庭依据《联合国国际货物销售合同公约》第25条的规定对是否构成严重违约作出认定，而这与当事人对于法律选择的约定不符。

瑞士法院认为，根据瑞士《国际私法法》第190条，提出异议的理由是有限制的，而仲裁庭违反法律选择条款适用外国法并不在此规定之中。法院注意到仲裁庭已经意识到当事人对法律适用所作的限制。在其就本案所涉终止行为效力的分析上，仲裁庭需要解释合同相关条款，而由于"严重违约"一词在传统瑞士合同法上并不存在，仲裁庭考虑到了《联合国国际货物销售合同公约》第25条以及《国际商事合同通则》第7.3.1条所述的"根本违约"，并由此解释国际贸易中通常会如何理解"严重违约"。法院认为这是根据瑞士合同解释的法律原则进行的，而非适用外国法，故驳回抗辩。在仲裁的实体法适用上，应依据当事人约定，如果当事人选择的法律没有规定，即存在本案中瑞士法中没有的概念，可以用别的法律进行解释和适用，取决于仲裁庭的主张。

[①] 参见林一飞主编：《最新商事仲裁与司法实务专题案例》（第九卷），对外经济贸易大学出版社2012年版，第130页。

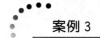

羊毛买卖合同争议仲裁案[①]

2003年3月5日,申请人澳大利亚DAP公司与被申请人张家港市H有限公司签订了三份羊毛买卖合同。申请人按照合同约定备货,但是被申请人未按照合同约定开立信用证。被申请人称由于市场变化和流动资金问题不能履行合同,并提出向申请人赔偿100000元人民币。申请人没有接受,仍要求其立即开立信用证,但被申请人始终拒绝履行合同规定的义务。

双方就此发生争议,申请人遂提请仲裁。中国国际经济贸易仲裁委员会受理了上述合同项下的争议仲裁案。本案中的法律适用问题是:

申请人主张,系争合同的准据法为《联合国国际货物销售合同公约》(以下简称"CISG"),被申请人则认为,当事人仲裁依据的是双方1990年7月1日的约定购买羊毛和毛条一般交易条款(以下简称"一般交易条款"),仲裁庭应当以双方约定适用的法律来仲裁,这是双方的真实意思表示。

仲裁庭注意到,本案三份合同,即双方签字的三份订购确认单中"特别条款"约定:所有其他条款和条件,依据1990年7月1日的一般交易条款。仲裁庭认为,根据上述约定,除了本案合同中已写明的本案合同交易的条款和条件外,双方当事人也明确地将一般交易条款纳入了本案合同,成为双方交易的条款和条件;但是该一般交易条款既不是两国政府签订的双边条约,也不是中国立法机构制定或认可的法律。很显然,本案合同中没有约定适用法律,一般交易条款中也未列明适用法律条款。经查,申请人所在国澳大利亚和被申请人所在国中国均为CISG的缔约国。因此,仲裁庭认为,根据两国所承担的CISG义务,在双方未排除CISG适用的情况下,CISG应作为准据法适用于本案合同所发生争议的处理。CISG未作规定的,鉴于买方所在国和仲裁地均在中国,根据最密切联系原则,应适用中华人民共和国法律。

[①] 案例来源:http://www.cietac.org.cn/,2014年11月2日访问。

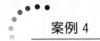

设计合同争议案[①]

2006年2月24日,申请人与被申请人(由韩国公司投资的独资公司)签订××饭店及商住楼设计合同(以下简称"设计合同"),约定由申请人为被申请人位于××市××大道的××饭店及商住楼项目进行设计工作。

申请人诉称:设计合同签订后,在被申请人未能提供完整设计条件的情况下,申请人按被申请人要求进行了设计工作,已经将方案阶段设计图纸初步完成。但被申请人在无任何理由的情况下,于2006年4月10日、2006年4月20日两次发函通知申请人解除合同。被申请人的行为已经构成违约,按照合同约定应当按照申请人实际工作量支付方案阶段全部设计费。

关于本案的法律适用,仲裁庭注意到,双方当事人在本案协议中并未约定应适用的法律。但申请人根据协议授权所进行的活动,即关于本案协议最主要的履约行为集中发生在中华人民共和国境内。仲裁庭根据仲裁地(中国)的冲突法原则,决定本案适用中华人民共和国法律。

【思考题】

1. 仲裁中实体问题适用什么法律?

2. 仲裁地的冲突规范有什么作用?在当事人没有选择协议法律的时候,应当适用什么规则来确定实体问题的准据法?

3. 在仲裁中实体问题的法律适用中,当事人约定、国际条约和国内立法的地位如何?

4. 仲裁中和诉讼中实体问题的法律适用有什么不同?

国际商事仲裁作为一种解决国际商事争议的程序,其最终目的就是要使仲裁双方当事人之间的争议能通过仲裁得到合理解决,因此确定实体争议应适用的法律非常重要。在国际商事仲裁中,仲裁庭在确定实体争议应适用的法律时,首先适用当事人合意选择的法律,在当事人未进行约定时,仲裁庭将自行确定应适用的法律。在国际商事仲裁中,法院对仲裁程序的监督通常不涉及实体争议

---

① 案例来源:http://www.cietac.org.cn/,2014年12月5日访问。

的处理问题,①因此实体争议如何适用法律将完全取决于当事人和仲裁庭。

一、依照当事人选择的法律规则解决实体争议

(一) 意思自治原则在仲裁立法和规则中的体现

意思自治原则是国际私法中被普遍接受的法律适用原则之一,在仲裁实践中,该原则也被广泛用来指导仲裁员确定应适用于国际商事仲裁的法律。

在国际条约和规则方面,1961年《关于国际商事仲裁的欧洲公约》第7条第1款规定:"双方当事人应自行通过协议决定仲裁员适用于争议实质的法律。"1985年联合国《国际商事仲裁示范法》第28条第1款规定,仲裁庭应依照当事各方选定的适用于争议实体的法律规则对争议作出决定。1976年《贸法会仲裁规则》第33条第1款规定:"仲裁庭应适用当事人双方预先指定的适用于争端的实体法。"1998年《国际商会仲裁规则》第17条也允许当事人自由确定仲裁员裁决争议所适用的法律。被选择的实体法可以是某一特定国家的国内法,也可以是国际条约或国际商事惯例。也就是说,在国际商事仲裁领域当事人选择法律的自由,并不限于特定的国内法体系,还可以扩展到非国内法体系。

在国内立法方面,瑞士1987年《联邦国际私法法规》第187条规定:"仲裁庭裁决时依据当事人所选择的法律规则。"英国1996年《仲裁法》第46条第1款第1项也规定,仲裁庭应依照当事人所选择的解决实体问题所应适用的法律对争议作出裁决。其他如美国、日本、法国等国也都肯定仲裁当事人在实体法选择上的意思自治。

从实践来看,大部分国际经济贸易格式合同中都包含法律选择条款,仲裁员通常都会尊重当事人的意思自治。只要存在对法律的明确选择,即使所选的实体法明显只对其中一方有利,仲裁员也会加以适用。例如,在一件有关美国供货商与印度买方的买卖合同争议仲裁案中,双方之间的销售合同规定了适用纽约法律支配彼此的权利和义务。事后买方辩称应改用印度法律作为上述合同准据法,其理由是印度法律与本案合同及其履行具有"最为密切和真正的联系。"对此,仲裁庭指出:"在缺乏当事人明确选择或协议的情况下,我们可能会支持买方的主张和理由;然而,由于合同已明确地包含有法律适用条款,因此,这种选择是有效的并且超过任何其他关于法律适用的理由。"②在1990年国际商会仲裁院仲裁的第6379号案中,双方当事人分别属于意大利和比利时两个国家。当事人

---

① 有些国家的仲裁法规定法院可以对国际商事仲裁中的实体问题,比如对法律适用错误进行审查,但允许当事人在仲裁协议中约定排除法院的该等审查。参见英国1996年《仲裁法》第69条。

② ICC Interim Award of November 1984, case No. 4376, published in Collection of ICC Arbitral Awards 1986—1990.

在该案合同中选择了适用意大利的法律,然而在仲裁审理中比利时一方当事人指出:由于在合同谈判时意大利一方处于商业上的优势地位,因此合同中的法律选择条款是被迫接受的,仲裁庭不应适用意大利法律。结果仲裁庭还是维持了合同中的事先约定,适用了意大利的法律。①

此外,国际商事仲裁中当事人选择的法律在适用时,原则上排除反致,即在适用当事人选择的某一国家的法律时,不应包括该国法律中的冲突规范或国际私法规范。对此,《国际商事仲裁示范法》第 28 条第 1 款规定:"除非另有说明,否则选择适用某一国的法律或法律制度应认为是直接指该国的实体法而不是指该国的法律冲突规则。"英国 1996 年《仲裁法》第 46 条也规定,"基于此目的,对一国法律的选择,应视为对该国实体法的选择而不是对该国冲突法规的选择",明确排除了反致。

可以说,当事人意思自治原则已成为世界各国普遍接受的决定仲裁实体法的首要原则。但各国对当事人选择仲裁实体法的时间、方式和限制的规定有所不同。

(二) 当事人选择仲裁实体法的限制

1. 当事人选择仲裁实体法的时间限制

当事人在最初订立合同、协议以仲裁作为解决争议的方式时,可以自由选择解决他们之间争议的法律。对于当事人在订立合同、发生争议以后能否选择仲裁实体法,学者们有不同的看法,但正如雷德芬与亨特指出,当事人意思自治的精神决定了当事人可以延迟作出法律选择或改变原有的法律选择。② 从各国的立法来看,多数国家允许当事人在合同订立之后对原来支配合同的法律进行变更的选择。在仲裁实践中,一般认为仲裁员应该尊重当事人的选择,即使当事人对原已作出的法律选择作出更改,仲裁庭、仲裁员也都应尊重当事人更改原有选择的意愿。

2. 当事人选择仲裁实体法的方式

当事人选择法律的方式有明示选择和默示选择。明示选择方式已得到各国的普遍接受,但对默示选择方式,各国的态度却不一致。在国际商事仲裁实践中,仲裁员通过案件的相关情况或合同所使用的语言来判定当事人默示选择法律的情况是非常罕见的,他们大多依据当事人选择的仲裁地来推定当事人意图适用仲裁地国法。这一推定来源于拉丁语格言"选择法院即选择法律"。这种方

---

① See International Council for Commercial Arbitration (ICCA), *Yearbook of Commercial Arbitration* (1992), p. 215.

② See A. Redfern & M. Hunter, *Law and Practice of International Commercial Arbitration*, Sweet & Maxwell, 1991, p. 74.

法在国际商事仲裁实践中曾得到长期和普遍的采用,但随着实践的发展,它逐渐暴露出不合理和不正确的一面,对默示选择法律的推定就逐渐失去了理论依据与实践的支持。尽管如此,仍然有一些国家如美国承认默示选择方式。

3. 当事人选择仲裁实体法的限制

在国际商事仲裁中,当事人选择仲裁实体法的意思自治权并不是毫无限制的。首先,当事人的选择不能排除特定国家的强制性法律规范,不能违反特定国家的公共政策。也就是当事人的选择只能限于任意性法律的范围。其次,当事人不能选择与合同毫无联系的国家的法律。大多数国家的立法有此要求,但另有一些国家,如英国、法国和原南斯拉夫等国的立法中则不要求当事人的选择必须与合同有合理联系。尽管各国在此问题上存在着相反的主张,但从国际商事仲裁的实践来看,仲裁庭基本上从未以此为理由来否定当事人就仲裁实体法所作的选择。再次,不能为达到规避的目的而故意选择与争议毫无关系的法律,即当事人在选择某一项法律时,必须有一种"合理的根据"。这种"合理的根据"主要表现在所选法律必须与合同及当事人之间有重大联系。最后,选择必须是善意、合法的。

二、仲裁庭自行确定实体争议应适用的法律

在国际商事仲裁中,如果当事人未就实体争议约定应适用的法律,仲裁庭将自行确定实体争议应适用的法律。传统上,仲裁庭根据仲裁地的冲突规范确定应适用的法律。随着国际商事仲裁实践的发展,目前仲裁庭在确定实体争议应适用的法律时存在三种模式:依据最密切联系原则确定实体争议应适用的法律、依据仲裁庭认为可适用的冲突规范确定实体争议应适用的法律以及以仲裁庭认为适当的法律规则作为实体争议应适用的法律。

(一) 依据最密切联系原则确定实体争议应适用的法律

这是以瑞士和德国仲裁法为代表的模式。瑞士《联邦国际私法法》第187条第1款规定,仲裁庭应适用双方当事人选择的法律规则,或在没有上述选择时,适用与争议有最密切联系的法律规则。德国《民事诉讼法典》第1051条第2款也同样规定,当事人未确定任何适用于实体争议的法律规则时,仲裁庭应适用与仲裁程序的主体事项有最密切联系的国家的法律。[①] 在案例3中,仲裁庭在确定适用的法律时也用到了最密切联系原则。

"最密切联系"原则是20世纪50年代逐渐发展、完善的一项国际私法原则,

---

① 德国《民事诉讼法典》关于仲裁的部分以《国际商事仲裁示范法》为蓝本,但在实体争议的法律适用上采用了与《国际商事仲裁示范法》不同的规定。

各国均不同程度地接受了该原则。在国际商事仲裁中,当事人未作法律选择,可以适用与争议有最密切联系国家的冲突规则确定仲裁实体法。如在巴黎国际商会的一起仲裁案件中,仲裁员即以意大利法律体系与争议有密切联系为由,适用了意大利的冲突规则。[①]

(二)依据仲裁庭认为可适用的冲突规范确定实体争议应适用的法律

这是以《国际商事仲裁示范法》为代表的模式。《国际商事仲裁示范法》第28条第2款规定,当事人没有指定任何适用法律的,仲裁庭应当适用其认为可适用的冲突法规范所确定的法律。此种模式是对传统的适用仲裁地冲突规范方法的改良。

1. 适用仲裁地国的冲突规则

传统观点认为,在当事人没有对适用的法律作出选择时,仲裁庭应当依据仲裁所在地国的冲突规则进行实体法的选择。[②] 在案例4中,仲裁庭就采取了此种方式。有学者[③]认为仲裁和诉讼一样,所在地国的法律支配仲裁的所有方面。当事人有权在很多事项上行使自治权,但必须符合仲裁地法的规定。当事人可以选择仲裁庭作出裁决所依据的法律,但是应当在仲裁地国的法律许可范围之内行使该项权利。如果当事人没有就选择法律达成一致的,仲裁庭将依据仲裁地国的法律规则解决当事人所提出的法律冲突。但在实践中,如果仲裁在几个国家听审、进行在线仲裁、临时改变仲裁地等,会使得仲裁地的确定变得困难,从而影响仲裁实体法的确定。

2. 适用仲裁庭认为合理的冲突规则

当代国际商事仲裁的发展趋势之一就是仲裁庭的权力不断扩大。如今一些国家和国际社会都已承认了仲裁庭在当事人没有明示或默示选择仲裁实体法时,可以自主选择认为合理的冲突规则来确定仲裁实体法的方法。这种做法突破了适用仲裁地冲突规则的局限性,赋予了仲裁庭较大的自主权,使得仲裁庭能够全面、综合地考虑各方面因素,根据实际情况灵活地选择确定仲裁实体法的冲突规范,使争议得以更加公正地解决。

1961年《欧洲国际商事仲裁公约》中就规定,在当事人没有选择法律时,仲裁员应根据其认为可以适用的冲突规则确定实体法。[④]《国际商事仲裁示范法》

[①] See Case No. 1422, 1966, ICC Arbitration Tribunal, 101 *Journal de Droit International*, 1974, p. 162.

[②] See Maniruzzaman, A. F. M., International Commercial Arbitration: The Conflict of Laws Issues in Determining the Applicable Substantive Law in the Context of Investment Agreement, 40(2): 201—237, *N. I. L. R.*, 1993, p. 206.

[③] 参见朱克鹏:《国际商事仲裁的法律适用》,法律出版社1999年版,第140页。

[④] 参见1961年《欧洲国际商事仲裁公约》第7条第1款。

第 28 条第 2 款明确地规定了仲裁庭在当事人没有选择法律的情况下,可以根据其认为可以适用的冲突规则确定法律。除了国际立法,《贸法会仲裁规则》、1988 年《国际商会仲裁规则》中均规定仲裁庭可以在当事人对法律选择没有约定时,由仲裁庭选择适用"可适用的"或"合适的"冲突规则确定实体法。① 1996 年英国《仲裁法》第 46 条第 3 款也规定,如果当事人没有就法律选择作出约定,仲裁庭应当适用其认为可适用的冲突法所确定的法律。仲裁庭可以选择的冲突规则的范围是十分广泛的,可以是特定国家的内国私法体系,也可以是国际层面的私法规范,或者是其他与争议有密切联系的一切法律选择规则。只要仲裁庭认为适用该冲突规则是合理的,即可通过该冲突规则的指引确定仲裁的实体法。

实践中一般仲裁庭可适用的冲突规则主要有:(1)仲裁地国的冲突规则;(2)与争议有最密切联系国家的冲突规则;(3)仲裁员本国(home state)的冲突规则;(4)被申请承认和执行裁决地国的冲突规则;(5)国际私法公约和国际私法一般原则。

(三)以仲裁庭认为适当的实体法律规则作为实体争议应适用的法律

这是以法国《仲裁法》和《国际商会仲裁规则》为代表的模式。1981 年法国《民事诉讼法典》第 1496 条规定,仲裁员应根据双方当事人选择的法律规则裁决争议;在当事人没有上述约定时,仲裁员应根据其认为适当的法律规则裁决。《国际商会仲裁规则》第 17 条也同样规定,当事人有权自由约定仲裁庭处理案件实体问题所应适用的法律规则;当事人对此没有约定的,仲裁庭将决定适用其认为适当的法律规则。

仲裁庭不考虑冲突规则而直接确定仲裁实体法,使得仲裁庭在实体法选择上脱离地域的限制而更加关注于实体法和争议实体问题之间的关系,能简化仲裁的过程。这一方法得到了广泛的支持。不仅 1981 年法国《民事诉讼法典》支持了此种方式,加拿大、荷兰等国也采取了相同的规定。② 国际商会仲裁院、伦敦国际仲裁院、斯德哥尔摩商会仲裁院、美国仲裁协会等都在其仲裁规则中明确规定了仲裁庭可以在当事人对法律选择没有约定的情况下,由仲裁庭选择可适用的或者合适的法律或法律规则。③ 在实践中,众多的案件正是国际仲裁机构

---

① 参见 1976 年《贸法会仲裁规则》第 33 条第 1 款;1988 年《国际商会调解与仲裁规则》第 13 条第 3 款。

② 参见 1986 年加拿大《国际商事仲裁法案》第 28 条第 3 款;1986 年荷兰《民事诉讼法典》第 1054 条第 2 款。

③ 参见 1998 年《国际商会仲裁规则》第 17 条第 1 款;1998 年《伦敦国际仲裁院仲裁规则》第 22 条第 3 款;2007 年《斯德哥尔摩商会仲裁院仲裁规则》第 22 条第 1 款;2003 年《美国仲裁协会国际仲裁规则》第 28 条第 1 款。

通过仲裁庭直接适用仲裁实体法的方式得以解决的。

仲裁庭直接适用的实体法范围,可以包括合同条款本身的各项规定、国内实体法规则,以及国际法、一般法律原则、商人习惯法等"非国内"规则。

仲裁庭直接适用实体法的方法主要有最密切联系方法、比较方法、结果选择法、利益分析法、特征性履行法、有利于仲裁裁决承认与执行的法律选择方法、直接适用公认的冲突规范指引的国家实体法[①]等等。只要法律规范和仲裁规则允许,仲裁庭可以使用任何其认为合理的方法确定仲裁实体法,确保仲裁公平、合理地进行,但是一般应在裁决书中阐明其选择该法律规则的理由。在案例3中,仲裁庭以澳大利亚和中国都是CISG的缔约国为由,认为在当事人没有选择法律的情况下,适用CISG最为合理。

三、友好仲裁

友好仲裁不同于依法仲裁,仲裁庭在当事人明确授意的情况下,可以不适用任何国家的具体规则,依据公允善良(ex aequo et bono)原则对争议作出裁决。因此,仲裁庭可以不严格按照法律规则进行仲裁,仅从自身的公平和善意观念出发,对争议作出评判。

世界上很多国家[②]允许当事人明确授权仲裁庭进行友好仲裁,通过适用公允善良原则解决其实体争议。《国际商事仲裁示范法》第28条第3款指出,仲裁庭在当事人明确授权下可以按照公平合理的原则或者作为友好调解人作出决定。1961年《欧洲国际商事仲裁公约》第7条第1款规定,如果当事人要求并且所适用的法律允许,仲裁庭可进行友好仲裁。1976年《贸法会仲裁规则》、1998年《国际商会仲裁规则》、1998年《伦敦国际仲裁院仲裁规则》、2003年《美国仲裁协会国际仲裁规则》、2002年《世界知识产权组织仲裁中心仲裁规则》[③]等国际仲裁机构的仲裁规则也都承认了在当事人明示的情况下,仲裁庭可以采用友好仲裁的方式按照公允及善良原则解决争议。

在友好仲裁的过程中,仲裁庭没有具体确定争议适用的实体法规则的方法,只要其认为符合公允善良原则,那么该实体法规则就可被选用。该种方法体现

[①] 例如,船舶所有权的取得、转让和消灭,适用船旗国法。
[②] 例如:1981年法国《民事诉讼法典》第1497条;1998年德国《民事诉讼法典》第1051条第3款;1933年《黎巴嫩民事诉讼法典》第813条;1997年伊朗《仲裁法》第27条第3款;1999年韩国《仲裁法》第29条第3款。
[③] 1976年《贸法会仲裁规则》第35条第2款;1998年《国际商会仲裁规则》第17条第3款;1998年《伦敦国际仲裁院仲裁规则》第23条第4款;2003年《美国仲裁协会国际仲裁规则》第28条第3款;2002年《世界知识产权组织仲裁中心仲裁规则》第59条第1款。

了国际商事交易最基本的公平善意理念,是对仲裁庭自由裁量权的绝对认同。友好仲裁所作出的裁决与普通仲裁裁决具有相同的法律效力,具有终局性,可以由国家强制力保证执行。

第三节 中国的立法与实践

四川某经济技术投资有限公司与韩国韩华株式会社买卖合同纠纷案①

四川某经济技术投资有限公司(以下简称"甲公司")与韩国韩华株式会社(以下简称"韩华株式会社")签订的销售合同第14条约定:"本销售合同在执行中发生的所有纠纷应通过友好地协商解决。如果不能通过双方友好地解决,纠纷将呈递到买卖双方互相承认的第三国仲裁。"双方未约定认定该仲裁条款效力的准据法,该仲裁条款也未约定仲裁地点和仲裁机构。由于甲公司已经对韩华株式会社提起诉讼,按照《仲裁法司法解释》第16条的规定,"对涉外仲裁协议的效力审查,适用当事人约定的法律;当事人没有约定适用的法律但约定了仲裁地的,适用仲裁地法律;没有约定适用的法律也没有约定仲裁地或者仲裁地约定不明的,适用法院地法律。"

故本案应依据法院地法即中华人民共和国法律认定仲裁条款的效力。根据《仲裁法》第16条、第18条之规定,双方当事人没有约定明确的仲裁机构,在发生纠纷后,亦未对仲裁地点和仲裁机构达成补充协议,故该销售合同中的仲裁条款无效。根据《民事诉讼法》第243条的规定,成都市中级人民法院作为销售合同载明的合同签订地的人民法院对本案有管辖权。

---

① 《最高人民法院关于四川华宏国际经济技术投资有限公司诉韩国韩华株式会社买卖合同纠纷一案仲裁条款效力问题的请示的复函》(2007年8月24日,〔2007〕民四他字第13号)。

成都某服装有限公司与澳门某时装有限公司确认仲裁协议效力案[①]

本案当事人在合同中约定:"因履行本协定所产生的一切争议,双方应首先友好协商解决,协商不成时,应提交澳门特别行政区相关仲裁委员会依其仲裁规则进行仲裁。"作为当事人一方的某时装有限公司是在澳门特别行政区注册成立的公司,故本案应适用确认涉外仲裁效力的有关规定。《仲裁法司法解释》第16条规定,"对涉外仲裁协议的效力审查,适用当事人约定的法律;当事人没有约定适用的法律但约定了仲裁地的,适用仲裁地法律;没有约定适用的法律也没有约定仲裁地或者仲裁地约定不明的,适用法院地法律。"

本案当事人虽然未在合同中明确约定确认仲裁协议效力所应适用的准据法,但在发生争议后,双方当事人一致认为应适用澳门特别行政区法律作为仲裁协议的准据法,故应视为当事人就确认仲裁协议效力的准据法达成了补充协议,本案应适用澳门特别行政区法律作为确认仲裁协议效力的准据法。

山东某实业集团有限公司与韩弼淳(PIL SOON HAN)技术合作开发合同纠纷案[②]

本案双方当事人山东某实业集团有限公司与韩国人韩弼淳(PIL SOON HAN)在2001年3月11日签订合作协议书后,对协议中涉及纠纷解决方式的条款进行了多次修改并签订了修改协议。最后一次是双方于2009年4月28日达成的合作协议书的修改协议,该协议第5条约定:"未尽事宜,友好协商;协商不成,以英文版本提交日本任何一家仲裁机构进行仲裁。"

因本案所涉仲裁协议是在中国公司与外国公民之间达成的,因此,本案系属

[①] 《最高人民法院关于确认成都七彩服装有限责任公司与创始时装有限公司专营合同中仲裁条款效力一案的请示的复函》(2007年9月18日,〔2007〕民四他字第16号)。

[②] 《最高人民法院关于山东名流实业集团有限公司与韩弼淳(PIL SOON HAN)技术合作开发合同纠纷一案中仲裁条款效力问题的请示的复函》(2009年12月22日,〔2009〕民四他字第47号)。

涉外仲裁协议效力认定的案件。首先应当确认仲裁协议效力应适用的准据法。《仲裁法司法解释》第16条规定，"对涉外仲裁协议的效力审查，适用当事人约定的法律；当事人没有约定适用的法律但约定了仲裁地的，适用仲裁地法律；没有约定适用的法律也没有约定仲裁地或者仲裁地约定不明的，适用法院地法律。"第一，本案双方当事人在合作协议书的修改协议第5条中并未约定确认该仲裁协议效力所适用的准据法；第二，该修改协议第5条虽然约定了"提交日本任何一家仲裁机构进行仲裁"，但日本仲裁机构的仲裁地可能在日本，也可能在其他国家，具有不确定性。显然该修改协议亦未明确选定仲裁地。因此，应当适用法院地法，即中国法律来审查本案仲裁协议的效力。

根据《仲裁法》第18条"仲裁协议对仲裁事项或者仲裁委员会没有约定或者约定不明确的，当事人可以补充协议；达不成补充协议的，仲裁协议无效"之规定，本案当事人对仲裁机构约定不明，且未达成补充协议，本案仲裁条款应属无效条款。由于本案一方当事人已向山东省威海市中级人民法院提起诉讼，故可以认定双方无法就仲裁问题达成补充协议。

【思考题】

1. 我国仲裁协议的法律适用规定与国际社会上有哪些不同？
2. 我国仲裁程序的法律适用有哪些特点？

一、我国关于仲裁协议法律适用的规定

（一）仲裁协议效力的法律适用

我国《仲裁法》中未对仲裁协议的法律适用作出专门规定，但是在司法实践中，根据最高人民法院的司法解释已经形成一套仲裁协议法律适用的规则。《仲裁法司法解释》第16条规定："对涉外仲裁协议的效力审查，适用当事人约定的法律；当事人没有约定适用的法律但约定了仲裁地的，适用仲裁地法律；没有约定适用的法律也没有约定仲裁地或者仲裁地约定不明的，适用法院地法律。"2011年《涉外法律关系适用法》第18条规定："当事人可以协议选择仲裁协议适用的法律。当事人没有选择的，适用仲裁机构所在地法律或者仲裁地法律。"2013年《最高人民法院关于适用〈中华人民共和国涉外民事关系法律适用法〉若干问题的解释（一）》第14条规定："仲裁机构所在地或者仲裁地不明的，人民法院可以适用中华人民共和国法律认定该仲裁协议的效力。"

在确定双方当事人选择的法律时，我国的司法实践偏重仲裁条款独立性原

则。2005 年 12 月 26 日印发的《第二次全国涉外商事海事审判工作会议纪要》第 58 条指出,当事人在合同中约定的适用于解决合同争议的准据法,不能用来确定涉外仲裁条款的效力。因此,主合同的准据法不视为仲裁协议的准据法。

(二) 当事人行为能力的法律适用

我国在关于国际仲裁的司法实践中对当事人签订仲裁协议的行为能力适用我国国际私法的属人法原则。

在《最高人民法院关于香港享进粮油食品有限公司申请执行香港国际仲裁中心仲裁裁决案的复函》中,①针对海南高富瑞公司总经理张某某,利用其持有的安徽粮油公司派驻海南高富瑞公司任职人员的相关文件的便利,采取剪取、粘贴、复印、传真等违法手段,盗用安徽粮油公司圆形行政公章,以安徽粮油公司的名义与香港享进粮油食品有限公司签订合同的事实,最高人民法院指出,由于张某某没有得到安徽粮油公司的明确授权,而是采用违法的手段盗用其印章签订合同,且事后张某某未告知安徽粮油公司,更未得到追认。根据当事人的属人法即我国内地相应的法律规定,张某某无权代理安徽粮油公司签订合同,即他不具备以安徽粮油公司名义签订合同的行为能力,相应地,他亦不具有以安徽粮油公司名义签订合同中仲裁条款的行为能力。

根据最高人民法院的上述复函,当事人签订仲裁协议的行为能力适用属人法原则。此外,上述复函中所述事实涉及的是授权代表是否有权代表法人签订仲裁协议,根据复函,适用的是法人属人法。

我国《仲裁法》第 17 条规定了无民事行为能力者或限制民事行为能力者订立的仲裁协议无效。在自然人行为能力的法律适用上,我国采取的也是当事人属人法为主,特殊情况下适用行为地(缔约地)法的方法。《涉外法律关系适用法》第 12 条规定:自然人的民事行为能力,适用经常居所地法律。自然人从事民事活动,依照经常居所地法律为无民事行为能力,依照行为地法律为有民事行为能力的,适用行为地法律,但涉及婚姻家庭、继承的除外。法人的行为能力适用《涉外法律关系适用法》第 14 条的规定:"法人及其分支机构的民事权利能力、民事行为能力、组织机构、股东权利义务等事项,适用登记地法律。法人的主营业地与登记地不一致的,可以适用主营业地法律。法人的经常居所地,为其主营业地。"至于国家缔结仲裁协议的能力问题,我国法律尚未作出明确规定。但鉴于国家一旦参与国际商事仲裁,其所涉之国家财产常与国家豁免问题密切相关。一般来说,我国国家机关或政府部门除非得到中央政府的特别批准或法律的明

---

① 参见《最高人民法院关于香港享进粮油食品有限公司申请执行香港国际仲裁中心仲裁裁决案的复函》(2003 年 11 月 14 日,〔2003〕民四他字第 9 号)。

确授权,否则不得擅自与外国当事人缔结任何形式的仲裁协议,原则上以禁止为宜。

(三)争议事项可仲裁性的法律适用

我国《仲裁法》没有明确规定争议事项可仲裁性的法律适用规则,只规定了可仲裁的事项。根据《纽约公约》的规定,我国法院在承认和执行外国仲裁裁决的程序中,依据我国的法律确定争议事项是否具有可仲裁性。一般认为,在国际商事仲裁的其他阶段,我国法院也可以依据我国法律确定争议事项的可仲裁性。

二、我国关于仲裁程序法律适用的规定

(一)关于仲裁自身进行的仲裁程序规则——仲裁的内部程序规则的确定

我国《仲裁法》未直接就国际商事仲裁中仲裁自身进行的程序规则如何确定进行规定,《中国贸仲仲裁规则(2015 版)》第 4 条规定:"凡当事人同意将争议提交仲裁委员会仲裁的,均视为同意按照本规则进行仲裁。当事人约定适用其他仲裁规则,或约定对本规则有关内容进行变更的,从其约定,但其约定无法实施或与仲裁地强制性法律规定相抵触者除外。"因此,在我国进行的国际商事仲裁中,当事人可享有充分的自主权,可以通过援引仲裁规则或对仲裁规则进行剪裁来约定仲裁庭进行仲裁时应遵守的程序规则,但以不违背仲裁地的强制性规定为限。

(二)关于仲裁的外部程序规则的适用——法院对仲裁的监督

关于仲裁的外部程序规则,我国《仲裁法》采用地域原则。根据我国《仲裁法》第 65 条的规定,涉外经济贸易、运输和海事中发生的纠纷的仲裁,适用《仲裁法》第七章(涉外仲裁的特别规定)的规定。《仲裁法》第七章没有规定的,适用《仲裁法》其他有关规定。我国《仲裁法》第 70 条规定,我国法院对我国涉外仲裁机构作出的仲裁裁决行使撤销审查程序的管辖权。因此,一般而言,在我国进行的国际商事仲裁必须遵守我国《仲裁法》中的强制性规定,并接受我国法院对仲裁裁决撤销审查程序的管辖。

三、我国关于仲裁协议实体争议法律适用的规定

我国《仲裁法》第 7 条规定:"仲裁应当根据事实,符合法律规定,公平合理地解决纠纷。"《中国贸仲仲裁规则(2015 版)》第 49 条第 1 款规定:"仲裁庭应当根据事实和合同约定,依照法律规定,参考国际惯例,公平合理、独立公正地作出裁决。"

根据上述规定,我国仲裁机构通常根据法律、合同规定和国际惯例对实体争

议进行裁决。在涉外纠纷中,依据我国立法中的冲突规范来确定实体争议应适用的法律,比如我国《合同法》和《涉外法律关系适用法》的相关规定。对于一般涉外合同争议,我国仲裁机构将首先适用当事人选择的法律,在当事人没有选择法律时,将适用与合同有最密切联系的国家的法律。而对于在我国境内履行中外合资经营企业合同、中外合作经营企业合同和中外勘探开发自然资源合同,以及其他类型的外商在我国进行直接投资的合同,必须适用我国的法律。

本章思考题

1. 仲裁程序应当适用什么法律?
2. 仲裁外部程序和内部程序适用的法律一样吗?
3. 仲裁实体法律适用是否受强行法的影响?

参考阅读文献

1. 刘晓红:《论国际商事仲裁协议的法律适用》,载《法学》2004年第4期。
2. 徐伟功:《论国际商事仲裁实体问题的法律适用》,载《法商研究》2001年第1期。
3. 温树斌:《论国际商事仲裁协议的法律适用规则》,载《法学论坛》2000年第2期。
4. 薛非:《论强行法对国际商事仲裁实体法律适用的影响》,载《华东政法学院学报》2001年第5期。
5. 黄亚英:《论〈纽约公约〉与仲裁协议的法律适用——兼评中国加入〈纽约公约〉二十年的实践》,载《法律科学》2009年第2期。
6. 寇丽:《现代国际商事仲裁法律适用问题研究》,知识产权出版社2013年版。
7. 谢新胜:《国际商事仲裁程序法的适用》,中国检察出版社2009年版。
8. Chukwumerije, Okezie, Applicable Substantive Law in International Commercial Arbitration, *Anglo-American Law Review*, Vol. 23, Issue 3 (July-September 1994), pp. 265—310.
9. Danilowicz, Vitek, Choice of Applicable Law in International Arbitration, *The Hastings International and Comparative Law Review*, Vol. 9, Issue 2 (Winter 1986), pp. 235—284.
10. Shackleton, Stewart R., Applicable Law in International Arbitration

under the New English Arbitration Act 1996,*The Arbitration International*, Vol. 13, Issue 4 (1997), pp. 375—390.

11. Heiskanen, Veijo, Theory and Meaning of the Law Applicable in International Commercial Arbitration, *Finnish Yearbook of International Law*, Vol. 4, (1993), pp. 98—129.

第八章 裁　　决

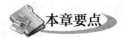

了解各个种类的裁决，了解裁决的作出、裁决的修正需要符合什么样的要求，同时了解中国的相关立法和实践。

第一节　裁决的种类

案例 1

张某某、安徽某商贸有限公司申请撤销仲裁裁决案[①]

申请人张某某、安徽某商贸有限公司（以下简称"甲公司"）与被申请人合肥某机电工程有限公司（以下简称"乙公司"）于 2011 年 9 月 1 日签订房屋租赁合同。合同约定，乙公司将其所有的位于合肥市政务区潜山路与休宁路交叉口的绿地蓝海国际大厦 C 座 2645.85 平方米商铺租赁给张某某使用。合同还对租赁期限、租金、违约责任、争议解决方式等问题作出约定。2012 年 5 月 31 日，张某某作为法定代表人，以涉案房屋为住所地注册成立甲公司。合同签订后，双方在履行合同过程中发生争议，乙公司于 2013 年 1 月 29 日以甲公司、张某某为被申请人向合肥仲裁委员会提起仲裁，甲公司、张某某提出反请求。合肥仲裁委员会于 2013 年 9 月 30 日作出（2013）合仲字第 0068 号裁决，裁决解除乙公司与张某某于 2011 年 9 月 1 日签订的编号为 WZ20110827 的房屋租赁合同，并裁决张某某、甲公司于收到裁决书之日起 30 日内将合肥市政务区潜山路与休宁路交叉

[①] 安徽省合肥市中级人民法院（2015）合民仲字第 00009 号民事裁定书。

口的绿地蓝海国际大厦 C 座商 2 号楼返还给乙公司。

但是,张某某、甲公司共同申请称,合肥仲裁委员会于 2013 年 9 月 30 日作出(2013)合仲字第 0068 号裁决,于 2015 年 9 月 22 日作出(2013)合仲字第 0068 号裁决(补正),对原裁决错误进行了纠正。合肥仲裁委员会一直错误地认为至仲裁申请之日,欠付租金已达 60 日,合同解除条件成立。但是,补正裁决又认定至仲裁申请之日,不欠付租金。补正裁决推翻了原裁决认定的事实,而不是简单地纠正计算错误,此行为属于违反法定程序,故申请撤销仲裁裁决。

合肥市中级人民法院经审理认为,《合肥仲裁委员会仲裁规则》第 67 条规定,对裁决书的文字、计算错误或者对仲裁庭已经裁决但在裁决书中遗漏的事项,仲裁庭应当补正;仲裁庭作出的补正或者补充裁决,是原裁决书的组成部分。合肥仲裁委员会作出补正裁决符合仲裁规则的规定,不存在程序违法情形,张某某、甲公司提出的仲裁程序错误的理由不能成立。

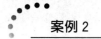

席某某申请撤销仲裁裁决案[①]

申请人席某某长期拖欠被申请人张家界某物业服务有限公司(以下简称"某公司")租金,某公司多次催交未果,双方发生纠纷。某公司就此纠纷向张家界仲裁委员会申请仲裁。申请人称张家界仲裁委员会没有按照法律程序采取缺席裁决的方式,剥夺了申请人的抗辩权,违反了法定程序,故申请撤销仲裁裁决。

张家界市中级人民法院经审理认为,在无法通知席某某本人的情况下,张家界仲裁委员会通过邮寄和在《人民法院报》公告送达等方式向申请人席某某送达仲裁通知书、仲裁申请书副本、仲裁暂行规则、仲裁员名册、仲裁员选(指)定书以及开庭方式和时间等仲裁法律文书,符合《仲裁法》《民事诉讼法》等相关法律规定,因此驳回了申请人撤销仲裁裁决的申请。

---

① 湖南省张家界市中级人民法院(2013)张中立民特字第 8 号民事裁定书。

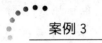

案例 3

厂房租赁争议案[①]

某手帕厂(以下简称"甲")与某体育用品有限公司(以下简称"乙")签订了一份厂房租赁协议,协议规定:甲将闲置厂房出租给乙作为生产体育用品的基地,租期为20年。甲根据协议约定,按乙的要求对厂房进行了翻新改建,同时允许乙在其厂内闲置的一块空地上自建了一栋生产车间。协议履行8年后,乙又找到了新的合作伙伴,且条件更优。乙为了达到解除租赁协议的目的,以经营状况不好为由,提出了明知甲不能接受的降低租金才能继续履行协议等条件。甲、乙双方协商未果,乙即单方拒付租金,撤走人员,停止生产。甲知情后,扣押了乙的生产设备,试图冲抵乙违约对自己造成的损失,遂产生纠纷。仲裁委员会在受理此案后,仲裁庭经过开庭审理和调查取证,认为乙的行为构成了根本违约,并组织甲、乙双方多次调解未果,继续履行协议已无可能,经过合议,裁决解除合同,由乙方承担违约责任并赔偿甲方损失。但是,在处理实体问题时,对于乙在甲厂内自建的一栋生产车间投资额,必须经过有关部门评估鉴定后才能确定,而双方又不愿及时交纳鉴定费。另外,甲原为困难企业,自从将厂房出租后,基本上靠收取租金给原有职工发放部分工资以维持生存。因此,甲要走出困境,必须尽早找到新的合作伙伴,而此时已有新的合作者有意租用该厂房。面对此情况,仲裁庭一时难以对本案的全部事实作出终局裁决,经过合议后,即对申请人提出的解除租赁合同的请求作出了裁决,其他问题等查清之后再作最终裁决。

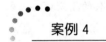

案例 4

化工厂经营争议案[②]

某化工厂职工甲和乙合伙承包了一磷肥生产车间,协议规定双方共同投资、共同管理、共负盈亏,各自利用过去的老客户进行销售,但必须共商定价。甲负

---

① 参见张孝良:《试析部分裁决与中间裁决之差异》,http://www.cietac.org/index.php?m=Article&a=show&id=33,2017年6月9日访问。

② 同上。

责省内市场,乙负责省外市场,第一年经营状况良好。第二年由于管理不善、利润分配不均等因素,双方无法继续合作下去,加上市场供求关系变化,导致近 5000 余吨产品积压。此时,甲提出,有一老客户提出愿购磷肥 3000 吨,但每吨价格必须低于原定价 50 元。乙认为甲的要求损害了自己的利益,协商未果,酿成纠纷。甲作为申请人就该合伙纠纷申请仲裁委员会仲裁。仲裁庭经过开庭审理后,发现该合伙纠纷瓜葛较多,案情复杂,一时难以查清全部事实,而对双方关于定价的理由则已明了,眼看销售旺季已过,如不及时将库存磷肥卖出,会进一步扩大损失,便经过调查市场行情,对磷肥定价作出了裁决。

【思考题】

1. 仲裁中存在哪些种类的裁决?
2. 各类裁决具有什么样的特点?分别在什么情况下可以作出?

一、概述

当事人将争议提交仲裁,其基本目的即在于获得裁决。仲裁程序中存在多种裁决,如部分裁决、和解裁决、终局裁决等。正因如此,关于裁决的定义,难以达成共识,也鲜见于各类法律、法规、公约或著作中。

《纽约公约》第 1 条第 2 款对裁决作了如下说明:"仲裁裁决"一词不仅指专案选派之仲裁员所作裁决,亦指当事人提请仲裁之常设仲裁机关所作裁决。曾有学者对裁决的定义提出如下建议:裁决指处理提交仲裁庭的所有问题的终局裁决,以及仲裁庭作出的关于最终确定的任何实体问题或其有权管辖的问题及其他问题的任何其他决定。但是,在后一种情况下,仅在仲裁庭将其决定称为"裁决"时方如此。[①] 从上述情况可以看出,对裁决的定义有多种分歧。在定义方式上,有概括定义与分类定义的区别;在裁决的外延方面,有些理论和实践将对管辖权问题的决定也称为"裁决",而另一些则认为只有解决实体问题的决定才能称为"裁决"。本书不对"裁决"的定义作详细讨论,仅就实践中存在的普遍获得承认的裁决类型进行说明。

二、中间裁决、部分裁决和终局裁决

按裁决的内容和作出的时间,可以将商事仲裁裁决划分为中间裁决(inter-

---

① 参见〔英〕艾伦·雷德芬、马丁·亨特等:《国际商事仲裁法律与实践》(第四版),林一飞、宋连斌译,北京大学出版社 2005 年版,第 378 页。

locutory award)、部分裁决(partial award)和终局裁决(final award)。

（一）中间裁决

中间裁决或临时裁决(interim award)，是指在仲裁过程中作出的旨在解决当事人之间所有争议的裁决。中间裁决主要针对程序问题，如仲裁庭管辖权、仲裁中的财产或证据保全、仲裁可适用的法律等。临时措施也可以采用中间裁决的形式。依《美国仲裁协会国际仲裁规则》之规定，仲裁庭认为有必要采取的任何临时措施(包括禁止令和财产保全或保存措施)，可以采用中间裁决的形式。中间裁决主要涉及如下事项：(1) 要求当事人合作或采取措施，保存或出售容易腐烂、变质、贬值的货物，以防止损失进一步扩大；(2) 要求当事人合作或采取措施，为仲裁庭亲自或委派专家监督设备调试和试产提供保障条件；(3) 要求当事人合作或采取措施，组织清算委员会对合资企业的债权、债务进行清算，为责任划分和损害赔偿的确定打下基础。[①]

中间裁决并非终局裁决，即使当事人不履行也不会影响终局裁决的作出。目前，许多国家的商事仲裁立法和国际社会的国际商事仲裁规则都赋予商事仲裁庭根据需要作出中间裁决的权力。例如，《贸法会仲裁规则》第34条第1款规定："仲裁庭可以在不同时间对不同问题分别作出裁决。"仲裁庭对案例4中磷肥定价所作的裁决就属于中间裁决，其目的是要求当事人将即将贬值的货物及时卖出，以防止进一步扩大损失。由此可见，中间裁决在性质上并非终局裁决，它的法律效力不及部分裁决。如果另一方当事人坚决不同意仲裁庭的裁决，坚持按原价卖出，仲裁庭也只能待查清全部事实后，作出最终裁决，结束该合伙纠纷。应该注意的是，中间裁决的性质虽不是终局的，但它毕竟是仲裁庭要求当事人作为或不作为的决定，如果一方当事人拒不履行，那么其后果必然由该当事人承担。

（二）部分裁决

部分裁决，即先行裁决，是对整个争议中的某一个或几个问题已经审理清楚，为了及时保护当事人的合法权益和有助于继续审理其他问题，仲裁庭先行对某一个或几个问题作出的具有强制执行力的终局性裁决。部分裁决通常是考虑到案件的实际情况和迫切需要而作出的。著名学者格洛斯内尔从德国法的视角对部分裁决评论道："在部分裁决中就争议的一部分作出决定是可能的。在可以先决定争议的一部分，而对其余部分的决定需要相当长时间的情况下，可能出现部分裁决。部分裁决必须符合终审裁决的正式要求，也可以作为终审裁决得到

---

① 参见王存学主编：《中国经济仲裁和诉讼实用手册》，中国发展出版社1993年版，第314页。

执行。"[①] 可见,部分裁决是就争议实体部分作出的裁决。就所涉及部分而言,部分裁决所作的决定是终局的。

例如,英国 1996 年《仲裁法》规定:(1) 除非当事人另有约定,仲裁庭可就不同问题在不同阶段作出不止一个裁决。(2) 仲裁庭可就以下事项特别作出裁决:① 影响整体请求的事项;② 仅为提请作出决定的请求或相互请求的一部分之事项。(3) 如果仲裁庭以此方式作出裁决,应当在裁决书中明确相关事项、请求或部分请求。《伦敦国际仲裁院仲裁规则》规定:仲裁庭可就不同事项分次作出独立的裁决。《中国贸仲仲裁规则(2015 版)》第 50 条也涉及部分裁决:仲裁庭认为必要或当事人提出请求并经仲裁庭同意的,仲裁庭可以在作出最终裁决之前,就当事人的某些请求事项先行作出部分裁决。部分裁决是终局的,对双方当事人具有约束力。

就案例 3 而言,不难看出,仲裁庭作出的裁决属于一种部分裁决。其依据是:本案乙方根本违约的事实已查清,要想继续履约已不可能。尽管乙方明显违约,必须负违约责任和赔偿甲方损失,但具体赔多少、怎样支付以及乙方投资建造的一栋生产车间如何评估等,还需进一步鉴定、审核,而要等鉴定、审核结果尚需时日。为了帮助甲方尽早找到新的合作伙伴以走出困境,作出先解除租赁的裁决是合理合法的,此种裁决属于部分裁决,双方当事人必须遵照执行。

(三) 终局裁决

终局裁决,又称作"最终裁决"或"最后裁决",是指仲裁庭在案件审理结束后就提交仲裁的争议的全部问题所作的最后裁决。裁决作出后,当事人不得就相同争议再申请仲裁或者提起诉讼。

终局裁决和部分裁决都是实体性裁决,都具有终审执行效力和强制执行效力。但是,两者仍然具有差别:(1) 部分裁决是仲裁庭在仲裁审理过程中为了及时保护当事人的利益或有利于继续审理其他问题,而对已经审理清楚的一部分实体争议所作出的裁决。例如,我国《仲裁法》第 55 条规定:"仲裁庭仲裁纠纷时,其中一部分事实已经清楚,可以就该部分先行裁决。"终局裁决是仲裁庭在案件审结时就当事人交付仲裁的全部争议事项所作出的终局性决断。两者之间是部分和整体的关系,部分裁决在整体上只是终局裁决的组成部分。因此,两者在内容上不可以相互抵触。对部分裁决已经决定的争议事项,终局裁决一般不会重复处理,只就尚未作出处理的部分进行裁决。(2) 部分裁决只是整个仲裁程序的阶段性仲裁结果。因此,部分裁决并不影响此后的仲裁审理程序的继续进行。终局裁决作出的是最后的结论性决定,它意味着仲裁庭的责任已经履行完

---

① 转引自谢石松主编:《商事仲裁法学》,高等教育出版社 2003 年版,第 264 页。

毕,与当事人间的全部关系已经终止。①

三、合意裁决和非合意裁决

从反映当事人合意的角度,可以将仲裁划分为合意裁决(consensual award)和非合意裁决(unconsensual award)。前者是指仲裁庭依据仲裁双方当事人所达成的和解协议或者仲裁调解协议所作出的裁决。从相对意义上讲,后者则是指仲裁庭不依双方当事人达成的和解协议或者仲裁调解协议所作出的裁决。

在商事仲裁审理过程中,当事人可以通过达成和解协议或者调解协议处理有关的商事法律争议,这种和解协议或者调解协议都可以达到终止仲裁程序的作用。如果当事人不能达成这种和解协议或者调解协议,仲裁庭就只能直接作出裁决。但是,一般的商事仲裁裁决的内容不可能与争议双方的和解相契合,它至多能与一方当事人的意愿相契合。因此,合意裁决并非严格意义上的裁决,它反映的不是仲裁庭处理争议的意思,而只是双方当事人的和解协议或者调解协议,只不过借助了商事仲裁裁决的形式而已。② 合意裁决有助于激励仲裁当事人通过协商自行达成协议以实现解决争议的目的,因此其存在有一定合理性。

世界各国的商事仲裁立法和司法实践以及有关的商事仲裁规则都对合意裁决的效力作了充分肯定。例如,《国际商会仲裁规则》规定,若当事人在案卷移交仲裁庭后达成和解,经当事人要求并经仲裁庭同意,应将其和解内容以和解裁决的形式录入裁决书。《贸法会仲裁规则》第36条第1款规定:"裁决作出之前,各方当事人就争议达成和解协议的,仲裁庭应下令终止仲裁程序,或经各方当事人请求并经仲裁庭接受,应记录此项和解协议并按照和解协议条款作出仲裁裁决。仲裁庭无须对此项裁决说明理由。"我国《仲裁法》第51条规定:"仲裁庭在作出裁决前,可以先行调解。当事人自愿调解的,仲裁庭应当调解。调解不成的,应当及时作出裁决。调解达成协议的,仲裁庭应当制作调解书或者根据协议的结果制作裁决书。调解书与裁决书具有同等法律效力。"英国1996年《仲裁法》第51条规定,针对当事人达成和解的情形,"如当事人提出请求且仲裁庭没有反对,则仲裁庭应停止实体程序,且应将和解以和解裁决的形式予以记录"。《国际商会仲裁规则》第32条规定:"如果当事人已经依第16条的规定将文件提交仲裁庭后达成和解,经过当事人的请求及仲裁庭的同意,该和解应以和解裁决的方式予以记录。"

需要注意的是,合意裁决的作出不是必需的。一般情况下,只有经当事人的

---

① 参见韩健:《现代国际商事仲裁法的理论与实践》(修订本),法律出版社1993年版,第257页。
② 参见谭兵主编:《中国仲裁制度研究》,法律出版社1995年版,第243页。

请求及仲裁庭的同意,才作出合意裁决。在当事人达成和解或调解成功的情形下,也可能直接由申请人撤回仲裁申请以结束仲裁程序。

合意裁决不同于其他裁决,可以不写明争议事实和裁决理由。1998年《伦敦国际仲裁院仲裁规则》第26.8条规定,倘若当事人的争议达致和解,仲裁庭可以按照当事人的书面要求作出记录和解的裁决书("协议裁决书"),但所述裁决须写明该裁决是依照当事人的协议作出的。协议裁决书无须附具体理由。

与其他种类的裁决一样,合意裁决的作出意味着仲裁程序的结束,裁决本身对当事人具有约束力。

四、对席裁决和缺席裁决

从当事人及其代理人是否出席仲裁审理和行使答辩权的角度,可以将商事仲裁划分为对席裁决和缺席裁决。这一部分重点介绍缺席裁决。

对席裁决是指商事仲裁庭在仲裁双方当事人或其代理人都依法出席了整个庭审程序,行使了辩论权的基础上所作出的裁决。

缺席裁决(default award)是指一方当事人未能按通知参与仲裁程序时仲裁庭所作出的裁决。如果一方当事人经适当通知而未出庭参加仲裁程序,仲裁庭可以作出缺席裁决。例如,《斯德哥尔摩商会仲裁院仲裁规则》规定,任何一方当事人无正当理由而未出席庭审或未能遵守仲裁庭的决定,不影响仲裁庭继续进行仲裁程序,直至作出仲裁裁决。荷兰《民事诉讼法典》第1040条第2款规定:"如果被申请人无正当理由,不顾已被给予的合理机会,未能提出其答辩,仲裁庭可以径行作出裁决。"缺席裁决必须同时具备以下两个条件:(1)商事仲裁机构已经将开庭的具体日期、时间和地点依法通知了双方当事人或代理人;(2)被申请人(包括反请求中的被申请人)及其代理人无正当理由不到庭,或者未经仲裁庭许可中途退庭。此外,如果双方当事人协议对争议案件进行书面审理,被申请人(包括反请求中的被申请人)及其代理人未按仲裁庭要求提出答辩书,仲裁庭也可以作出缺席裁决。[①]

此外,缺席裁决也是有约束力的裁决,但应当注意以下事项:第一,当事人应当被给予充分的通知和陈述的机会;第二,裁决是仲裁庭在对当事人提交的材料进行审查后作出的。

五、补充裁决和被补充裁决

补充裁决和被补充裁决是基于仲裁裁决间的补充和被补充关系划分的。补

---

① 参见谢石松主编:《国际商事仲裁法学》,高等教育出版社2003年版,第262页。

充裁决(additional award)是指对当事人提出但仲裁庭在仲裁裁决中未作出决定的请求作出的裁决。补充裁决通常可由当事人提出申请或仲裁庭主动进行,并且需要在规定的时间内作出。被补充裁决,即指补充裁决所弥补的存在缺漏的裁决。

在通常情况下,仲裁庭会在案件审结时就当事人交付仲裁的全部争议事项作出裁决,不存在补充裁决的问题。但是,由于仲裁庭的疏忽,也会出现漏裁的现象,从而使补充裁决的存在成为必要。为弥补商事仲裁中出现的缺漏,不少国际商事仲裁规则都规定了补充裁决的制度。例如,《国际商事仲裁示范法》第33条所规定的"追加裁决"和《伦敦国际仲裁院仲裁规则》第17条第3款所规定的"附加裁决"等,都属于补充裁决的范畴。

补充裁决的作出一般需经当事人的申请,是否允许仲裁庭主动作出补充裁决,依各仲裁规则的具体规定而有不同。例如,《伦敦国际仲裁院仲裁规则》第17条第3款规定:"除非当事人另有约定,一方当事人于收到裁决起30日内,经通知另一方或另几方当事人,要求仲裁庭就其在仲裁程序中提出的、裁决中未加处理的请求作出附加裁决,如果仲裁庭认为该要求理由正当,它应在60日内作出附加裁决。"《贸法会仲裁规则》第39条规定:"1. 一方当事人可在收到终止令或裁决书后30天内,在通知其他各方当事人后,请求仲裁庭就仲裁程序中提出而仲裁庭未作决定的请求作出裁决或补充裁决。2. 仲裁庭认为裁决或补充裁决请求有正当理由的,应在收到请求后60天内作出裁决或补充完成裁决。"《中国贸仲仲裁规则(2015版)》第54条规定:"(一)如果裁决书中有遗漏事项,仲裁庭可以在发出裁书后的合理时间内自行作出补充裁决。(二)任何一方当事人可以在收到裁决书后30天内以书面形式请求仲裁庭就裁决书中遗漏的事项作出补充裁决;如确有漏裁事项,仲裁庭应在收到上述书面申请后30天内作出补充裁决。"

实践中,仍有少数仲裁机构规定仲裁庭亦可主动作出补充裁决。

此外,从上述规定可以看出,当事人申请作出补充裁决的,应当在一定期限内提出;仲裁庭主动作出补充裁决的,也应当在合理期限内进行。经当事人申请,仲裁庭认为合理,需要作出补充裁决的,应当遵守关于裁决作出期限的特殊规定。

补充裁决虽应被视为最终裁决的一部分,但鉴于其在最终裁决后作出,关于履行期限、利息计算等问题,应相对独立。对于补充裁决的作出,除特殊规定外,应与其他种类的裁决相同。

第二节 裁决的作出

案例

安徽省某房地产开发有限公司与宜兴市某地基工程公司申请撤销仲裁裁决案①

2007年12月25日,安徽省某房地产开发有限公司(以下简称"甲公司")与中建四局六公司签订建筑工程承包补充协议,由中建四局六公司承建淮南市家乐福时代广场地下室及裙楼4栋工程施工。2008年5月18日,宜兴市某地基工程公司(以下简称"乙公司")与中建四局六公司签订桩基工程施工合同。5月20日,乙公司与甲公司签订桩基工程协议。乙公司依据2008年5月20日签订的桩基工程协议申请仲裁。

申请人甲公司称,该案受理时间是2011年1月7日,2014年6月5日才作出裁决,该裁决严重违反审理期限的规定,让甲公司无故承担150万元违约金,因此应撤销该仲裁裁决。

由于申请人在申请书中提及其他符合法律规定的撤销仲裁裁决的理由,因此法院未对上述超期裁决的问题作出回应。

【思考题】

1. 关于裁决作出的期限,各仲裁规则和仲裁法中有哪些具体规定?
2. 裁决的作出还需要遵循哪些方面的要求?

裁决的作出涉及方方面面,实质上的问题主要包括裁决作出的依据、裁决作出所适用的法律等,形式上的问题主要包括裁决所需具备的内容、裁决作出的期限等。鉴于实质上的问题已在第七章进行了详细阐述,本节仅对形式方面的事项进行说明。此外,对于补充裁决的特殊性,本章第一节进行了详细说明,故在

---

① 安徽省淮南市中级人民法院(2014)淮民特字第00016号民事裁定书。

此不再赘述。下文所述内容一般也适用于补充裁决的作出。

一、裁决的内容

裁决中需要或不需要包含何种内容,一般需要考虑当事人之间的约定、仲裁适用的规则以及相关仲裁法的规定。

裁决需要写明当事人约定必须写明的内容。有些仲裁规则还规定,当事人约定不在裁决书中写明争议事实和裁决理由的,可以不写明。[①]

关于裁决的具体内容,仲裁规则可能作出具体规定。例如,《伦敦国际仲裁院仲裁规则》第16条第1款规定:"仲裁庭应以书面方式作出裁决,并且除非当事人各方另有约定,应当说明裁决所依据的理由。"《国际商会仲裁规则》第31条第2款规定:"裁决应说明其所依据的理由。"此种规定属于较为简单的要求。《中国贸仲仲裁规则(2015版)》第49条第3款要求"仲裁庭在裁决书中应写明仲裁请求、争议事实、裁决理由、裁决结果、仲裁费用的承担以及裁决的日期和地点"。通常情况下,裁决书中还会详细写明仲裁过程中具体的程序性事项,如相关材料的有效送达、仲裁庭的组成过程等。

仲裁法也有可能对裁决的内容进行规定。例如,英国1996年《仲裁法》第52条规定:"……(4) 裁决书应附具理由,除非它是一个和解裁决或当事人约定不附具理由。"

从上述规定可以看出,一般情况下,裁决均必须写明争议事实和裁决理由,这也是一份裁决的核心部分;只有在和解裁决或当事人协议的情况下,才可以不写明上述内容。仲裁程序的具体过程一般不被强制要求写入裁决。

二、仲裁庭的意见

能够影响裁决实质性内容的最关键因素是仲裁庭的意见。在独任仲裁员作为仲裁庭的案件中,不存在仲裁庭的意见出现分歧的情况。但是,当仲裁庭由三名仲裁员组成时,可能会出现仲裁员对争议事项看法不一的情况。此时,以何种意见作为最终裁决的内容,成为关键。

为解决这一问题,多数表决制度往往是最常被采用的方式。《贸法会仲裁规则》第33条第1款要求"仲裁员不止一名的,仲裁庭的任何裁决或其他决定均应以仲裁员的多数作出"。此种规定为典型的多数表决制度。但是,其缺点在于,在仲裁庭的确无法达成多数意见的情况下,没有解决问题的方法。

[①] 例如,《中国贸仲仲裁规则(2015版)》第49条第3款规定,当事人协议不写明争议事实和裁决理由的,以及按照双方当事人的和解协议的内容作出裁决书的,可以不写明争议事实和裁决理由。

在一些仲裁规则中,会规定一种修正的多数表决制度。例如,《伦敦国际仲裁院仲裁规则》第 16 条第 3 款规定:"如果仲裁员人数在一个以上而不能就任何事项达成一致,则应由多数作出决定。如果未能达成多数一致,则首席仲裁员就应单独作出裁决,就如同他是独任仲裁员一样。"《国际商会仲裁规则》第 31 条第 1 款也规定:"仲裁庭由数名仲裁员组成的,应根据多数意见作出裁决。如果不能形成多数意见,裁决将由首席仲裁员独自作出。"

在无法形成多数意见的情况下,由首席仲裁员独自作出裁决,并不违背公平正义原则。在由三名仲裁员组成仲裁庭的情况下,除首席仲裁员外的其余两名仲裁员往往由当事人选择产生。虽不能认为当事人选择仲裁员的特定目的就是使其支持自己的意见,但理性谨慎的当事人更倾向于选择可能对自己的主张和意见表示支持的仲裁员。在这种情况下,把不能形成多数意见时的决定权交给首席仲裁员,是一种较为稳妥的方式。修正的多数表决制度在保障仲裁裁决公平合理的同时,增加了制度的灵活性,是目前被采用较多的一种方式。

三、裁决作出的期限

裁决应当在一定期限内作出,否则可能面临被撤销的危险。为保证并督促程序的快速进行,仲裁规则中往往规定了裁决作出的期限。

例如,《国际商会仲裁规则》第 30 条第 1 款规定:"仲裁庭必须作出终局裁决的期限为六个月。该期限自仲裁庭成员在审理范围书[①]上最后一个签名之日或者当事人在审理范围书上最后一个签名之日起算,或者,在第 23 条第 3 款[②]的情况下,自秘书处通知仲裁庭仲裁院已批准审理范围书之日起算。"

有些仲裁规则区分不同的程序,对裁决作出的期限进行了不同的规定。例如,《中国贸仲仲裁规则(2015 版)》规定,对于国内仲裁,仲裁庭应在组庭后四个月内作出裁决书;[③]对于适用简易程序的仲裁案件,裁决期限为组庭后三个月;[④]对于除国内仲裁与适用简易程序的仲裁案件外的程序,仲裁庭应当在组庭后六个月作出裁决。[⑤]

裁决作出期限的规定一般并非强制性规定,特定情况下可予以延长。例如,《国际商会仲裁规则》第 30 条第 2 款规定:"仲裁院可依仲裁庭说明理由的请求

---

① 审理范围书为国际商会规定的,在开庭前就各方当事人的具体情况、送达地址、仲裁请求、仲裁地、仲裁规则等事项进行确定的文件。
② 《国际商会仲裁规则》第 23 条第 3 款规定,若任何当事人拒绝参与拟订或签署审理范围书,该审理范围书应提交仲裁员批准。审理范围书按第 23 条第 2 款签署或经仲裁院批准后,仲裁应继续进行。
③ 参见《中国贸仲仲裁规则(2015)版》第 71 条第 1 款。
④ 参见《中国贸仲仲裁规则(2015)版》第 62 条第 1 款。
⑤ 参见《中国贸仲仲裁规则(2015)版》第 48 条第 1 款。

延长该期限,或在其认为必要时自行决定延长该期限。"《中国贸仲仲裁规则(2015版)》也规定,经仲裁庭请求,仲裁委员会仲裁院院长认为确有正当理由和必要时,可以延长该期限。[①] 但是,对裁决期限延长的理由,往往没有明确的规定,实践中的做法往往也比较灵活。

有些国家的仲裁法也会对裁决期限的延长问题作出规定。例如,如英国1996年《仲裁法》第50条规定:"(1)如仲裁协议限定了裁决作出的期限,除非当事人之间另有约定,法院可以根据以下规定命令延长该期限。(2)仅在用尽所有可资取得延期的仲裁程序后,方可申请根据本条作出裁定:(a)仲裁庭(经通知当事人)提出;或(b)当事人(经通知仲裁庭或其他当事人)提出。(3)法院仅在其认为不作出裁定将导致实质性的不公平时方可作出此项命令。(4)法院可以按其认为合适的期限和条件延长期限,无论之前确定(双方的约定或之前的命令确定)的期限过期与否。(5)针对本条项下法院决定的上诉应取得法院的准许。"由法院对仲裁裁决作出期限予以延长的规定较为少见,因此种干涉对仲裁程序的影响较大。但是,从上述仲裁法的规定可以看出,即便对此进行规定,适用条件也是极其苛刻的。

裁决作出的期限长短不仅决定了仲裁程序进行的快慢,若仲裁庭超过仲裁期限作出裁决,其裁决还有可能被认为不符合正当程序而被撤销。

四、裁决作出的方式

(一) 书面

裁决涉及双方当事人争议的实体问题,意义重大,故一般仲裁规则或各国仲裁法都规定裁决应当以书面形式作出。此中重要性易于理解,故不赘述。

(二) 署名

仲裁规则一般都规定,仲裁员应当在裁决书中署名。例如,《贸法会仲裁规则》第34条第4款规定:"裁决应由仲裁员签名,并载明作出裁决的日期和指明仲裁地。"《伦敦国际仲裁院仲裁规则》第16条第1款规定:"裁决中应当写明日期并应有仲裁员签字。"

在仲裁庭由三名仲裁员组成的情况下,若三名仲裁员意见统一,则都应签字,理所当然。针对有仲裁员拒绝签字的情况,仲裁规则一般也有涉及。例如,《伦敦国际仲裁院仲裁规则》第16条第1款规定:"如果一个仲裁员拒绝或未曾在裁决书上签字,只要对该仲裁员没有签字的理由作了说明,则多数的签字就足够了。"《中国贸仲仲裁规则(2015版)》第49条第7款规定:"除非裁决依首席仲

---

① 参见《中国贸仲仲裁规则(2015)版》第48条第2款、第62条第2款、第71条第2款。

裁员意见或独任仲裁员意见作出并由其署名,裁决书应由多数仲裁员署名。持有不同意见的仲裁员可以在裁决书上署名,也可以不署名。"

需注意的是,仲裁员在裁决书上署名并不意味着他同意裁决书的内容。

(三)语言

裁决书所使用的语言一般与仲裁程序所使用的语言相同。需注意的是,根据《纽约公约》的规定,如果需要获得承认和执行的裁决不是用相应国家的正式语言作出,申请承认和执行裁决的当事人应该提供此种译文。①

五、裁决的核阅

在机构仲裁的情况下,裁决在发出前,一般都应经仲裁院核阅。此种仲裁院对裁决的核阅意见一般不对仲裁庭产生强制效力。

《国际商会仲裁规则》第33条规定:"仲裁庭应在签署裁决书之前,将其草案提交仲裁院。仲裁院可以对裁决书的形式进行修改,并且在不影响仲裁庭自主决定权的前提下,提醒仲裁庭注意实体问题。裁决书形式未经仲裁院批准,仲裁庭不得作出裁决。"《中国贸仲裁规则(2015版)》第51条规定:"仲裁庭应在签署裁决书之前将裁决书草案提交仲裁委员会核阅。在不影响仲裁庭独立裁决的情况下,仲裁委员会可以就裁决书的有关问题提请仲裁庭注意。"

仲裁机构对裁决书进行核阅的主要目的在于,确保裁决书形式上的正确性,同时对认为不适当的实体问题处理提出意见。至于对此意见是否作出回应,则当为仲裁庭的自由选择。

第三节 裁决的修正

山东某担保有限公司与东营某牧业有限责任公司等申请撤销仲裁裁决案②

2014年10月31日,仲裁案件第一被申请人东营某牧业有限责任公司(以

---

① 参见《纽约公约》第4条第2款。
② 山东省东营市中级人民法院(2016)鲁05民特30号民事裁定书。

下简称"甲公司")与中国农业发展银行利津县支行签订流动资金借款合同,申请借款500万元。申请人山东华信担保有限公司(以下简称"乙公司",蒋某某任申请人的总经理)与中国农业发展银行利津县支行签订保证合同,为上述贷款承担连带保证责任,第二至第十九被申请人(分别为:尚某某、马某某、尚某某、利津县某食品加工有限责任公司、贾某某、赵某某、贾某某、利津某生物科技有限公司、王某某、王某某、山东某新能源有限公司、邢某某、张某某、沾化某专用汽车制造有限公司、张某某、李某、孙某某、仲某某)与申请人签订保证反担保合同,对上述贷款为第一被申请人向申请人乙公司提供反担保。

2015年9月1日,山东某新能源有限公司变更为某新能源车辆有限公司(以下简称"丙公司")。经仲裁庭查明,蒋某某在申请人与中国农业发展银行利津县支行签订保证合同之前,已经代表申请人解除与丙公司、邢某某及张某某签订的保证反担保合同。因此,仲裁庭裁决甲公司向乙公司偿还未支付的款项,并裁决除丙公司、邢某某、张某某外的被申请人,对上述款项承担连带清偿责任。

后乙公司申请撤销上述仲裁裁决。乙公司称,2016年1月22日,东营仲裁委员会作出(2015)东仲字第494号裁决书,它从东营仲裁委员会领取该裁决书后发现,该裁决书中存在部分错别字及遗漏保全费的问题,东营仲裁委员会要求其将该裁决书原件交回。同年3月22日,东营仲裁委员会重新作出(2015)东仲字第494号裁决后,乙公司发现仲裁庭除将先期作出的裁决书中的部分错别字及保全费更正后,还改变了裁决实体内容,即驳回了乙公司对丙公司、邢某某、张某某的仲裁请求。因此,乙公司认为仲裁庭的上述举动违反了法定程序,后一裁决应予以撤销。

东营中级人民法院经审理后认为,仲裁庭对仲裁裁决中出现的错字、漏项等瑕疵的更正应符合《民事诉讼法》等法律的有关规定,这种更正过程和方式在程序上应依法进行,对从实体上改变仲裁结果的仲裁裁决的更正应依照法定程序进行。仲裁庭在第一次裁决作出后的送达、回收以及第二次裁决的变更过程中,没有进行任何补正和说明,属于严重违反法定程序的情形,因此裁定撤销仲裁庭2016年3月22日作出的仲裁裁决。

【思考题】

1. 裁决的修正应依据何种程序以何种方式进行?
2. 裁决作出后是否还能对实体内容进行更改?

一般来说,裁决一经作出即生效力,不容修改。但是,裁决书中不可能绝对不存在错误,若不赋予当事人申请修正或仲裁庭主动修正的权利,则不利于当事人的利益和仲裁制度的发展。对裁决进行修正而产生的文件一般被认为属于裁决的一部分,具有与裁决相同的效力。

一、裁决修正的内容

裁决的修正,是指对已作出的裁决中存在的计算、打印、誊抄等类似性质的错误进行的修正。裁决的修正原则上不应涉及实体内容,若对裁决的修正改变了原先的实体部分,则极有可能被认定为违反正当程序。

在案例 1 中,东营仲裁委员会由于在对裁决的文字错误进行修改的同时,在无任何说明的情况下,对裁决的实体内容进行了修改,导致裁决最终以违反法定程序为由被撤销。

二、当事人申请修正

裁决书送达当事人后,若当事人发现其中存在问题,则可以在一定的期限内向仲裁庭或仲裁机构提出修正裁决的申请。例如,《伦敦国际仲裁院仲裁规则》第 17 条第 1 款规定:"除非当事人对期限另有约定,则一方当事人可以在收到裁决后 30 日内,通过向登记处发出通知,要求仲裁庭对裁决中的任何计算错误、书写错误、印刷错误或者其他类似性质的错误进行纠正。如果仲裁庭认定当事人的要求理由正当,应当于收到要求起 30 日内作出纠正。"《贸法会仲裁规则》第 38 条第 1 款规定:"一方当事人可在收到裁决书后 30 天内,在通知其他各方当事人后,请求仲裁庭更正裁决书中的任何计算错误、任何笔误或排印错误以及任何类似性质的错误或遗漏。"

三、仲裁庭主动修正

仲裁庭发现裁决书中存在应修正的错误时,也可在一定期限内主动进行修正。例如,《伦敦国际仲裁院仲裁规则》第 17 条第 2 款规定:"仲裁庭在作出裁决后 30 日内可就本条第 1 款中规定的错误主动作出纠正。"《贸法会仲裁规则》第 38 条第 2 款规定:"仲裁庭可在发送裁决书后 30 天内,自行作出此种更正。"

四、裁决修正的期限

对裁决进行修正,需要遵守一定的期限规定,若超过期限,则不可再进行修改,否则将置当事人的权利义务于不确定的状态,影响当事人的利益。上述仲裁规则中所规定的"收到裁决书后 30 日内"和"作出裁决后 30 日内",均是对于期限的规定。

五、裁决修正的程序

多数仲裁规则规定,仲裁庭在决定是否对裁决进行修正时,仅需经审查后径直作出裁决,无须另外经过特定的形式,但一些仲裁规则针对裁决的修正,规定了需要进行的程序。例如,《国际商会仲裁规则》第35条第2款规定:"当事人要求更正第35条第1款所述错误的请求,或者要求解释裁决书的请求,必须在其收到裁决书之日后30天内提交秘书处并按第3条第1款的规定提供相应的份数。该请求应当转送仲裁庭。仲裁庭应给予其他当事人一个短的期限,一般不超过该当事人收到请求之后30天,提交评论。仲裁庭应当在对方当事人评论期限届满后30天内,或仲裁院规定的其他期限内,向仲裁院提交其就该请求的决定草案。"

国际商会的上述规则对裁决书的修正虽十分谨慎,但这一程序最多可持续3个月,且3个月过后,可能只形成决定草案,但难免有拖沓之嫌。

六、裁决修正的形式

对裁决的修正一般须通过书面作出,至于具体采取何种形式,各仲裁规则有不同的规定。例如,《伦敦国际仲裁院仲裁规则》规定,对裁决书的纠正应采取单独记录的方式;《国际商会仲裁规则》规定,更正或揭示裁决书的决定应采取附件的形式。在对裁决进行修正时,无疑应当遵照上述形式进行。

第四节 中国的立法与实践

案例

中国工商银行股份有限公司洛阳九都支行申请
执行(2014)洛仲字第91号调解书案[①]

申请人中国工商银行股份有限公司洛阳九都支行就其与被申请人李某某、亓某某、邢某某之间的个人借款担保合同纠纷提交洛阳仲裁委员会仲裁。之后,

---

① 河南省洛阳市中级人民法院(2015)洛执字第113号执行裁定书。

仲裁委员会依据当事人之间的调解结果,制作了(2014)洛仲字第 91 号调解书。因被申请人未按期履行调解书规定的义务,申请人向洛阳市中级人民法院申请执行。洛阳市中级人民法院经审查确认该调解书可予以执行,并具体指定由洛阳市伊川县人民法院执行。

【思考题】
1. 调解书与仲裁裁决是否具有同等法律效力?
2. 调解书与仲裁裁决在执行中是否存在区别?
3. 我国仲裁法中存在哪些种类的裁决?
4. 我国仲裁法对裁决的各个方面有何具体的要求?

一、我国仲裁法中裁决的种类

我国仲裁法中涉及的除终局裁决外的裁决有以下几种:

(一) 和解裁决

《仲裁法》第 51 条第 2 款规定:"调解达成协议的,仲裁庭应当制作调解书或者根据协议的结果制作裁决书。调解书与裁决书具有同等法律效力。"在诉讼法领域,我国一向注重调解与诉讼相结合;在仲裁领域,也同样注重调解与仲裁相结合,甚至赋予仲裁庭主动进行调解的权力。所以,在立法中,我国当然承认和解裁决的存在,也承认调解书与和解裁决具有同样的法律效力。

《仲裁法》第 51 条涉及的问题在于,在仲裁调解程序之后,仲裁庭可不作出裁决书,而只作出调解书。虽然在上述案例中,调解书在我国国内的执行不具有任何效力地位上的困难,但是在涉外仲裁的承认与执行中可能存在困难。适用《纽约公约》的首要条件即某项文件能够成为仲裁裁决(arbitral award),和解裁决自应归为仲裁裁决一类。但是,调解书是否能够成为《纽约公约》下被承认与执行的对象,则难以认定。

(二) 先行裁决

《仲裁法》第 55 条规定:"仲裁庭仲裁纠纷时,其中一部分事实已经清楚,可以就该部分先行裁决。"从此条规定的措辞来看,我国仲裁法中规定的先行裁决是针对案件实体部分,而非对程序问题的决定。

(三) 补充裁决

《仲裁法》第 56 条规定:"对裁决书中的文字、计算错误或者仲裁庭已经裁决但在裁决书中遗漏的事项,仲裁庭应当补正;当事人自收到裁决书之日起三十日内,可以请求仲裁庭补正。"此条规定承认了仲裁庭对漏裁事项进行补充裁决的权力,并规定此补充裁决不仅可以因当事人的请求作出,还可由仲裁庭主动作出。该规定并未限制仲裁庭作出补充裁决的期限。

二、我国仲裁法中裁决的内容

《仲裁法》第 54 条规定:"裁决书应当写明仲裁请求、争议事实、裁决理由、裁决结果、仲裁费用的负担和裁决日期。当事人协议不愿写明争议事实和裁决理由的,可以不写。"该规定并未排除和解裁决。但是,鉴于和解裁决往往直接根据当事人的和解协议作出,极少涉及仲裁庭对争议事项的认定,故在解释上,应当将和解裁决列入不需写明裁决理由的裁决。

我国《民事诉讼法》中规定的不予执行仲裁裁决的理由包括"认定事实的主要证据不足",此项规定在写明裁决理由的情况下自当适用。但是,有证据证明当事人协议不用写明的,或在仲裁庭作出和解裁决的情况下,不应以"认定事实的主要证据不足"为由不予执行该仲裁裁决。

三、我国仲裁法中的表决制度

《仲裁法》第 53 条规定:"裁决应当按照多数仲裁员的意见作出,少数仲裁员的不同意见可以记入笔录。仲裁庭不能形成多数意见时,裁决应当按照首席仲裁员的意见作出。"可以看出,我国仲裁法在仲裁庭意见方面,采取的是修正的多数表决制度。但是,依仲裁法规定少数意见可以记入笔录,不同于一些仲裁规则规定,少数意见可以写入裁决。

四、我国仲裁法中裁决的形式

《仲裁法》第 54 条规定:"……裁决书由仲裁员签名,加盖仲裁委员会印章。对裁决持不同意见的仲裁员,可以签名,也可以不签名。"这条规定包含两项内容,即裁决应当以书面形式作出,且原则上应由仲裁员签名。由于我国《仲裁法》采修正的多数表决制度,所以不要求所有仲裁员均在裁决书上签名。但是,从解释来看,若能够形成多数意见,则持多数意见的仲裁员都应在裁决书上签名。

同时,仲裁法还要求裁决书应由仲裁委员会盖章。仲裁委员会盖章在机构仲裁的情况下可以实现。但是,在临时仲裁时,由于不存在仲裁委员会,盖章也成为不可能。由此可见,我国仲裁法原则上不承认临时仲裁。但是,在适用《纽约公约》对仲裁裁决予以承认与执行时,由于该公约第 1 条第 2 款规定:"'仲裁裁决'一词不仅指专案选派之仲裁员所作仲裁,亦指当事人提请仲裁之常设仲裁机关所作仲裁",因此我国也有义务对涉外的临时仲裁裁决予以承认与执行,此时不应再要求裁决书需由仲裁委员会盖章。

五、我国仲裁法中裁决的修正

《仲裁法》第56条规定："对裁决书中的文字、计算错误或者仲裁庭已经裁决但在裁决书中遗漏的事项，仲裁庭应当补正；当事人自收到裁决书之日起三十日内，可以请求仲裁庭补正。"

我国仲裁法规定，对裁决的修正，可以由当事人在一定期限内申请进行，也可以由仲裁庭主动进行。仲裁庭主动修正的，不受特定期限的限制。此种规定容易置当事人的权利义务于不确定的状态，应当予以细化。

本章思考题

1. 裁决的种类有哪些？划分的标准是什么？
2. 补充裁决的性质是什么？是否应当赋予仲裁庭主动作出补充裁决的权力？
3. 我国仲裁法对经调解达成协议，可以只制作调解书而不制作和解裁决的规定，会对裁决的域外执行造成什么样的影响？

参考阅读文献

1. 赵秀文：《浅谈我国仲裁裁决的分类》，载《北京仲裁》2005年第4期。
2. 黄良友：《海峡两岸仲裁裁决制度比较研究》，载《仲裁研究》2004年第2期。
3. 〔英〕艾伦·雷德芬、马丁·亨特等：《国际商事仲裁法律与实践》（第四版），林一飞、宋连斌译，北京大学出版社2005年版。

第九章 仲裁裁决的承认与执行

 **本章要点**

了解国际商事仲裁裁决的撤销以及不予承认与执行的理由,同时了解跨国承认与执行国际商事仲裁裁决的法律问题,最后结合中国的立法与实践对上述问题进行介绍。

第一节 国际商事仲裁裁决的撤销

案例 1

阿布达比酋长国政府投资部门与花旗集团案①

2007年11月,阿布达比首长国政府投资部门(以下简称"ADIA")与花旗集团(以下简称"Citi")签订了投资额为75亿美元的投资协议。协议中的仲裁条款约定,双方在交易中产生的任何争议都将提交仲裁解决。2009年12月,ADIA根据仲裁条款向美国仲裁协会的解决国际争端中心(International Centre for Dispute Resolution of the American Arbitration Association,ICDR)提交了仲裁申请,声称被申请人Citi有证券欺诈和过失不实陈述行为,违反了信托义务和合同约定,违背了诚实信用和公平交易原则,故向仲裁庭请求裁决解除合同,并要求Citi返还它的投资额或者赔偿它因此而遭受的40多亿美元的损失。

本案中,双方当事人在投资协议中明确规定了因违约而产生的任何争议应适用纽约州的法律,但是并没有规定非因合同产生的侵权纠纷应当适用的法律。为了解决这一问题,双方当事人合意由仲裁庭根据《ICDR仲裁规则》第28条第

---

① Abu Dhabi Investment Authority v. Citigroup, Inc., Memorandum Decision and Order, Southern District of New York, United States District Court, March 4, 2013.

1款的规定,选择合适的(appropriate)准据法。仲裁庭根据该规则,最终选择适用纽约州的法律解决侵权赔偿纠纷,并裁决驳回申请人的仲裁请求。ADIA认为,仲裁庭选择纽约州的法律之行为使该仲裁裁决可撤销。

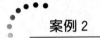
案例2

Celine Gueyffier 与 Ann Summers,Ltd. 特许经营权案[①]

1999年6月,居住在美国的法国人Celine Gueyffier与一家英国公司Ann Summers Ltd.(以下简称"A.S.公司")在美国签订了特许经营合同。根据合同规定,A.S.公司授权Celine在美国洛杉矶开设其所属品牌门店,并有义务向Celine提供经营手册、管理培训以及广告宣传等活动。合同第7条第2款还规定,特许人(Celine)认为授权人(A.S.公司)有违约行为时,应当立即书面告知授权人违约事由,并且给予授权人不少于60天的时间采取补救措施,否则授权人不构成违约,仲裁庭不得修改或变更上述规定。另外,合同中的仲裁条款规定,任何因合同而产生的或者与合同有关的争议都将提交美国仲裁协会(American Arbitration Association,AAA)仲裁解决;任何情况下,仲裁庭都不得修改和变更合同中包括但不限于经营方法、产品销售、付款事务等一切具体权利义务的规定。

2001年3月,Celine在洛杉矶的特许门店经过短暂的开业随即关门,不久却以另一商标名称重新开门营业。A.S.公司遂于5月2日向位于洛杉矶的AAA分会申请仲裁,AAA的国际争端解决中心(ICDR)受理了仲裁申请。5月22日,Celine提出反请求,认为A.S.公司作为授权人没有为其提供经营手册、管理培训以及广告宣传等一系列的协助,违反了特许经营合同中规定的义务,构成了违约。仲裁庭分别于2004年8月和9月开庭进行了审理,并于2005年2月2日作出了仲裁裁决。

仲裁庭认为,根据当事人双方提供的证据,授权人A.S.公司事实上没有为特许人Celine提供有实质意义的协助,违反了特许经营合同明确规定的义务,导致特许人不能正常经营,给特许人造成巨大经济损失,并且直到特许人重新开业时止,授权人都没有弥补其行为造成的损失,故A.S.公司确实构成违约,应

---

① Celine Gueyffier v. Ann Summers,Ltd.,Supreme Court of California,No. S148568,June 9,2008.

当承担违约责任。仲裁庭还指出,合同中规定的特权人及时的书面告知行为和不少于 60 天的补救期是毫无意义且完全没有必要的。

案例 3

Warnes, S. A. 与 Harvic International, Ltd.、Mariel Trading, Ltd. 国际货物买卖合同纠纷案①

Warnes, S. A. 是一家阿根廷公司(以下简称"W"),主要营业地在阿根廷的布宜诺斯艾利斯,HarvicInternational, Ltd. 和 MarielTrading, Ltd. 都是主要营业地在纽约的公司(以下分别简称"H"和"M")。W 与 H 签订了国际货物买卖合同,合同标的为价值约 171500 美元的 60000 件上衣,该批货物最迟应当在 1992 年 2 月之前抵达布宜诺斯艾利斯。合同还约定,W 需支付给 H 货物总价 5% 的居间费用和货物装船前的检验费用。合同中包含仲裁条款。1991 年 11 月末,H 发来样品 1,W 认为该样品不符合合同约定的款式和质量并于 12 月将此种情况通知了 H。1992 年 1 月,H 发来样品 2,W 以同样的理由表示反对。2 月,H 发来样品 3,W 认为该样品仍然不符合合同约定的款式和质量。但是,此时 H 表示货物已装船。最后,W 不得不亏本销售该批货物并因此遭受了巨大损失。W 遂于 1992 年 12 月 21 日向美国仲裁协会申请仲裁,要求 H 和 M 承担违约责任。

本案分别于 1993 年 10 月 26 日和 1994 年 9 月 27 日进行了审理,其中第二次审理时,在被申请人的举证环节,被申请人的证人——H 的法人代表 Abadi 作证,在货物装船前,Abadi 曾经与 M 的代表 Messing 在纽约召开过会议,Messing 也检验了货物的样品,并没有主张货物不符合合同约定。Abadi 还表示,直到货物被亏本销售时他才得知 M 认为货物不符合合同约定。被申请人举证完毕后,申请人认为 Abadi 的证词是被申请人提出的新证据,要求再次举证反驳之。仲裁庭拒绝了该要求,并于 1994 年 12 月 1 日作出仲裁裁决,驳回申请人 W 的仲裁请求。

---

① Warnes v. Harvic Int'l, 1993 U. S. Dist. LEXIS 8457 (D. N. Y. 1993).

案例 4

国家地理频道亚洲网络公司与 PAC 太平洋国际集团公司案[①]

中央电视台（以下简称"CCTV"）、PAC 太平洋国际集团公司（以下简称"PAC"）和国家地理频道亚洲网络公司（以下简称"NGC"）之间达成一项协议。协议规定，CCTV 将转播 NGC 的一档节目；NGC 则可以出售 CCTV 授权的节目播出时的商业广告时段以及节目的赞助机会；PPGI 作为 CCTV 与 NGC 之间的行纪人，收取节目播出时的部分广告费。协议还规定，各缔约方不保证收益，通过协议所能产生的收益完全依赖于潜在的广告商和赞助商的支持。2001 年 9 月，NGC 通知 PPGI，由于备忘录的计划不能有效盈利，所以即将终止其实施。

2007 年 3 月 1 日，PPGI 向美国仲裁协会（AAA）提起仲裁申请。PPGI 声称 NGC 未能尽力销售其商业广告时段和广告赞助机会，并由此导致 PPGI 无法获得依协议规定所能得到的报酬。PPGI 认为 NGC 违反了合同中默示的诚实信用和公平交易的义务，已经构成违约，遂要求解除合同，并要求 NGC 合理支付其应得报酬。

仲裁开始前，双方当事人共同在 AAA 提供的备选名单中指定了仲裁员 Robert C. O'Brien。2008 年 6 月 24 日，AAA 书面告知当事人，O'Brien 主动披露自己是洛杉矶某律师事务所 Arent Fox 分所的合伙人，而 Arent Fox 在华盛顿的分所为国家地理学会提供法律服务，该学会是 NGC 的股东之一，并且有可能成为本案的证人。7 月 8 日，PPGI 及时地提出异议，拒绝 O'Brien 担任本案仲裁员。次日，NGC 提交了一份意见，表明国家地理学会只拥有 NGC 25% 的股权（事实上是近 26%）。AAA 驳回了 PPGI 的该项异议。

2009 年 10 月 1 日，O'Brien 作出仲裁裁决，驳回了 PPGI 的全部仲裁请求，并由 PPGI 承担 NGC 在本案中的律师费及其他费用共计 972362.09 美元。

【思考题】

1. 上述案例中，如果当事人对仲裁裁决有异议，可以通过哪些途径解决？
2. 申请人和被申请人都可以对裁决提出异议吗？
3. 如果当事人想要申请撤销仲裁裁决，应该向谁提出申请？如何确定它对

[①] NGC Network Asia, LLC v. PAC Pacific Group International, Inc., Memorandum Decision and Order, Southern District of New York, United States District Court, September 17, 2010.

此有管辖权？

4. 撤销仲裁裁决的理由有哪些？

5. 如果仲裁裁决被撤销，会产生什么后果？

一、国际商事仲裁裁决撤销的含义

国际商事仲裁裁决撤销（setting aside arbitration award），是指法院基于当事人的申请，对符合法律规定的特定情形的、已经发生法律效力的仲裁裁决作出裁定或决定，使之失去效力的一种程序。

（一）国际商事仲裁裁决的撤销是救济当事人权利的方式之一

通常情况下，仲裁裁决具有终局性，裁决一经作出即对当事人有法律拘束力，当事人就应当遵循裁决结果行使权利、履行义务。虽然当事人合意仲裁就是为了争议的妥善解决，但是有时仲裁裁决并不能达到使各方当事人都满意的结果，有时甚至侵害到当事人的合法权益。此时，当事人就可以选择向有管辖权的法院提出异议，申请撤销于自身利益有损的仲裁裁决，使原本已被裁决确定下来的权利义务再回归到裁决前的状态。例如，在案例1中，阿布达比酋长国政府投资部门（ADIA）认为仲裁庭"显然漠视法律"，在仲裁裁决中错误地适用了纽约州法律而无视应当适用的阿布达比酋长国的法律，作出了不当的仲裁裁决，使阿布达比酋长国承担了更重的责任，故向美国纽约南区法院申请撤销该仲裁裁决，试图以此救济其权利。

需要指出的是，当事人行使这一权利并不是任意的，只有经法院审查认定符合法定情形的撤销主张才能得到法院的支持。例如，在案例1中，ADIA主张的仲裁庭"显然漠视法律"的撤销理由，经美国纽约南区地方法院审查后认定不成立，法院最终驳回了ADIA的撤销申请。

国际商事仲裁裁决的撤销要区别于国际商事仲裁裁决的不予承认和执行。一方面，两者都是在仲裁裁决存疑时救济当事人权利的方式，都是有管辖权的一国法院对仲裁裁决的司法审查，而且都是必须由当事人申请才能进行的程序。另一方面，两者在申请人范围、管辖法院、法定情形和事由以及后果等方面都有所不同，具体将在下一节中论述。

（二）国际商事仲裁裁决的撤销是有管辖权的一国法院的司法行为，是对仲裁的一种司法监督

仲裁的一裁终局性并不能保证仲裁程序的正当性和仲裁裁决的公正性，有失公允的仲裁不但损害了当事人的合法利益，也破坏了仲裁地的法律秩序。因

此,法院作为一国审判机关对仲裁裁决进行审查和监督,确认仲裁裁决的效力,有力地保障了仲裁的公正合理性。另外,为了不破坏仲裁的独立性,防止当事人滥用撤销权,仲裁裁决的撤销程序必须经当事人的申请才得以启动。各国国内法都对此规定了严格的程序和理由,只有法定撤销事由的出现才能使仲裁裁决归于无效。

国际商事仲裁裁决的撤销要区别于仲裁机构的内部上诉程序。在商事仲裁、海事仲裁以及国际投资仲裁等领域,部分仲裁机构,如谷物及饲料贸易协会(GAFTA),国际油、油籽和油脂协会(FOSFA),解决国际投资争端中心(ICSID)等,特别在其仲裁规则中规定了单独的内部上诉程序。如果当事人对仲裁裁决的结果不满意,则允许其在上诉规则范围内向作出该裁决的仲裁机构上诉,由仲裁机构的上诉庭重新审理并裁决。首先,这类仲裁机构内部的上诉机制在性质上与仲裁裁决的撤销不同,前者是仲裁机构内部的自我监督,而后者是由外部有管辖权的法院对仲裁裁决的司法监督;无论裁决是否经过仲裁机构内部上诉,当事人都可以向法院寻求司法救济。其次,仲裁机构上诉庭在对仲裁裁决的审查范围上也与法院不同;一般情况下,仲裁机构上诉庭全面审查仲裁裁决,既审查实体问题,也审查程序问题;而法院的仲裁裁决撤销程序则一般仅关注程序瑕疵问题。

二、申请撤销国际商事仲裁裁决的主体

国际商事仲裁裁决的撤销程序始于申请人向有管辖权的法院提出撤销请求,法院并没有主动审查仲裁裁决的义务。当某一仲裁裁决影响到申请人的利益时,申请人就可以利用法院对仲裁裁决的司法监督消除这种影响。然而,并不是所有人都可以申请撤销国际商事仲裁裁决。申请撤销国际商事仲裁裁决的主体应当是与国际商事仲裁裁决有直接利害关系的人,这种直接利害关系作为基础事实的存在,是享有申请撤销权的前提。因此,申请撤销国际商事仲裁裁决的主体主要包括以下几种:

(一)仲裁裁决的当事人

仲裁裁决的当事人作为申请撤销国际商事仲裁裁决的主体是一种常态。

国际商事仲裁裁决的当事人与签订仲裁协议的当事人、产生可仲裁的争议的当事人以及依据该仲裁协议进行仲裁的申请人与被申请人是统一的。仲裁裁决的作出与当事人之间签订的仲裁协议、当事人之间在商事活动中产生的可仲裁争议事项以及参与仲裁程序的当事人有最密切的联系,仲裁的结果将直接对当事人的权利义务产生法律约束力。因此,仲裁裁决的当事人与仲裁裁决有着最直接的利害关系,当然地享有申请撤销国际商事仲裁裁决的权利。

另外,这里的仲裁裁决的当事人不仅仅是指获得不利仲裁结果的一方当事人,获得有利仲裁的一方当事人同样享有申请撤销国际商事仲裁裁决的权利。

例如,在案例 2 中,A.S. 公司和 Celine 都可以申请撤销美国仲裁协会洛杉矶分会作出的仲裁裁决。他们作为仲裁裁决的当事人,不仅事先在特许经营合同中签订了仲裁条款,规定了仲裁机构、地点和可仲裁事项,而且直接参与了仲裁程序,展示证据,提出抗辩理由。仲裁裁决最终还认定申请人 A.S. 公司要承担违约责任。因此,无论 A.S. 公司还是 Celine 对裁决有异议,与仲裁裁决之间的这种直接利害关系决定了他们都有权申请撤销仲裁裁决。

(二)仲裁裁决当事人的继承人或权利义务承受者

实践中可能存在这样的情况,国际商事仲裁裁决作出后,作为仲裁裁决当事人的自然人死亡或者法人合并、分立或灭失。此时,仲裁裁决对当事人权利义务的规制就转移给了自然人的继承人或法人的权利义务承受者。[①] 仲裁裁决当事人的继承人或权利义务承受者虽然没有参与仲裁程序,但是基于继承发生的法律效力,他们直接受仲裁裁决约束,也与仲裁裁决存在利害关系,故这类主体也有申请撤销仲裁裁决的权利。

(三)其他与仲裁裁决有利害关系的主体

判断一主体是否有权申请撤销国际商事仲裁裁决的标准是该主体与仲裁裁决是否有利害关系。只要与仲裁裁决有利害关系,就可以申请撤销仲裁裁决。例如,在 Fiat. S.P.A. v. Ministry of Finance and Planning of Republic of Suliname 案中,仲裁裁决约束了仲裁协议的非签署方,非签署方可以仲裁庭超越权限为由申请撤销该仲裁裁决。[②]

三、撤销国际商事仲裁裁决的主体

根据各国的立法和实践,撤销国际商事仲裁裁决的主体主要是指仲裁地国法院。例外情况下,仲裁所依据法律所属国也是撤销国际商事仲裁裁决的主体。

一般情况下,仲裁地法律对仲裁程序和仲裁裁决的作出影响最大,仲裁地国法院对国际商事仲裁裁决的撤销有管辖权也是一项被国际社会普遍接受的规则。包括法国 1981 年《仲裁法》和德国 1998 年《仲裁法》在内的各国法律都规定了本国法院对在其境内作出的仲裁裁决有权实施监督。例如,在 Coutinho Caro & Co. U.S.A., Inc. v. Marcus Trading, Inc. 案中,Caro 公司和 Marcus 贸易公

---

① 参见宋连斌:《国际商事仲裁管辖权研究》,法律出版社 2000 年版,第 251 页。
② 参见袁冶:《论国际商事仲裁裁决撤销的若干程序问题》,载《西南政法大学学报》2004 第 6 期,第 105 页。

司发生争议后,根据仲裁协议向中国贸仲提交仲裁。仲裁庭最终裁决 Caro 公司违约,Caro 公司随即向美国康涅狄格州地区法院申请撤销仲裁裁决。法院经审理认为,本案所涉仲裁裁决在中国北京作出,根据《纽约公约》的规定,仲裁地国法院即中国的法院才对仲裁裁决的撤销有管辖权,故美国康涅狄格州地区法院对此无管辖权,最终驳回 Caro 公司的撤销申请。

仲裁所依据法律所属国成为撤销国际商事仲裁裁决的主体,其主要依据是《纽约公约》第 5 条第 1 款第 5 项的规定:"被请求承认或执行裁决的管辖当局只有在作为裁决执行对象的当事人提出有关下列情况的证明的时候,才可以根据该当事人的要求,拒绝承认和执行该裁决……(五)裁决对当事人还没有约束力,或者裁决已经由作出裁决的国家或据其法律作出裁决的国家的管辖当局撤销或停止执行。"虽然该条规定的是有关拒绝承认与执行外国仲裁裁决的事由,但是同时指出,除了仲裁地国法院,仲裁所依据法律所属国法院也有权撤销国际商事仲裁裁决。所谓"仲裁所依据法律"是指进行仲裁程序和作出仲裁裁决的程序所适用的法律,而不是对争议的实体问题所适用的法律。例如,印度 1961 年《外国仲裁裁决法》就采纳了该标准,规定如果一项仲裁裁决的作出是受印度法支配的,即使该裁决是在外国作出的,印度法院也有权予以撤销。①

然而,实践中,由于当事人选择了裁决作出地国以外的其他国家的法律作为仲裁程序应当适用的法律,向该国申请撤销国际商事仲裁裁决的情形是不多见的。同时,在仲裁地国法院和仲裁所依据法律所属国法院都有管辖权的情况下,可能在是否撤销裁决的问题上发生冲突。除此之外,《国际商事仲裁示范法》第 34 条第 2 款也规定,特定国家的法院只具有撤销在其本国领域内所作裁决的管辖权。因此,仲裁所依据法律所属国作为国际商事仲裁裁决撤销程序的管辖主体并没有什么实践意义。

四、撤销国际商事仲裁裁决的理由

撤销国际商事仲裁裁决的理由,是指由各国国内法规定的,有管辖权的法院据以撤销国际商事仲裁裁决以使裁决失效的各种情形。国际商事仲裁裁决只有符合这些情形,才能被撤销。各国法律制度和文化各异,对撤销裁决的理由的规定也不尽相同,归纳起来主要包括以下几类:

(一)仲裁协议无效

仲裁协议是双方当事人在自愿、协商、平等、互利的基础之上,将他们之间已

---

① 1996 年,印度通过新的《仲裁法》,遵循了《国际商事仲裁示范法》关于撤销国际商事仲裁裁决的管辖法院的规定,即印度法院仅对在印度境内作出的仲裁裁决有管辖权。

经发生或者可能发生的争议提交仲裁解决的一种文件。仲裁协议是国际商事仲裁裁决作出的基础,如果仲裁协议的效力产生了瑕疵,随后的一系列仲裁活动的效力都将受到影响。判断仲裁协议是否有效,应当依据当事人约定的法律,或者在未约定法律时依据法院地法。以下情形将导致仲裁协议无效:

1. 签订仲裁协议的当事人无行为能力

仲裁协议应当是双方当事人自由意志相协调的结果,如果任何一方当事人无行为能力,就意味着该仲裁协议的达成缺乏自愿的基础,也无法确定当事人有将争议事项提交仲裁并排除法院管辖的真实意思表示。这里的"当事人无行为能力"还包括代理人无权代理或超越代理权限等情形。例如,国际商会仲裁院于1986年在斯德哥尔摩作出的一项裁决中,法国人与伊朗人签订了一项工程合作协议,伊朗方以未得到公司董事长和总经理的授权为由声称仲裁协议是无效的。①

2. 仲裁协议的形式不符合要求

仲裁协议形式上的瑕疵也会导致仲裁裁决被撤销。关于仲裁协议的形式应当符合什么要求,取决于该仲裁协议所适用的法律的规定。目前,各国普遍要求仲裁协议必须是书面的,《纽约公约》也规定仲裁协议必须采用书面形式,即"当事人所签订或在互换函电中所载明之契约仲裁条款或仲裁协定"。但是,《纽约公约》中所谓的"书面"仅包括书信和电报。随着国际商事仲裁的价值被广泛认同和现代通信技术的发展日新月异,各国对仲裁协议形式的要求也逐渐放宽,突破了传统的纸质媒介,其他如电子数据交换和电子邮件等也可以作为仲裁协议的形式。

3. 仲裁协议约定了不可仲裁的争议事项

提交仲裁的争议必须符合仲裁协议所适用法律对可仲裁争议事项的规定,并不是所有的争议事项都是可仲裁的。各国国内法通常都会在某些领域的争议问题上排除仲裁管辖,禁止以仲裁的方式解决纠纷。如果当事人在仲裁协议中约定了这类不可仲裁的争议事项,那么仲裁协议就会归于无效,法院即可据此撤销仲裁裁决。例如,意大利法律规定,有关知识产权的有效性问题的争议属于法院专属管辖,不得提交仲裁;我国《仲裁法》第3条规定,有关婚姻、收养、监护、扶养、继承争议和依法应当由行政机关处理的行政争议不得提交仲裁。

(二)仲裁违反正当程序

《国际商事仲裁示范法》第34条规定,如果申请人有证据证明仲裁庭"未将有关指定仲裁员或仲裁程序的事情适当地通知提出申请的当事一方,或该方因

---

① 参见赵秀文:《国际商事仲裁法原理与案例教程》,法律出版社2010年版,第318页。

其他理由未能陈述其案情",法院可以撤销该仲裁裁决。也就是说,如果仲裁庭没有给予申请人指定仲裁员的机会,或者申请人没有得到有关仲裁程序事项的适当通知,或者申请人因其他原因未能陈述其案情时,只要申请人能够有充分的证据证明以上事实,法院就可以撤销仲裁裁决。但是,如果仲裁员严格按照仲裁规则的要求,申请人在无正当理由的情况下未能在仲裁规则规定的期间内指定仲裁员、参与案件的审理、向仲裁庭口头或书面陈述意见的,仲裁庭可以继续仲裁程序,并依据收到的证据作出裁决,此裁决对双方当事人都有约束力。

正当程序原则是仲裁必须信守的理念,是保证仲裁裁决公正、适当的最低标准,也是仲裁裁决得以被当事人遵守和履行的依据。正当程序使各方当事人都得到平等对待,能正常参加举证和辩论活动,适当陈述其主张和要求。违反正当程序的表现有很多种,比如仲裁庭未经当事人陈述和申辩即作出裁决、仲裁裁决未在规定期限内作出等。当然,各国国内法都可以根据正当程序原则设置具体的程序规则。例如,美国《联邦仲裁法》第10条第3款第3项规定,"仲裁员有拒绝合理的展期审问的请求的错误行为,有拒绝审问适当和实质的证据的错误行为,或者有损当事人的权利的其他行为"的,仲裁裁决地所属区内的美国法院根据任何当事人的请求,可以用命令将仲裁裁决撤销。一旦仲裁裁决的作出违反了这些正当程序标准,法院就可以据此撤销该仲裁裁决。在案例3中,仲裁申请人M根据美国《联邦仲裁法》第10条第3款第3项,认为仲裁庭拒绝了其举证的请求,违反了正当程序原则,导致仲裁裁决根本上的不公正,遂向美国纽约南区地方法院申请撤销该仲裁裁决。法院经审理认为,只有严重损害当事人权利的错误行为才是撤销国际商事仲裁裁决的理由,本案中仲裁庭拒绝M举证所导致的后果并不影响仲裁庭作出不利于M的仲裁裁决。故本案所涉仲裁裁决并不违反正当程序原则,法院最终驳回了M的撤销申请。

(三)仲裁庭超越权限

是否要采取仲裁的方式解决当事人之间的纠纷,这是当事人意思自治的选择。仲裁庭对某一国际商事纠纷享有的管辖权首先来源于当事人之间进行仲裁的合意。当然,当事人也可以对这种授权有所限制,比如约定哪些事项可以仲裁,哪些规定不得变更等。例如,在案例2中,当事人在特许经营协议和仲裁协议中都明确规定,"只有在特许人及时书面通知授权人违约事由并给予不少于60天的补救时间仍不能挽回损失时,授权人才构成违约,仲裁庭不得变更或修改以上规定"。但是,仲裁庭在认定授权人是否违约时,认为这一规定是完全没有必要的,超越了当事人对仲裁庭权力的授权范围。故法院最终认定仲裁庭超越权限,撤销了该仲裁裁决。仲裁庭超越权限的结果并不当然导致整个仲裁裁决被撤销,如果超越权限作出的那部分裁决与仲裁裁决可分,则法院一般只撤销超越权限作出的那部分仲裁裁决。

(四)仲裁庭组成或仲裁程序不当

仲裁庭组成和仲裁程序问题主要涉及仲裁员的指定、仲裁具体进行的方式或方法、仲裁裁决作出的期限等。《国际商事仲裁示范法》第34条规定,仲裁庭组成或仲裁程序不当可以作为申请撤销国际商事仲裁裁决的理由,即"仲裁庭的组成或仲裁程序与当事各方的协议不一致,除非这种协议与当事各方不能背离的本法的规定相抵触,或当事各方并无此种协议,则与本法不符"。判断是否不当的依据首先应当是当事人协议,如果没有这种协议,则依据仲裁所在国的法律。例如,在案例4中,PPGI认为O'Brien作为本案的仲裁员是不适格的,因为O'Brien与本案存在利害关系,无论如何都不会作出一份对其律所"客户"具有明显损害的裁决,这将导致仲裁员有意偏袒NGC。但是,AAA驳回了PPGI的异议,PPGI遂以仲裁庭组成不当为由向法院申请撤销仲裁裁决。法院经审理查明,PPGI主张的"客户"关系产生于Arent Fox与国家地理学会之间,而非Arent Fox与NGC之间。况且,国家地理学会不是NGC的控股股东,没有任命NGC董事或其他高管的人事管理权和日常经营管理权,也没有参与本案仲裁程序。O'Brien披露的其律所与国家地理学会的客户关系实际上对本案并无影响,法院最终驳回了PPGI的撤销申请。

(五)仲裁裁决违反法院地国公共秩序

如果国际商事仲裁裁决的承认与执行将违反法院地国的公共秩序,那么法院可以撤销此裁决。"公共秩序"的概念比较笼统和抽象,它主要是为一国统治和管辖当地事务服务的,不同国家对于公共秩序内涵的理解不尽相同。国际私法上有"公共秩序保留"(reservation of public order)的概念,是指一国法院依其冲突规范本应适用外国法时,因其适用结果会与法院地国的重大利益、基本政策、道德的基本观念或法律的基本原则相抵触而排除其适用的一种制度。[①] 在国际商事仲裁实践中,公共秩序制度是一个弹性条款,是否违反公共秩序由法院具体裁量,一般只有那些明显违反了最基本的道德和法律原则的仲裁裁决,才会因违反法院地国公共秩序被撤销。

(六)其他理由

除了以上列举的几点以外,各国国内法还规定了撤销国际商事仲裁裁决的其他理由。例如,英国1996年《仲裁法》中的"仲裁通过欺诈获得"和"仲裁程序严重不规范";美国《联邦仲裁法》中的"裁决不是由全体仲裁员签署的"和"仲

---

① 参见韩德培主编:《国际私法新论》,武汉大学出版社1997年版,第207页。

员有偏见、腐败",以及美国习惯法中的"显然漠视法律"[①]等。

从各国国内法和国际公约的相关规定来看,国际商事仲裁裁决撤销的理由主要集中在程序性事项上,如果当事人以仲裁庭适用法律错误或者仲裁庭认定事实错误为由申请撤销国际商事仲裁裁决,一般不会得到法院的支持。但是,个别国家也接受以事实和适用法律问题上的抗辩撤销国际商事仲裁裁决。例如,1969 年《瑞士联邦州际仲裁协约》规定,如果仲裁裁决所依据的事实显然不符合案卷中记载的事实,申请人可以"武断"为由申请撤销仲裁裁决;英国的仲裁立法也允许以适用法律错误为由对仲裁裁决提起上诉。

五、撤销国际商事仲裁裁决的后果

法院受理国际商事仲裁裁决的撤销申请后,经审查认为该仲裁裁决不符合法定的撤销事由时,应当驳回当事人的撤销请求;如果认为该仲裁裁决存在法定的撤销事由,就可以撤销仲裁裁决,该裁决在法院所在地国便失去了效力。然而,被撤销的仲裁裁决在法院地国以外的其他国家是否同样无效,却是一个有争议的问题。

传统理论认为,国际商事仲裁裁决效力的根源在于仲裁地国的法律,若仲裁地国撤销了一项裁决,则该裁决的法律效力就不复存在,在其他任何国家也将失去可执行性。根据《纽约公约》第 5 条第 1 款第 5 项的规定,"裁决对各国尚无拘束力,或业经裁决地所在国或裁决所依据法律之国家之主管机关撤销或停止执行者",被申请承认与执行地法院可以拒绝承认与执行。也就是说,被撤销的仲裁裁决在任何一个公约缔约国内都得不到承认与执行,即被撤销的仲裁裁决在法院地国以外的其他国家也是无效的,而无论其他国家如何评判该仲裁裁决。

非内国裁决理论指出,传统理论把仲裁地国法律强加于当事人的意志之上,当事人在选择仲裁地时可能根本没有预料到,仲裁地国的法律会决定仲裁裁决的效力。因此,该理论认为,在当事人申请承认和执行国际商事仲裁裁决之前,国际商事仲裁裁决的效力问题不应当受到仲裁地国法律的支配,也不应当受任何国家法院的司法监督。这种观点完全否认了传统理论中被撤销的国际商事仲裁裁决无效的观点。

[①] "显然漠视法律"是美国国际商事仲裁裁决实践中撤销国际商事仲裁裁决的一项非成文法事由(nonstatutory ground),需达到以下要求:(1) 被漠视的法律是明确的、可以清楚适用于案件的;(2) 实际适用的法律是错误的,并且这种错误导致了错误的仲裁裁决;(3) 仲裁员明知被漠视的法律而故意不予适用或者无视之。实践中,显然漠视法律的情形并不多见。案例 1 中,申请撤销仲裁裁决的当事人主张仲裁员"显然漠视法律",但法院最终都认定不存在这种情形。

六、国际商事仲裁裁决撤销制度的意义

目前,对于国际商事仲裁裁决的撤销制度存在着一种否定的看法,即所谓的"废弃论"。

持"废弃论"者的理由如下:(1)仲裁地与当事人之间的纠纷没有充分联系,当事人选择仲裁地具有偶然性,仲裁地国法院没有必要管辖仲裁裁决的撤销,这是违背当事人意思自治的;即使法院裁定撤销某一仲裁裁决,也不会对该仲裁裁决的效力产生任何影响。(2)实践中依旧存在已被撤销的国际商事仲裁裁决仍得到承认与执行的情形,撤销制度形同虚设,对仲裁裁决的司法监督完全可以通过仲裁裁决的承认与执行制度实现。(3)当事人出于自身利益的考量,常常编造理由,企图利用撤销程序拖延仲裁裁决的执行。因此,国际商事仲裁裁决的撤销制度没有存在的意义,应当被废弃。

应当说,"废弃论"只关注国际商事仲裁裁决撤销制度的弊端,而忽略了它特有的功能和价值,是不可取的。

首先,当事人在选择仲裁地时,关注的并不是某个具体的地理位置,而是理性预见到了仲裁地国法律将对仲裁程序和仲裁裁决进行评价,愿意将仲裁置于仲裁地国法律的监督之下。从这个意义上说,仲裁地的选择恰恰是当事人意思自治的结果,仲裁地国法院撤销仲裁裁决并不是没有依据的。

其次,承认与执行国际商事仲裁裁决制度不能取代撤销制度。

(1)承认与执行制度只能被动地为不利结果负担方提供救济,而撤销制度则使各方当事人都可得到救济。仲裁裁决作出后,不论何时,当事人都可以主动申请撤销仲裁裁决以使之无效,而承认与执行制度只有在一方当事人不履行仲裁裁决,并且另一方向法院申请执行时才得以启动。

(2)撤销制度能够全面地保障各方当事人的异议权,无论是仲裁裁决的胜诉方还是败诉方,都可以随时向法院申请撤销仲裁裁决。但是,承认与执行仲裁裁决程序中,只有胜诉方才能向法院申请承认与执行仲裁裁决,法院据此申请才对仲裁裁决进行审查。如果胜诉方选择自力救济而不通过法院执行仲裁裁决,那么败诉方甚至连对仲裁裁决的异议都无处实现。

(3)两者的后果也不同。如果一项仲裁裁决在执行地国被拒绝承认与执行了,那么其他执行地国仍然可以接受对该仲裁裁决的承认与执行申请。但是,如果一项仲裁裁决被有管辖权的法院撤销之后,根据《纽约公约》的规定,那么其他国家应以裁决被撤销为由拒绝承认与执行。

当事人借国际商事仲裁裁决的撤销程序拖延仲裁裁决执行的情形确实存在,但这并不是废弃国际商事仲裁裁决撤销制度的理由。各国国内法和国际公约可以对仲裁裁决的撤销程序作出更为细化、合理的规定,以减少当事人的恶意申请。

综上所述,国际商事仲裁裁决的撤销制度既实现了仲裁地国法院对仲裁裁决的司法监督,又给当事人对仲裁裁决的合理异议提供了渠道,充分地保证了当事人的合法权益和仲裁裁决的公正合理。虽然目前这一制度仍然存在一些缺陷,但是其存在的独立价值和意义是不能被抹杀的。

第二节　国际商事仲裁裁决的不予执行

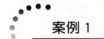

案例 1

环球百科全书股份有限公司与大英百科全书有限公司案[①]

环球百科全书股份有限公司(Encyclopaedia Universalis S. A.,以下简称"EUSA")是法国一家依据卢森堡法律设立的公司,大英百科全书有限公司(Encyclopaedia Britannica,Inc.,以下简称"EB")是美国特拉华州的一家公司。EUSA 和 EB 主要从事出版和销售参考书和其他学习用书。1966 年,EUSA 和 EB 达成一项著作权许可协议,EUSA 授权 EB 翻译、出版、销售除法语以外的其他语言版本的环球百科全书;作为对价,EB 应当支付版税,版税金额取决于非法语版本的环球百科全书的销售额。

上述协议中的仲裁条款约定,仲裁庭应由两名仲裁员组成,双方各指定一名仲裁员。如果两名仲裁员就仲裁产生争议,应当共同选择第三名仲裁员与他们组成仲裁庭审理案件。若两名仲裁员就第三名仲裁员的人选无法达成一致,则其中一名仲裁员可以向卢森堡商业法庭请求从伦敦商会所持有的仲裁员名单中指定第三名仲裁员,并且该仲裁员应当精通法语和英语。

1995 年 10 月,EB 不再向 EUSA 支付版税,双方当事人就 EB 是否应当继续履行合同产生争议并决定将争议提交仲裁裁决。EUSA 和 EB 分别指定了 Raymond Danziger 和 Robert Layton 作为仲裁员。Danziger 和 Layton 于 1998 年 9 月和 10 月通过传真和电话确定了仲裁的范围和仲裁程序等相关事宜,其中

[①] Encyclopaedia Universalis S. A. v. Encyclopaedia Britannica, Inc., United States Court of Appeals, Second Circuit, March 31, 2005.

没有涉及有关仲裁请求的实体问题和第三名仲裁员的选定问题。

1999年3月,Danziger单方向卢森堡商业法庭请求指定第三名仲裁员。Danziger声称其与Layton在第三名仲裁员的指定上没有达成一致,故请求法庭根据仲裁条款指定一名仲裁员。Danziger还指出,伦敦商会已经不再持有仲裁员的名单,法庭无须根据该名单选择仲裁员。卢森堡商业法庭遂依据Danziger的申请指定了卢森堡的律师Nicolas Decker作为第三名仲裁员。Layton得知后即向卢森堡商业法庭提出异议,声称其与Danziger之间从未就第三名仲裁员的选定进行过协商,并且许可协议约定争议适用的是纽约州法律,故第三名仲裁员应当由纽约的律师或者居住在伦敦的熟悉纽约州法律的人来担任。卢森堡商业法庭审理了该异议,并裁定Decker继续作为仲裁员参与仲裁。后Layton拒绝参加仲裁活动,最终由Danziger和Decker两人组成的仲裁庭对双方当事人的争议进行了仲裁。

2002年1月,仲裁庭裁决EUSA有权终止许可协议,同时EB需支付给EUSA共计310万欧元的版税及其利息和损失。2003年6月,EUSA向美国纽约南区法院申请承认和执行仲裁裁决。

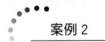

案例2

Europcar Italia, S. p. A v. Maiellano Tours, Inc. ①

Europcar是意大利的一家租车公司,Maiellano是美国的一家旅行社。1988年10月,Europcar与Maiellano签订了一份合同,约定由Europcar向Maiellano组织的在意大利旅游的游客提供租车服务。合同中的仲裁条款规定,因合同产生的一切争议,包括合同的效力、合同的履行和合同的解除等,都将提交仲裁裁决。仲裁条款中还明确指出,双方当事人之间的争议采用"自由"仲裁(arbitrato irrituale)②的方式进行。

1992年6月,仲裁庭根据仲裁条款作出有利于Europcar一方的仲裁裁决。7月,Europcar向罗马地方法院申请承认仲裁裁决并颁发执行令。与此同时,

---

① Europcar Italia, S. p. A. v. Maiellano Tours, Inc., United States Court of Appeals, Second Circuit, September 2, 1998.

② 意大利仲裁实践中,"自由"仲裁是一种非正式仲裁。如果当事人明确表示,仲裁应是非正式或"自由"的,那么该仲裁即是"自由"仲裁。区别于正式仲裁,"自由"仲裁作出的仲裁裁决在当事人之间只具有合同的效力,不具有类似判决的拘束力和强制执行力。

Maiellano 向该法院申请撤销该仲裁裁决。罗马地方法院于 1996 年 3 月判决支持 Europcar 的请求,并驳回了 Maiellano 的申请。Maiellano 对判决不服,上诉至罗马上诉法院。1994 年 8 月,上诉案件尚未审结时,Europcar 向美国纽约东区法院申请承认与执行仲裁裁决。

案例 3

CIETAC 仲裁裁决执行案[①]

本案申请人是一家中国公司,主要生产汽车配件;被申请人是一家美国加利福尼亚州的机械公司。1996 年 3 月 26 日,申请人与被申请人在中国辽宁省签订了合资合同,共同投资在中国举办合营企业。双方于当年 6 月在美国进行了会谈,并签署了会议纪要,决定由被申请人直接购买合营公司所需的机床设备,申请人支付 49% 的设备款,并且申请人须在 8 月 31 日之前开立设备余款的不可撤销信用证。在申请人依约支付给被申请人 10 万美元定金和 49% 的设备款之后,被申请人不断要求变更购买设备的付款方式,并要求申请人为其垫付 51% 的设备款,后又要求申请人以现金方式提前支付设备余款,即申请人应于 8 月 31 日之前开立的信用证项下的款项。申请人同意以信用证支付的方式为被申请人垫付其应作为出资的 51% 的设备款,其余设备款则在设备验收合格后发运时支付。由于 8 月 31 日和 9 月 1 日为法定公休日,申请人于 1996 年 9 月 2 日开立了为被申请人垫付的 51% 的设备款的信用证。被申请人遂以申请人未依约于 1996 年 8 月 31 日之前开立信用证即构成根本违约为由,拒绝继续履行合资合同及相关附件,并单方提出终止合资合同。被申请人拒绝返还申请人已支付的款项,并要求改为申请人购买其旧设备。在双方协商不成的情况下,申请人于 1997 年 1 月 13 日根据合资合同中仲裁条款的约定向中国国际经济贸易仲裁委员会提请仲裁。仲裁庭于 1997 年 12 月 3 日作出裁决,认定申请人在 1996 年 9 月 2 日开立信用证的行为未构成违约,而被申请人未交付任何设备,其单方终止合同属于严重违约行为,应当承担违约责任,即被申请人应当赔偿申请人由此遭受的经济损失。

2000 年 12 月 21 日,申请人向美国加利福尼亚州北部地区法院申请承认与

---

① 赵菁:《CIETAC 裁决在美国法院承认执行情况及相关法律问题》,载《中国对外贸易》2002 年第 8 期,第 31 页。

执行该仲裁裁决。被申请人提出抗辩称:双方就本案争议没有仲裁协议,该争议也不适用于合资合同中的仲裁条款;申请人在仲裁裁决中有虚假陈述,仲裁裁决存在欺诈情形;仲裁裁决中要求被申请人双倍返还申请人的定金,其中的10万美元为罚金,是惩罚性的赔偿,执行该罚金也将违反美国的公共秩序。

【思考题】

1. 仲裁裁决作出后,有几种执行方式?
2. 上述案例中,仲裁裁决作出后,当事人可以直接向法院申请不予执行吗?
3. 在我国,案例1与案例3中的仲裁裁决性质相同吗?如果涉及裁决的不予执行,两者在条件和程序上相同吗?案例1与案例2呢?
4. 案例3中被申请人提出的不予执行的抗辩,应当由谁来承担举证责任?
·5. 不予执行仲裁裁决的理由有哪些?

一、不予执行国际商事仲裁裁决概述

(一)不予执行国际商事仲裁裁决的概念

不予执行国际商事仲裁裁决,是指国际商事仲裁裁决的一方当事人向法院申请执行该裁决时,被申请人举证证明或者法院依法查明该裁决具有不符合执行条件的情形,使得法院最终裁定或者决定不予执行该仲裁裁决的程序。国际商事仲裁裁决的不予执行有以下特点:

1. 不予执行仲裁裁决是执行地国法院的司法行为

不予执行仲裁裁决是执行地国法院对仲裁裁决的司法监督,是一种司法行为。法院受理了仲裁裁决的当事人请求强制执行仲裁裁决的申请后,按照一定的程序和条件,对仲裁裁决进行审查,作出执行或者不予执行的裁定。不予执行仲裁裁决的裁定具有法律拘束力和强制力,可以阻却当事人申请执行仲裁裁决。然而,法院不能主动裁定强制执行或者不予执行某一仲裁裁决,而只能根据当事人的申请,审查仲裁裁决中是否有不予执行的法定事由。

2. 不予执行仲裁裁决是败诉方被动的权利救济方式

仲裁裁决一裁终局,明确了双方当事人的权利和义务,享有权利的一方当事人据以行使权利,负有义务的一方当事人据以履行义务。然而,并非所有仲裁裁决都能得到当事人的自觉履行。义务人出于各种原因拒绝履行仲裁裁决时,权利人就可以选择向执行地法院申请强制执行。被申请人此时可以向法院提出异议,举证证明仲裁裁决有不予执行的法定情形,使自己的合法权益免受侵害。被申请人的这一异议权是被动的,只有在申请人向法院申请强制执行时方可主张。如果申请人最终只选择自力救济的方式要求被申请人履行仲裁裁决,被申请人就不能主张仲裁裁决的不当情形进行抗辩。如案例 1 中,EUSA 有权要求 EB 履行仲裁裁决中规定的义务,EUSA 当然可以通过私力救济要求 EB 履行义务,也可以在 EB 拒绝履行义务时向法院申请强制执行。但是,只有在申请执行的程序中,EB 才能够提出有效的抗辩以阻止仲裁裁决的执行。

3. 不予执行仲裁裁决的依据来自被申请人举证证明和法院依职权查明的事实

多数国家的立法和实践表明,法院裁定不予执行某一仲裁裁决时,一方面,有异议的被申请人应当举证证明存在拒绝执行仲裁裁决的法定情形;另一方面,法院也应当依职权查明仲裁裁决是否有不符合执行条件的情形。但是,法院不能超越职权主动查明应当由被申请人举证的事由,被申请人怠于抗辩的不利后果只能由自己承担。根据《纽约公约》的规定,被申请人应当证明仲裁协议无效或当事人无行为能力、仲裁庭超越权限等;而法院则仅限于审查仲裁裁决解决的争议事项是否可仲裁,或者仲裁裁决的执行是否将违反执行地国的公共政策。如案例 3 中,被申请人主张的诸多抗辩中,"当事人就本案争议没有订立仲裁协议或者没有形成仲裁合意"应当由被申请人举证证明,而"仲裁裁决违反美国的公共秩序"则应当由法院主动查明。

4. 不予执行仲裁裁决对仲裁裁决的效力不产生影响

法院裁定不予执行某一仲裁裁决,其后果仅仅是依据仲裁裁决享有权利的当事人无法通过国家强制力实现自己的权利,并没有对仲裁裁决的效力作出评价,因此不会贬损仲裁裁决本身的效力。当事人只是不能在这一申请执行地的法院实现权利,他仍然可以向其他执行地的法院申请强制执行仲裁裁决,或者采取其他自力救济的手段实现权利。

(二) 不予执行国际商事仲裁裁决与撤销国际商事仲裁裁决的区别

1. 申请人不同

如前所述,不予执行仲裁裁决的程序是被动的,只有享有权利的一方当事人向法院申请强制执行时,被申请人才能提出不予执行的抗辩。撤销仲裁裁决的申请人则既可以是依据仲裁裁决享有权利的人,也可以是负有义务的人,只要对仲裁裁决有异议,双方当事人都可以主动申请撤销。

2. 管辖法院不同

前者的管辖法院只能是执行地法院,可执行地可以有多个,比如被申请人的住所地、财产所在地等,申请人只需选择其一并向该地法院提出强制执行申请,而不予执行仲裁裁决是发生在相应的申请执行仲裁裁决的程序中的,其管辖法院是同一的。后者的管辖法院则是仲裁地法院或者仲裁所依据法律所属国法院。

3. 法律后果不同

前者仅阻却了申请人强制执行仲裁裁决的可能，不影响仲裁裁决的效力，当事人仍然可以依据仲裁裁决向其他可执行地法院申请强制执行或通过自力救济执行。后者的结果则是使仲裁裁决归于无效，当事人只能通过重新申请仲裁或诉讼的方式解决相互之间的纠纷。除此之外，《纽约公约》还规定，仲裁裁决被他国法院撤销可以作为法院不予执行仲裁裁决的理由之一。

（三）不予执行国际商事仲裁裁决与不予承认国际商事仲裁裁决的区别

管辖法院对仲裁裁决进行审查后，针对申请人的请求，可能作出不予执行或不予承认的裁定，两者在申请人和被申请人、法定事由等方面是一致的。执行仲裁裁决意味着承认仲裁裁决，而承认仲裁裁决并不一定导致其可以被执行。此外，当事人申请承认仲裁裁决可能仅仅是为了确认法律关系或在其他案件中作为合法有效的依据。但是，在有些情况下，申请承认仲裁裁决正是申请执行仲裁裁决的前置程序。

二、内国仲裁裁决与外国仲裁裁决

执行地国法院受理了强制执行国际商事仲裁裁决的申请后，根据该国国内法或者缔结的国际公约或互惠原则，审查仲裁裁决是否有不予执行的情形，最终作出强制执行或者不予执行的裁定。一般情况下，执行地国法院对内国仲裁裁决和外国仲裁裁决的执行有不同的条件和程序，外国仲裁裁决的执行通常较内国仲裁裁决更为复杂。一些国家的法律规定执行外国仲裁裁决的前提是申请承认该裁决或在执行地国重新诉讼。因此，区分某一国际商事仲裁裁决到底是内国仲裁裁决还是外国仲裁裁决，对探讨仲裁裁决的不予执行十分重要。从国际商事仲裁的理论和实践来看，区分内国仲裁裁决和外国仲裁裁决有以下两种标准：

（一）领域标准

领域标准以仲裁裁决作出地为判断标准，只要不是在申请执行地国内作出的仲裁裁决都是外国仲裁裁决，而在申请执行地国内作出的仲裁裁决就应当是内国仲裁裁决。1923年的《日内瓦仲裁议定书》和《纽约公约》都采取了这一标准。《纽约公约》第1条第1款规定，"因自然人或法人间之争议而产生且在申请承认及执行地所在国以外之国家领土内作成者，其承认及执行适用本公约"。由于《纽约公约》的巨大影响力，目前大多数国家都认可以领域标准划分内国仲裁裁决和外国仲裁裁决。

（二）"非内国裁决"标准

《纽约公约》第1条第1款还补充规定，"本公约对于仲裁裁决经申请承认及执行地所在国认为非内国裁决者，亦适用之"。该公约将非内国裁决纳入缔约国法院可执行的裁决范围，主要是一些大陆法系国家（如德国和法国）极力倡导的结果，其目的是扩大公约的适用范围。① 该标准所谓的"非内国裁决"，是指虽然在内国审理，但是依据外国法进行仲裁而作出的仲裁裁决。依据上述地域原则，非内国裁决是在内国作出的，本应属于内国仲裁裁决。但是，根据《纽约公约》的规定，这类裁决对申请执行地国来说并不是内国仲裁裁决，而被视为"外国仲裁"，适用申请执行地国执行外国仲裁裁决的条件和程序。

三、不予执行外国仲裁裁决的理由

不予执行外国仲裁裁决的理由，是指当事人申请强制执行外国仲裁裁决时，法院根据国内法、国际条约或者互惠原则，审理查明该外国仲裁裁决具有的不予执行的各种法定事由。它是外国仲裁裁决之所以被法院拒绝执行的本质原因。各国立法和国际条约通常只规定哪些情况可以作为不予执行仲裁裁决的理由。根据《纽约公约》的规定，不予执行外国仲裁裁决的理由可以分为以下两类：

（一）被申请人举证证明的不予执行的理由

1. 仲裁协议的当事人无行为能力或仲裁协议无效

仲裁协议是当事人自愿将已发生或可能发生的争议提交仲裁的合意，有效的仲裁协议是法院执行仲裁裁决的基本前提。

当事人在订立仲裁协议时，对将争议提交仲裁解决、解决争议所适用的法律、仲裁地以及仲裁机构等具体事项应当有合理的预期。如果当事人无行为能力，就意味着其在订立仲裁协议上是无自主意志的、不适格的，即该"仲裁协议"是无效的，法院可以此不予执行仲裁裁决。关于当事人是否有订立仲裁协议的行为能力，各国有不同的规定，《纽约公约》以"对其适用的法律"为标准判断当事人是否有行为能力，实际上是把这一问题交由各国法院解决。在各国相关的冲突规范中，当事人的行为能力通常适用属人法，即当事人国籍国法或住所地法，除此之外，还可以适用行为地法，包括仲裁协议订立地法和仲裁地法。然而，实践中极少有法院以当事人无行为能力为由不予执行仲裁裁决的案件。

仲裁协议无效是指仲裁协议本身依据其所适用的法律被认定为无效。这里所说的仲裁协议适用的法律，指的是当事人约定的法律，或者当事人没有约定时的裁决地国的法律。仲裁协议无效的情形包括仲裁协议的形式不符合要求、仲

---

① 参见宋航：《国际商事仲裁裁决的承认与执行》，法律出版社2000年版，第37页。

裁机构不明确且无补充协议等。

2. 仲裁违反正当程序

正当程序原则是对仲裁程序的基本要求,仲裁裁决的作出必须遵守正当程序,违反了正当程序的仲裁裁决均可以被法院拒绝强制执行。《纽约公约》第5条第1款第2项规定,当事人若能举证证明"受裁决援用之一造未接获关于指派仲裁员或仲裁程序之适当通知,或因他故,致未能申辩",法院可以不予执行仲裁裁决。由此可见,仲裁违反正当程序大致有以下两种情形。

（1）仲裁庭未给予当事人指定仲裁员或进行仲裁程序的通知

仲裁庭未经过当事人同意指定了仲裁员,或者仲裁庭没有通知当事人参加仲裁等情形,均构成不适当的通知。被申请人可以举证证明此种情况,请求法院不予执行仲裁裁决。需要指出的是,如果仲裁庭已将选定仲裁员和开庭的相关事项适当地通知了被申请人,但是由于被申请人自己的原因放弃了权利,或者没有在通知规定的时间和地点出庭参加仲裁活动,被申请人就不得以未得到适当通知为由请求法院不予执行仲裁裁决。

（2）当事人未能充分陈述案情

仲裁过程中,当事人应当有充分的机会陈述案情、论证主张、进行举证质证,仲裁庭应当平等地保护各方当事人合理陈述案情的机会。如果一项外国仲裁裁决是仲裁庭任意剥夺或禁止当事人陈述案情或举证的结果,法院就可以拒绝执行该仲裁裁决。同样,如果被申请人本来有机会充分陈述案情,但是出于自身的原因放弃了这项权利,法院也不会支持被申请人不予执行仲裁裁决的抗辩。

在青岛某国际贸易有限公司（以下简称"青岛公司"）诉P&S国际公司案中,青岛公司向美国俄勒冈州地方法院申请执行青岛仲裁委员会作出的仲裁裁决。法院经审理查明,青岛仲裁委员会送达被申请人的仲裁规则（英文版）仅仅写了对仲裁程序的普通规定,并未写明具体仲裁案件中的当事人名称、案件事实、具体的答辩和组庭期限等,而仲裁通知虽写明了上述内容,但并没有附上英文附件,不能让被申请人明白仲裁程序已经开始,导致被申请人丧失了在仲裁程序中陈述意见的机会。法院最终判决青岛仲裁委员会作出的仲裁裁决违反了正当程序,拒绝执行该仲裁裁决。[①]

无论是不适当的通知还是不充分的申辩,无疑都违反了根本性的程序公正。但是,违反正当程序的情形不止于此,如果法院在审查仲裁裁决时发现了《纽约公约》规定以外的其他违反正当程序的情形,还可以以违反公共政策为由不予执

---

① 参见姜海洲、林琦:《美国法院因语言问题不予执行中国青岛仲裁委员会的裁决》,http://www.bjac.org.cn/zixun/100210/daodu.htm,2017年6月26日访问。

行仲裁裁决。至于到底什么程度构成"不适当"和"不充分",《纽约公约》并没有作出具体规定。实践中,各国法院一般按照国内法的标准对仲裁裁决是否违反正当程序作衡量。然而,各国法律制度和法律文化各异,对正当程序的理解和标准也不同,故法院在审查外国仲裁裁决是否违反正当程序时,标准十分严格,只有显著有失公允的行为才构成违反正当程序。

3. 仲裁庭超越权限

仲裁庭超越权限,是指仲裁庭裁决了仲裁协议中未涉及的争议,或者仲裁裁决超出了仲裁协议中约定的可仲裁争议的范围。仲裁庭超越权限作出的仲裁裁决由于缺乏当事人的合意和授权,不具有执行力,被申请人如果有证据证明仲裁庭越权仲裁,可以提出不予执行仲裁裁决的抗辩。另外,如果仲裁庭超越权限作出的那部分裁决与整个仲裁裁决是可分的,法院可以只拒绝执行仲裁庭超越权限作出的那部分裁决。例如,在美国杰拉德金属公司申请承认英国伦敦金属交易所仲裁裁决案[①]中,仲裁庭接受了杰拉德金属公司的申请,将仲裁协议的另一方当事人以及仲裁协议未涉及的第三方作为被申请人,并就三方纠纷作出了仲裁裁决。法院最终以仲裁庭超越权限为由拒绝执行该仲裁裁决。

4. 仲裁庭的组成或仲裁程序不当

仲裁庭的组成或仲裁程序不符合当事人约定,或者当事人没有约定时不符合仲裁地国法律,也是不予执行仲裁裁决的理由之一。仲裁庭的组成和仲裁程序首先应当符合当事人约定,当事人没有约定时,仲裁地国法律才会被适用。然而,当事人协议的优先地位并不意味着当事人可以漠视仲裁地国法规定的强制性规则,法院此时可根据正当程序或公共政策条款不予执行仲裁裁决。[②] 在案例1中,EUSA与EB签订的著作权许可协议中的仲裁条款明确规定,双方当事人指定的两名仲裁员就第三名仲裁员的人选应当充分协商,协商不成的才可以向卢森堡商业法庭申请指定仲裁员。但是,EUSA指定的仲裁员Danziger在没有与EB指定的仲裁员Layton就选定第三名仲裁员的问题进行协商的情况下,单方向卢森堡商业法庭申请指定仲裁员,违反了当事人在仲裁条款中对仲裁庭组成的约定,符合《纽约公约》第5条第1款第4项规定的不予执行仲裁裁决的理由,即仲裁庭组成不当,故法院最终拒绝执行该仲裁裁决。

5. 仲裁裁决尚无拘束力、已被撤销或停止执行

《纽约公约》中规定的由当事人举证证明的最后一项不予执行仲裁裁决的理

---

① 参见林一飞:《外国仲裁裁决在中国的承认与执行:1987—2007年的司法实践》,载韩健主编:《商事仲裁评论》(2018年第1辑),对外经济贸易大学出版社2008年版,第23—24页。

② 参见邓瑞平等:《国际商事仲裁法学》,法律出版社2010年版,第375页。

由是:"裁决对各造尚无拘束力,或业经裁决地所在国或裁决所依据法律之国家之主管机关撤销或停止执行者。"

关于仲裁裁决的拘束力问题,《纽约公约》没有明确规定,各国法院一般根据《纽约公约》的主旨和案件的实际情况判断仲裁裁决是否有拘束力。在案例2中,对于尚未审结的罗马法院关于本案"自由"仲裁裁决效力的案件,是否造成仲裁裁决"尚无拘束力"的问题,美国联邦第二巡回上诉法院在判决中指出:一方面,《纽约公约》的主旨即促进外国仲裁裁决的承认与执行,当事人选择仲裁的本意是使争议能够得到高效便捷的解决,以免陷入高成本的诉讼,如果不予执行本案仲裁裁决,似乎有违仲裁的目的。况且已经有国家认为仲裁裁决一经作出即是终局的、有约束力的,即使该仲裁裁决已进入另一国的上诉程序。另一方面,如果正在进行的罗马法院的诉讼裁定撤销仲裁裁决,那么本院执行仲裁裁决的行为可能违反了国际礼让。因此,法院应当慎重考虑仲裁的目的、外国法院诉讼程序的审理期限、执行程序对仲裁裁决的审查是否比外国法院诉讼程序更为严格、外国法院诉讼程序的具体情形、是否有其他情形影响仲裁裁决的执行等问题,衡量各方利弊,判断外国仲裁裁决是否有"拘束力",从而执行或者拒绝执行该仲裁裁决。

仲裁裁决被撤销或停止执行,必须是仲裁地国法院或仲裁所依据法律所属国法院对撤销或停止执行仲裁裁决的申请已经审理完毕,并且最终作出撤销或停止执行的决定。另外,根据《纽约公约》第6条的规定,如果被申请人正在向仲裁地国法院或仲裁所依据法律所属国法院申请撤销或停止执行该仲裁裁决,被申请执行法院只能中止执行,或者依申请人的申请要求被申请人提供担保。

(二) 法院主动查明的不予执行的理由

1. 争议事项具有不可仲裁性

法院应当主动查明外国仲裁裁决所涉及的争议事项是否可以通过仲裁的方式解决,判断依据应当是被申请执行的法院地国法律。各国规定的可仲裁争议事项的范围有所不同,一般有关行政、证券、婚姻家庭、继承、知识产权等方面的争议均是不可仲裁的,这些争议只能通过仲裁以外的其他途径解决。但是,有的国家,如瑞士,对不可仲裁的争议事项限制得较少。《瑞士联邦国际私法》第177条就规定,"任何关涉财产的争议都可以成为仲裁事项"。争议事项的不可仲裁性也不是完全确定的,一国认为不可仲裁的争议事项在他国却可以仲裁,过去认为不可仲裁的争议随着经济和社会的发展也可能被划入可仲裁事项的范围。

2. 仲裁裁决的执行违反公共政策

外国仲裁裁决的执行违反公共政策是各国公认的不予执行外国仲裁裁决的理由之一,被申请执行国法院有义务查明执行外国仲裁裁决是否会违反法院地国最基本、最普遍的道德观念和法律准则。一方面,《纽约公约》将"公共政策"的含义保留给各国解释,使各国得以维护本地法律秩序而不受外国商事仲裁的影响。另一方面,法院地国不得滥用公共政策条款,外国仲裁裁决动辄被拒绝承认和执行反而不利于国际商事仲裁的发展。因此,实践中,被申请执行的法院在援引该条款时十分谨慎,只有对严重地、根本性地侵害到了法院地国公共秩序的外国仲裁裁决才能拒绝执行,而且这种侵害只关注该外国仲裁裁决被执行所导致的结果,而不是该仲裁裁决本身与公共政策的抵触。在案例3中,被申请人主张仲裁裁决中10万美元的罚金属惩罚性赔偿,执行该赔偿将违反美国的公共秩序,因为被申请人所依据的先例Garrity案中指出,根据纽约州法律,仲裁庭无权就惩罚性赔偿作出裁定。然而,法院认为,在仲裁中裁决惩罚性赔偿是否违反公共秩序或是否被纽约州法律禁止,与执行中国贸仲的惩罚性赔偿裁决是否违反美国的公共秩序无关,并且部分联邦法院的判决已表明支持仲裁中的惩罚性赔偿裁决。因此,法院最终认定中国贸仲的仲裁裁决并不违反美国的公共秩序。

值得注意的是,根据《纽约公约》的规定,若外国仲裁裁决存在以上各项理由,被申请执行地国法院可以拒绝执行该仲裁裁决,而不是必须拒绝执行。所以,是否拒绝执行外国仲裁裁决最终还是由各国根据实际情况决定。

第三节 跨国承认与执行国际商事仲裁裁决的法律问题

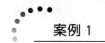

Trontenac 公司申请执行仲裁裁决案[①]

本案中,申请人 Frontenac International, S. A.(以下简称"Frontenac")和被申请人 Providence Shipping Corporation(以下简称"Providence")都是主营业地位于巴拿马的公司。Global Marketing Systems, JLT(以下简称"GMS JLT")是主营业地位于阿联酋的公司,Global Marketing Systems, Inc.(以下简称"GMS Inc.")是主营业地位于美国马里兰州的公司。2011年9月5日,Fron-

---

① Frontenac International, S. A. v. Global Marketing Systems, JLT, Global Marketing Systems, Inc., Providence Shipping Corp., District of Maryland, United States District Court, Civil Action No. RDB-13-00122, June 11, 2013.

tenac 作为卖方与 Providence 达成了一项船舶买卖合同,GMS JLT 在该合同下为 Providence 的债务提供了担保。此后不久,双方当事人对船舶价值产生了争议。根据合同中仲裁条款的规定,各方将争议提交伦敦海事仲裁委员会(London Maritime Arbitrators' Association,以下简称"LMAA")仲裁。2012 年 11 月 20 日,仲裁庭作出仲裁裁决(final award),支持了 Frontenac 要求对方当事人给付 475000 美元价款的请求。11 月 28 日,仲裁庭作出了另外一项关于仲裁费用的裁决(costs award),支持申请人 Frontenac 要求被申请人 Providence 承担因仲裁而支付的 38000 英镑法律服务费和 1485 英镑仲裁费的请求,合计约 63330 美元。

2013 年 1 月 11 日,申请人 Frontenac 向美国马里兰州联邦地区法院申请承认与执行 LMAA 于 2012 年 11 月 28 日作出的有关仲裁费用的裁决。另外,Frontenac 认为,由于 GMS JLT 和 GMS Inc. 与 Providence 存在关联公司关系,故同时提出对 GMS JLT 和 GMS Inc. 强制执行 63330 美元的仲裁费用的申请。

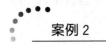

案例 2

某船务有限公司申请承认与执行外国仲裁裁决案[①]

2004 年 4 月 15 日,广东某油品有限公司(作为买方,以下简称"甲公司")与某有限公司(作为卖方,以下简称"乙公司")签订买卖合同,约定买方向卖方购买 55000 公吨(增减 10% 由卖方选择)散装巴西大豆,装运期为 2004 年 5 月 5 日至 5 月 25 日。

2004 年 5 月 7 日,某船务有限公司(以下简称"丙公司")所属的 A 轮在巴西桑托斯港装运了甲公司进口的 57750 吨大豆并签发了提单。提单正面载明"本提单同 2002 年 1 月 15 日租船合同一起使用",提单背面所载明的运输条款第 1 条规定:"正面注明特定日期的租船合同中的所有条件、条款、权利和除外事项,包括法律适用和仲裁条款,都并入本提单。"

2004 年 8 月 6 日,在 A 轮卸货前,甲公司经检验发现第 1 至 7 舱的大豆部分霉变受损。甲公司于是向法院申请诉前扣押该轮,并要求丙公司提供 500 万美元的担保。后保险公司为丙公司提供了担保函,甲公司即向法院申请解除扣押。

---

① 广州海事法院(2005)广海法他字第 1 号民事裁定书。

丙公司提供的一份日期为 2002 年 1 月 15 日的包运租船合同载明,本合同期限从 2002 年 1 月 1 日起,至 2003 年 1 月 30 日止,合同当事人为乙公司与某运输有限公司(以下简称"丁公司")。合同中的仲裁条款规定,一切因本合同产生的纠纷应通过仲裁解决,各方各指定一名仲裁员,再由被指定的两名仲裁员共同指定一名首席仲裁员。合同的附录载明,A 轮的航次为:2004 年 4 月 15 日途经意大利帕萨罗,预计于 5 月 2 日到达巴拉那瓜。上述包运合同没有当事人乙公司与丁公司的签章,丙公司也没有提供其他证据证明上述合同由双方当事人采用签章以外的其他方式一致确认。

2004 年 9 月 15 日,丙公司根据上述提单及包运租船合同中的仲裁条款,指定英国仲裁员 Robert Gaisford 对其与甲公司之间的货损争议进行仲裁。甲公司主张其没有与丙公司达成任何仲裁协议,该争议不应提交仲裁,甲公司有权提起诉讼,并于 8 月 18 日向广州海事法院提起了诉讼。甲公司还告知仲裁员,甲公司从未收到 2002 年 1 月 15 日的租船合同,不知仲裁条款,不会接受独任仲裁员。然而,仲裁员认定甲公司在规定时间内未指定另一名仲裁员,故其接受独任仲裁员的指定,并就当事人之间的争议于 2004 年 12 月 6 日在伦敦作出了有利于丙公司的仲裁裁决,裁决裁定当事人之间存在仲裁条款,即 2004 年 5 月 7 日的提单并入 2002 年 1 月 15 日的包运合同的仲裁条款。

申请人丙公司向中国广州海事法院申请承认与执行上述外国仲裁裁决,并提交了经公证的仲裁裁决书、提单和包运合同。

【思考题】

1. 案例 1 中,美国法院对承认与执行 LMAA 作出的仲裁裁决有管辖权吗?
2. 案例 2 中,申请人丙公司申请承认与执行外国仲裁裁决时需要提交哪些书面材料?申请人需要事先向英国法院请求许可执行吗?
3. 当事人跨国申请承认与执行国际商事仲裁裁决要注意哪些问题?

跨国承认与执行国际商事仲裁裁决,是指国际商事仲裁裁决的当事人向仲裁地国以外的其他国家请求确认仲裁裁决在该国有拘束力和强制执行仲裁裁决的活动。

国际商事仲裁裁决具有涉外性,只要某一商事仲裁中与其有关的因素,如自然人的国籍或惯常居所、法人的营业地、仲裁地、当事人争议标的所在地等处于不同国家的,该仲裁裁决都是国际商事仲裁裁决。国际商事仲裁裁决可以分为内国仲裁裁决和外国仲裁裁决。内国仲裁裁决是在内国作出的具有涉外因素的商事仲裁裁决。各国通常自动承认在本国作出的仲裁裁决有拘束力,除非当事人申请撤销该仲裁裁决。当事人可以直接申请在内国执行内国商事仲裁裁决,而无须另外提起承认仲裁裁决的申请。执行内国仲裁裁决的条件和程序只需符合国内法的规定即可,不涉及有关跨国承认与执行的制度。因此,本节所要讨论的跨国承认与执行国际商事仲裁裁决,指的是外国仲裁裁决在内国的承认与执行。另外,"非内国仲裁裁决"虽是在内国作出的,但其承认与执行的条件和程序同外国仲裁裁决的承认与执行是一致的。

当事人在向仲裁作出地国以外的其他国家申请承认与执行国际商事仲裁裁决时,必须了解承认与执行地国的相关立法和国际条约,把握重要的法律程序和条件,以便国际商事仲裁裁决的承认与执行顺利进行。

一、跨国承认与执行国际商事仲裁裁决的法律依据

外国仲裁裁决的承认与执行仅仅依靠法院地国的国内立法是不实际的。各国关于仲裁裁决的承认与执行的立法和实践各异,外国仲裁裁决在仲裁规则、仲裁程序、适用法律、裁决的法律效力等方面比较多地受到仲裁地国法律制度的影响,这就可能导致法院地国与裁决地国对同一国际商事仲裁的裁决产生识别冲突。为了国际商事仲裁的健康发展,国家间纷纷以互惠为原则,订立大量双边或多边条约或国际公约,这些国际立法是承认与执行外国仲裁裁决的重要法律依据。

(一)《关于执行外国仲裁裁决的公约》

《关于执行外国仲裁裁决的公约》(Convention on the Execution of Foreign Arbitral Awards),也称《日内瓦公约》,于 1927 年 9 月 26 日在日内瓦签订,它是第一个全球性的、专门规定执行外国仲裁裁决制度的国际公约。该公约的订立实际上建立在 1923 年《关于仲裁条款的日内瓦议定书》(以下简称"1923 年议定书")的基础之上。1923 年议定书旨在确认缔约国国民间签订的仲裁条款或仲裁协议的效力,以及缔约国对在本国作出的仲裁裁决依本国法执行的义务。然而,1923 年议定书并没有涉及外国仲裁裁决在本国的承认与执行问题。《关于执行外国仲裁裁决的公约》弥补了这一漏洞,规制了缔约国之间互相执行仲裁裁决的条件和程序。

《关于执行外国仲裁裁决的公约》第 1 条第 2 款规定,其他缔约国领土内作出的仲裁裁决在本国执行需要符合以下条件:(1) 裁决基于当事人间仲裁条款作出,且该仲裁条款依其适用的法律有效;(2) 裁决的争议根据申请承认或执行地国法律是可仲裁的;(3) 仲裁庭的组成符合仲裁条款的规定或当事人的合意,仲裁程序也要符合其所适用的法律;(4) 裁决在作出地国是终局的;(5) 裁决的承认或执行不违反被申请承认或执行地国的公共政策。然而,该公约第 2 条第 1 款同时规定,如果出现了仲裁裁决已被裁决作出地国撤销,或者仲裁庭未及时通知被申请人仲裁的进行导致其未充分陈述案情,或者被申请人无行为能力而没有代理人出庭,或者裁决超出了仲裁条款规定的仲裁范围的情形,即使裁决符合第 1 条规定的所有情形,被请求执行国仍然可以拒绝执行该仲裁裁决。

根据《关于执行外国仲裁裁决的公约》的规定,当事人对仲裁裁决的终局性负有严格的举证责任,即当事人在申请执行外国仲裁裁决时,必须提供裁决作出地国的执行许可证明。如此,外国仲裁裁决在他国的执行必须经过裁决作出地国和执行地国的双重许可,这显然不利于外国仲裁裁决的迅速执行。除此之外,该公约的适用范围也十分有限,公约并不规范非缔约国的仲裁裁决在缔约国的执行。

(二)《承认与执行外国仲裁裁决公约》

《承认与执行外国仲裁裁决公约》(Convention on the Recognition and Enforcement of Foreign Arbitration Awards),又称《纽约公约》,于 1958 年 6 月 10 日在纽约召开的联合国国际商事仲裁会议上制定并通过,并于 1959 年 6 月 7 日生效。

随着跨国商事活动的日益频繁,适用范围小、执行标准高的《关于执行外国仲裁裁决的公约》已不能满足国际商事仲裁的发展要求,《纽约公约》就是在此种背景下起草和制定的。《纽约公约》的宗旨是,促进国际商事活动的发展和商事纠纷的解决,便利仲裁裁决在各国得到承认与执行。该公约不仅适用范围广,而且相对于以往的有关外国仲裁裁决的承认与执行的国际立法,在承认与执行的条件和程序上要更为宽松和简便。因此,《纽约公约》在生效后 50 多年里迅速被世界上大多数国家(地区)所接受,目前缔约国(地区)已超过 140 个。可以说,《纽约公约》是为缔约国(地区)普遍认可的、执行情况最为良好的国际公约之一。该公约得到了缔约国的普遍尊重和执行,对各国国内仲裁立法、国际仲裁立法以及承认与执行外国仲裁裁决的立法和实践均产生了重要的、积极的影响,成为跨国承认与执行外国仲裁裁决制度的核心,增强了争议解决领域的可预见性、安全性,提高了仲裁在解决国际商事纠纷方面的效力,促进了经济全球化的进一步发展。

除了以上两个具有代表性的有关国际商事仲裁裁决承认与执行的国际公约以外,1985 年 12 月 11 日联合国大会通过的《国际商事仲裁示范法》对外国仲裁裁决的承认与执行也产生了深远的影响。该示范法旨在协调和统一世界各国调整国际商事仲裁的法律,建议各国从统一仲裁程序法的愿望和国际商事仲裁实践的特点出发,对本法予以适当考虑。该示范法并不是一项国际条约或者国际公约,而是一项法律文件,各国对其没有遵守的义务。但是,鉴于该示范法对国际商事仲裁的积极推动作用,许多国家如美国、英国、意大利、俄罗斯、印度、中国等都参照其相关规定,完善和修改了承认与执行外国仲裁裁决的相关立法。其他规定了外国仲裁裁决的承认与执行内容的国际公约、区域性条约还有《解决国家与他国国民之间投资争端公约》(《华盛顿公约》)、《美洲国家间国际商事仲裁公约》等,以及大量的双边和多边条约,此处不再赘述。

二、承认与执行外国仲裁裁决的方式

《纽约公约》第3条笼统地规定了承认与执行外国仲裁裁决的方式:"各缔约国应承认仲裁裁决具有拘束力,并依援引裁决地之程序规则及下列各条所载条件执行之。承认与执行适用本公约之仲裁裁决时,不得较承认与执行本国仲裁裁决附加过苛之条件或征收过多之费用。"该条款表明,应由申请执行地国法律决定采用何种方式承认与执行外国仲裁裁决。《国际商事仲裁示范法》没有区分外国商事仲裁裁决和内国商事仲裁裁决,而是采取统一的执行程序;同时仍然没有说明承认与执行外国仲裁裁决的具体程序规则,而是与《纽约公约》一样将其留给各国国内法确定。

在英美法系国家,外国仲裁裁决需要经过司法确认转化为本国法院判决之后才能够得到强制执行。例如,英国1996年《仲裁法》规定,"《纽约公约》的裁决应予承认,对当事人有约束力……经法院批准,可以当作判决或者法院命令产生相同效力的方式予以强制执行"。又如,美国联邦法院承认某一外国仲裁裁决后,该仲裁裁决就转变为本国判决,交由地区法院执行。然而,对于非《纽约公约》缔约国作出的仲裁裁决的执行,申请人通常需要在执行地国就该外国仲裁裁决重新提起诉讼。

大陆法系国家的普遍做法是,执行外国仲裁裁决之前,首先要由当事人申请法院签发强制执行许可令。德国、意大利、荷兰、瑞典等国采取了此种做法。其中,意大利等国对公约裁决和非公约裁决统一适用承认与执行外国仲裁裁决的程序,而日本等国则规定公约裁决的承认与执行适用内国仲裁裁决的程序。

无论各国采取何种程序规则承认与执行外国仲裁裁决,都不能违背"不得较承认与执行本国仲裁裁决附加过苛之条件或征收过多之费用"的原则。

三、承认与执行外国仲裁裁决的主体

承认与执行外国仲裁裁决的主体是对执行外国仲裁裁决有管辖权的一国法院。当事人向外国法院申请承认与执行外国仲裁裁决时,要注意以下问题:

首先,承认与执行地法院有地域管辖权。有权承认与执行外国仲裁裁决的法院不是唯一的,各国公认被申请人住所地国的法院或财产所在地国的法院都是有管辖权的主体。被申请人为自然人时,其住所地是经常居住地或惯常居所地。被申请人为法人时,其住所地是主要营业地或主要办事机构所在地。只要被申请人有可供执行的财产,该财产所在地的法院也有权管辖外国仲裁裁决的执行申请。案例1中,申请人Frontenac向美国马里兰州的联邦地区法院申请承认与执行LMAA于2012年11月28日作出的仲裁裁决,被申请人是Providence,GMS JLT和GMS Inc.。然而,该仲裁裁决中只裁定由Providence承担仲裁费用,即Providence是仲裁裁决唯一的败诉方,并没有要求GMS JLT和GMS Inc.也承担支付仲裁费用的义务。本案中,Providence是一家巴拿马公司,其主要营业地和主要办事机构都位于巴拿马。法院认为申请人没有提供证据证明法院对Providence有"长臂管辖权",也没有证明Providence与马里兰州有"最低限度的联系"(minimum contacts)。所以,法院对Providence没有属人管辖权,也没有承认与执行针对Providence作出的外国仲裁裁决的管辖权。鉴于马里兰州联邦地区法院对承认与执行仲裁裁决无管辖权,故申请人主张的依据GMS JLT和GMS Inc.与Providence的关联公司关系而执行GMS JLT和GMS Inc.的财产的请求也不会得到支持。

其次,承认与执行地法院有级别管辖权。确定了符合承认与执行地国地域管辖规定的法院后,承认与执行外国仲裁裁决的主体还必须满足该国国内法有关级别管辖的规定。例如,我国对承认与执行外国仲裁裁决案件有管辖权的主体是被申请人住所地或财产所在地的中级人民法院;① 而美国法院承认与执行外国仲裁裁决的职权则是分离的,只有联邦法院有权承认外国仲裁裁决,州法院负责具体执行由联邦法院承认的外国仲裁裁决。② 除此之外,承认与执行地法院还必须符合法院地国有关专属管辖的规定。例如,案例2中,申请人丙公司申请承认与执行外国海事仲裁裁决时,应当按照我国国内法的规定,向被申请人住所地或财产所在地的海事法院提出;在被申请人住所地或财产所在地没有海事法院的,才可以向被申请人住所地或财产所在地的中级人民法院提出承认与执行外国海事仲裁裁决的申请。③

四、承认与执行外国仲裁裁决的程序

(一)当事人申请承认与执行外国仲裁裁决应当提交的文件

《纽约公约》第4条第1款规定,当事人在申请承认与执行外国仲裁裁决时,

---

① 参见我国《民事诉讼法》第273条。
② 参见《美国联邦仲裁法》第203条。
③ 参见《最高人民法院关于海事法院受理案件范围的规定》。

应当提交"原裁决之正本或其正式副本"和"第二条所称协定之原本或其正式副本"。该条第 2 款规定,如果前述文件不是申请承认与执行地国的官方文字作成的,申请人有义务提交该文件的承认与执行地国的官方文字译本,并且译本应当是经"公设或宣誓之翻译员或外交或领事人员认证"的。

从《纽约公约》的规定来看,当事人申请承认与执行外国仲裁裁决的手续十分简便,只需要提交外国仲裁裁决和当事人之间的仲裁协议的正本或正式副本即可。申请人提供了符合要求的申请资料后,就可以要求承认与执行地国法院承认与执行外国仲裁裁决,不再承担任何举证责任。只有在被申请人举证或法院查明外国仲裁裁决存在不予承认与执行的情形时,申请人才需要再提供证据反驳。

《纽约公约》的这一规定相对于《日内瓦公约》来说是极大的进步。首先,《纽约公约》取消了双重许可制度。按照《日内瓦公约》的规定,申请人必须提供证据证明外国仲裁裁决在裁决作出地国是终局的;《纽约公约》则对此不作要求,避免了执行地国和裁决地国对外国仲裁裁决的双重审查和许可。其次,《日内瓦公约》规定申请人除了提供外国仲裁裁决和仲裁协议以外,还需要提供书面证据证明裁决是依据仲裁协议作出的,仲裁协议依其适用的法律是有效的,仲裁庭的组成符合仲裁协议的规定或当事人的合意,仲裁程序符合其应适用的法律。《纽约公约》则只要求申请人提供仲裁裁决和仲裁协议,降低了当事人申请承认与执行外国仲裁裁决的成本和门槛,符合国际商事仲裁的发展需求。最后,《纽约公约》将原本应当由申请人承担的举证责任转移给了被申请人,被申请人应当提供证据证明仲裁协议无效或仲裁庭组成不当等不予承认与执行外国仲裁裁决的情形,否则将承担败诉的风险。《国际商事仲裁示范法》的规定与《纽约公约》基本相同。

案例 2 中,仲裁裁决在英国作出,英国和中国都是《纽约公约》的缔约国。因此,丙公司申请承认与执行外国仲裁裁决时,应当按照《纽约公约》的规定提交经公证认证的仲裁裁决以及仲裁协议的正本或正式副本。首先,丙公司提供的经公证的仲裁裁决符合《纽约公约》对仲裁裁决正本的要求。其次,丙公司提供的书面仲裁协议是提单上关于并入租船合同的记载和经公证认证的包运合同,但是英国公证人并没有证明该包运合同文本是否为正本(原件)或者与正本相符的副本(复印件)。因该包运合同文本的文字均为打印文字,没有任何签章,无法识别该文本是否为原本或与原本相符的副本,丙公司也没有进一步提供证据证明。法院认为,丙公司没有提供双方当事人之间书面仲裁协议的正本或经正式证明的副本,没有按照《纽约公约》第 4 条第 1 款的规定提供证据材料,没有满足该公约规定的使仲裁裁决获得承认与执行的条件。

实践中，申请人除了要提交外国仲裁裁决和仲裁协议的正式译本以外，还要提交承认与执行地国的官方文字版本的申请人身份证明材料、证明案件事实的证据、仲裁庭适用的法律、聘请法院地国律师的授权委托书。① 因为外国仲裁裁决的承认与执行属于一国国内法院的诉讼程序，所以当事人在申请承认与执行外国仲裁裁决时需要提供的法律文件除了要符合执行地国缔结的国际条约或互惠规则以外，还要符合各国国内法对诉讼程序的强制性规定。

（二）承认与执行外国仲裁裁决的时效

承认与执行外国仲裁裁决同承认与执行地国国内的一般诉讼案件一样，是有诉讼时效的。对当事人超过诉讼时效提出的申请，法院不予支持。被申请人可以超过诉讼时效为由提出抗辩，阻止外国仲裁裁决的承认与执行。

《纽约公约》没有规制时效问题，各国国内法规定的诉讼时效长短不一。比如，美国规定，依据《纽约公约》，承认与执行仲裁裁决的时效为裁决作出之日起3年；② 意大利法律规定，已生效判决所确定的权利的消灭时效为10年；③ 我国规定的承认与执行外国仲裁裁决的时效为2年。④ 国内法在确定承认与执行外国仲裁裁决的时效时，通常要考虑这类案件的特殊性。申请人不仅要跨国参与诉讼，而且要聘请当地的律师代理诉讼，制作当地官方文字版本的文件，办理各类文书的公证程序等，这些活动通常要耗费长久的时间。因此，承认与执行外国仲裁裁决的时效不宜规定得过短，否则本国的仲裁裁决在他国承认与执行时可能会被他国法院要求以互惠原则适用同样短的时效，从而拒绝执行仲裁裁决，也不利于发挥国际商事仲裁解决争议的重要作用。关于时效的起算点，各国国内法的规定也不同，有的国家自仲裁裁决作出之日起起算诉讼时效，如美国1925年《联邦仲裁法》规定申请强制执行公约裁决的时限为裁决作出之日起3年；⑤ 有的国家从被申请人拒绝履行仲裁裁决时开始计算诉讼时效，如英国1980年《时效法》。

（三）承认与执行外国仲裁裁决的诉前救济措施

被仲裁裁决裁定应当履行义务的当事人为了逃避履行义务，可能会采取各种手段转移或隐匿财产。此时，权利人向法院申请执行外国仲裁裁决，经过烦琐的前期准备工作和庭审活动后，即使获得了法院强制执行的判决或裁定，该判决或裁定实际上也已不可能有效执行，既给权利人造成了损失，也浪费了执行地国

---

① 参见齐湘泉：《外国仲裁裁决承认及执行论》，法律出版社2010年版，第59页。
② 参见美国1925年《联邦仲裁法》第207条。
③ 参见《意大利民法典》，费安玲、丁玫译，中国政法大学出版社1997年版，第775页。
④ 参见我国《民事诉讼法》第239条。
⑤ 参见美国1925年《联邦仲裁法》第207条。

的司法资源。因此,允许申请人向执行地国法院申请诉前救济是十分有必要的。

承认与执行外国仲裁裁决的诉前救济措施主要指的是诉前财产保全。申请人在向法院申请承认与执行外国仲裁裁决之前,向法院申请查封、冻结或者扣押被申请人的财产,以防止被申请人恶意转移或隐匿财产,保证仲裁裁决的有效执行。法院受理承认与执行外国仲裁裁决的申请时,只审查程序性事项,不作实体审查,因此承认与执行外国仲裁裁决的诉前救济措施一般不涉及诉前证据保全。

承认与执行外国仲裁裁决的诉前财产保全要符合法院地国法律的规定,一般要求需在"情况紧急"的情形下才能提出诉前财产保全,即不采取财产保全措施就将导致申请人的权利无法实现,仲裁裁决无法履行的结果,申请人还要为此提供适当的担保。承认与执行外国仲裁裁决的诉前保全措施,有时还可以是仲裁程序中当事人的保全措施。比如我国的一家进出口公司与瑞士公司产生争议后,提交中国贸仲仲裁。仲裁开始后,中方向荷兰法院对瑞士公司的货物申请了财产保全。仲裁裁决作出后,瑞士公司在履行期限内没有履行该裁决,中方于是向瑞士法院申请执行仲裁裁决。由于中方在仲裁过程中已经申请扣押了瑞士公司的财产,中国贸仲作出的仲裁裁决在瑞士得到顺利执行。①

第四节　中国的立法与实践

黑龙江某国际货物运输代理有限公司申请撤销仲裁裁决案②

2002年7月12日,福建省轮船总公司(以下简称"甲公司")与黑龙江某国际货物运输代理有限公司(以下简称"乙公司")和美国某海运有限公司(Trans Marine Inc.,以下简称"丙公司")就"闽峰"轮的租金问题产生纠纷。甲公司依据还款协议书中的仲裁条款向中国海事仲裁委员会提出仲裁申请,被申请人为乙公司和丙公司。

---

① 参见黄亚英:《中国仲裁裁决在外国的承认与执行——案例及问题研究》,载《中国仲裁》2002年第6期。
② 《最高人民法院关于黑龙江鸿昌国际货物运输代理有限公司申请撤销中国海事仲裁委员会仲裁裁决案的复函》(2003年12月10日,〔2003〕民四他字第32号)。

中国海事仲裁委员会于2002年11月29日受理了仲裁申请,并根据仲裁规则将仲裁通知等文件以特快专递方式向被申请人乙公司进行送达,但因"迁移新址不明"被邮政部门退回。仲裁委员会秘书处遂致函甲公司,请其核查乙公司的地址,但轮船公司未提供新地址。仲裁委员会遂根据《中国海事仲裁委员会仲裁规则》第81条的规定,①委托北京市某律师事务所某律师按照原地址向乙公司再次送达仲裁通知及附件材料。此后,该案所有仲裁文件(包括裁决书)均通过该律师以平信方式向乙公司寄送。由于各当事人未在规定期间内共同选定或共同委托仲裁委员会主任指定一名独任仲裁员,根据仲裁规则,仲裁委员会主任指定一名独任仲裁员组成仲裁庭。仲裁庭对该案进行了书面审理并于2003年4月15日作出裁决,裁定乙公司和丙公司承担连带付款责任。

乙公司于2003年9月18日向天津海事法院申请撤销中国海事仲裁委员会作出的仲裁裁决。申请人的理由如下:(1)申请人对仲裁委员会关于"闽峰"轮租金案的整个裁决过程毫不知情。申请人在仲裁案中为第二被申请人,在该案整个仲裁裁决过程中,从未收到任何仲裁委员会的仲裁文件。申请人直到黑龙江省延寿县人民法院执行庭携带执行通知书和该案仲裁裁决书,执行申请人的财产时,方知自己涉及所谓的"闽峰"轮租金仲裁一案。在整个仲裁过程中,申请人没有收到任何指定仲裁员或进行仲裁程序的通知,也未能陈述意见。(2)裁决所依据的证据是伪造的。申请人与甲公司、乙公司从未签订过还款协议,该"协议"上的申请人印章是虚假的,与真实印章不相吻合。据此,申请人请求撤销仲裁裁决。

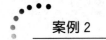

案例2

香港某科技公司申请执行仲裁裁决案②

1996年9月,新疆某股份有限公司(以下简称"甲公司")与香港某科技公司(以下简称"乙公司")为购买啤酒花生产线共同磋商并一同检验。因甲公司无进

---

① 2000年《中国海事仲裁委员会仲裁规则》第81条规定,向当事人或其代理人发送的任何书面通讯,如经当面递交收讯人或投递至收讯人的营业地点、惯常住所或通讯地址,或者经合理查询不能找到上述任一地点而以挂号信或能提供作过投递企图的记录的其他任何手段投递给收讯人最后一个为人所知的营业地点、惯常住所或通讯地址,应视为已经送达。

② 《最高人民法院关于不予执行香港欧亚科技公司与新疆啤酒花股份有限公司仲裁裁决一案的请示的复函》(2007年11月28日,〔2006〕民四他字第48号)。

出口权,于是拟委托新疆某进出口公司(以下简称"丙公司")为其代理进口生产线事宜。10月19日,丙公司(买方)与乙公司(卖方)在乌鲁木齐市签订了N096XK—1015HK合同。甲公司的副总经理参与了合同的签订,并在该合同的正本上签名确认(最后一页未签)。合同约定,合同适用中国法律;如双方不能协商解决争议,将通过仲裁裁决,仲裁地点将在香港;合同只有通过双方签署书面文件才可以更改。11月8日,甲公司与新疆某粮油食品土畜医保进出口公司(以下简称"丁公司")签订了代理进口协议书,确认了N096XK—1015HK合同中关于货物购买等相关问题的委托事宜以及代理费用,但未对解决争议的方式进行说明(丁公司为丙公司的全资子公司,对外都是以丙公司名义签订合同,但具体业务由其下属子公司操作,目前丙公司及其子公司均已不存在)。1997年12月1日,在N096XK—1015HK合同已履行了大部分之后,甲公司与乙公司又签订了关于对N096XK—1015HK合同和附件B的修改协议,其中约定此修改协议是原合同的组成部分。此修改协议主要就付款条款和工程和安装指导进行了修改,由乙公司和甲公司的副总经理共同签署。

在此之后,甲公司与乙公司、丁公司分别履行了相应的义务。在结算安装费用等问题上,甲公司与乙公司、丙公司之间发生了争议。乙公司在索款无效的情况下,以甲公司未能严格履行N096XK—1015HK合同以及修改协议为由向香港国际仲裁中心申请仲裁,甲公司并未出庭答辩。

2001年6月24日,香港国际仲裁中心作出最终裁决。11月1日,乙公司向乌鲁木齐市中级人民法院申请强制执行该仲裁裁决。甲公司抗辩称其与乙公司没有签订仲裁条款或仲裁协议,法院应当不予执行该仲裁裁决。

案例3

德国旭普林国际有限责任公司申请承认和执行国外仲裁裁决案[①]

2006年7月19日,江苏省无锡市中级人民法院就德国旭普林国际有限责任公司(以下简称"旭普林公司")与无锡某公司(以下简称"某公司")申请承认与执行国际商会仲裁院仲裁裁决一案作出裁定。该案中,旭普林公司与某公司签订建筑工程合同,约定适用《国际商会仲裁规则》在上海进行仲裁。国际商会仲裁院于2004年3月30日作出了对某公司不利的仲裁裁决。但是,此前经过某

---

① 江苏省无锡市中级人民法院(2004)锡民三仲字第1号民事裁定书。

公司申请,无锡市高新技术产业开发区人民法院已经认定合同中的仲裁条款无效。因此,国际商会仲裁院的裁决被无锡市中级人民法院判定不予承认与执行。

本案中,双方当事人约定仲裁适用《国际商会仲裁规则》,却将仲裁地约定在中国上海。无锡市中级人民法院经审理认定该裁决应被视为非内国裁决。

【思考题】

1. 我国法院对案例1中所涉仲裁裁决的撤销有管辖权吗?对外国仲裁机构所作的仲裁裁决呢?

2. 案例1中申请人提出的仲裁裁决所依据的"还款协议"是伪造的这一理由,能够成为撤销仲裁裁决的理由吗?

3. 国内仲裁机构所作的涉外仲裁裁决与外国仲裁机构所作的仲裁裁决在性质上相同吗?两者在不予执行的程序上是否一致?

4. 香港、澳门特别行政区与内地在相互承认与执行仲裁裁决上有哪些特别规定?台湾地区与大陆的仲裁裁决如何相互承认与执行?

一、国际商事仲裁裁决在我国的撤销

国际商事仲裁裁决的撤销包括涉外商事仲裁裁决的撤销和外国商事仲裁裁决的撤销。一般来说,国际商事仲裁裁决的撤销主体是仲裁裁决作出地国法院,《纽约公约》和各国国内法对此都有所规定。因此,对一国国内法院而言,当事人申请撤销的国际商事仲裁裁决只可能是在该国国内作出的仲裁裁决,即涉外仲裁裁决。鉴于实践中鲜有当事人向仲裁裁决依据法律所属国法院申请撤销国际商事仲裁裁决的情况,本节只讨论涉外仲裁裁决在我国撤销的立法和实践。

(一)法院撤销涉外仲裁裁决的程序

1. 撤销涉外仲裁裁决的申请人

涉外仲裁裁决作出后,任何一方当事人都有权申请撤销该仲裁裁决。一方申请撤销涉外仲裁裁决的,人民法院应当将对方当事人列为被申请人。[①]

2. 撤销涉外仲裁裁决的法院

涉外仲裁裁决在我国境内作出,我国法院有权对其实施监督,这种监督可以体现在撤销涉外仲裁裁决的程序中。但是,法院撤销涉外仲裁裁决必须依当事

---

① 参见《最高人民法院关于审理当事人申请撤销仲裁裁决案件几个具体问题的批复》(法释〔1998〕16号)。

人申请,而非主动审查。按照我国《仲裁法》的规定,当事人申请撤销涉外仲裁裁决,应向仲裁委员会所在地的中级人民法院提出,法院应组成合议庭审理。[①]

一方面,由于我国《仲裁法》规定的仲裁仅指机构仲裁,不包括临时仲裁,故我国有权撤销涉外仲裁裁决的主体仅指仲裁机构(仲裁委员会)所在地的中级人民法院。另一方面,根据现行法律,我国法院仅有权撤销我国仲裁机构作出的涉外仲裁裁决。对于那些临时仲裁庭或外国仲裁机构依其仲裁规则将仲裁地点设在我国境内而作出的仲裁裁决,我国法院一般不将其识别为内国裁决,法律对法院是否有权撤销这类仲裁裁决也没有明确规定。例如,案例1中,中国海事仲裁委员会的仲裁裁决是我国仲裁机构在国内作出的仲裁裁决,人民法院有权依法撤销该仲裁裁决。但是,我国法院对撤销如日本商事仲裁协会这种外国仲裁机构作出的仲裁裁决显然是没有管辖权的。案例3中,我国法院指出,按照我国现行法律,国际商会仲裁院的仲裁庭适用该院规则在我国上海作出的裁决是非内国裁决。[②] 但是,参照《纽约公约》《国际商事仲裁示范法》等国际仲裁立法、国际商事仲裁的一般理论以及各国普遍的仲裁实践,只要国际商事仲裁裁决是在内国作出的,该国就有权撤销该仲裁裁决,无论裁决是内国仲裁机构、临时仲裁庭还是外国仲裁机构在我国境内作出的。因此,我国以仲裁机构所属国为标准区分涉外仲裁裁决和外国仲裁裁决是不妥的,会导致实践中当事人分别向仲裁地国法院和我国法院申请撤销仲裁裁决,不利于国际商事纠纷的及时解决。

3. 申请撤销涉外仲裁裁决的期限

当事人申请撤销涉外仲裁裁决的,应当自收到裁决书之日起六个月内提出。人民法院应当在受理撤销裁决申请之日起两个月内作出撤销裁决或者驳回申请的裁定。[③]

4. 撤销涉外仲裁裁决的报告制度

为严格执行《仲裁法》和《民事诉讼法》,保障诉讼和仲裁活动依法进行,防止地方法院滥用撤销权破坏国际商事仲裁活动良好秩序,最高人民法院出台了《关于人民法院撤销涉外仲裁裁决有关事项的通知》。

一方当事人按照《仲裁法》的规定向人民法院申请撤销涉外仲裁裁决,如果人民法院经审查认为涉外仲裁裁决具有1991年《民事诉讼法》第260条第1款[④]规定的情形之一的,在裁定撤销裁决或通知仲裁庭重新仲裁之前,须报请本辖区

---

① 参见《仲裁法》第58条。
② 参见赵秀文:《从旭普林公司案看我国法院对国际商事仲裁的监督》,载《时代法学》2007年第6期。
③ 参见《仲裁法》第59、60条。
④ 参见1991年《民事诉讼法》第260条。

所属高级人民法院进行审查。如果高级人民法院同意撤销裁决或通知仲裁庭重新仲裁,应将其审查意见报最高人民法院。待最高人民法院答复后,方可裁定撤销裁决或通知仲裁庭重新仲裁。

受理申请撤销裁决的人民法院如认为应予撤销裁决或通知仲裁庭重新仲裁的,应在受理申请后 30 日内报其所属的高级人民法院,该高级人民法院如同意撤销裁决或通知仲裁庭重新仲裁的,应在 15 日内报最高人民法院,以严格执行《仲裁法》第 60 条的规定。

(二) 法院撤销涉外仲裁裁决的理由

根据我国《仲裁法》和《民事诉讼法》,当事人提出证据证明涉外仲裁裁决有以下情形之一的,经人民法院组成合议庭审查核实,裁定撤销:

(1) 当事人在合同中没有订立仲裁条款或者事后没有达成书面仲裁协议的;

(2) 当事人没有得到指定仲裁员或者进行仲裁程序的通知,或者由于其他不属于该方当事人负责的原因未能陈述意见的;

(3) 仲裁庭的组成或者仲裁程序与仲裁规则不符的;

(4) 裁决的事项不属于仲裁协议的范围或者仲裁机构无权仲裁的。[①]

相对于撤销国内仲裁裁决[②]来说,撤销涉外仲裁裁决的理由之范围缩小了,法院仅对仲裁活动中的程序性事项进行审查,这与《纽约公约》及各国对国际商事仲裁裁决的监督标准也是一致的。除了以上法律明文规定的理由以外,仲裁裁决违反我国社会公共利益也应当是法院撤销涉外仲裁裁决的情形之一。

案例 1 中,法院经审理认为,仲裁委员会在以特快专递形式向乙公司送达仲裁通知等文件,却被邮政部门以"迁移新址不明"为由退回的情况下,仍委托送达人按原地址进行送达,而未采取向当地工商行政主管机关查询这一最通常、合理的查询方法。仲裁委员会的送达并不符合《中国海事仲裁委员会仲裁规则》第 81 条的规定,不能视为已经送达。因此,仲裁委员会的仲裁裁决是在申请人没有得到指定仲裁员和进行仲裁程序通知的情况下作出的,属于不应由申请人负责的原因未能陈述意见的情况,符合 1991 年《民事诉讼法》第 260 条第 1 款规定的撤销情形。

(三) 申请撤销涉外仲裁裁决的后果

法院受理撤销涉外仲裁裁决的申请,依照法律的规定或其他程序审查涉外仲裁裁决是否有撤销情形后,可能作出以下处理:

---

① 参见《仲裁法》第 70 条,《民事诉讼法》第 274 条。
② 参见《仲裁法》第 58 条。

1. 通知仲裁庭重新仲裁

《仲裁法》第 61 条规定："人民法院受理撤销裁决的申请后，认为可以由仲裁庭重新仲裁的，通知仲裁庭在一定期限内重新仲裁，并裁定中止撤销程序。仲裁庭拒绝重新仲裁的，人民法院应当裁定恢复撤销程序。"

2. 撤销仲裁裁决

申请人如果举证证明涉外仲裁裁决有法定的撤销事由，并且人民法院经审理后认为该事由成立的，经报告制度，可以裁定撤销该仲裁裁决。另外，在涉外仲裁裁决的裁决事项超出仲裁协议范围或者仲裁机构超越权限仲裁的情况下，如果超裁的部分与仲裁机构作出裁决的其他事项是可分的，人民法院可以基于当事人的申请，在查清事实后裁定撤销该超裁部分。[①] 经人民法院撤销的仲裁裁决是无效的。

3. 驳回撤销申请

法院经审理认为当事人申请撤销仲裁裁决的理由不成立的，裁定驳回该撤销涉外仲裁裁决的申请。

4. 中止或终止执行涉外仲裁裁决

《仲裁法》第 64 条规定："一方当事人申请执行裁决，另一方当事人申请撤销裁决的，人民法院应当裁定中止执行。人民法院裁定撤销裁决的，应当裁定终结执行。撤销裁决的申请被裁定驳回的，人民法院应当裁定恢复执行。"

二、涉外商事仲裁裁决在我国的承认与执行

涉外商事仲裁裁决是具有涉外因素的、在我国涉外仲裁机构所作的仲裁裁决，我国法院自动承认其拘束力。当事人申请执行涉外商事仲裁裁决的条件和程序，只需要符合我国《仲裁法》《民事诉讼法》及相关司法解释的规定即可。

（一）涉外因素

此处只讨论具有与其他国家有关的涉外因素的仲裁裁决。所谓涉外因素，指的是"构成法律关系的主体、客体和内容三个要素中，至少有一个或一个以上要素与外国有联系"[②]。因此，只要仲裁裁决的一方或双方当事人是外国人、无国籍人、外国企业或组织，或者当事人之间民事法律关系的设立、变更、终止的法律事实发生在外国，或者诉讼标的物在外国的，均是涉外仲裁裁决。案例 3 中，仲裁裁决是中国仲裁机构作出的，而合同一方当事人是德国公司，故该案的仲裁

---

① 参见《最高人民法院关于我国仲裁机构作出的仲裁裁决能否部分撤销问题的批复》(法释〔1999〕16 号)。

② 参见韩德培：《国际私法新论》，武汉大学出版社 1997 年版，第 3 页。

裁决应属于涉外仲裁裁决,强制执行该案仲裁裁决的程序应当适用有关执行涉外仲裁裁决的规定。

(二) 申请执行涉外仲裁裁决的期限和管辖法院

我国申请执行涉外仲裁裁决的期限适用《民事诉讼法》对申请执行时效的规定,即当事人申请执行的期间为两年。申请执行时效的中止、中断,适用法律有关诉讼时效中止、中断的规定。

我国《民事诉讼法》对涉外仲裁裁决和外国仲裁裁决的申请执行时效没有作出区分,适用同样的规定。实际上,按照1991年《民事诉讼法》规定的申请执行的时效,一方或双方当事人是公民的为一年,双方当事人是法人或其他组织的则为六个月。相较于国外法律,我国法律规定的申请执行时效较短,这给跨国承认与执行造成了极大阻碍。如果申请人是外国的自然人或者法人,那么他们必须在一年甚至六个月内准备好在我国提起申请执行仲裁裁决所需的各种手续和材料。实践中,也常常出现法院以超过诉讼时效为由拒绝执行外国仲裁裁决的情形。这样的规定既不利于外国仲裁裁决的承认与执行,也不利于我国国际商事活动的开展。在中国浙江省某轻工进出口公司向日本法院申请承认与执行中国贸仲作出的仲裁裁决一案中,①被执行人抗辩称日本法院应以互惠原则为依据认定中国仲裁裁决在日本的承认与执行适用中国的较短执行时效的规定。虽然法院最终否定了被申请人的抗辩,但是这也体现出我国法律规定的执行时效的不合理性。我国直到2007年修订《民事诉讼法》时才将当事人申请执行仲裁裁决的期限延长到两年,一定程度上缓解了以往紧张的申请执行活动。此外,2012年《民事诉讼法》第239条还规定,申请执行时效从法律文书规定履行期间的最后一日起计算;法律文书规定分期履行的,从规定的每次履行期间的最后一日起计算;法律文书未规定履行期间的,从法律文书生效之日起计算。

当事人申请执行涉外仲裁裁决的,应当向被申请人住所地或者财产所在地的中级人民法院提出申请。②

(三) 不予执行涉外仲裁裁决的理由

根据《仲裁法》和《民事诉讼法》的规定,被申请人提出证据证明涉外仲裁裁决有下列情形之一的,经人民法院组成合议庭审查核实,裁定不予执行:

(1) 当事人在合同中没有订有仲裁条款或者事后没有达成书面仲裁协议的;

(2) 被申请人没有得到指定仲裁员或者进行仲裁程序的通知,或者由于其

---

① 参见黄亚英:《纽约公约与中国仲裁裁决在外国的承认与执行》,载《中国仲裁》2002年第3期。
② 参见《民事诉讼法》第273条。

他不属于被申请人负责的原因未能陈述意见的；

（3）仲裁庭的组成或者仲裁的程序与仲裁规则不符的；

（4）裁决的事项不属于仲裁协议的范围或者仲裁机构无权仲裁的。

人民法院认定执行该裁决违背社会公共利益的，裁定不予执行。[①]

涉外仲裁裁决虽然是在我国境内作出的仲裁裁决，但是法院执行涉外仲裁裁决时的审查标准要比一般的国内仲裁裁决更为宽松，被执行人不得以"认定事实的主要证据不足""适用法律确有错误"以及"仲裁员在仲裁该案时有贪污受贿、徇私舞弊、枉法裁判行为"为由抗辩。

例如，在本书第五章第五节的案例1中，被申请人提出"仲裁裁决认定事实的主要证据不足"和"适用法律错误"作为抗辩理由。但是，这些均不是不予执行涉外仲裁裁决的理由，应不予支持。至于被申请人提出的"仲裁程序不当"的抗辩，根据《中国贸仲仲裁规则（2015版）》的规定，不要求鉴定报告必须经开庭质证，仲裁庭有权对鉴定报告进行审查并决定是否采纳。仲裁庭将鉴定报告分别送达双方当事人并要求其提出书面意见的做法并不违反仲裁规则，不属于违反仲裁程序。另外，根据《最高人民法院关于人民法院处理与涉外仲裁及外国仲裁事项有关问题的通知》，不予执行涉外仲裁裁决必须报请本辖区所属高级人民法院审查；如果高级人民法院同意不予执行，还要报请最高人民法院审查同意。本案中，最高人民法院在其复函中指出，社会公共利益不仅是为了维护仲裁程序上的公平，而且还担负着维护国家根本法律秩序的功能。从本案情况来看，并不存在违背社会公共利益的情节。

三、外国商事仲裁裁决在我国的承认与执行

（一）我国承认与执行外国仲裁裁决的法律依据

根据《民事诉讼法》第283条的规定，外国仲裁裁决在我国的承认与执行，应当由当事人直接向被执行人住所地或者其财产所在地的中级人民法院申请，人民法院应当依照我国缔结或者参加的国际条约，或者按照互惠原则办理。因此，我国法院承认与执行外国仲裁裁决时，首先应当依据我国缔结或者参加的双边条约和国际条约的规定；如果我国与申请人所属国或者外国仲裁裁决作出地国没有条约关系，或者一方对条约规定提出保留的，则应当依据互惠原则承认与执行该外国仲裁裁决。除此之外，我国《民事诉讼法》《仲裁法》及相关的司法解释对承认与执行外国仲裁裁决也作了部分规定。

---

① 参见《民事诉讼法》第274条。

1. 依据《纽约公约》等国际公约承认与执行外国仲裁裁决

我国于 1987 年 1 月 22 日成为《纽约公约》的缔约国。鉴于《纽约公约》在国际商事仲裁领域的广泛影响力,大部分向我国申请承认与执行的外国仲裁裁决的作出地国都是《纽约公约》的缔约国。《纽约公约》是我国承认与执行外国仲裁裁决最主要的法律依据。

我国在加入《纽约公约》时作出了两项保留,一是互惠保留,二是商事保留。互惠保留是指我国只在互惠基础上对在另一缔约国领土内作出的仲裁裁决的承认与执行适用该公约。商事保留是指我国只对根据我国法律认定属于契约性和非契约性商事法律关系所引起的争议适用该公约。所谓"契约性和非契约性商事法律关系",具体是指由于合同、侵权或者根据有关法律规定而产生的经济上的权利义务关系,如货物买卖、财产租赁、工程承包、加工承揽、技术转让、合资经营、合作经营、勘探开发自然资源、保险、信贷、劳务、代理、咨询服务和海上、民用航空、铁路、公路的客货运输以及产品责任、环境污染、海上事故和所有权争议等,但不包括外国投资者与东道国政府之间的争端。①

我国还于 1990 年 7 月加入了 1965 年《解决国家与他国国民之间投资争端公约》(《华盛顿公约》)。《华盛顿公约》调整的是外国投资者与东道国政府之间的投资争议,设立了解决投资争端国际中心(ICSID),可以就缔约国与其他缔约国国民之间的争议作出仲裁裁决。该仲裁裁决在各缔约国具有与本国法院最终判决一样的拘束力,缔约国应直接予以承认与执行,不得对其进行审查。

2. 依据双边条约承认与执行外国仲裁裁决

除了上述两个主要的国际公约以外,我国与其他国家订立的一些双边贸易协定、投资保护协定和司法协助条约中也涉及外国仲裁裁决在我国的承认与执行,如《中华人民共和国和法兰西共和国关于民事、商事司法协助的协定》等。②在我国与申请人所属国或外国仲裁裁决作出地国没有共同加入相关国际公约时,可以适用这些双边条约。

3. 依据国内法的规定承认与执行外国仲裁裁决

我国关于外国仲裁裁决的承认与执行的规定散见于《仲裁法》《民事诉讼法》以及最高人民法院颁布的司法解释、通知、批复等。其中,最高人民法院颁布的各类司法解释、通知、批复的内容主要涉及拒绝承认与执行外国仲裁裁决、仲裁协议与管辖权的认定机关、承认与执行外国仲裁裁决收费及审查期限的规定、约定临时仲裁的仲裁协议效力等。这些法律文件弥补了司法实践中暴露出的法律

---

① 参见《最高人民法院关于执行我国加入〈承认及执行外国仲裁裁决公约〉的通知》。
② 参见齐湘泉:《外国仲裁裁决承认及执行论》,法律出版社 2010 年版,第 35 页。

规定不明的漏洞,是我国承认与执行外国仲裁裁决的补充依据。

(二) 外国仲裁裁决的承认与执行

1. 管辖法院

根据《民事诉讼法》第283条的规定,当事人申请承认与执行外国仲裁裁决的,应当直接向被执行人住所地或者其财产所在地的中级人民法院申请。同时,《最高人民法院关于执行我国加入的〈承认及执行外国仲裁裁决公约〉的通知》进一步规定,当事人的申请应由我国下列地点的中级人民法院受理:被执行人为自然人的,为其户籍所在地或者居所地;被执行人为法人的,为其主要办事机构所在地;被执行人在我国无住所、居所或者主要办事机构,但有财产在我国境内的,为其财产所在地。

2. 申请承认与执行的期限

外国仲裁裁决在我国的承认与执行适用我国《民事诉讼法》关于申请执行时效的规定。与涉外仲裁裁决的承认与执行一样,当事人申请执行的期限为两年,申请执行时效的中止、中断,适用法律有关诉讼时效中止、中断的规定。申请执行时效从法律文书规定履行期间的最后一日起算;法律文书规定分期履行的,从规定的每次履行期间的最后一日起计算;法律文书未规定履行期间的,从法律文书生效之日起计算。

3. 申请承认与执行的费用和文件

根据《最高人民法院关于承认和执行外国仲裁裁决收费及审查期限问题的规定》,当事人申请承认和执行外国仲裁裁决的,人民法院受理后,应按照《人民法院诉讼收费办法》的有关规定,依申请执行的金额或标的价额预收执行费。

当事人申请承认与执行外国仲裁裁决的,一般要向法院提交申请书以及仲裁裁决书和仲裁协议的正本或经正式认证或证明的副本。除此之外,申请人还要提供申请人身份证明材料、外国申请人聘请我国律师的授权委托书等我国法律规定应当提交的申请材料,否则我国法院可以不受理申请,或者责令补充材料,符合申请要求后再予受理,或者驳回申请。申请人提交的各项文件应当用中文作成并按要求经过认证或证明。[①]

4. 拒绝承认与执行的理由

根据《民事诉讼法》第283条的规定,人民法院受理了承认与执行外国仲裁裁决的申请后,应当依照我国缔结或参加的国际条约,或者按照互惠原则办理。

[①] 《最高人民法院关于人民法院执行工作若干问题的规定(试行)》第21条第2款规定:"申请执行国外仲裁机构的仲裁裁决的,应当提交经我国驻外使领馆认证或我国公证机关公证的仲裁裁决书中文本。"

通常,有关承认与执行外国仲裁裁决的国内立法和国际立法都直接列举不予承认与执行外国仲裁裁决的各种情形,只要外国仲裁裁决不存在所列举的情形,法院就予以承认与执行。

以《纽约公约》为例,凡外国仲裁裁决是在其他公约缔约国作出的,我国法院就应当按照公约规定的拒绝承认与执行的理由对该外国仲裁裁决进行审查;如果认定外国仲裁裁决具有公约第5条第2款所列的情形之一的,或者根据被申请人提供的证据证明具有第5条第1款所列的情形之一的,应当裁定驳回申请,拒绝承认与执行。①

如果申请承认与执行的外国仲裁裁决不是在《纽约公约》的缔约国作出的,人民法院可以依据我国与申请人所属国或仲裁裁决作出地国共同加入的其他国际公约或双边条约,判断拒绝承认与执行的情形。

如果我国与申请人所属国或仲裁裁决作出地国既没有共同加入的国际公约,也没有双边或多边条约关系,人民法院应当按照互惠原则决定是否承认与执行该外国仲裁裁决。外国仲裁裁决作出地国在承认与执行中国仲裁裁决上施加限制的,我国也可以在承认与执行该国仲裁裁决的程序中作出相同限制。

从我国法院承认与执行外国仲裁裁决的实践来看,拒绝承认与执行外国仲裁裁决的理由主要有以下几种:

(1) 无仲裁协议或者仲裁协议无效

被申请人能够举证证明当事人之间无仲裁协议或者仲裁协议无效的,人民法院可以据此拒绝承认与执行外国仲裁裁决。无仲裁协议或者仲裁协议无效的情形包括当事人无仲裁合意、当事人无行为能力、仲裁协议经法院认定为无效、当事人之间根本没有订立仲裁协议等。

在本章第三节案例2中,丙公司称其所提供的包运合同文本就是甲公司受让并持有的提单所并入的租船合同,其中的仲裁条款是双方当事人之间的仲裁协议。然而,丙公司既没有提供证据证明缺少当事人签章的包运合同已经成立,也没有提供证据证明提单注明并入的租船合同就是这份所谓的"包运合同"。因此,丙公司所称的包运合同并没有并入提单,其中的仲裁条款也没有并入提单。法院最终认定甲公司与丙公司之间就仲裁条款不存在明示或默示的合意,当事人之间不存在仲裁协议,拒绝承认与执行该仲裁裁决。

在本节案例3中,无锡高新技术产业开发区人民法院于2004年9月2日作出的裁定指出,甲公司与乙公司签订的建筑工程合同中的仲裁条款无效。然而,2003年11月10日,国际商会仲裁院仲裁庭根据仲裁庭"自裁管辖原则"和《国

---

① 参见《最高人民法院关于执行我国加入的〈承认及执行外国仲裁裁决公约〉的通知》。

际商会仲裁规则》的规定作出裁决,确认对当事人之间的争议有管辖权,并于2004年3月30日作出了仲裁裁决。由于乙公司未能履行该裁决,甲公司请求无锡市中级人民法院承认与执行该裁决。根据《纽约公约》第5条第1款第1项的规定,在当事人没有约定仲裁条款准据法的情况下,仲裁条款的效力应当按照仲裁地国法律即中国法律认定。我国法律规定的有效的仲裁条款应当同时具备仲裁的意思表示、仲裁的事项和明确的仲裁机构。本案所涉仲裁条款虽有明确的仲裁的意思表示、仲裁规则和仲裁地点,但并没有明确指出仲裁机构,故该仲裁条款是无效的。法院最终以仲裁条款无效为由,拒绝承认与执行该仲裁裁决。

(2) 仲裁违反正当程序

仲裁违反正当程序,一般是指被申请人未能获得有关指派仲裁员或仲裁程序的适当通知,或其他非因申请人的责任导致其未能合理陈述案情。

在第五章第三节案例1中,最高人民法院指出,根据《日本商事仲裁协会商事仲裁规则》第53.2条的规定,"仲裁庭在前款审理终结时,应把将要作出裁决的期限通知当事人"。本案中,仲裁庭本应在2005年9月20日作出仲裁裁决。然而,2005年9月20日以后,仲裁庭既没有作出仲裁裁决,也没有宣布延期裁决,而是于2006年2月23日才作出最终裁决。仲裁庭没有按照《日本商事仲裁协会商事仲裁规则》的规定再次决定延期并通知当事人的行为,构成了《纽约公约》第5条第1款第2项规定的"受裁决援用之一造未接获关于指派仲裁员或仲裁程序之适当通知,或因他故,致未能申辩者"的情形。

在另一案中,日本某化学工业株式会社(以下简称"甲公司")向人民法院申请承认与执行日本商事仲裁协会东京05-03号仲裁裁决,被申请人是天津某科技股份有限公司(以下简称"乙公司")。甲公司主张,其于2005年8月31日向仲裁庭提出申请事项变更申请书后,仲裁协会事务局已经于10月21日以国际快递的方式将征求意见书邮寄给乙公司。但是乙公司否认其收到仲裁庭寄送的相关征求意见书,甲公司亦未能提交仲裁庭确实履行上述通知行为的证据。同时,没有任何证据表明仲裁庭于2005年10月21日向乙公司邮寄过与上述甲公司变更申请相关的文件,乙公司也未能就甲公司变更申请的行为提出意见。《日本商事仲裁协会商事仲裁规则》第20条规定:"1. 申请人可以就同一仲裁协议向协会提出申请变更申请书并变更其申请内容。如果是在仲裁庭组成后提出修改,应当向仲裁庭提出变更申请书的请求,并得到仲裁庭的许可。2. 仲裁庭在作出前款的许可前应事先听取对方当事人的意见。"在甲公司对申请事项提出变更的情况下,乙公司有权对变更后的申请内容提出意见,而该变更事项通知应当属于仲裁程序中的重要内容。仲裁庭未能将该变更申请通知乙公司,实际上剥夺了乙公司提出申辩的权利和机会,符合《纽约公约》第5条第1款第2项规定的情形。法院最终裁定不予承认和执行该仲裁裁决。[①]

(3) 仲裁庭组成或者仲裁程序不当

仲裁庭组成或者仲裁程序不当,是指仲裁庭的组成或者仲裁程序违反当事人约定的法律,或者当事人没有约定时违反仲裁地国法律。

在第五章第二节案例 4[②] 中,仲裁协议和仲裁程序适用双方当事人明确约定的国际油、油籽和油脂协会 2001 年 1 月 1 日修订并生效的《上诉和仲裁规则》以及英国 1996 年《仲裁法》。《上诉和仲裁规则》第 1 条(f)项规定:"本协会将通知没有选定仲裁员或者替代仲裁员的一方当事人,本协会将为其指定一名仲裁员,除非该方当事人在本协会向其发出通知后的 14 日内为自己选定了仲裁员。"本案仲裁庭在原为被申请人指定的仲裁员 S. Bigwood 自动回避后并没有向被申请人发出选定替代仲裁员的通知,而是径直为其重新指定了仲裁员。仲裁庭重新指定仲裁员的行为违反了当事人约定的仲裁规则的上述规定,属于仲裁庭组成不当。据此,人民法院拒绝承认与执行本案仲裁裁决。[③]

第(2)部分所述两个案例中的仲裁裁决都存在仲裁程序不当的情形,两案的当事人均在各自的仲裁条款中约定仲裁程序适用《日本商事仲裁协会商事仲裁规则》;第五章第三节案例 1 中,仲裁庭没有在《日本商事仲裁协会商事仲裁规则》规定的期限内作出仲裁裁决,也没有通知被申请人延长裁决作出期限;甲公司与乙公司的案件中,在申请人变更仲裁申请时,仲裁庭未按相关仲裁规则的要求向被申请人送达征求意见书。

(4) 仲裁庭超越权限仲裁

被申请人举证证明仲裁庭裁决了仲裁协议约定的事项以外的争议的,法院可以拒绝承认与执行该仲裁裁决;超裁部分与其他有权仲裁的部分可分的,法院可以只拒绝承认与执行超裁部分的裁决。

在美国 Gerald Metal Inc. (以下简称"GMI 公司")申请承认英国伦敦金属交易所仲裁裁决案[④]中,根据美国 GMI 公司与某工厂(以下简称"甲工厂")签订的买卖合同中的仲裁条款,仲裁庭只能对 GMI 公司与甲工厂之间的买卖合同纠纷作出裁决,但是它却根据 GMI 公司的申请,将与 GMI 公司之间没有仲裁协议

---

① 参见《最高人民法院关于裁定不予承认和执行社团法人日本商事仲裁协会东京 05—03 号仲裁裁决的报告的复函》(2008 年 9 月 10 日,〔2008〕民四他字第 18 号)。
② 参见万鄂湘、夏晓红:《中国法院不予承认及执行某些外国仲裁裁决的原因——〈纽约公约〉相关案例分析》,载《武大国际法评论》2010 年第 2 期。
③ 参见《最高人民法院关于邦基农贸新加坡私人有限公司申请承认和执行英国仲裁裁决一案的请示的复函》(2007 年 6 月 25 日,〔2006〕民四他字第 41 号)。
④ 参见万鄂湘、夏晓红:《中国法院不予承认及执行某些外国仲裁裁决的原因——〈纽约公约〉相关案例分析》,载《武大国际法评论》2010 年第 2 期。

的芜湖某铜业集团有限公司(以下简称"乙公司")列为仲裁被申请人,对所谓的GMI公司与甲工厂、乙公司三方之间的纠纷作出了裁决。仲裁庭对GMI公司与乙公司之间所谓的买卖合同纠纷所作裁决,显然已经超出了本案仲裁协议的范围。从裁决结果看,明确由甲工厂单独承担责任的那部分裁决,仲裁庭是有权裁决的,而且与超裁部分是可分的,亦不存在其他不应予以承认的情形,因此对于涉及甲工厂单独承担责任部分的裁决应予承认。其他使用"被申请人"这个称谓表明应该承担责任部分的裁决,由于裁决中的"被申请人"既包括甲工厂又包括乙公司,法院无法区分仲裁庭有权裁决的甲工厂应当承担的责任。因此,法院对于无法区分的部分裁决拒绝予以承认。①

(5) 其他理由

除了上述理由外,如果当事人能够举证证明外国仲裁裁决尚无拘束力、被撤销或停止执行的,法院也可以拒绝承认和执行该外国仲裁裁决。但是,目前我国法院基于这一理由拒绝承认与执行外国仲裁裁决的实践几乎没有。

如果人民法院经审查外国仲裁裁决后认为,该裁决所解决的争议依据我国法律为不可仲裁的,也可以裁定不予承认与执行该外国仲裁裁决。根据我国《仲裁法》第3条的规定,涉及婚姻、收养、监护、扶养、继承的纠纷以及依法应当由行政机关处理的行政争议不得仲裁。

人民法院还可以以承认与执行外国仲裁裁决将违反我国社会公共利益为由拒绝承认与执行该外国仲裁裁决。司法实践中,人民法院适用"公共秩序"条款十分谨慎,只有承认与执行外国仲裁裁决将严重侵犯我国社会公共利益的,才能据以拒绝承认与执行外国仲裁裁决。实践中,人民法院以违反我国社会公共利益为由不予承认与执行外国仲裁裁决的案例也十分罕见。2008年7月11日,济南市中级人民法院以国际商会仲裁院仲裁庭就济南某制药股份有限公司(以下简称"甲公司")案作出的仲裁裁决违反了我国的社会公共利益为由,拒绝承认与执行该仲裁裁决。② 本案中,在我国有关法院就甲公司与合资公司某制药有限公司(以下简称"乙公司")之间的租赁合同纠纷裁定、对合资公司的财产进行保全并作出判决的情况下,国际商会仲裁院再对甲公司与乙公司之间的租赁合同纠纷进行审理并裁决,侵犯了我国的司法主权和我国法院的司法管辖权,侵犯了我国社会公共利益,不能得到我国法院的承认与执行。③

---

① 《最高人民法院关于美国GMI公司申请承认英国伦敦金属交易所仲裁裁决案的复函》(2003年11月12日,〔2003〕民四他字第12号)。

② 参见赵秀文:《国际商事仲裁法原理与案例教程》,法律出版社2010年版,第368页。

③ 参见《最高人民法院关于不予承认和执行国际商会仲裁院仲裁裁决的请示的复函》(2008年6月2日,〔2008〕民四他字第11号)。

5. 拒绝承认与执行仲裁裁决的报告制度

1995年8月28日颁布的《最高人民法院关于人民法院处理与涉外仲裁及外国仲裁事项有关问题的通知》规定:"凡一方当事人向人民法院申请执行我国涉外仲裁机构裁决,或者向人民法院申请承认和执行外国仲裁机构的裁决,如果人民法院认为我国涉外仲裁机构裁决具有民事诉讼法第二百六十条情形之一的,或者申请承认和执行的外国仲裁裁决不符合我国参加的国际公约的规定或者不符合互惠原则的,在裁定不予执行或者拒绝承认和执行之前,必须报请本辖区所属高级人民法院进行审查;如果高级人民法院同意不予执行或者拒绝承认和执行,应将其审查意见报最高人民法院。待最高人民法院答复后,方可裁定不予执行或者拒绝承认和执行。"据此,人民法院在裁定不予执行涉外仲裁裁决、拒绝承认与执行外国仲裁裁决之前,都必须执行该报告制度。

拒绝承认与执行仲裁裁决报告制度有利有弊。一方面,报告制度可以更好地支持《纽约公约》的普遍实施,有效地防止地方法院草率拒绝承认与执行外国仲裁裁决。另一方面,报告制度并没有限制高级人民法院和最高人民法院的审查答复期限,如果上级法院久拖不决,反而会影响外国仲裁裁决的执行效率。

6. 申请承认与执行外国仲裁裁决的结果

(1) 裁定承认与执行外国仲裁裁决

人民法院受理承认与执行外国仲裁裁决的申请后,经审查认定该外国仲裁裁决没有不予承认和执行的理由时,应当裁定承认其效力,并按《民事诉讼法》规定的程序执行。人民法院可以采取查封、扣押、冻结、拍卖、变卖被执行人的财产等各种强制执行措施执行外国仲裁裁决。

(2) 裁定不予承认与执行外国仲裁裁决

人民法院经审查认定外国仲裁裁决有不予承认与执行的情形的,应当裁定不予承认与执行仲裁裁决。当事人对裁定不服的,不能提起上诉,也不能申请再审。不予承认与执行外国仲裁裁决的裁定不影响该仲裁裁决在别国的效力,当事人仍然可以向其他有管辖权的国家申请承认与执行该外国仲裁裁决。

四、涉港、澳、台仲裁裁决的执行

(一) 内地与香港之间仲裁裁决的执行

香港回归以前,根据英国政府的声明,《纽约公约》延伸适用于香港地区。中国加入《纽约公约》以后,内地与香港之间仲裁裁决的承认与执行当然地适用《纽约公约》的规定。香港回归以后,仍然适用《纽约公约》。但是,这种适用建立在中国政府向联合国递交的《中国政府为香港特别行政区适用有关多边国际条约所作的声明和保留》的基础上,并且只适用于香港地区与其他缔约国之间。此时,《纽约公约》就不能适用于内地与香港仲裁裁决承认与执行,当事人只能依据普通法的相关规定在香港地区请求承认与执行内地仲裁裁决,比如在香港法院重新提起履行债务之诉。这种执行状态使得当事人必须为此付出更多的时间和金钱,也不利于仲裁裁决得到及时和顺利的执行。为了解决内地与香港之间仲裁裁决执行的困难,最高人民法院与香港特别行政区签署了《关于内地与香港特别行政区相互执行仲裁裁决的安排》(以下简称《内地—香港安排》)。

《内地—香港安排》主要根据《纽约公约》制定,并尽可能地保留香港回归中国前依据《纽约公约》相互执行裁决的实践。香港特区法院同意执行内地经认可的仲裁机构依据《仲裁法》在内地作出的仲裁裁决,内地人民法院同意执行依据香港特区《仲裁条例》在香港作出的仲裁裁决。《内地—香港安排》的主要内容包括以下几个方面:

1. 管辖法院

当事人不履行在内地或香港作出的仲裁裁决时,另一方当事人可以向被申请人住所地或财产所在地的有关法院申请强制执行。内地被申请人住所地或财产所在地的中级人民法院和香港特区高等法院都有执行仲裁裁决的管辖权。

被申请人的住所地或财产所在地,既在内地又在香港的,申请人不得同时分别向两地有关法院提出申请。只有一地法院执行不足以偿还其债务时,才可就不足部分向另一地法院申请执行。两地法院先后执行仲裁裁决的总额,不得超过裁决数额。

2. 执行程序

当事人申请执行仲裁裁决和法院执行仲裁裁决的程序应当按照执行地法律的有关规定。香港仲裁裁决在内地申请执行的,须提交中文文本的执行申请书、仲裁裁决书和仲裁协议。

3. 不予执行的理由

法院不予执行仲裁裁决的理由与《纽约公约》第5条第1款规定的拒绝承认与执行外国仲裁裁决的规定一致。另外,法院依据执行地法律认定仲裁所裁决的争议事项不可仲裁的,可以不予执行该仲裁裁决。如果内地法院认为在内地执行香港裁决违反内地社会公共利益,或香港特区法院认为在香港执行内地裁决与香港公共政策相冲突,也可以裁定不予执行该仲裁裁决。

在法律效力问题上,一方面,最高人民法院于2000年1月24日以司法解释的形式将《内地—香港安排》予以公告,并自2000年2月1日起施行。另一方面,香港特区将《内地—香港安排》的内容纳入2000年的《仲裁(修订)条例》中,使内地与香港间仲裁裁决的执行有了正式的法律依据。

以本节案例2为例,香港国际仲裁中心作出的仲裁裁决就是香港特别行政区的仲裁裁决,该裁决是 2001 年 6 月 24 日作出的,其在内地的认可和执行就应当适用《内地—香港安排》。乙公司在申请强制执行该仲裁裁决时,可以向被申请人甲公司的主要办事机构所在地——乌鲁木齐市中级人民法院提出执行申请。乙公司申请执行本案仲裁裁决的期限、程序以及乌鲁木齐市中级人民法院强制执行的程序都要符合《民事诉讼法》的有关规定。法院受理执行仲裁裁决的申请后,应当按照《内地—香港安排》审查本案仲裁裁决是否有不予执行的情形。同时,根据《最高人民法院关于人民法院处理与涉外仲裁及外国仲裁事项有关问题的通知》,对涉港澳和涉台经济纠纷案件,人民法院如果认为仲裁条款或者仲裁协议无效、失效或者内容不明确无法执行的,在决定受理一方当事人申请之前,必须报请本辖区所属高级人民法院进行审查;如果高级人民法院同意受理,应将其审查意见报最高人民法院。在最高人民法院未作答复前,可暂不予受理。

案例 2 的争议焦点在于,乙公司与甲公司之间是否存在仲裁协议或仲裁条款。法院经审查认为,甲公司与乙公司在修改协议中明确约定了该协议是原合同的组成部分,故原合同中的仲裁条款对甲公司和乙公司具有约束力。被申请人甲公司如果不能举证证明仲裁裁决具有《内地—香港安排》第 7 条规定的不予执行的各种情形,人民法院应当执行香港国际仲裁中心作出的仲裁裁决。

(二) 内地与澳门之间仲裁裁决的执行

澳门回归以前,有关仲裁的法律只体现在 1961 年葡萄牙延伸适用于澳门的《民事诉讼法典》中,并且葡萄牙在加入《纽约公约》后也没有将公约延伸适用于澳门。因此,澳门仲裁制度的发展长期以来十分缓慢。为了适应国际商事仲裁在解决商事纠纷上日益重要的新形势,澳门地区政府于 1996 年 5 月 29 日颁布了第 29/96/M 号法令,核准通过了澳门地区《自愿仲裁法》。该法仅适用于澳门地区的仲裁,不涉及有关外国仲裁裁决的承认与执行问题。1998 年 11 月 13 日,澳门地区政府又核准通过了《涉外商事仲裁专门制度》(55/98/M 号法令)。该法令几乎完全参照《国际商事仲裁示范法》制定,适用于在澳门地区进行的国际商事仲裁。澳门回归以后,中国政府在互惠保留的前提下将《纽约公约》适用于澳门特区。2007 年 10 月 30 日,最高人民法院与澳门特别行政区签署了《关于内地与澳门特别行政区相互认可和执行仲裁裁决的安排》(以下简称《内地—澳门安排》)。《内地—澳门安排》成为内地与澳门相互执行仲裁裁决的主要法律依据。《内地—澳门安排》在《内地—香港安排》的基础上作了相应的调整和发展。

1. 仲裁裁决的范围

根据《内地—澳门安排》的规定,内地与澳门互相认可和执行的是民商事仲裁裁决,而并不局限于商事仲裁裁决。同时,澳门特别行政区的裁决除了澳门仲裁机构依据澳门仲裁法规在澳门作出的裁决以外，还包括澳门仲裁员依据澳门仲裁法规在澳门作出的裁决。

2. 管辖法院

被申请人住所地、经常居住地或者财产所在地的有关法院都有权认可和执行仲裁裁决。其中，澳门有权受理认可仲裁裁决申请的法院为中级法院，有权执行的法院为初级法院；内地有管辖权的法院仍然为中级人民法院。

被申请人的住所地、经常居住地或者财产所在地分别在内地和澳门特别行政区的，申请人可以向一地法院申请认可和执行，也可以分别向两地法院申请。当事人分别向两地法院提出申请的，两地法院都应当依法进行审查。申请人分别向两地法院申请强制执行获得认可的，仲裁地法院应当先进行执行清偿；另一地法院在收到仲裁地法院关于经执行债权未获清偿情况的证明后，可以对申请人未获清偿的部分进行执行清偿。两地法院执行财产的总额，不得超过依据裁决和法律规定所确定的数额。

3. 保全措施

法院在受理认可和执行仲裁裁决申请之前或之后，可以依当事人的申请，按照法院地法律规定，对被申请人的财产采取保全措施。

4. 一方申请撤销仲裁裁决，另一方申请执行仲裁裁决的情形

一方当事人向一地法院申请执行仲裁裁决，另一方当事人向另一地法院申请撤销该仲裁裁决，被申请人申请中止执行且提供充分担保的，执行法院应当中止执行。当事人申请中止执行的，应当向执行法院提供其他法院已经受理申请撤销仲裁裁决案件的法律文书。根据经认可的撤销仲裁裁决的判决、裁定，执行法院应当终结执行程序；撤销仲裁裁决申请被驳回的，执行法院应当恢复执行。

《内地—澳门安排》中规定的不予执行仲裁裁决的理由同《内地—香港安排》，认可和执行仲裁裁决的时效、审理期限、诉讼费用和程序都需遵循执行地法律的具体规定。

另外，澳门特别行政区和香港特别行政区还于2013年1月7日签署了《关于澳门特别行政区与香港特别行政区相互认可和执行仲裁裁决的安排》（以下简称《澳门—香港安排》）。根据《澳门—香港安排》，无论是在澳门还是香港作出的仲裁裁决，只要符合该安排的相关规定，都可以分别在澳门特区和香港特区得到认可和执行。

（三）大陆与台湾地区之间仲裁裁决的执行

1998年5月26日，最高人民法院颁布施行了《最高人民法院关于人民法院认可台湾地区有关法院民事判决的规定》。虽然该规定针对的是台湾地区有关法院的民事判决，但其第19条指出："申请认可台湾地区有关法院民事裁定和台

湾地区仲裁机构裁决的,适用本规定。"

最高人民法院于 2015 年 6 月 29 日发布《最高人民法院关于认可和执行台湾地区仲裁裁决的规定》(以下简称《台湾规定》),上述规定随之废止。根据《台湾规定》的内容,人民法院认可和执行台湾地区仲裁裁决的条件和程序如下:

1. 受案仲裁裁决的范围

有关常设机构及临时仲裁庭在台湾地区按照台湾地区仲裁规定就有关民商事争议作出的仲裁裁决,包括仲裁判断、仲裁和解和仲裁调解,都可以向大陆法院申请认可和执行。

2. 管辖法院

认可和执行台湾地区仲裁裁决的申请应由申请人住所地、经常居住地或者被申请人住所地、经常居住地、财产所在地中级人民法院或者专门人民法院受理。

3. 申请文件

申请认可和执行台湾地区仲裁裁决的,申请人应提交:申请书,仲裁协议,仲裁判断书、仲裁和解书或仲裁调解书。申请书中应载明:申请人和被申请人相关信息,申请认可的文件,请求和理由,以及被申请人财产所在地、财产状况及申请认可的仲裁裁决的执行情况等。

同时,申请人还有义务提供相关证明文件,证明申请认可和执行的仲裁裁决的真实性。对此,申请人可以申请人民法院通过海峡两岸调查取证司法互助途径查明台湾地区仲裁裁决的真实性;人民法院认为必要时,也可以就有关事项依职权通过海峡两岸司法互助途径向台湾地区请求调查取证。

4. 拒绝认可的理由

拒绝认可的理由包括需由被申请人举证的理由与由人民法院主动审查的理由。前项理由包括:

(1) 仲裁协议一方当事人依对其适用的法律在订立仲裁协议时属于无行为能力的;或者依当事人约定的准据法,或当事人没有约定适用的准据法而依台湾地区仲裁规定,该仲裁协议无效的;或者当事人之间没有达成书面仲裁协议的,但申请认可台湾地区仲裁调解的除外。

(2) 被申请人未接到选任仲裁员或进行仲裁程序的适当通知,或者由于其他不可归责于被申请人的原因而未能陈述意见的。

(3) 裁决所处理的争议不是提交仲裁的争议,或者不在仲裁协议范围之内;或者裁决载有超出当事人提交仲裁范围的事项的决定,但裁决中超出提交仲裁范围的事项的决定与提交仲裁事项的决定可以分开的,裁决中关于提交仲裁事项的决定部分可以予以认可。

(4) 仲裁庭的组成或者仲裁程序违反当事人的约定,或者在当事人没有约定时与台湾地区仲裁规定不符的。

(5) 裁决对当事人尚无约束力,或者业经台湾地区法院撤销或者驳回执行申请的。

依据国家法律,涉案争议事项不能以仲裁解决的,或者认可该仲裁裁决将违反一个中国原则等国家法律的基本原则或损害社会公共利益的,人民法院应当主动裁定不予认可。

另外,台湾地区于1992年7月31日颁布了"台湾地区与大陆地区人民关系条例"(以下简称"人民关系条例")。该条例于2011年12月21日进行了修订,其中第74条第1款规定:"在大陆地区作成之民事确定裁判、民事仲裁判断,不违背台湾地区之公共秩序及善良风俗者,得声请法院裁定认可。"第2款规定:"前项经法院裁定认可之裁判或判断,以给付为内容者,得为执行名义。"第3款规定:"前二项规定,以在台湾地区作成之民事确定裁判、民事仲裁判断得声请大陆地区法院裁定认可或为执行名义者,始适用之。"

根据"人民关系条例"的规定,当事人可以向台湾地区法院申请认可和执行大陆仲裁裁决,但是认可和执行的前提是台湾地区与大陆的"互惠",大陆仲裁裁决不得违反台湾地区的公序良俗。该条例仅仅以公序良俗和"互惠"作为认可和执行大陆仲裁裁决的标准是不合理的。公序良俗原则本身弹性较大,法官可以自由裁量认可和执行大陆某一仲裁裁决是否违反当地公序良俗,这给大陆仲裁裁决在台湾地区的认可和执行造成了极大的障碍。所谓的"互惠"原则更是可以成为台湾地区法院任意拒绝认可和执行大陆仲裁裁决的借口。如果台湾地区仲裁裁决因违反一个中国原则而被大陆法院裁定不予认可,当事人在向台湾地区法院申请认可大陆仲裁裁决时就很有可能被以无"互惠"为由拒绝认可和执行。① 这些都是不利于大陆与台湾地区之间互相认可和执行仲裁裁决的。

随着大陆和台湾地区之间商事活动的日益频繁,两岸互相认可和执行仲裁裁决的需求也会日益增长,有限、笼统的认可和执行仲裁裁决的规定无法满足这一现状。两岸应当尽快按照实际情况各自补充和完善相关法律和规定,或者参照《内地—香港安排》和《内地—澳门安排》的内容,共同协商制定一个全面而具体的规定,以促进两岸商事活动的发展和商事纠纷的解决。

本章思考题

1. 如何区分内国仲裁裁决和外国仲裁裁决?我国是如何区分的?

---

① 参见邓瑞平等:《国际商事仲裁法学》,法律出版社2010年版,第404页。

2. 已撤销的国际商事仲裁裁决能够得到执行吗?
3. 承认与执行国际商事仲裁裁决的法律依据有哪些?
4. 法院在什么情况下能够以"外国仲裁裁决的承认与执行违反公共政策"为由拒绝承认与执行外国仲裁裁决?

参考阅读文献

1. 韩健:《现代国际商事仲裁法的理论与实践》(修订本),法律出版社 2000 年版。
2. 赵秀文:《国际商事仲裁法原理与案例教程》,法律出版社 2010 年版。
3. 齐湘泉:《外国仲裁裁决承认及执行论》,法律出版社 2010 年版。
4. 林一飞:《国际商事仲裁法律与实务》,中信出版社 2005 年版。
5. 韩德培主编:《国际私法新论》,武汉大学出版社 1997 年版。
6. 杨良宜:《国际商务仲裁》,中国政法大学出版社 1997 年版。
7. 宋航:《国际商事仲裁判决的承认与执行》,法律出版社 2000 年版。
8. 黄进主编:《国际私法与国际商事仲裁》,武汉大学出版社 1994 年版。
9. 李虎:《国际商事仲裁裁决的强制执行——特别述及仲裁裁决在中国的强制执行》,法律出版社 2000 年版。
10. 刘晓红:《国际商事仲裁协议的法理与实证》,商务印书馆 2000 年版。
11. 〔英〕艾伦·雷德芬、马丁·亨特等:《国际商事仲裁法律与实践》(第四版),林一飞、宋连斌译,北京大学出版社 2005 年版。
12. 〔英〕施米托夫:《国际贸易法文选》,赵秀文选译,中国大百科全书出版社 1993 年版。
13. 刘晓红:《非内国仲裁裁决的理论与实证论析》,载《法学杂志》2013 年第 5 期。
14. 赵秀文:《论国际商事仲裁裁决的国籍及其撤销的理论与实践》,载《法制与社会发展》2002 年第 1 期。
15. 赵秀文:《从旭普林公司案看我国法院对国际商事仲裁的监督》,载《时代法学》2007 年第 6 期。
16. 万鄂湘、夏晓红:《中国法院不予承认及执行某些外国仲裁裁决的原因——〈纽约公约〉相关案例分析》,载《武大国际法评论》2010 年第 2 期。

第十章　理论探索与争鸣

本章就仲裁的相关热点问题进行介绍和讨论,同时结合我国立法与实践,对相关案例进行分析评价。

第一节　机构仲裁与临时仲裁

山东某能源有限公司与某新加坡控股有限公司、连云港市某矿业有限公司国际货物买卖合同纠纷案[①]

山东某能源有限公司(以下简称"甲公司")与某新加坡控股有限公司(以下简称"乙公司"),于2012年1月9日签订合同编号为CNR-SK-B1-2012的印尼铁矿石买卖合同。该合同第21条"仲裁"条款约定:"买卖双方因合同产生的争议,如不能通过友好协商解决的,应在新加坡作最终裁决。裁决结果对买卖双方均有最终效力。"第22条"监管法律"条款约定:"本合同适用新加坡法律。"订立该合同后,乙公司委托连云港市某矿业有限公司(以下简称"丙公司")代收甲公司2000万元预付款,甲公司与乙公司按该合同履行了铁矿石买卖。

在本案中,甲公司认为,上述仲裁条款没有明确选择仲裁机构,无法确定仲裁庭,不能得到实行或履行,应当认定为无效。

江苏省高级人民法院经审理后认为,根据甲公司与乙公司所签订印尼铁矿石买卖合同的约定,双方因合同产生的争议应在新加坡仲裁。由于双方当事人约定的仲裁地为新加坡,对该仲裁协议效力的审查应适用新加坡法律。

---

① 江苏省高级人民法院(2015)苏商外终字第00030号民事裁定书。

根据各方当事人提交的《新加坡国际仲裁法》(2012年修订)第3条的规定,《国际商事仲裁示范法》具有法律效力。根据《国际商事仲裁示范法》第7条的规定,仲裁协议是指当事各方同意将在他们之间确定的不论是契约性或非契约性的法律关系上已经发生或可以发生的一切或某些争议提交仲裁的协议。仲裁协议可以采取合同中的仲裁条款形式或单独的协议形式。仲裁协议应是书面的。在本案中,双方当事人有明确的仲裁意愿,并在书面合同中约定有仲裁条款。根据《新加坡国际仲裁法》,上述仲裁条款应是有效的。

甲公司主张,上述仲裁条款没有明确选择仲裁机构,无法确定仲裁庭,不能得到实行或履行。对此,本院认为,根据新加坡法律,上述仲裁条款能够得到实行或履行。第一,新加坡法律是允许临时仲裁的。《新加坡国际仲裁法》第2条第1款规定,仲裁庭是指一名独任仲裁员、一组仲裁员或常设仲裁机构。《国际商事仲裁示范法》第2条第2款规定,仲裁是指无论是否由常设仲裁机构进行的任何仲裁。由此,本院认为,常设仲裁机构的仲裁或临时仲裁在新加坡均是被允许的。甲公司和乙公司的纠纷既可以在达成补充协议后交由新加坡国际仲裁中心仲裁,也可以在新加坡进行临时仲裁。第二,即使甲公司和乙公司无法就确定仲裁机构或指定仲裁员达成协议,上述仲裁条款也可以得到实行或履行。根据《新加坡国际仲裁法》第8条第2款,《国际商事仲裁法示范法》第11条第3款、第4款的规定,如果当事人未就组成仲裁庭或指定仲裁员达成协议,新加坡国际仲裁中心主席为法律指定的机构,由其组成仲裁庭或指定独任仲裁员。由此可见,即使甲公司与乙公司未能就涉案争议交由新加坡国际仲裁中心达成进一步协议,上述仲裁条款也是可以得到实行或履行的。

【思考题】

1. 我国立法对临时仲裁有何具体规定?
2. 临时仲裁有何特点?
3. 除临时仲裁外,还有何种形式的仲裁?它们分别有何优势和劣势?

一、概述

(一) 机构仲裁(institutional arbitration)

机构仲裁,是指专门的常设仲裁机构依自身的仲裁规则进行的仲裁。当事人选择进行机构仲裁时,往往会在仲裁协议中约定,由某一仲裁机构在某地仲裁。

常设仲裁机构是依据国际公约或国内立法成立的,有固定的名称、地址、组织形式、组织章程、仲裁规则和仲裁员名单,并且有完整的机构和健全的行政管理制度,用以处理国际商事争议的仲裁机构。[①] 国际上有很多著名的常设仲裁机构,如国际商会仲裁院(Arbitration Court of International Chamber of Commerce,ICC)、解决投资争端国际中心(International Center for Settlement of Investment Disputes,ICSID)、伦敦国际仲裁院(London Court of International Arbitration,LCIA)等。我国也有许多常设仲裁机构,如中国国际经济贸易仲裁委员会(China International Economic and Trade Arbitration Commission,CIETAC)、香港国际仲裁中心(Hong Kong International Arbitration Center,HKIAC)等。

机构仲裁由来已久,如伦敦国际仲裁院成立于1892年,至今已有超过百年的历史。机构仲裁由于其专业化和稳定性,受到了国际社会的广泛接纳与采用。

目前,机构仲裁可分为两类,即全部管理式的机构仲裁和半管理式的机构仲裁。前者如国际商会仲裁院、中国贸仲等,此种仲裁机构为当事人提供全方位的服务,从立案、文件传递、组成仲裁庭、安排开庭审理到裁决的作出,均需在仲裁机构的管理下进行。后者如香港国际仲裁中心,其仲裁规则第1.2条规定:"本规则并不妨碍争议或仲裁协议的当事人只选择香港国际仲裁中心为指定机构,或请求香港国际仲裁中心提供某些管理服务,而不选择适用本规则。"此条规定使得当事人可以选择香港仲裁中心为其仲裁提供管理服务,但不必然受其规则的约束。

(二) 临时仲裁(ad hoc arbitration)

临时仲裁,又称"特别仲裁",是指依据当事人之间的仲裁协议,在争议发生后,由双方当事人各自推选仲裁员临时组成仲裁庭,负责审理当事人之间的有关争议。[②]

在常设仲裁机构产生前,国际商事仲裁均采取临时仲裁的方式解决争议。即便在机构仲裁已十分完善的今天,临时仲裁依然有其不可取代的地位。很多国内立法和国际条约都对临时仲裁持肯定态度。例如,英国1996年《仲裁法》规定,当事人可以自由约定组成仲裁庭的仲裁员人数以及是否设首席仲裁员或公断人;[③]在确定仲裁地时,可以由经当事人授权的仲裁庭确定;[④]在关于仲裁协议

---

① 参见赵相林主编:《国际私法》(第四版),中国政法大学出版社2014年版,第397页。
② 同上书,第396页。
③ 参见英国1996年《仲裁法》第15条。
④ 参见英国1996年《仲裁法》第3条。

的规定中,也并不要求当事人必须选定确定的仲裁机构。《纽约公约》第1条第2款也规定:"'仲裁裁决'一词不仅指专案选派之仲裁员所作裁决,①亦指当事人提请仲裁之常设仲裁机关所作裁决。"

临时仲裁因其灵活性、高效性等特点,在国际社会得到了广泛的应用。据统计,在国际贸易商业领域,贸易出口商中45%的人要求选择临时仲裁处理争议。② 在国家与私人之间的争议领域,临时仲裁也得到较多的应用,其中最著名的当属1985年科威特政府和美国独立石油公司间的石油特许协议争议案。

二、机构仲裁与临时仲裁的区分

约定由常设仲裁机构进行的仲裁,属于机构仲裁。对此,理论界并无分歧。但是,需要作出区分的是,在临时仲裁机构或非常设仲裁机构进行仲裁时,应当认定为机构仲裁还是临时仲裁。

有学者认为,机构仲裁只包括通过常设仲裁机构按照其仲裁规则进行的仲裁,其他仲裁机构或临时仲裁庭进行的仲裁均为临时仲裁。有学者认为,只要是将争议提交一仲裁机构依其规则进行解决,就应当认定为机构仲裁。还有学者认为,将争议提交仲裁机构并不足以将该仲裁认定为机构仲裁,还需仲裁协议未将该机构的工作限定在极为有限的范围内,而是授权该机构管理仲裁,只有满足这两项条件,才可称为"机构仲裁"。例如,杨良宜先生在其所著《国际商务仲裁》中说道:"国际商业仲裁有两大类,一种是'机构仲裁'(administered 或 institutional arbitration),另一种是'随意仲裁'(ad hoc arbitration)。它们的分别可以是非常简单,只要去看看仲裁协议有否提及一个仲裁机构。如果有,再去看看协议是否只局限了机构的工作(比如是指定一位独任仲裁员),或是明确了要该机构去管理(administer)仲裁。如果是后者,明显是一个机构仲裁。但这仍会有一变数,即是该机构会否、肯否、能否管理。"③

我们认为,上述标准中,第三种标准最为可取,原因如下:

第一,临时仲裁机构或非常设仲裁机构的存在往往缺乏稳定性。一份合同从签订至产生争议,可能会经历几年时间。在当事人将争议提交仲裁时,临时仲裁机构或非常设仲裁机构可能已经不再存在。所以,当事人一般不会在签订合同时选择这两种仲裁机构,而是较有可能在争议产生后才签订仲裁协议,将争议

---

① 此即临时仲裁裁决。
② 参见《中国国际私法学会2004年年会"程序法的修改问题"小组讨论会简报(一)》,外交学院卢松教授的发言,http://www.eastwestlaw.com/c_int/show.asp?? id=183,2016年9月2日访问。
③ 杨良宜:《国际商务仲裁》,中国政法大学出版社1997年版,第136—137页。

提交上述两种仲裁机构仲裁。此外,由于临时性机构的存续时间短,可能不具有常设仲裁机构所具有的专业性。此种现状与当事人选择机构仲裁时所具有的对仲裁规则、程序管理和仲裁员选任的信赖心态不符。所以,不宜将临时仲裁机构或非常设仲裁机构管理的仲裁认定为机构仲裁。

第二,若仲裁机构仅为争议解决提供极为有限的服务,而非整体按照其规则对仲裁进行管理,则难以认定为机构仲裁。就《香港国际仲裁中心机构仲裁规则》而言,该规则第1.2条声明:"本规则并不妨碍争议或仲裁协议的当事人只选择香港国际仲裁中心为指定机构,或请求香港国际仲裁中心提供某些管理服务,而不选择使用本规则。"从解释上说,对于香港国际仲裁中心而言,若当事人仅指定其提供部分服务,而不将仲裁置于其机构仲裁规则的管理之下,则应当认定当事人选择的是临时仲裁。

因此,只有在当事人选择了常设仲裁机构,并将争议绝大部分交予仲裁机构进行管理时,才可将其认定为机构仲裁。

三、机构仲裁与临时仲裁的特点

(一)机构仲裁的特点

1. 专业化的管理

常设仲裁机构往往都设立秘书处,在仲裁进行的各个环节,依据仲裁规则为当事人提供专业的服务。《国际商会仲裁规则》规定,仲裁院根据国际商会仲裁规则对争议解决实施管理;仲裁院的工作由仲裁院秘书处予以协助。

仲裁机构专业的工作人员会确保仲裁庭得到委任、有关仲裁员报酬和费用的预付款得到支付、时限得到遵守,概括地说,是使仲裁尽可能顺利地进行。[1]

同时,仲裁机构一般会以较为严格的标准聘任仲裁员,并形成仲裁员名册,以确保仲裁员的专业性。仲裁员的专业化程度会决定仲裁程序是否能够高效顺利地进行,仲裁裁决是否公正合理。中国贸仲就有专门的仲裁员名册,同时定有仲裁员守则,制定了仲裁员聘任、行为考察及培训的规定,还会对仲裁员进行定期培训,发放办案指南。

在临时仲裁中,若争议双方没有经验丰富的代理人,可能很难顺利推进程序或选择专业的仲裁员。同时,在一方当事人拒绝配合的情况下,仲裁程序很可能出现难以解决的拖延。

---

[1] 参见〔英〕艾伦·雷德芬、马丁·亨特等:《国际商事仲裁法律与实践》(第四版),林一飞、宋连斌译,北京大学出版社2005年版,第50页。

2. 较为确定的规则

常设仲裁机构往往都定有特定的规则,当事人在选择该机构作为解决争议的机构时,一般被认定为愿意遵守该机构的规则。该仲裁规则自动并入当事人的仲裁协议,除非他们在仲裁协议中另有约定,这也被称为规则的"自动合并"。《国际商会仲裁规则》第 6 条第 1 款规定:"当事人协议按照国际商会仲裁规则提交仲裁的,应视为他们事实上愿意按照仲裁开始之日有效的仲裁规则进行仲裁……"

较为确定的仲裁规则可以为当事人省去在磋商过程中可能产生的自己订立仲裁规则的成本,同时也可以更好地保证程序的进行。一方当事人不愿配合仲裁程序,不指定或共同指定仲裁员组成仲裁庭时,仲裁机构可按照仲裁规则的规定,代替当事人指定仲裁员。在一方当事人故意缺席开庭的情况下,各仲裁规则往往也规定只要经过合法的通知或送达,可以进行缺席审理,作出缺席裁决。《国际商会仲裁规则》第 6 条第 8 款规定:"如果一方当事人拒绝或未能参加仲裁或仲裁程序的任何阶段,仲裁将继续进行,不受影响。"

另外,由于各仲裁机构的仲裁规则往往经过多年的运用和修改,因此往往比当事人自己确定的仲裁规则更为科学。

3. 对裁决的质量控制

在仲裁庭作出裁决后,裁决发送给当事人前,仲裁机构往往会对裁决进行核阅,尽最大可能防止出现错误。《国际商会仲裁规则》第 33 条规定:"仲裁庭应在签署裁决书之前,将其草案提交仲裁院。仲裁院可以对裁决的形式进行修改,并且在不影响仲裁庭自主决定权的前提下,提醒仲裁庭注意实体问题。裁决书形式未经仲裁院批准,仲裁庭不得作出裁决。"

仲裁机构虽不干涉仲裁庭的决定,但会通过核阅裁决的方式,确保裁决在形式上没有错误,并且保证仲裁庭已经就所有应裁决事项作出裁决。

临时仲裁庭虽免去了这一过程,但若裁决作出后发现问题,由于仲裁庭完成任务后已经解散,对裁决的修正或补充还需再次召集仲裁员作出决定。

4. 保证仲裁员报酬的支付

仲裁机构在管理仲裁程序的过程中,往往会要求当事人缴纳仲裁预付金,以保证支付仲裁员的报酬和机构的管理费用。《国际商会仲裁规则》第 36 条即对仲裁费预付金作了相关规定:"1. 在收到仲裁申请书后,秘书长可以要求申请人临时缴付一定数额的预付金,以支付审理范围书拟订之前的仲裁开支……2. 仲裁院应根据已向其提交的仲裁请求尽早确定可用于支付仲裁员报酬和开支以及国际商会管理费的预付金数额……6. 仲裁预付金没有按要求缴纳的,经与仲裁庭协商,秘书长可以要求仲裁庭暂停工作,并为此规定一个不少于十五日的期限,期限届满,相关的仲裁请求视为已被撤回……"

虽然仲裁预付金的缴纳可以保证支付仲裁员报酬,但是在有些情况下可能给申请人提出仲裁申请造成困难。例如,申请人与被申请人签订买卖合同,申请人虽已交付货物,但被申请人未支付价款,且此违约行为已造成申请人的经济困难。若此时争议标的较大,申请人可能面临难以支付仲裁预付金的情况。尽管申请人可以向仲裁机构申请延期支付或者分期支付,但是《国际商会仲裁规则》与《中国贸仲仲裁规则(2015版)》均没有相关的规定,是否能得到准许也不可知。

(二)临时仲裁的特点

1. 当事人的自主性

在临时仲裁中,当事人对仲裁规则、仲裁员的任免程序、仲裁地点等都具有完全的自主权,尤其可以制定适应其特定交易类型的仲裁程序。

在一些类型的交易中,当事人可能更倾向于选择一个"友好公断人"(amiable compositeurs)①参与仲裁程序,此时便可直接在仲裁协议中进行约定。尤其是在如《国际商会仲裁规则》等规则中并不存在"友好公断人"概念的情形下,此种自主约定显得极为可贵。

但是,完全无基础地起草仲裁规则是一个耗时耗力的过程,若采用合适的仲裁规则或在其基础上进行修改,则可以大幅节省成本。较为著名的规则如《贸法会仲裁规则》。在海事仲裁方面,伦敦海事仲裁员协会的仲裁规则也值得借鉴。

2. 仲裁程序的灵活性

当事人自主性的提高必定会带来仲裁规则的灵活性。当事人可以在仲裁程序开始前,自由订立仲裁规则;在程序进行中,也可以协议对规则进行修改。针对不同类型的当事人或争议事项,可以使用不同的参与形式。

在 Aminoil-Kuwait 仲裁案中,国家之间进行仲裁的某些共同做法得到应用。例如,当事人各自指定一名代理人参与仲裁。涉及政府的仲裁案件的日常陈述由政府聘请的律师进行。但是,在大型仲裁程序中必然会产生的许多实际和后勤问题上,代理人有权单独代表政府立即作出决定。② 此举大大节约了处理该案件所花费的时间。

3. 当事人地位的平等性

在机构仲裁中,申请人与被申请人的地位难言平等。申请人在提出仲裁申

---

① 友好公断人并非调解人,他们也是仲裁员,可以根据公平合理的原则作出裁决,而不必严格依法裁决。在国际贸易中,友好公断人一般由行业中实践经验丰富的人担任,他们更熟悉行业的运行模式。

② 参见〔英〕艾伦·雷德芬、马丁·亨特等:《国际商事仲裁法律与实践》(第四版),林一飞、宋连斌译,北京大学出版社2005年版,第52页。

请前,往往会进行充足的准备,而被申请人则被答辩和举证期限限定,可能无法进行充足的准备,延长答辩及举证期限的申请又往往需要仲裁机构或仲裁庭的批准。

在临时仲裁的情况下,当事人可以约定同时提交意见、交换申请书和答辩状并提交证据。此时,双方地位较为平等,更有利于程序的进行及相互合作。

4. 程序的快捷性

临时仲裁可能会省去很多在机构仲裁的情形下不必要的程序。例如,在一些仲裁机构的实践中,在其派出机构主任代为指定仲裁员时,需要将指定结果上报,待审批后,才可确定仲裁员的指定结果。同样,裁决书往往需要派出机构和主体机构多次核阅,才能够最终发出,这一程序有时可进行半个月到一个月之久。临时仲裁则不存在此种情况,仲裁庭可按照自己的意见径直作出裁决。

需要注意的是,临时仲裁程序的推进需要当事人的配合,当事人在程序进行中拒绝参与庭审,或故意提出管辖权异议和申请仲裁员回避的行为,很容易拖延程序的进行;若当事人在程序开始前就做出抵触行为,仲裁庭能否成立可能也会成为问题。

5. 较强的经济性

由于仲裁机构需要维护机构存续和正常运行,因此往往会就管理活动收取除仲裁员差旅费及报酬以外的处理费和受理费等费用,且一般会有最低收费额度。对于小额仲裁来说,收费可能不甚合理。但是,在临时仲裁中,仲裁庭往往不用收取上述费用。

四、临时仲裁在我国的现状

(一) 国内法的规定

我国《仲裁法》第 16 条要求仲裁协议中写明选定的仲裁委员会。第 18 条规定:"仲裁协议对仲裁事项或者仲裁委员会没有约定或者约定不明的,当事人可以补充协议;达不成补充协议的,仲裁协议无效。"

从上述规定可以看出,我国立法中不承认临时裁决,仲裁协议只有在约定了明确的仲裁机构时才有效。

需要注意的是,2016 年 12 月 30 日,最高人民法院发布了《最高人民法院关于为自由贸易试验区建设提供司法保障的意见》,该意见第 9 点("正确认定仲裁协议效力,规范仲裁案件的司法审查")中表示:"在自贸试验区内注册的企业相互之间约定在内地特定地点、按照特定仲裁规则、由特定人员对有关争议进行仲裁的,可以认定该仲裁协议有效。人民法院认为该仲裁协议无效的,应报请上一级法院进行审查。上级法院同意下级法院意见的,应将其审查意见层报最高人民法院,待最高人民法院答复后作出裁定。"其中,"约定在内地特定地点、按照特定仲裁规则、由特定人员对有关争议进行仲裁",可以被认为是对临时仲裁的一种描述。可见,目前我国在自贸试验区内注册的企业之间,可以选择临时仲裁的方式解决争议。

(二)国内关于临时仲裁的实践

1. 临时仲裁的仲裁协议效力问题

虽然我国仲裁法中并无关于肯定临时仲裁的仲裁协议有效的规定,但是在司法实践中,有承认此种仲裁协议有效的先例。

最高人民法院在 1995 年发布的《最高人民法院关于福建省生产资料总公司与金鸽航运有限公司国际海运纠纷一案中提单仲裁条款效力问题的复函》中指出:"涉外案件,当事人事先在合同中约定或争议发生后约定由国外的临时仲裁机构或非常设仲裁机构仲裁的,原则上应当承认该仲裁条款的效力,法院不再受理当事人的起诉。"此复函肯定了临时仲裁中约定由临时仲裁机构或非常设仲裁机构进行仲裁情形下仲裁协议的有效性,但是对当事人约定发生争议后提交临时仲裁庭进行仲裁的仲裁协议的效力,依然不予承认。

本节案例中,江苏省高级人民法院在判断临时仲裁协议是否有效时,适用了仲裁地法即《新加坡国际仲裁法》,由于新加坡法律允许临时仲裁,因此认定该仲裁协议有效。可见,在判断约定临时仲裁的仲裁协议效力时,首先需明确该仲裁协议应当适用的法律;若该法律允许当事人约定进行临时仲裁,我国法院应承认其效力。

2. 我国法院对临时仲裁裁决的承认与执行

《纽约公约》第 1 条第 2 款规定:"'仲裁裁决'一词不仅指专案选派之仲裁员所作裁决,亦指当事人提请仲裁之常设仲裁机关所作裁决。"我国作为《纽约公约》的缔约国,在面对外国临时仲裁裁决时,只要裁决不存在该公约第 5 条规定的情况,就应当予以承认与执行。

五、小结

机构仲裁与临时仲裁作为两种不同的仲裁方式,各有利弊,甚至可称为"一体两面"。两种仲裁模式的存在可以满足当事人不同的需求。但是,迄今为止,我国立法对临时仲裁始终采不支持态度,仅肯定自贸试验区内注册企业之间的临时仲裁。鉴于临时仲裁具有一些机构仲裁不具有的价值,我国在未来的立法过程中,应当采纳临时仲裁制度。由于临时仲裁对当事人的诚信配合程度和仲裁员的专业素质要求较高,就国内环境而言,具体应于何时肯定临时仲裁制度,还有待考量。

第二节 仲裁协议的效力

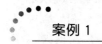

王某某申请确认保险单中仲裁条款无效案[①]

2014年10月29日,申请人王某某为其所有的混凝土泵车向中国人民保险集团股份有限公司广州市分公司(以下简称"人保广州市分公司")投保了综合保险,人保广州市分公司同意承保并向王某某出具了《机动车保险单》和《机动车交通事故责任强制保险单》。上述保险单均约定保险合同争议解决方式为向广东仲裁委员会申请仲裁,重要提示栏中注明:"本保险合同由保险条款、投保单、保险单、批单和特别约定组成。收到本保险单、承保险种对应的保险条款后,请立即核对,如有不符或遗漏,请在48小时内通知保险人并办理变更或补充手续,超过48小时未通知的,视为投保人无异议。"申请人王某某并未在收到上述保险单后48小时内提出异议。后王某某就保险合同纠纷向珠海香洲区人民法院提起诉讼,人保广州市分公司以双方订立有效仲裁协议为由提起管辖权异议。

珠海市中级人民法院经审理后认为,保险单中的各项条款均采取统一字体,保险合同争议解决方式一栏并无特别明显的提示说明,重要提示部分也未特别引导消费者关注争议解决条款,因此认为涉案保险单中约定的管辖协议符合《民诉法司法解释》第31条规定的情形,应认定为无效。

---

① 珠海市中级人民法院(2016)04民终243号民事裁定书。

案例 2

福建省某某儿童用品科技股份有限公司
申请确认格式仲裁协议无效案[①]

申请人福建省某某儿童用品科技股份有限公司(以下简称"甲公司")因对与被申请人中国工商银行股份有限公司泉州台商投资区支行(以下简称"工商银行泉州支行")自 2014 年 4 月 8 日起签订的编号为 14080518-2014 年(台投)字 0019 号、0026 号、0031 号、0035 号、0041 号流动资金借款合同,编号为 0140800518-2014 年(台投)字 0073 号、0081 号流动资金借款合同,2014 年 4 月 24 日签订的编号为 14080518-2014 年台投(抵)字 0005 号最高额抵押合同中的仲裁条款效力有异议,向人民法院申请确认无效。甲公司称,涉案流动资金借款合同和最高额抵押合同属于格式合同,其中的仲裁条款亦为格式条款,申请人与被申请人均在泉州市,将解决争议的地点约定在厦门市,实际上增加了申请人在发生纠纷后的维权成本,属于加重申请人责任的不公平的格式条款。对此,被申请人既没有提请申请人注意,也没有对该条款进行说明。《合同法》第 40 条规定:"格式条款具有本法第五十二条和第五十三条规定情形的,或者提供格式条款的一方免除其责任、加重对方责任、排除对方主要权力的,该条款无效。"因此,请求确认上述合同中关于仲裁条款的格式条款无效。

厦门市中级人民法院经审理后直接认定,申请人关于上述合同中约定的仲裁条款中的仲裁地点不在其住所地,将实际加重其维权成本的理由既不符合《合同法》第 52 条、第 53 条规定的无效情形,也不属于免除工商银行泉州支行责任、加重申请人责任或排除中国银行泉州支行主要权利的情形。

案例 3

ACEO.C.T.G 有限公司申请确认仲裁协议无效案[②]

ACEO.C.T.G 有限公司(以下简称"ACE 公司")于 2012 年 6 月 8 日通过

---

① 福建省厦门市中级人民法院(2015)厦民认字第 199 号民事裁定书。
② 湖北省高级人民法院(2016)鄂民辖终 20 号民事裁定书。

电子邮件委托某标准技术服务有限公司武汉分公司(以下简称"甲公司武汉分公司")对其订购的钢材产品进行第三方检测。在此过程中,双方并未明确争议解决方式。同年 9 月 12 日,某标准技术服务有限公司(以下简称"甲公司")向 ACE 公司寄送发票,要求支付检测费用 4655 美元,该发票下方写明:"重要提示:所有订单的接受以及所有报告和证明的开出均取决于一般服务条款(经索要提供副本)。"甲公司武汉分公司所使用的 SGS 通用服务条款第 8 条规定:"除非另有特别约定,与本通用条款项下合同关系引起或有关的所有争议适用瑞士实体法,并应依照《国际商会仲裁规则》由依据该规则指定的一名或多名仲裁员进行终局裁决。仲裁应在法国巴黎用英语进行。"后 ACE 公司向武汉市中级人民法院提起相关诉讼。在此过程中,甲公司武汉分公司和甲公司在答辩期内提出管辖权异议,武汉市中级人民法院认定仲裁协议有效。

武汉市高级人民法院经审理后认为,发票仅是会计账务的重要凭证,不属于协议,且该发票上并未明确载明仲裁条款,其指向的一般服务条款中虽确有仲裁条款,但没有证据显示甲公司或甲公司武汉分公司已经将该条款交给 ACE 公司;即使 ACE 公司嗣后已知晓该条款的内容,也没有证据显示其明确表示接受该条款,故不能依据该发票认定 ACE 公司和甲公司武汉分公司、甲公司达成了仲裁协议。

【思考题】
1. 案例 1 中,法院将仲裁协议等同于管辖协议进行适用的做法是否合理?
2. 案例 2 中,诉讼成本的增加是否属于加重对方责任的情形?
3. 导致案例 2 与案例 1 的审理结果不同的原因有哪些?
4. 案例 3 反映出仲裁协议的生效需要哪几方面的条件?

实践中,关于仲裁协议的效力,存在各种具体问题。由于关于仲裁协议的理论性内容已在第二章中予以详细阐述,本节仅就一些特殊情况下仲裁协议的效力问题进行说明。

一、仲裁协议为格式条款时的效力问题

格式条款往往存在于格式合同中。我国《合同法》第 39 条对第 2 款格式条款的定义为:"格式条款是当事人为了重复使用而预先拟订,并在订立合同时未与对方协商的条款。"由于格式条款的特殊性,我国法律对其有特殊的规定。例如,《合同法》第 35 条第 1 款规定:"采用格式条款订立合同的,提供格式条款的一方应当遵循公平原则确定当事人之间的权利和义务,并采取合理的方式提请

对方注意免除或者限制其责任的条款,按照对方的要求,对该条款予以说明。"第 40 条规定:"格式条款具有本法第五十二条①和第五十三条②规定情形的,或者提供格式条款一方免除其责任、加重对方责任、排除对方主要权利的,该条款无效。"

当仲裁协议以格式条款的方式出现时,就同时具备仲裁协议与格式条款的性质,在法律适用中,应当同时遵循对格式条款的法律规定。仲裁协议涉及当事人对争议解决方式的约定,意义十分重大。实践中,当仲裁协议与格式条款相结合时,会出现一些值得注意的问题。

(一)经营者与消费者之间以格式条款方式订立仲裁协议

在经营者与消费者的经济活动中,经营者往往会使用格式合同与消费者建立合同关系。格式合同中存在以格式条款方式出现的仲裁协议的情形也时有发生。此时,仲裁协议能否发挥其效力,还需依格式条款的特征进行判断。

在案例 1 中,珠海市中级人民法院认为仲裁协议属于《民诉法司法解释》中的"管辖协议",因此适用该解释第 31 条的规定,即"经营者使用格式条款与消费者订立管辖协议,未采取合理方式提请消费者注意,消费者主张管辖协议无效的,人民法院应予支持",认为由于保险单中未通过设置不同字体或写入特别提示栏中的方式强调仲裁协议,故该仲裁条款无效。

由于《保险法》中未规定保险单必须对仲裁协议内容进行"足以引起投保人注意的提示",因此上述仲裁协议无法适用《保险法》的规定而确认无效。同时,该条款也不具备其他无效的理由。因此,法院直接将仲裁协议认定为一种"管辖协议"而适用《民诉法司法解释》。笔者认为,仲裁协议在理论上属于一种广义的管辖协议,即选择将争议交予司法管辖或仲裁管辖。但是,依《民事诉讼法》第 34 条关于管辖协议的规定,管辖协议是合同或者其他财产权益纠纷的当事人对管辖法院的选择。直接将仲裁协议等同于《民事诉讼法》中狭义的管辖协议并不合理。但是,鉴于仲裁协议涉及仲裁机构和仲裁地的选择,对消费者维权或者解决纠纷的成本会产生较大影响,在仲裁协议为格式条款的情况下,应当可以类推适用"管辖协议"须遵守的说明要求。

因此,经营者在与消费者签订格式合同时,应当注意自身的提示义务;消费者也应当注意合同中的争议解决条款,以免真正发生纠纷时措手不及。

---

① 《合同法》第 52 条规定:"有下列情形之一的,合同无效:(一)一方以欺诈、胁迫的手段订立合同,损害国家利益;(二)恶意串通,损害国家、集体或者第三人利益;(三)以合法形式掩盖非法目的;(四)损害社会公共利益;(五)违反法律、行政法规的强制性规定。"

② 《合同法》第 53 条规定:"合同中的下列免责条款无效:(一)造成对方人身伤害的;(二)因故意或者重大过失造成对方财产损失的。"

（二）格式条款仲裁协议未将仲裁地约定在条款被提供者所在地时的效力

格式条款无效的理由规定在《合同法》第 40 条中，其中一个理由即为提供格式条款一方故意加重对方责任。那么，若以格式条款形式约定的仲裁地并非条款被提供者住所地，甚至远离其住所地，能否认定为无效？

在案例 2 中，甲公司与工商银行泉州支行的所在地均不在仲裁条款所约定的仲裁地厦门。甲公司因此认为，此种约定加重了其维权成本，属于格式条款无效理由中的提供者故意加重对方责任的情形，且工商银行泉州支行未向其提示该条款。

首先，应就工商银行泉州支行未提示该条款的行为进行分析。在案例 1 中，之所以能够认定仲裁协议无效，乃是出于保护消费者目的进行的类推适用。但是，在案例 2 中，双方当事人均不具有消费者身份，所以案例 1 中的理由不能适用。从事实上说，双方处于一个相对平等的地位，甲公司作为一个法人，应当具备在签约时详细了解合同内容的能力。

其次，鉴于双方当事人的所在地都不在厦门，在发生纠纷时，双方提交仲裁解决都需花费一定的成本，这一点是平等的。所以，"加重对方责任"的理由在本案中并不成立。即便是在只有条款被提供者不处于约定的仲裁地的情况下，若不存在欺诈、胁迫等行为，则证明签订该合同属于当事人的自由意志。由于当事人当然应对自己的自由意志负责，故也不应认定此种格式条款式的仲裁协议属于无效。

因此，在双方当事人地位平等，无须对一方进行特别保护的情况下，上述类型的仲裁协议不应当被认定为无效。

二、发票载明争议适用含有仲裁条款的一般服务条款时仲裁协议是否有效

案例 3 中，在双方当事人事先没有签订任何合同的情况下，甲公司为其业务开具发票，且该发票中明确表示相关业务争议适用含有仲裁条款的一般服务条款。但是，武汉市高级人民法院最终认定双方不存在仲裁协议。

仲裁协议的生效涉及两方面的要件，即形式要件和实质要件。形式要件主要是指仲裁协议应当采书面形式作出。有些国家的仲裁法还要求仲裁协议必须有当事人的签字或盖章。实质要件是指当事人的行为能力、当事人共同的意思表示、仲裁事项的可仲裁性等内容。武汉市高级人民法院的认定理由涉及仲裁协议效力的两个方面，即仲裁协议的书面形式要求和当事人仲裁意思的要求。

首先，就书面形式要求而言，我国《仲裁法》规定，仲裁协议必须采取书面形式，且在相关司法解释中列举了多种可认定为书面形式的方式，如合同书、信件、电报、电传、传真、电子数据交换和电子邮件等。但是，上述形式均不包括案例 3

中的"发票"形式。

其次,仲裁协议的有效性依赖于当事人将争议提交仲裁的意思表示。但是,在案例3中,双方事先不存在任何带有仲裁条款的合同。虽然甲公司向ACE公司出具了写明适用带有一般服务条款的仲裁条款的发票,但是并未将该一般服务条款随附发票一同交给ACE公司,且ACE公司在收到发票后并未同意接受发票写明的一般服务条款的约束。双方实质上并未达成将争议提交仲裁的共同意思。

因此,案例3中甲公司和甲公司武汉分公司所称"仲裁协议"因不具备完整的形式要件和实质要件而不生效力。

第三节　网　上　仲　裁

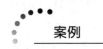
案例

捷豹路虎有限公司域名争议仲裁案[①]

投诉人捷豹路虎有限公司(以下简称"路虎公司"),住所地位于英国;被投诉人汪某,住所地位于广东省深圳市。2016年5月17日,路虎公司向中国贸仲域名争议解决中心(以下简称"域名争议解决中心")提交了电子文本投诉书,主张其对"landroverexpedition.com.cn"域名("涉案域名")的权利。域名争议解决中心收到投诉书后,向注册服务机构阿里云计算有限公司(万网)和中国互联网络信息中心(CNNIC)传送信息确认函。经确认涉案域名持有人为本案被投诉人后,域名争议解决中心于6月3日以电子邮件的方式向投诉人传送投诉书确认及送达通知书,通过电子邮件和邮政快递的方式向被投诉人传送并发送书面投诉通知、投诉书及其附件。此后文件的发送均采用电子邮件方式进行。专家组经书面审理,于7月18日作出裁决,支持路虎公司的投诉,并裁决将本案争议域名"landroverexpedition.com.cn"转移给投诉人路虎公司。此域名转移过程由域名注册服务机构直接执行。

---

① 中国国际经济贸易仲裁委员会域名争议解决中心(2016)中国贸仲域裁字第0034号裁决书,CND-2016000032。

【思考题】

1. 除域名争议仲裁外,是否还可将其他争议提交网上仲裁?
2. 网上仲裁的主要送达方式是什么?是否有其他辅助送达方式?
3. 域名争议仲裁裁决如何执行?其他类型的裁决经网上仲裁后是否方便执行?

一、概述

互联网作为一种具备信息传播即时性、去地域化、无纸化、去中心化特征的工具,在仲裁领域逐渐得到使用,"网上仲裁"这一概念也应运而生。作为网上争议解决机制(online dispute resolution,以下简称"ODR")的一种,网上仲裁同样具备方便快捷等特点。

有些仲裁机构会在仲裁程序进行的过程中,选择以电子邮件的方式进行文件送达,但是仅有这种方式并不能称为"网上仲裁"。严格意义上的网上仲裁,应当是由双方当事人签订网上仲裁协议,从申请仲裁到送达裁决书,均通过互联网进行的仲裁活动。

在网上仲裁领域,有代表性的三个例子是:Resolution Forum Inc.、WEB-dispute.com 和国际互联网名址分配公司(ICANN)授权的域名争议解决机构的域名争议仲裁(以下简称"ICANN 域名争议仲裁")。[①] 目前比较成功的网上仲裁当属 WIPO(World Intellectual Property Organization)域名争议解决。根据《统一域名争议解决政策》(Uniform Domain-Name Dispute-Resolution Policy, UDRP),截至目前,WIPO 已经解决了超过 3 万起案件。在我国,包括中国贸仲、广东仲裁委员会、深圳仲裁委员会在内的一些仲裁机构已经设立了专门的网上仲裁中心,有些还有特殊的网上仲裁规则。

虽然网上仲裁相对于传统仲裁的确存在一些优势,但是也存在很多问题,使得其本身的发展受到限制,如仲裁地的确定问题、仲裁协议及仲裁裁决的承认问题、仲裁裁决的执行及安全问题等。如何解决这些问题,成为日后网上仲裁发展的重中之重。

[①] 参见郭玉军、肖芳:《网上仲裁的现状与未来》,载《法学评论》2003 年第 2 期。

二、网上仲裁与传统仲裁

（一）程序方面的不同

1. 文件提交及送达的方式不同

在传统仲裁中，需要由申请人提交规定份数的书面仲裁申请书及证据材料，才能开启仲裁程序；程序进行中的任何主张及意见，都需要通过书面形式提交。当事人一方的材料及意见往往通过邮政快递的方式转交给另一方当事人及仲裁庭。在审理方面，往往以开庭审理为原则，以书面审理为例外。

在网上仲裁中，一般均采取电子版的方式提交申请书、证据材料及身份证明等相关文件，并且通过电子邮件或专门的网上系统进行送达。《中国贸仲网上仲裁规则》第 10 条规定："有关仲裁的一切文书、通知、材料等，仲裁委员会仲裁院采取电子邮件、电子数据交换、传真等方式发送给当事人或者其授权的代理人。……向仲裁委员会仲裁院提交的有关仲裁申请、答辩、书面陈述、证据及其他与仲裁相关的文件和材料，当事人应当采用电子邮件、电子数据交换、传真等方式。"UDRP 第 2(b) 条规定："除第 2(a) 条规定的情形以外，依据本规则向投诉方或被投诉方提供的任何书面通信文件均应以电子形式通过互联网传送（并保存传送记录），或分别通过投诉方或被投诉方合理要求的首选方式传送。"需要注意的是，有时也可采用邮政专递等辅助方式进行送达。

采取电子方式进行的文件提交与送达减少了当事人的仲裁成本，也为仲裁机构减轻了送达压力，能够提高仲裁的效率。

在本节案例中，仲裁涉及的文件基本以电子邮件的方式传送，而在向被投诉人发送书面投诉通知时，则使用电子邮件和邮政快递相结合的方式。这也可以为被投诉人收到通知提供更好的保障，有利于仲裁程序的进行。

2. 审理方式不同

在审理方式方面，网上仲裁一般以书面审理为原则，以开庭审理为例外。UDRP 第 13 条规定："除非专家组在特殊情形下认为有必要通过当庭听证来裁决投诉，否则不应举行当庭听证（包括电话会议、视频会议和网络会议形式的听证）。"

在进行跨国网上仲裁的情况下，此种审理方式带来的方便最为突出。当事人不仅免去了跨国参加开庭的麻烦，也免去了选择异地仲裁员时对仲裁员差旅费的负担。

在本节案例中，专家组对域名争议仅进行了书面审理，因此可在专家组成立之日起 14 天内作出裁决；若需开庭审理，则要考虑专家组和双方当事人的时间安排和提前送达通知的要求，可能根本无法在如此短暂的期限内作出裁决。

3. 期限规定不同

网上仲裁的一大要旨即为方便快捷,所以一般在网上仲裁的规则中,当事人的答辩期限、裁决作出的期限等都会相应缩短。例如,在 UDRP 中,被投诉方提交回应的期限仅为程序开始之日起 20 日内;《中国广州仲裁委员会网络仲裁规则》规定,被申请人提交答辩意见、质证意见及有关证据材料的期限为收到仲裁通知之日起 5 日内,与一般规则中规定的 15 日相比,大大减少。

(二)针对的争议内容不同

在传统仲裁中,凡是可仲裁事项,只要存在有效的仲裁协议,均可提交仲裁进行解决;而网上仲裁针对的事项往往有其侧重点,甚至有所限制。

例如,UDRP 规则仅解决域名争议;《中国贸仲网上仲裁规则》侧重于解决电子商务争议;①《中国广州仲裁委员会网络仲裁规则》虽没有规定特定的适用对象,但特别制定了《中国广州仲裁委员会网贷纠纷网络仲裁专门规则》《中国广州仲裁委员会小额网购纠纷网络仲裁专门规则》。

之所以存在这样的情况,原因之一是各类网络争议的跨地区性较为突出,如域名争议、网上购物等,当事人往往不在同一地区,通过网上仲裁解决的优势更加突出。同时,网上仲裁虽然已经出现将近十年,但是由于其发展的局限性及一些固有的短处,使当事人更倾向于将网络纠纷提交网上仲裁。

(三)是否排除司法管辖不同

传统仲裁中,有效仲裁协议的存在将排除当事人向法院起诉的权利。但是,在网上仲裁中,对仲裁协议能否完全排除当事人起诉的权利,各仲裁规则规定不一。

例如,UDRP 第 18(a)条规定:"在行政程序开始前或在其进行过程中,如出现有关投诉所涉及域名争议的法律诉讼,专家组有权自行决定是否暂停或终止行政程序,或者继续行政程序直至作出裁决。"由此可见,争议虽已提交 WIPO 进行网上仲裁,但当事人依然有权就该争议向法院提起诉讼,法院可以受理并审理,网上仲裁的专家组也可以自由决定是否继续进行仲裁程序。

三、网上仲裁中的关键问题

(一)仲裁协议的形式问题

在当前的仲裁实践中,一般都规定有效的仲裁协议应当采书面形式并经签署。例如,《纽约公约》第 2 条第 1 款规定:"当事人以书面协定承允彼此间所发

---

① 《中国贸仲网上仲裁规则》第 1 条第 2 款:"本规则适用于解决电子商务争议,也可适用于解决当事人约定适用本规则的其他经济贸易争议。"

生或可能发生之一切争议,……应提交仲裁时,各缔约国应承认此项协定。"随着科技的发展,目前在实践中并不把"书面形式"狭窄地理解为"纸面形式"。例如,《纽约公约》第2条第2款规定:"称'书面协定'者,谓当事人所签订或在互换函电中所载明之契约仲裁条款或仲裁协定。"由此可见,采用电子方式签订的仲裁协议也可被认定为有效。但是,此条规则未对签字问题作出规定。对此,可参照《联合国电子商务示范法》第7条第1款的规定:"如果法律要求有一个人签字,则对于一项数据电文而言,在下列情况下即满足了该项要求:(1) 使用了一种方法,鉴定了该人的身份,并且表明该人认可了数据电文内含的信息;(2) 从所有各种情况来看,包括根据任何相关协议,所有方法是可靠的,对生成或传递数据电文的目的来说也是适当的。"在对《纽约公约》进行解释的过程中,应当在合理的范围内,以更多地认定仲裁协议有效为目标。

我国《仲裁法》规定仲裁协议需采书面形式,对以电子方式订立的仲裁协议是否符合要求则未予规定。最高人民法院2005年发布的《仲裁法司法解释》对此作了说明:"仲裁法第十六条规定的'其他书面形式'的仲裁协议,包括以合同书、信件和数据电文(包括电报、电传、传真、电子数据交换和电子邮件)等形式达成的请求仲裁的协议。"由此,我国仲裁法也肯定了以电子数据交换方式签订的仲裁协议的有效性。

但是,这方面仍有问题存在。在跨国网上购物的情况下,若该网站乐于采取仲裁方式解决争议,此种条款一般会附在用户协议之中。消费者在注册时,可能仅通过点击"同意"的方式,就认同了其中的仲裁协议,并不存在电子签名的问题。此种情况下的仲裁协议能否解释为符合《纽约公约》的要求,还有待讨论。

(二) 仲裁地的确认

仲裁地的确认影响到仲裁的方方面面,如裁决是否合法有效、裁决能否得到承认与执行等。在裁决的承认与执行方面,《纽约公约》在主要依据裁决的作出地判断该裁决是否可依该公约得到承认与执行。

对于仲裁地的确认,存在以下几种典型方法:

第一,首先由当事人约定仲裁地,当事人未约定的,由仲裁庭依据具体情况确定仲裁地。《国际商事仲裁示范法》即采此种规定:"当事各方可以自由地就仲裁地点达成协议。如未达成这种协议,仲裁地点应由仲裁庭确定,要照顾到案件的情况,包括当事各方的方便。"

第二,首先由当事人约定仲裁地,当事人未约定的,以仲裁机构所在地为仲裁地。《中国贸仲网上仲裁规则》①和《中国广州仲裁委员会网络仲裁规则》②均采此种规则。此种规定方式尊重当事人的意思自治,应予肯定。但是,在当事人未达成一致的情况下,直接将仲裁机构所在地认定为仲裁地,有失偏颇。在网上仲裁中,当事人和仲裁庭实际上是在一个虚拟的环境下解决争议,仲裁机构所在地、双方当事人所在地甚至可能处在三个以上不同的地点。在此种情况下,将仲裁机构所在地认定为仲裁地,不利于当事人的便利。

第三,非内国仲裁理论(denationalized arbitration)的应用。这一理论主张国际商事仲裁应摆脱仲裁地法的强制性规定以及公共政策的限制,实际上否认了"仲裁地"这一概念存在的必要性。由于网上仲裁本身不具有实际的仲裁地,在这一理论下,不用再考虑网上仲裁"法律上的仲裁地",仲裁裁决的承认与执行将只受承认与执行地国法院的强制性规定和公共政策的限制。这一理论的危险性在于,整个仲裁程序将有可能陷入混乱。例如,在当事人未能约定争议解决、仲裁协议适用的法律时,仲裁庭将失去参考。此外,在《纽约公约》和各国国内法普遍采取仲裁地标准认定裁决是否可承认与执行的现实下,"仲裁地"概念的消失将会带来不可调和的矛盾。因此,这一理论不应在此适用。

上述方法中,应以第一种方法为最佳。当事人的意思自治将会为其选择最为合适且便利的仲裁地,若未选择,仲裁庭也可以根据案件具体情况或最密切联系原则,确定相应的仲裁地。

(三)仲裁裁决的承认与执行

在域名争议仲裁的情况下,仲裁裁决的执行一般直接由域名注册服务机构进行,不论败诉方是否配合,裁决都可得到顺利执行。如上述争议域名的裁决,可由阿里云计算有限公司(万网)直接执行,而不论被申请人是否配合。

在《纽约公约》之下,对网上仲裁裁决的承认与执行问题,主要涉及仲裁协议形式上的有效性以及需要提交原件的要求。关于仲裁协议形式上的有效性问题,已经在上文作了说明,在此不再赘述。关于提交原件的要求,《纽约公约》第4条规定,在申请承认与执行仲裁裁决时,应提交仲裁协议及仲裁裁决的正本或其正式副本。在网上仲裁的情况下,裁决书往往采用电子文件的方式作出,同样采取电子方式送达,不存在纸质原件或副本。在此种情况下,应对《纽约公约》第4条的规定进行扩大解释,若当事人将裁决书打印并提交,也应认为有效。

值得思考的是,若异国的消费者与购物网站由于网购纠纷提交网上仲裁,裁决作出后,能获得败诉方的自动履行自然很好;而若败诉方不予配合,则为价值

---

① 参见《中国贸仲网上仲裁规则》第8条。
② 参见《中国广州仲裁委员会网络仲裁规则》第7条。

不高的商品前往他国去申请裁决的承认与执行,最终只能得不偿失。在此种情况下,如何保证败诉方的履行,成为网上仲裁发展的重点。

四、小结

网上仲裁方便快捷的特性决定了其良好的发展前景,但在发展的过程中依然会存在各种各样的问题。在目前各国国内法未制定专门的网上仲裁法,国际上也不存在较为统一的相关立法的情况下,如何对现行法律进行补充,如何尽快促成新的立法,就成为网上仲裁发展的重点。同时,仲裁过程虚拟性与执行过程现实性的对比,也为网上仲裁的进一步普及带来困难。如何保证裁决的执行,进一步减少当事人的仲裁成本,也应引起理论界与实务界的关注。

第四节 仲裁管辖权

案例

江苏某风电设备制造有限公司与某风能叶片制品(天津)有限公司、第三人某(张家口)风力发电有限公司买卖合同纠纷案①

申请人江苏某风电设备制造有限公司(以下简称"甲公司")与被申请人某风能叶片制品(天津)公司(以下简称"乙公司")均系中国法人,双方于 2005 年 12 月 23 日签订了风力发电机片的贸易协议。根据贸易协议中的仲裁条款,由该协议产生的纠纷由外国仲裁机构(国际商会仲裁院)在北京仲裁。

本案申请人认为,争议所涉贸易协议的签订双方系国内当事人,合同签订地以及标的物制造、运输、销售及使用均在国内,不具有涉外因素,而不具有涉外因素的合同不可向境外仲裁机构提起仲裁,故申请确认该贸易协议中的仲裁条款无效。被申请人称,贸易协议之履行包含诸多涉外因素,该协议附件 C 更是约定了外国法人,即丹麦艾尔姆玻璃纤维制品控股有限公司的担保责任(以下简称

---

① 天津市高级人民法院(2015)津高民二终字第 0021 号民事判决书。

"乙公司丹麦母公司"),约定若乙公司未依照协议约定退还预付款,则乙公司丹麦母公司将立即向申请人支付应退还的预付款,担保关系适用丹麦法律;合同以美元为结算单位;合同保修条款中约定了乙公司丹麦母公司的保修责任等,故应将此纠纷认定为涉外合同纠纷,并主张仲裁条款有效。

听证中,甲公司提交了保证书等材料,证明其从乙公司购买的风能叶片等设备实际使用地均在中国境内,其通过网上银行以人民币形式向乙公司付款,并提供货款电汇凭证。乙公司对保证书、电汇凭证的真实性无异议,但认为不能实现申请人的证明目的。

天津市第一中级人民法院经审理认为,本案民事关系主体、标的物以及民事关系产生和履行的法律事实均在中国境内,不属于《最高人民法院关于贯彻执行〈民法通则〉若干问题的意见》第178条规定的涉外民事关系。虽然贸易协议附件中约定了外国法人的担保及保修责任,但是此协议的签订主体是申请人及被申请人,因此只对双方产生拘束力。同时,贸易协议中也未涉及与外国法人之间的争议处理方式,故也不存在法律意义上的涉外因素。因此,根据《合同法》第128条第2款①以及《江苏省高级人民法院关于审理民商事仲裁司法审查案件若干问题的意见》第17条②的规定,认定贸易协议中的仲裁条款无效。

【思考题】

1. 为什么不具有涉外因素的合同约定外国机构仲裁或者在外国进行仲裁的仲裁协议或条款无效?
2. 仲裁管辖权的来源是什么?
3. 法院确定仲裁管辖权的权力根据是什么?
4. 确定仲裁管辖权所适用的法律是什么?

一、仲裁管辖权的基本内涵

仲裁管辖权(jurisdiction of arbitration),是指仲裁庭依据当事人的授权和法律的授权所享有的,对当事人之间的争议进行审理并作出有约束力的裁决的

---

① 《合同法》第128条第2款规定:"……涉外合同的当事人可以根据仲裁协议向中国仲裁机构或者其他仲裁机构申请仲裁。……"

② 该意见第17条规定:"对没有涉外因素的民商事纠纷,当事人约定提请外国仲裁机构仲裁或者在外国进行仲裁的,仲裁协议无效。"

权力。① 依据仲裁管辖权所涉及的内容,可以将其分为形式意义上的管辖权与实质意义上的管辖权。

（一）形式意义上的管辖权

形式意义上的管辖权,是指某一仲裁机构或仲裁庭是否获得了当事人的授权,因而能够受理仲裁案件。当事人在仲裁条款中,往往会明确约定有权受理其争议的仲裁机构。被授权的仲裁机构对相关争议即获得了形式意义上的管辖权,即一种概括性的管辖权。

（二）实质意义上的管辖权

实质意义上的管辖权,是指仲裁机构或仲裁庭能否对某一争议进行仲裁。这一问题不仅涉及争议事项的可仲裁性、当事人可选择的仲裁机构范围,还涉及具体案件中当事人约定将何种争议或争议中的哪些项目提交仲裁等。前者往往由法律进行明确规定,如我国《仲裁法》明确规定,婚姻、收养、监护、抚养、继承纠纷以及依法应当由行政机关处理的行政争议不能仲裁;后者来源于当事人的约定,如当事人可以在买卖合同中约定,由合同产生的争议都应提交仲裁,但关于质量检验的争议除外。

我国法律明确规定,没有涉外因素的民商事纠纷,约定提请外国仲裁机构仲裁或者在外国进行仲裁的,仲裁协议无效。此规定多是出于维护司法主权的考虑,也可看出司法始终在同时授予并限制着仲裁管辖权。

二、仲裁管辖权的来源

从理论上看,仲裁包括两方面的因素,即当事人的意思自治因素与司法因素。当事人的意思自治因素为各国仲裁法原则所接受,最为重要的即是仲裁必须建立在双方当事人的仲裁协议之基础上。司法因素在各国仲裁法的规则中也多有体现,主要表现为:仲裁裁决原则上可以采取与法院判决相同的方式执行;通常由仲裁法规定可以仲裁的事项;法院在裁定执行仲裁裁决时有权对其进行审查等。②

在各国的实践中,上述两种原则各自所占比重虽有所不同,但总是同时存在。虽然仲裁管辖权建立在有效的仲裁协议(即双方当事人之间的合意)之上,仲裁程序也相对独立于司法程序,但是在司法最终解决原则下,法院享有在依法独立行使审判权的过程中,对各类法律关系最终审查、最终裁判的权力。换言

---

① 参见宋连斌主编:《仲裁法》,武汉大学出版社 2010 年版,第 150 页。
② 参见〔英〕施米托夫:《国际贸易法文选》,赵秀文选译,中国大百科全书出版社 1993 年版,第 598 页。

之,在法院以外,其他自然人、法人或组织均无权对争议作出最后的裁决,即使是存在于他们之间的争议。由此可见,仲裁管辖权从根本上说并不来源于签订仲裁协议的双方当事人,而是来源于国家司法权的让渡,仲裁管辖权的具体内容更是受到法律规范的规定与限制。

基于社会现实的需要,国家制定了仲裁制度,将争议的最终裁判权在一定范围内让渡给当事人,由其通过指定仲裁员的方式,依据一定的程序解决争议。与此同时,法院依旧可以通过确认仲裁协议无效、撤销仲裁裁决、裁定不予执行仲裁裁决等方式,对仲裁的程序及实体进行监督。英国法上也存在类似的"不容剥夺原则"(the doctrine of ouster),[①]根据此原则,一般法院对法律问题的管辖权不得通过当事人之间的协议予以排除。所以,英国法院对仲裁实体具有一定的监督管辖权。

所以,若当事人之间就某一类争议不存在仲裁协议,则针对此类争议的仲裁权无从触发,司法权照常运行;而一旦仲裁权基于合法、有效的仲裁协议开始运行,即意味着仲裁程序中的法定权力依法形成,约定权利则根据当事人的协议形成。此时,仲裁当事人获得国家依据法律作出的概括授权。该等概括授权的外延包括对裁决争议的裁决权的分配权、对仲裁程序作出不违反强行规范的约定的决定权等,前者属于法定权力,后者则属于约定权利。仲裁机构的选择以及仲裁员的指定过程即为分配裁决权的过程,选定或者制定仲裁规则即为决定仲裁程序的过程。

需要强调的是,仲裁当事人只有权分配裁决权,而无权规定裁决权的内涵和外延。裁决权的内涵和外延只能由法律规定。至于仲裁当事人约定哪些争议提交仲裁裁决,哪些争议提交诉讼裁决,仍然属于通过仲裁协议触发仲裁的范畴,对裁决权的内涵和外延并无影响。另外,仲裁员是在当事人分配裁决权的过程中,依身份而非合同获得了争议的裁决权。

在上述案例中,最高人民法院认为,当事人在贸易协议中订立了仲裁条款,约定有关争议事项可提交国际商会仲裁院在北京仲裁。订立贸易协议的双方当事人均为中国法人,标的物在中国,协议也在中国订立和履行,无涉外民事关系的构成要素。因此,该协议不属于涉外合同。由于仲裁管辖权系法律授予的权力,而我国法律没有规定当事人可以将不具有涉外因素的争议交由境外仲裁机构或者在我国境外临时仲裁,故该案当事人约定将有关争议提交国际商会仲裁

[①] 参见〔英〕施米托夫:《国际贸易法文选》,赵秀文选译,中国大百科全书出版社1993年版,第605页。

院仲裁没有法律依据。

综上,仲裁管辖权首先源自国家司法权的让渡;仲裁协议的主要作用是触发仲裁权的运行,次要作用是分配运行中的仲裁权。

第五节 仲裁员职业规范

江西某建筑工程有限公司申请撤销仲裁裁决案①

2016年3月31日,呼和浩特仲裁委员会作出(2016)呼仲裁字第37号裁决:第一,江西某建筑工程有限公司(以下简称"某公司")向先某某支付欠款1108663元;第二,某公司向先某某支付自2014年12月21日至实际支付之日止的逾期欠款利息(暂计算至2015年12月14日为54686.3元,2015年12月15日起至实际付款之日止的利息按同期银行贷款利率计算);第三,驳回某公司的其他仲裁请求;第四,本案仲裁费22529元,由某公司承担;鉴于本案仲裁费先某某已预交,由某公司直接支付给先某某。

后某公司向呼和浩特市中级人民法院申请撤销该仲裁裁决,并提出以下两项理由:第一,呼和浩特仲裁委员会仲裁程序违反法定程序,具有如下情形:(1)在选任仲裁员的过程中,对于仲裁被申请人一方为二人以上应当共同选定的规定,仲裁庭没有进行明确告知,导致仲裁被申请人三方未能共同选定仲裁员。此外,对于首席仲裁员,仲裁庭也没有通知双方当事人共同选定,导致申请人对于仲裁员的学术造诣、专业水平、职业操守等一无所知。仲裁庭剥夺了当事人共同选任仲裁员的权利。(2)仲裁庭组成后,呼和浩特仲裁委员会没有将仲裁庭的组成情况告知被申请人,程序违法。第二,呼和浩特仲裁委员会枉法裁决,严重破坏了平等互利的市场经济环境。

呼和浩特市中级人民法院未对上述理由进行认定,而是认为组成该案仲裁庭的仲裁员不符合《仲裁法》所规定的仲裁员的任职条件,仲裁庭的组成违反法定程序,最终裁定撤销该仲裁裁决。

---

① 呼和浩特市中级人民法院(2016)内01民特32号民事裁定书。

第十章 理论探索与争鸣

【思考题】
1. 仲裁员在仲裁过程中扮演何种角色？
2. 仲裁员职业规范应包含哪些内容？
3. 仲裁员违反职业规范的后果是什么？

一、仲裁员法定资格条件

纵观世界各国对于仲裁员法定资格的条件，一般采取两种规定方式：第一种，严格立法。某些国家对仲裁员的资格条件从能力、品德、性别、国籍、宗教信仰等多方面具体限定。例如，《沙特阿拉伯仲裁条例施行规则》规定，仲裁员必须具有沙特国籍或者是穆斯林，首席仲裁员还需懂得穆斯林习惯和传统。[1] 第二种，宽松立法。对仲裁员资格采用宽松立法模式的国家一般对于仲裁员没有任何正规资格要求。例如，英国规定，任何自然人都可以被任命为仲裁员，即使是非英国公民或者在英国没有住所的人士亦可以担任仲裁员。[2]

我国关于仲裁员法定资格的规定主要见于《仲裁法》第13条[3]。1994年《仲裁法》是我国颁布的第一部单行仲裁法律，被称为"我国国内仲裁制度由原来的行政性仲裁向统一的民间性仲裁过渡的里程碑"[4]。同时，《仲裁法》首次允许商事争议可以交由仲裁解决，故而在制定之初，对仲裁员资格规定了严格的准入门槛，其主要目的是保障仲裁员的专业性。但是，其中的"三个八年"条款饱受争议。随着仲裁制度的不断健全和完善，对仲裁工作者、律师工作者和审判员依旧采取严格的八年工作经验要求的必要性受到了质疑，从业年限等同于专业能力的观念也不断弱化。因此，有学者认为，在当前情况下，"三个八年"工作年限过于严格，特别是对律师而言。[5]

---

[1]《沙特阿拉伯仲裁条例施行规则》第3条规定："仲裁员应为沙特国籍或是具有外国国籍的穆斯林，从事自由职业。仲裁员也可以是政府雇员，但需经该政府部门的认可。如果仲裁员不止一名，第三名仲裁员应懂得穆斯林规范、商业规则及在沙特阿拉伯适用的习惯和传统。"
[2] 参见罗楚湘：《英国仲裁法研究》，武汉大学出版社2012年版，第95页。
[3]《仲裁法》第13条规定："仲裁委员会应当从公道正派的人员中聘任仲裁员。仲裁员应当符合下列条件之一：（一）从事仲裁工作满八年的；（二）从事律师工作满八年的；（三）曾任审判员满八年的；（四）从事法律研究、教学工作并具有高级职称的；（五）具有法律知识、从事经济贸易等专业工作并具有高级职称或者具有同等专业水平的。仲裁委员会按照不同专业设仲裁员名册。"
[4] 参见杨荣新主编：《仲裁法理论与适用》，中国经济出版社1998年版，第7页。
[5] 参见袁发强主编：《中国商事仲裁机构现状与发展趋势研究》，复旦大学出版社2011年版，第93页。

立法对仲裁员资格进行严格规定,主要是为了弥补仲裁机构聘任仲裁员和当事人对仲裁员的选任标准的不足之处。然而,民间性和契约性的特点又决定了仲裁具有自主性。若仲裁机构在聘任仲裁员时有严格的聘任标准可依,当事人也能够理性客观地选任仲裁员,那么立法应该放宽仲裁员法定资格条件:降低八年从业年限的规定;细化仲裁员专业方向,以专业需求选任仲裁员;对于仲裁员的职称进行具体规定,而非仅以职称高低判断资格条件是否适合,专业不同,职称条件亦应有所不同。

需要注意的是,若仲裁员资格不符合《仲裁法》第 13 条的规定,可能会成为仲裁裁决被撤销的理由,而这项理由还属于人民法院可以依职权进行审查和认定的理由。在本节案例中,就出现了此种情形。因此,仲裁机构在制定仲裁员名册时应当注意遵守《仲裁法》的规定。

二、仲裁员名册

我国《仲裁法》规定,仲裁机构应该制定仲裁员名册规范仲裁员。各个仲裁机构的仲裁规则规定,应该从仲裁名册中挑选仲裁员。因此,仲裁员名册既是仲裁机构管理仲裁员的行政名单,也是当事人选任仲裁员的参考与范围。国际商事仲裁实践中,对于仲裁员名册持两种态度,即设立仲裁员名册或者不设立仲裁员名册。① 从当事人选任仲裁员的角度看,仲裁员名册又可以分为:第一,强制仲裁员名册制,即要求当事人必须从仲裁机构制定的仲裁员名册中选出,否则当事人的选任无效;第二,推荐仲裁员名册制,即允许当事人从仲裁员名册之外选任仲裁员;第三,无仲裁员名册,即仲裁机构不设仲裁员名册,因此当事人可以自由选择自己心目中的合格人士作为案件的仲裁员。与前两种制度比较而言,无仲裁员名册对于当事人的要求最高,如果当事人对于仲裁的了解不够,则不能从客观理性的角度选择仲裁员,很可能影响仲裁结果的公正性。实践中,我国仲裁机构均制定有仲裁员名册以供当事人选择,当事人基本上只能从仲裁员名册中选任案件的仲裁人员。目前,中国贸仲允许当事人在仲裁员名册之外选任仲裁员。② 上海国际经济贸易仲裁委员会 2014 年施行的《上海自贸区仲裁规则》采

---

① 参见李汉生等编:《仲裁法释论》,中国法制出版社 1995 年版,第 49 页。
② 《中国国际经济贸易仲裁委员会仲裁规则(2012 版)》第 24 条规定:"(一)仲裁委员会制定统一适用于仲裁委员会及其分会/中心的仲裁员名册;当事人从仲裁委员会指定的仲裁员名册中选定仲裁员。(二)当事人约定在仲裁委员会仲裁员名册之外选定仲裁员的,当事人选定的或根据当事人之间的协议指定的人士经仲裁委员会主任依法确认后可以担任仲裁员。"

取的是更为开放的仲裁员名册制,[①]从名册之外选任仲裁员无须仲裁委员会主任进行资格确认。

有些学者认为强制仲裁员名册制在仲裁实践中限制了当事人委任仲裁员的自由,[②]不利于仲裁的发展。实际上,采取什么样的仲裁员名册制由仲裁发展的程度所决定,仲裁发展程度越高的国家对于仲裁员名册的要求越低,反之则越高。在我国,仲裁员名册由各个仲裁机构单独制定,其性质更偏向于受聘于仲裁机构的仲裁员信息集合名册。特别是我国目前没有统一的仲裁员聘任标准,仲裁员名册的质量无法保证。更何况仲裁的契约性期望赋予当事人最大的意思自治权利,如果当事人希望从仲裁机构提供的仲裁员名册之外选任仲裁员,则应尽可能满足该种需求。当然,前提是当事人能够以绝对客观理性的角度选任仲裁员。当事人选择之后,再由受理仲裁争议的仲裁委员会主任对当事人选任的仲裁员进行确认,以免不合格的仲裁员参与到案件的仲裁之中,也能避免当事人"任人唯亲",挑选"自己的仲裁员"。

三、仲裁员登记注册制

在仲裁员准入制度中,目前存在三大问题:第一,仲裁员法定资格规定得过于严格,且自 1994 年之后再未对此进行更新;第二,仲裁机构制定的仲裁员名册各不相同,仲裁员信息分散,质素高低不一;第三,仲裁员名册的信息太过简单,大多只包括姓名、专业、所在地等,使得当事人很难了解到所有仲裁员的信息,从而挑选到合适的仲裁员,时常导致选任的仲裁员不符合自身要求,或将选任仲裁员的权利间接交给仲裁委员会主任。

因此,为了完善仲裁员准入制度,同时考虑到我国仲裁行业缺乏一个统一的仲裁员管理机构的现状,对仲裁员实行资格认定和注册制度大有可行之道。[③]实践中,仲裁机构颁发的聘任书代表着仲裁员资格的获得,当事人再从仲裁机构提供的仲裁员名册中选取仲裁员。从我国目前的仲裁发展趋势来看,推荐性仲裁员名册制将越来越多地被仲裁机构采用。建立仲裁员登记注册制,对全国的仲裁员资格进行审查核准,系统地管理登记在册的人员,将对推荐仲裁员名册制在全国范围内的施行起到推动作用。同时,完善的登记注册制便于相关机构对

---

① 《上海自贸区仲裁规则》第 27 条规定:"(一)当事人可从仲裁员名册中选定仲裁员。(二)当事人可以推荐仲裁员名册外的人士担任仲裁员,也可以约定共同推荐仲裁员名册外的人士担任首席仲裁员或者独任仲裁员。"
② 参见宋连斌:《中国现行仲裁制度存在的主要问题》,载《人民法院报》2002 年 10 月 7 日。
③ 参见赵秀文:《21 世纪中国国际仲裁法律制度现代化与国际化的发展方向》,载《河南省政法管理干部学院学报》2001 年第 3 期。

登记在册的仲裁员定期考核，监督仲裁员参加一定时限的培训，监督仲裁员的行为规范。在目前不存在规范仲裁全行业的仲裁协会的状况下，政府可以先设立专门机构负责仲裁员准入制度的完善工作，包括授予仲裁员资格、管理仲裁员信息、提升仲裁员素质、监督仲裁员行为和负责对违规仲裁员的惩处等。

四、首席仲裁员的选任

除简易程序和当事人选择组成独任仲裁庭外，实践中的仲裁案件大多选择成立三人仲裁庭进行仲裁。三人仲裁庭包括两名边裁和首席仲裁员。三人制仲裁庭集中了所有仲裁庭的相对优势，兼有独任制仲裁庭的灵便与其他多人制仲裁庭的稳重。① 首席仲裁员是重中之重，在仲裁中要主持庭审，决定与仲裁程序相关的问题，并且在仲裁庭裁决意见不同时作出最终裁决决定。② 我国首席仲裁员的选任一般有两种方式：第一种，由当事人双方共同选任；第二种，当事人委托仲裁委员会主任指定或者由仲裁委员会主任代为指定。除此之外，某些国家的首席仲裁员还可以由贸易协会或专业机构指定。③

在由当事人选任首席仲裁员的情形下，其意思自治得到了最大程度的尊重。但是，若当事人对于仲裁员不甚了解，仅依据从仲裁员名册中了解到的简单信息选任最为关键的首席仲裁员，可能产生不适当的后果。在无法确定仲裁员具体能力的情况下，有些当事人仅从片面角度选择仲裁员，有些当事人则直接通过关系寻找相熟悉的仲裁员，从而导致仲裁员和当事人之间可能产生经济、社会或者个人联系，于仲裁无益。

在当事人未能共同选定或共同委托仲裁委员会主任代为指定首席仲裁员的场合，仲裁委员会主任会代为指定首席仲裁员。相较于当事人，仲裁委员会主任更加了解本机构仲裁员的品质和专业能力，能确定其是否具有足够的经验和时间处理争议案件。即使当事人选择了仲裁员名册之外的仲裁员，以仲裁委员会主任对于行业的熟悉程度，可以对名册之外的仲裁员人选进行严格筛选，避免当事人的一些错误选择影响仲裁。但是，由仲裁委员会主任指定仲裁员也可能会造成仲裁机构控制仲裁庭、当事人意思自治受限、仲裁员之间易发生矛盾等弊端。④

---

① 参见黄晖：《世界知识产权组织（WIPO）仲裁研究》，四川大学出版社2013年版，第132页。
② 参见姚壮：《姚壮文集》，中国华侨出版社2010年版，第142页。
③ 参见韩健：《现代国际商事仲裁法的理论与实践》（修订本），法律出版社2000年版，第158—159页。
④ 参见袁发强、刘弦：《论首席仲裁员的产生——兼谈我国对临时仲裁的借鉴》，载《中国仲裁与司法论坛暨2010年年会论文集》，2010年12月。

因此，选任首席仲裁员时，最好的方式是既要尊重当事人意愿，又要兼顾仲裁员的专业性。结合目前的仲裁实践，应当以以下建议为参照进行改革：

首先，应当充分尊重当事人的意思自治权利，由当事人双方共同协商决定首席仲裁员的人选。

其次，在当事人未能协商选定首席仲裁员的情况下，双方可以分别向仲裁委员会提供一份首席仲裁员推荐名单。如果双方当事人的名单之中有一个相同人选，则该名人选成为首席仲裁员。如果有两个或两个以上相同人选，则由当事人从相同人选中再次选择或者委托仲裁委员会主任指定。

再次，在当事人未能共同协商选定，也不提供推荐名单时，可以要求仲裁委员会主任依据仲裁员名册提供一份推荐名单，仲裁委员会主任也可以主动向当事人提供。当事人在推荐名单中共同选择合适的仲裁员人选。

又次，在当事人无法协商一致的情况下，也可以由当事人所选择的两名边裁共同推选出首席仲裁员。此种方式之下，仲裁员之间彼此熟悉，推选出的首席仲裁员无论德行还是专业能力都得到了边裁的认可，更利于维护三人仲裁庭的稳定性。

最后，在通过上述方式均无法选任出合适的首席仲裁员时，由仲裁委员会主任代为指定首席仲裁员。但是，对仲裁委员会主任指定仲裁员的标准应该严格限制，以避免仲裁委员会主任滥用指定职权。有学者提出以"两上两下"的程序规范仲裁委员会主任指定首席仲裁员的行为，通过"民主—集中—再民主—再集中"的方式，先由当事人列出一个三人候选名单，再分别听取双方仲裁员和双方当事人的意见，推选出名单中的两名，最后由仲裁委员会主任从中确定一名首席仲裁员人选。①

五、披露制度

仲裁员具有信息披露的义务，在决定接受选任、指定或者在案件审理过程中，知悉可能会使当事人对其公正性和独立性产生怀疑的任何事实或情况，应向仲裁委员会和当事人以书面形式披露该信息。具体而言，披露的对象是当事人和仲裁委员会；披露的内容是任何可能使当事人觉得仲裁不公正、不独立的事实或情况；披露的时间主要是仲裁员接受选任或指定之前，若仲裁员在仲裁过程中发现应当披露的信息，也应及时进行披露。信息披露之后，由当事人或者仲裁委员会主任决定回避与否。国际上普遍认为，披露的目的是允许当事人判断他们

---

① 参见张竹生：《关于确定首席仲裁员的思考》，载《法制日报》2001年6月3日。

是否与仲裁员的判断相一致,所以更倾向于仲裁员向当事人披露,以保证高透明度。①

仲裁员披露制度与回避制度相互依存,具有衔接性,信息披露可能导致仲裁员的回避。《仲裁法》明确规定仲裁员回避制度,却未规定披露制度。作为弥补,仲裁机构的仲裁规则或者仲裁员守则会规定仲裁员具有披露义务。对于仲裁员披露方式的规定具体包括列举式和总括式。采用列举式,即逐条罗列仲裁员需进行披露的信息类型,会发现披露与回避事由具有重叠性。此现象存在的原因即在于,若披露的信息使当事人产生不信任感,则该名仲裁员一般会被要求回避。总括式通常规定仲裁员应对所有可能使当事人对其公正性和独立性产生怀疑的事实和情况进行披露,此种方式能够更好地促进信息的透明化。

披露制度中存在一个重要问题,即当事人对仲裁员披露事项的追究时效有多长。一般情况下,披露事项与回避理由相同时,当事人随时可以该事由要求仲裁员回避。但是,当披露事项与回避理由不同时,若当事人对此事项产生怀疑,则产生提出回避请求的时限问题;若不对此进行规制,则可能导致当事人对仲裁员的书面披露信息最初不作处理,却在仲裁裁决作出之后提出针对该仲裁员的回避或替换申请。规定披露义务的宗旨是为了达到"表面公正",这要求仲裁员为了避免给当事人造成偏见印象,应公布所有可能产生偏见的事项。当事人对仲裁员的披露信息应立即作出反应,经过一定合理时间后,就不能再以披露事项为由,提出让仲裁员退出审理,或者对仲裁裁决的公正性产生怀疑。限制当事人对仲裁员披露事项的追究时效,能够避免一些当事人为个人利益故意影响仲裁程序的进行。

六、回避制度

严格来说,在关于仲裁员职业纪律和操守的立法规定中,回避制度最为详细。回避制度是指承办案件的仲裁员遇有法律规定的情形,或者与本案有利害关系,可能影响公正裁决时,不参与案件仲裁审理而更换仲裁员的制度。回避制度的起源是普通法中作为正当程序原则之一的"任何人不能成为自己案件的法官",目的是保证仲裁员的独立和公正,避免产生仲裁员因私人关系而枉法裁决的可能性。《仲裁法》第 34 条最先规定了仲裁员回避的法定事由。② 之后,各个

---

① 参见初丛艳编译:《国际律师协会关于国际仲裁中利益冲突指导原则(上)》,载《北京仲裁》2004年第1期。
② 《仲裁法》第 34 条规定:"仲裁员有下列情形之一的,必须回避,当事人也有权提出回避申请:(一)是本案当事人或者当事人、代理人的近亲属;(二)与本案有利害关系;(三)与本案当事人、代理人有其他关系,可能影响公正仲裁的;(四)私自会见当事人、代理人或者接受当事人、代理人请客送礼的。"

仲裁机构均在本机构仲裁规则或仲裁员守则中规定了仲裁员的回避情形。

在回避制度的立法和实践中，存在以下问题：

（一）法定回避事由规定不明

《仲裁法》规定了四项仲裁员回避事由，数目较少且未能将情形罗列清楚。例如，第二项规定的利害关系、第三项规定的其他关系都有含义不明的问题，在实践中难以把握。为弥补法定回避事由的不足，仲裁机构在制定仲裁规则时，应相应细化法定回避事由的规定。例如，北京仲裁委员会在仲裁员守则中对仲裁员回避事由作了细化规定。①

（二）回避制度实施中的不完善

在确定仲裁员是否回避的问题上，立法和实践均主张采取表面主义，即但凡有影响公正裁决的情形，均应回避。但是，在第四章第四节案例2，即戚某某违反仲裁法规定私自会见当事人被除名事件中，凸显了一个关于回避制度的问题：仲裁员戚某某申请了回避，也被批准，却继续参加以后的仲裁审理。无论是不是仲裁委员会默认，都说明在仲裁实践中回避制度并没有被完全严格遵守，规定可能只流于书面。

七、仲裁员的保密义务

作为参与仲裁的主要人员，应对仲裁的实体及程序事项予以保密。仲裁员对在参与案件过程中知悉的信息必须向外界和当事人保密，主要原因在于商事仲裁的保密性和不公开性。商事争议当事人出于保护商业秘密、重要消息以及维护自身形象等原因而希望将仲裁置于秘密的状态。② 商事仲裁恰好满足了这样的需求。

广义上的保密义务不仅仅制约仲裁员，还对仲裁当事人有约束力。在《中国贸仲仲裁规则（2015版）》中，还将保密义务的主体扩展至仲裁代理人、仲裁员、证人、翻译、仲裁庭咨询的专家、指定的鉴定人以及其他有关人员，③ 上述人员均

---

① 《北京仲裁委员会仲裁规则（2001年版）》第28条："仲裁员有下列情形之一的，应自行向仲裁委员会披露并请求回避。当事人也有权提出回避申请：（一）是本案当事人或其代理人的近亲属；（二）与本案有利害关系；（三）与本案当事人或其代理人有其他关系，可能影响公正仲裁的；（四）私自会见当事人或其代理人，或者接受当事人或其代理人请客送礼的。前款（三）中'其他关系'系指：1. 对于承办的案件事先提供过咨询的；2. 现任当事人的法律顾问或代理人，或者曾任当事人的法律顾问且离任不满两年的；3. 与当事人或其代理人在同一单位工作，或者曾在同一单位工作且不满两年的；4. 为本案当事人推荐、介绍代理人；5. 担任过本案或与本案有关联的案件的证人、鉴定人、勘验人、辩护人、诉讼代理人的；6. 其他可能影响公正仲裁的事项。"

② 参见王勇：《论仲裁的保密性原则及其应对策略》，载《政治与法律》2008年第12期。

③ 参见《中国国际经济贸易仲裁委员会仲裁规则（2015版）》第38条。

有义务不公布、不泄露与仲裁程序、仲裁证据文件、仲裁裁决有关的任何信息。[①]

仲裁员的保密义务更多的是一种道德义务,[②]属于仲裁员职业道德规范的一部分。立法对于仲裁员的保密义务没有任何具体规定,国际上一般认为保密义务默示存在于仲裁实践中。这种默示的仲裁员保密义务正逐步被仲裁机构囊括进仲裁规则或者仲裁员守则之中,[③]也就意味着仲裁机构对聘任的仲裁员的职业纪律要求中有保密义务。当事人同样可以协议要求仲裁员对相关信息保密。

但是,仲裁员保密义务不是绝对的,例外情况下,仲裁员可以将仲裁相关信息对外公布:

(一) 当事人同意公开

当事人可以约定仲裁员保守秘密,也可以协议放弃保密的要求。当事人同意公开的事项,仲裁员可以对外公布。

(二) 司法诉讼需求

在仲裁案件上诉到法院或者法院需要强制执行仲裁裁决等情况下,法院基于案情需求需要知悉相关仲裁信息的,保密义务在一定程度上可以突破。

(三) 公共利益安全

社会公共利益有时优先于私人利益,当仲裁的保密性影响到社会公益时,仲裁员的保密义务需要让步。

上述例外的存在是因为仲裁虽是非公开的、秘密进行的,但在仲裁过程中和裁决作出以后仍会牵扯到各方利益,绝对的保密使有正当理由需要获取信息的一方无法知晓相关内容,反而可能损害善意第三人的利益或公共利益。因此,在制定详细的仲裁员保密义务的同时,也应考虑一些例外情况,即对仲裁员的保密义务进行适当限制,这样反而能使当事人更加信任仲裁员保密义务的施行效果。

八、仲裁员责任

仲裁员责任,是指仲裁员在行使仲裁职权时因故意或过失所实施的不正当行为产生后果而应承担的责任。仲裁员在仲裁过程中的行为,决定了仲裁的独立、公正与否。为了避免仲裁员滥用权力,侵犯当事人权益和损害仲裁利益,应

---

① See Dr. Julian D. M. Expert Report of Esso/BHP v. Plowman, *Arbitration International*, 1995 (11), p. 285.
② 参见韩健:《现代国际商事仲裁法的理论与实践》(修订本),法律出版社 2000 年版,第 198 页。
③ 《中国国际经济贸易仲裁委员会仲裁员守则》第 13 条规定:"仲裁员应当严格保守仲裁秘密,不得向外界透露任何有关案件实体和程序上的情况,包括案情、审理过程、仲裁庭合议等情况;亦不得向当事人透露尤其是本人的看法和仲裁庭合议的情况。"

对仲裁员责任进行明确的规定。英美法系国家将仲裁视为一种准司法活动,由司法豁免权衍生出仲裁豁免权,对仲裁员实行仲裁责任豁免。仲裁员的仲裁行为享有民事责任豁免,仲裁员对于仲裁过程中因其过失或其他情况而导致的裁决不公以及给一方当事人带来的损失不承担任何个人责任。① 大陆法系国家则更注重仲裁的契约性,将仲裁视为一种服务行业,而不是准司法行为,故仲裁员不享有责任豁免。我国持仲裁员需承担仲裁责任的态度,但关于仲裁责任的划分不甚明确。在我国,仲裁员承担的仲裁责任包括:

(一) 纪律责任

《仲裁法》仅在第 38 条规定仲裁员责任问题,②即仲裁员私自会见当事人、代理人,或者接受当事人、代理人请客送礼情节严重,或者在仲裁案件时索贿受贿、徇私舞弊或枉法裁决的,应当承担法律责任,并被仲裁委员会除名。有些学者认为该责任条款属于行政性的责任。③ 但是,目前我国仲裁员管理的权力均归属于受聘的仲裁委员会,只有仲裁机构才能将仲裁员除名。假设一名上海仲裁委员会的仲裁员违反《仲裁法》第 38 条的规定,那么只能由上海仲裁委员会将其除名,其他仲裁委员会原则上无权将其除名。因此,《仲裁法》第 38 条的规定更适宜作为仲裁员的纪律责任。仲裁机构中的仲裁规则和仲裁员守则中都有对仲裁员违反规定而将其除名的纪律规定。④

在戚某某违反仲裁法规定私自会见当事人被除名事件中,除天津仲裁委外,其他聘任该仲裁员的仲裁委也将其除名,该权力来自于国务院法制办下发的通知。2002 年发布的《国务院法制办公室关于进一步加强仲裁员、仲裁工作人员管理的通知》中规定:"仲裁委员会在对违法违纪的仲裁员依法作出除名决定后,应在 10 日内通过省级人民法制机构(或商会)将名单报送国务院法制办公室,由国务院法制办公室通报全国仲裁机构和有关部门。被除名的仲裁员同时受聘于几家仲裁委员会的,其他仲裁委员会在接到国务院法制办公室通报的 10 日内必

---

① 参见黄志勇:《仲裁员的民事赔偿责任之比较研究》,载《仲裁研究》2004 年第 2 期。
② 《仲裁法》第 38 条:"仲裁员有本法第三十四条第四项规定的情形,情节严重的,或者有本法第五十八条第六项规定的情形的,应当依法承担法律责任,仲裁委员会应当将其除名。"
③ 参见邓瑞平、易艳:《商事仲裁责任制度简论》,载《重庆大学学报》(社会科学版)2005 年第 1 期。
④ 《中国国际经济贸易仲裁委员会仲裁员聘任制度规定》第 7 条规定,对于不称职的仲裁员,仲裁委员会有权解聘,不称职情形包括:(1) 受到刑事处罚或严重行政处罚的;(2) 隐瞒应当回避的事实,导致严重后果的;……(5) 在案件审理中,有违仲裁员的公正立场,多次受到仲裁委员会警告的;……(7) 向当事人透露本人看法或者仲裁庭合议情况的;……(9) 徇私舞弊,枉法裁决的;(10) 私自会见当事人,接受当事人请客、馈赠或提供其他利益的;(11) 代人打听案件情况、请客送礼、提供好处和利益的;(12) 私下联络同案联络员,不顾事实和法律,人为制造多数意见,为当事人谋取不正当利益的;(13) 故意曲解事实和法律并执意支持一方当事人的请求和主张或坚决反对一方当事人的请求和主张的;(14) 因仲裁员在履行仲裁员职责中的故意行为或者重大过失行为,导致裁决被撤销或者不予执行的;……

须予以除名。对除名的仲裁员,任何仲裁委员会在任何时候不得再聘请。对仲裁委员会副秘书长以上负责人员因违法违纪行为被解聘的,照此办理。"这一通知表明,仅仲裁员受聘的仲裁委员会有权将其除名,但任何仲裁委员会都有不再聘任被除名人员的义务,此种处罚堪称严厉。

（二）民事责任

仲裁员民事责任问题的关键在于仲裁员是否享有仲裁豁免权。在司法豁免中,法官一般享有完全的民事责任豁免。仲裁员是否享有类似的民事责任豁免依赖于各国的立法规定。我国对于仲裁员民事责任没有立法规定。在完全的民事责任豁免和无民事责任豁免之间,有学者指出,仲裁员在一定范围内可以享受民事责任豁免,但是超出该范围而给当事人造成损失的,则应承担仲裁责任。① 即对仲裁员的民事责任采取有限的仲裁豁免论。

我国未明确规定仲裁员民事责任的根本问题在于,仲裁机构、仲裁员和仲裁当事人三者之间的关系并不明确。仲裁作为契约性质的争议解决方式,事实上是当事人和仲裁员之间签订协议,由当事人将权利让渡于仲裁员,由仲裁员帮助其解决争议。但是,目前,这在我国实践中演变为仲裁机构和当事人订立仲裁契约,仲裁机构再选任仲裁员审理仲裁案件。当事人和仲裁员之间缺乏具体的契约关系,仲裁员也就不存在对当事人的民事责任。因此,对于仲裁员的民事责任问题,应首先明确当事人和仲裁员之间的民事关系。

（三）刑事责任

关于仲裁员刑事责任的规定见于刑法的枉法裁决罪。② 刑事入罪对于仲裁员来说是最严重的责任条款,但是目前我国仲裁员刑事犯罪的案例极少。正因为如此,很多学者认为枉法裁决罪是立法过剩的产物,其规定必将成为一纸空文。③ 考虑到国际商事仲裁实践和我国的具体国情,我国仲裁法应在采纳仲裁员有限豁免责任制度的基础上,具体规范仲裁员的法律责任和契约责任,以保证仲裁事业的健康发展。

九、仲裁员身份与调解员身份的转化

仲裁庭根据当事人的请求,或者在征得当事人同意的情况下,可以对双方当事人进行调解。调解达成协议的当事人可以撤回仲裁申请,或者请求仲裁庭根

---

① See Civil Liability of Arbitrators, *International Arbitration*, Vol.7, No.4, 1990.
② 《刑法》第399条之一规定:"依法承担仲裁职责的人员,在仲裁活动中故意违背事实和法律作枉法裁决,情节严重的,处三年以下有期徒刑或者拘役;情节特别严重的,处三年以上七年以下有期徒刑。"
③ 参见赵维加:《商事仲裁员刑事责任研究》,载《上海财经大学学报》（哲学社会科学版）2010年第3期。

据调解协议制作调解书或裁决书。《仲裁法》第51条规定:"仲裁庭在作出裁决前,可以先行调解。当事人自愿调解的,仲裁庭应当调解。调解不成的,应当及时作出裁决。调解达成协议的,仲裁庭应当制作调解书或者根据协议的结果制作裁决书。调解书与裁决书具有同等法律效力。"可见,《仲裁法》规定仲裁员可以决定先行调解,而不论是否取得当事人双方的同意。该条款很可能侵害当事人意思自治的权利,同时赋予仲裁员随意进入调解程序的权力。如果调解无法顺利进行,将事实上拖延仲裁程序的开展。

另外,调解与仲裁是不同的,在实践中达成的仲裁调解协议往往是互谅互让的结果,根本没有依据法律。① 但是,当事人将争议提交仲裁是希望通过仲裁员的专业能力和法律知识解决争议,而非通过相互之间的退让以达成一个妥协。因此,仲裁员转化为调解员的过程中需注意:

(一)身份转化的时机

仲裁员转化为调解员的前提应该规定为当事人主动书面向仲裁庭表示需要调解,而不能仅以当事人自愿调解确定是否应该调解。有时候,仲裁员为方便行事,倾向于以调解方式解决争议,很可能面对面劝告当事人进行调解,此时当事人同意调解还能否称为"自愿调解"值得怀疑。违背当事人仲裁意愿的调解不应当被允许。

(二)调解不成的认定

仲裁员转化为调解员时,依《仲裁法》第51条、第52条的规定,如果调解不成或者当事人拒绝签署调解书,调解程序应重新转化为仲裁程序。当事人拒绝签署调解书的时间段容易确认,但第51条规定的调解不成究竟是指调解程序受阻还是某方当事人拒绝调解,又或是以调解的次数判断调解能否成功,还需要作具体的解释。

(三)调解过程的披露

仲裁员在仲裁程序开始之前授意成为调解员,将不可避免地与某方当事人有一定程度的私下接触。如果调解不成功而重新启动仲裁程序,考虑到仲裁员在调解过程中与当事人之间的接触很可能影响仲裁的公正性,此时仲裁员应对调解过程中实施的行为和发生的事实毫无保留地进行披露;如果影响仲裁裁决的公正独立,则应由当事人决定回避与否。

(四)调解程序与仲裁程序的区别

仲裁员与调解员的权利义务不完全相同。在调解程序开始时,仲裁员的身份已经成为调解员,享有的权利义务与仲裁法、仲裁规则规定的仲裁员权利义务

---

① 参见张圣翠:《仲裁员与调解员身份互换规范的比较与借鉴》,载《政治与法律》2012年第8期。

不同,应该另外立法规定。调解程序与仲裁程序亦有区别,应当分别对待。

十、驻会仲裁员

驻会仲裁员,是指仲裁机构中的专职人员。除掌管本机构的行政事务外,驻会仲裁员还被所在的仲裁机构聘为仲裁员,可以接受当事人的选任或可能被指定为仲裁员参与案件审理。在我国仲裁机构中,存在着大量驻会仲裁员,远远高于国际上的一些著名仲裁机构所拥有的驻会仲裁员数量。[①]

(一)驻会仲裁员的存在原因

第一,《仲裁法》规定,从事仲裁工作满八年即有资格成为仲裁员。这使得仲裁机构内部工作人员在从事仲裁工作一定年限之后理所当然地转化为仲裁员,从而导致了大量驻会仲裁员的出现。

第二,仲裁员职业群体诉讼化倾向。仲裁是民间争议解决方式,因此国际仲裁实践中仲裁员一般为兼职,具有非职业性的特点。但是,我国仲裁的行政化、司法化较为明显,大量驻会仲裁员的存在也就"理所当然",使得仲裁员队伍与法官队伍极为相似,仲裁员职业群体诉讼化倾向严重。

第三,仲裁机构性质不定。因为仲裁法对于我国仲裁机构性质的规定不明,导致全国各地仲裁机构的发展理念和发展规模各不相同。目前,仲裁机构的管理体制有事业单位编制性质、参照公务员管理性质和合同制。[②] 前两种管理体制将导致仲裁机构内部人员冗杂,而内部人员因为人情关系或者其他原因转化为驻会仲裁员的机会很多,很多内部人员以成为驻会仲裁员为目标,也就间接使得驻会仲裁员的数量变多。

(二)驻会仲裁员数量过多的弊端

驻会仲裁员除参与案件仲裁之外,在仲裁机构可能担任仲裁委员会主任、副主任、秘书长等领导职务。驻会仲裁员对于仲裁程序较为熟悉,职业化特质能够保证其有足够时间参与案件,一定程度上对于仲裁的审理是有帮助的。但是,在实践中,仲裁机构拥有大量驻会仲裁员有如下一些弊端:

第一,影响仲裁员的正常选任。驻会仲裁员在仲裁机构中担任行政领导职务,仲裁委员会主任在仲裁员指定过程中由于彼此熟悉,可能更加愿意选择本机构的其他驻会仲裁员,导致驻会仲裁员的被指定概率远远高于其他仲裁员。

第二,限制当事人意思自治的权利。当事人可以自由选任仲裁人员,但是选

---

① 参见宋连斌:《中国现行仲裁员制度存在的主要问题》,载《人民法院报》2002年10月7日。
② 参见袁发强主编:《中国商事仲裁机构现状与发展趋势研究》,复旦大学出版社2011年版,第119—128页。

任过程中仲裁委员会提供的推荐名单可能包含大量的驻会仲裁员,从而从侧面限制了当事人的选择范围。

第三,对仲裁庭内部关系有不利影响。如果三人仲裁庭中有一名或几名仲裁员为驻会仲裁员,当仲裁庭对裁决意见相左时,拥有行政职务的驻会仲裁员可能比其他仲裁员更有话语权,由此会破坏三人仲裁庭的协调性,继而对仲裁裁决的公正性、独立性产生影响。

第四,职务重叠,精力分散。驻会仲裁员在参与案件仲裁时,既有行政事务需要处理,又要参与仲裁,对仲裁员的精力和时间要求很高。仲裁员分身乏术,很可能拖延仲裁程序的进行,也可能导致仲裁机构的行政事务无人管理。

第五,不利于仲裁委员会内部监督。如前所述,驻会仲裁员在仲裁机构大多担任领导职务,如果担任领导职务的人员担任仲裁员,则可能使"运动员"和"裁判员"的身份发生竞合,使仲裁的内部监督出现盲区,仲裁诉讼化倾向日益明显。①

因此,在对待驻会仲裁员问题上应该持谨慎态度,在仲裁委员会内部人员转化为驻会仲裁员时严格审查,减少驻会仲裁员的数量,提高驻会仲裁员的质量。在驻会仲裁员担任仲裁员时,可以直接规定担任仲裁委员会领导职位的驻会仲裁员不得接受选任或者指定;如果成为案件仲裁员,则需另外规定内部监督方式。在我国仲裁机制得到完善之后,应彻底消除驻会仲裁员的存在,将仲裁机构的行政工作人员和仲裁员完全分开。

十一、仲裁员报酬

仲裁法律与仲裁规则对于仲裁员有资格要求、聘任条件、选任条件、职业纪律与操守等各项规定,却独独缺少对仲裁员报酬的单项规定。也许是因为在我国大多人认为仲裁属于非营利性的社会公益事业或者是行政事务,仲裁员的劳动应该是公益性质的、无偿的,不应该规定仲裁员报酬条款。但是,仲裁员大多是具有深厚法律知识和专业能力的律师、离职法官或者大学教授等,他们的时间非常宝贵,在全职工作以外花费大量的时间仲裁案件,却得不到相应的报酬,将影响他们的积极性。仲裁对于仲裁员的义务和行为规范规定得如此详细,对仲裁员的报酬请求权却不置可否,这是不应该的。仲裁本身就是契约性的争议解决方式,仲裁员参与仲裁,提供给当事人期望的劳务,理应从当事人处获取相应

---

① 参见王冶英:《我国仲裁员制度的缺陷及运行失范之矫正》,载《青岛科技大学学报》(社会科学版)2010年第4期。

的报酬。①

(一) 仲裁员报酬问题在实践中存在的问题

第一,立法和实践将仲裁费用和仲裁员报酬混为一谈。国务院 1995 年发布的《仲裁委员会收费办法》第 7 条②规定的仲裁案件处理费将仲裁机构费用和仲裁员报酬统一征收,并没有很好地把二者区分开来。《中国贸仲仲裁规则(2015版)》第 72 条规定的仲裁费用中亦没有将仲裁员报酬予以明确规定。仲裁机构对仲裁员报酬问题基本持保留态度。

第二,仲裁员报酬由仲裁机构支付,但是仲裁费用的取得没有保障。《北京仲裁委员会仲裁规则》规定,仲裁庭可以根据案件的仲裁情况裁决仲裁费用的增加或者减少,要求当事人依据最终裁决书支付裁决费用。但是,关于费用收取却没有相关担保制度,仲裁员的报酬能否及时获得也将受到影响。

第三,仲裁员报酬过低。仲裁机构如今仍摆脱不了行政化的特质,将仲裁员当作受聘工作人员,给予的案件仲裁报酬较低。实践中,仲裁机构仅向当事人收取仲裁费用,其中的一部分作为仲裁员报酬支付给仲裁员。但是,仲裁员报酬普遍太低,与仲裁员的专业能力、付出的时间和花费的精力不成正比,导致仲裁员出现消极化趋势。

(二) 针对仲裁员报酬问题应该采取的解决措施

第一,将仲裁机构费用与仲裁员报酬分立开来,确定具体的仲裁员报酬标准。

第二,设立仲裁员报酬阶梯制,仲裁员之间按照专业能力和知识经验的区别设立不同的标准,同时参考案件争议金额和仲裁程序的复杂程度。争议金额较大的案件和仲裁程序更复杂的争议将花费仲裁员更多的精力和时间,因此仲裁员的报酬也应该更高。

第三,设立仲裁员报酬担保机制,可以先规定当事人在仲裁开始之前向仲裁机构提前支付仲裁员报酬,在仲裁结束之后再由仲裁机构交付给仲裁员。除仲裁员报酬之外,仲裁员在仲裁程序中的差旅费用、食宿费用、误工补贴等额外的合理费用一般也应由当事人承担。一些仲裁机构的仲裁规则就规定,当事人如果不承担仲裁员的差旅费用、食宿费用、误工补贴,则对于仲裁员的选任无效。

---

① 参见宋连斌:《中国现行仲裁员制度存在的主要问题》,载《人民法院报》2002 年 10 月 7 日。
② 《仲裁委员会仲裁收费办法》第 7 条规定:"案件处理费包括:(一) 仲裁员因办理仲裁案件出差、开庭而支出的住宿费、交通费及其他合理费用;(二) 证人、鉴定人、翻译人员等因出庭而支出的食宿费、交通费、误工补贴;(三) 咨询、鉴定、勘验、翻译等费用;(四) 复制、送达案件材料、文书的费用;(五) 其他应当由当事人承担的合理费用。本条款第(二)(三)项规定的案件处理费,由提出申请的一方当事人预付。"

第六节 司法监督

才某某申请撤销仲裁裁决案[①]

申请人才某某与被申请人德州某广场投资有限公司于2014年签订商品房买卖合同,约定申请人购买被申请人开发的德州某广场第A6栋二单元2404号房屋。2015年1月19日,申请人才某某向德州仲裁委员会提交书面申请,请求解除与被申请人签订的商品房买卖合同,并要求被申请人退还购房首付款及利息。1月29日,被申请人向德州仲裁委员会提交反请求申请,请求申请人支付违约金30万元,并继续履行合同约定的付款义务。2016年1月25日,德州仲裁委员会作出裁决,要求申请人向被申请人支付剩余购房款及利息,并驳回申请人的仲裁请求。申请人称,仲裁委于2015年1月19日受理该案,应当于同年3月19日作出裁决,但实际裁决作出时间却是2016年1月25日,严重超出裁决期限;同时,本案被申请人当庭提出反请求,但仲裁委并未向申请人送达反请求申请书,也没有给申请人答辩期,严重影响申请人的程序权利。因此,申请人请求撤销该仲裁裁决。

德州市中级人民法院经审理认为,《仲裁法司法解释》第20条规定:"仲裁法第五十八条规定的'违反法定程序',是指违反仲裁法规定的仲裁程序和当事人选择的仲裁规则可能影响案件正确裁决的情形",申请人虽举证证明上述裁决的作出超过了裁决期限,但未能证明对案件正确裁决产生影响,因此此项理由不成立。法院同时认为,仲裁庭在收到被申请人的反请求申请书后,没有将反请求申请书送达申请人即开庭进行仲裁的行为,违反了《德州仲裁委员会仲裁规则》第13条第2款"本委应当在收到被申请人提出反请求申请书之日起5日内,将反请求申请书副本送达申请人"的规定,使申请人没有足够的时间对反请求事项进行答辩准备、搜集相关证据,剥夺了申请人在合法期限内进行答辩的权利,从而对案件的正确裁决产生一定影响,符合《仲裁法》规定的撤销裁决的理由。最终,德州市中级人民法院裁定撤销上述裁决。

[①] 山东省德州市中级人民法院(2016)鲁14民特6号民事裁定书。

【思考题】

1. 除了撤销仲裁裁决外,司法监督还有哪些方式?各自有何特点和具体规定?

2. 对裁决过程中违反程序的行为,只有在影响案件正确裁决的情况下,才认定为可撤销裁决的理由,这体现了司法监督的什么精神?

一、概述

从根本上说,仲裁权来源于司法权的让渡,虽然仲裁有其独立性,但是依然离不开司法的监督。

司法监督的首要手段是审查,如对仲裁协议效力的审查、对仲裁裁决的审查等。审查的结果合法有效的,法院予以承认与保护;对于违法的,法院予以撤销或改变。换言之,司法监督的手段虽然仅表现为法院对仲裁的介入,但是产生的效果却有两面。所以,不能简单地将司法监督理解为法院与仲裁庭的对抗。

实践中,法院虽然享有裁决的撤销权等权力,但是同时也会对仲裁制度进行保护和配合。这种配合体现在当事人之间存在合法有效的仲裁协议时,对一方提出的诉讼不予受理或予以驳回;配合仲裁机构或仲裁庭进行财产保全和证据保全;执行仲裁裁决等。

仲裁的两大关键环节,即仲裁程序的进行和仲裁裁决的执行,都需要司法监督的参与和配合。所以,司法监督的主要主体是仲裁程序进行地和被申请执行仲裁裁决地的法院。

需要注意的是,仲裁虽然不能离开司法监督,但是司法监督的过度介入也会阻碍仲裁的发展。正如有学者所说:"法院的存在可以没有仲裁,但是,仲裁的存在不能没有法院。真正的问题是界定仲裁对于法院这种依赖的起点和终点。"[①]

二、司法监督的方式

(一)执行仲裁协议

在发生争议时,一方当事人可能不愿意将争议提交仲裁,而最终决定在法院提起诉讼予以解决。若另一方当事人对此表示同意,则法院当然具有管辖权;而

---

① 〔英〕艾伦·雷德芬、马丁·亨特等:《国际商事仲裁法律与实践》(第四版),林一飞、宋连斌译,北京大学出版社2005年版,第350页。

当另一方当事人以双方存在仲裁协议为由,不愿接受法院管辖时,法院应当让当事人按照仲裁协议规定的方式行事,除非经过审查,仲裁协议存在无效的情形。

《纽约公约》第 2 条第 1 款规定:"当事人以书面协定承允彼此间所发生或可能发生之一切或任何争议,如关涉可以仲裁解决事项之确定法律关系,不论为契约性质与否,应提交仲裁时,各缔约国应承认此项协定。"由此可见,在《纽约公约》下,对合法有效的仲裁协议予以承认是各缔约国法院的一项义务。

我国《仲裁法》第 5 条规定:"当事人达成仲裁协议,一方向人民法院起诉的,人民法院不予受理,但仲裁协议无效的除外。"对于怎样的仲裁协议将被认定为无效,在此不作讨论。可以明确的是,只要仲裁协议是合法有效的,我国法院就应当不予受理该诉讼。需要注意的是,在受理后,首次开庭前,另一方当事人提出存在仲裁协议异议的,法院应当直接驳回起诉;首次开庭后才提出的,法院不予受理。[①]

(二) 采取临时措施

在仲裁程序开始前或者进行中,依据当事人的申请,可能有必要进行相应的财产保全或证据保全等临时措施。此种情况下,仲裁庭或仲裁机构虽有权作出决定,但最终的执行一般需要由法院进行。

在我国法律中,法院在仲裁程序中能够采取的临时措施仅包括财产保全和证据保全;而在其他国家的法律中,可以采取的措施可能不止于此。

1. 由法院采取临时措施的原因

之所以进行这样的规定,出于以下几种原因:第一,各国国内法出于各类原因,一般不赋予仲裁机构或仲裁庭采取保全措施的权力。例如,我国《民事诉讼法》规定,当事人仅可向有管辖权的法院申请仲裁前保全或仲裁中保全,对仲裁机构则没有授权。第二,仲裁庭一般在组成之后才能采取各类措施,但组成仲裁庭往往需要一段时间,若当事人对财产保全或证据保全的要求较为急迫,则强制其等到仲裁庭组成后再进行申请,可能无法解决问题。当然,有些规则试图解决这一问题。例如,《中国贸仲仲裁规则(2015 版)》第 23 条第 2 项规定的紧急仲裁员制度:根据所适用的法律或当事人的约定,当事人可以向仲裁委员会仲裁院申请紧急性临时救济。紧急仲裁员可以决定采取必要或适当的紧急性临时救济措施。紧急仲裁员的决定对双方当事人具有约束力。第三,仲裁庭发布的命令一般对第三人不具有效力。原则上,仲裁只约束签订仲裁协议的当事人,对他人一般不具有效力。在需要通过冻结银行账户的方式进行财产保全的情形下,银行可能并不会根据仲裁庭的命令行事。相反,若是法院向银行发布命令,使其配

[①] 参见《仲裁法司法解释》第 13 条。

合采取保全措施,银行一般没有拒绝的余地。第四,在没有法院配合的情形下,仲裁庭往往难以执行保全措施。法院的身后是国家强制力的支持,而仲裁庭或仲裁机构往往不具备相应的权力。在需要查封动产或不动产的情形下,仲裁庭或仲裁机构自身难以完成。

2. 可以申请采取的临时措施的种类

在我国《民事诉讼法》《仲裁法》中,只对财产保全和证据保全作了规定,其他措施由于没有法律的授权,法院不可采取。

但是,在其他国家的法律中,法院可能采取除保全措施之外的其他临时措施。例如,英国1996年《仲裁法》第44条赋予法院保全证据、保全财产、检验财产、出售货物、发出临时禁止令、指定财产管理人等权力。

3. 申请采取临时措施的对象

可以确定的是,一般情况下,只有法院有权采取一定的保全措施。但是,在申请采取措施时,当事人应当向仲裁庭申请还是直接向法院申请,应依据具体的规定进行。

我国《仲裁法》第46条是有关证据保全的规定:"在证据可能灭失或者以后难以取得的情况下,当事人可以申请证据保全。当事人申请证据保全的,仲裁委员会应当将当事人的申请提交证据所在地的基层人民法院。"《中国贸仲仲裁规则(2015版)》第23条第1项规定:"当事人依据中国法律申请保全的,仲裁委员会应当依法将当事人的保全申请转交当事人指明的有管辖权的法院。"根据上述规定及规则,财产保全和证据保全的申请均应当首先提交仲裁庭或仲裁机构,由其转交。

4. 法院采取措施的限制

法院虽有权力采取保全措施,但在仲裁程序中始终不是程序的参与者,不能完全了解案件的具体情况。所以,在采取保全措施时,也应当谨慎或受到一定限制。

在我国,法院采取保全措施均有其前提。在仲裁中保全,需在不采取保全确实会使当事人利益遭到损害或使裁决难以执行的情况下,法院才能进行保全;在仲裁前保全,需情况紧急且不采取保全措施造成的损害难以弥补,同时申请人应当提供担保。

英国1996年《仲裁法》对此作了更严格的限制。该法第44条规定了采取临时措施的条件:"……(3)如情况紧急,经仲裁程序的当事人或拟提起仲裁的当事人申请,法院如认为确有必要,可以作出证据保全或财产保全的命令。(4)如情况并不紧急,法院仅可在一方当事人(经通知另一方当事人)申请且得到仲裁庭的准许或其他当事人的书面同意后,方可作出上述裁定。(5)无论何种情况,法院仅可在仲裁庭或当事人授予此项权力的仲裁机构、其他机构或个人无权或暂时不能有效行使此项权力的情况下,方可行使此项权力。"

(三)采取协助措施

除临时措施外,法院还可以在仲裁程序进行中采取协助措施。

1. 协助指定仲裁员

通常情况下,当事人依据签订的仲裁协议或约定的仲裁规则选定仲裁员。但是,在当事人无法达成一致,导致仲裁庭组成困难的情况下,经当事人请求,法院可以协助当事人指定仲裁员。例如,《国际商事仲裁示范法》第 11 条规定:"当事人有自由约定指定仲裁员之程序的权利,但在特定情况下,经一方当事人申请,可由有关法院或机构指定仲裁员:1. 当事人未约定指定仲裁员的程序,但在仲裁员为三名的仲裁中,一方当事人逾期未指定仲裁员或双方当事人指定的两名仲裁员未能就第三名仲裁员人选达成一致;在独任仲裁员的仲裁中,当事人未能共同选定仲裁员;2. 当事人约定了指定仲裁员的程序,但一方当事人未按此程序行事,或当事人或两名仲裁员未能据此程序达成预期的协议,或第三人(包括机构)未能履行此种程序所委托的任何职责。"

2. 决定仲裁员的回避

仲裁员是否公正和独立对当事人的权益有决定性的影响。所以,国际仲裁实践中,一般赋予当事人自主约定决定仲裁员回避程序的权利;在当事人没有约定的情形下,一般由仲裁机构进行决定。《国际商事仲裁示范法》赋予仲裁庭在当事人未约定相关程序的情况下作出决定的权利。但是,为了防止仲裁庭作出不当的决定,该法第 13 条第 3 款同时规定:"当事人提出的回避申请被驳回的,其可在收到决定通知后的三十天内,请求法院或其他机构就是否回避作出决定。"

3. 协助调查取证

有时,由于各种限制的存在,当事人无法取得所需的证据,而仲裁庭往往没有直接取证的权力,此时或许可以借助法院的权力进行取证。《国际商事仲裁示范法》第 27 条规定:"仲裁庭或一方当事人在仲裁庭同意之下,可以请求本国内的管辖法院协助取证。法院可以在其权限范围内并按照其关于取证的规则执行上述请求。"英国 1996 年《仲裁法》第 44 条也规定,法院为支持仲裁程序,可以行使获取证人的证据的权力。

4. 保证证人出庭

在仲裁程序中,若遇到需要证人出庭,但证人拒绝合作的情形,仲裁庭往往没有强制证人出庭作证的权力。但是,在法院的帮助下,可以保证证人出庭作证。例如,英国 1996 年《仲裁法》第 43 条规定:"若证人在联合王国且仲裁程序是在英格兰、威尔士或者北爱尔兰进行的,经过仲裁庭准许或者其他当事人的同意,仲裁程序的一方当事人可以采用如同诉讼中使用的法院程序,以保证证人出席开庭,以便其可以提供口头证言或文书或其他重要证据。"

(四)承认与执行仲裁裁决

在国际商事仲裁中,一方当事人不履行裁决书规定的义务时,另一方当事人可以向法院申请承认与执行仲裁裁决。一国法院在处理此种申请时,若该国为《纽约公约》缔约国,在仲裁裁决出现《纽约公约》列举的不予承认与执行的情形时,法院不予承认与执行;而若裁决并未出现上述情况,原则上一国法院应予以承认与执行。

在法院确认执行一项仲裁裁决后,当事人即可借助国家强制力的帮助维护并实现自己的利益。

(五)撤销仲裁裁决

各国法律对撤销仲裁裁决规定了不同的理由。荷兰1986年《民事诉讼法典》第1065条第1款列出以下撤销裁决的理由:缺乏有效的仲裁协议;仲裁庭的组成违反适用的规则;仲裁庭未遵守其委任;裁决未按照第1057条规定签署或附具理由;裁决或其作出方式违反公共秩序或善良风俗。我国《仲裁法》第58条规定的撤销裁决的理由为:没有仲裁协议的;裁决的事项不属于仲裁协议的范围或者仲裁委员会无权仲裁的;仲裁庭的组成或者仲裁的程序违反法定程序的;裁决所根据的证据是伪造的;对方当事人隐瞒了足以影响公正裁决的证据的;仲裁员在仲裁该案时有索贿受贿、徇私舞弊、枉法裁决情形的。

各国法律对撤销仲裁裁决理由的规定或有不同,但能够确定的是,只要是具有管辖权的法院,均可依其法律规定,对具备可撤销理由的仲裁裁决进行撤销。此种权力的行使,正是司法监督的体现。

在本节案例中,德州市中级人民法院在裁定中对申请人提出的理由依法一一进行了鉴别。申请人提出的理由不符合法律规定的,在裁定书中不予肯定;而符合法律规定的,就予以确认。由于仲裁委员会未按仲裁程序规定的内容向申请人送达被申请人提交的反请求申请而直接开庭,也未给予申请人一定的答辩期限,从而影响了申请人进行答辩的权利,可能对裁决的公正合理性产生影响,因而人民法院裁定撤销该裁决。这不仅体现了司法监督的作用,同时体现出法院在司法监督过程中科学、谨慎的态度。

三、司法监督的限制

虽然在仲裁中司法监督不可或缺,但是在监督过程中保持谨慎,防止司法对仲裁的过度干预,需要通过立法进行保证。

我国承认与执行外国仲裁裁决时需要遵循的"上报制度"就是一个很好的例子。1995 年《最高人民法院关于人民法院处理与涉外仲裁及外国仲裁事项有关问题的通知》规定:"凡一方当事人向人民法院申请执行我国涉外仲裁机构裁决,或者向人民法院申请承认和执行外国仲裁机构的裁决,如果人民法院认为我国涉外仲裁机构裁决具有民事诉讼法第二百六十条情形之一的,或者申请承认和执行的外国仲裁裁决不符合我国参加的国际公约的规定或者不符合互惠原则的,在裁定不予执行或者拒绝承认和执行之前,必须报请本辖区所属高级人民法院进行审查;如果高级人民法院同意不予执行或者拒绝承认和执行,应将其审查意见报最高人民法院。待最高人民法院答复后,方可裁定不予执行或者拒绝承认和执行。"

"上报制度"的存在确保了不予承认与执行外国仲裁裁决的谨慎性,也可以保证我国仲裁实践的同一性。

四、小结

对仲裁庭和当事人来说,司法监督通过强制力的运用,保障了仲裁程序的顺利进行和仲裁裁决的执行;对一个国家来说,司法监督是维护法律统一、保护本国公共政策不受损害的保障;[1]对仲裁制度而言,司法监督可以保障其程序和结果的公正性。司法监督的存在有其必要性,同时也需要受到限制,防止其对仲裁的过度干预。只有通过平衡、科学的方式,才能使司法监督最大程度地发挥效用。

第七节 外国仲裁裁决的认定

案例

德高钢铁公司与宁波市某进出口有限公司买卖合同纠纷案[2]

申请人德高钢铁公司就国际商会仲裁员在北京作出的仲裁裁决请求宁波市中级人民法院承认与执行。对于该裁决的性质,宁波市中级人民法院在裁定书中指出:"《纽约公约》第 1 条第 1 款规定的适用范围有两种情形;……这里所指

---

[1] 参见赵相林主编:《国际私法》(第四版),中国大学出版社 2005 年版,第 422 页。
[2] 浙江省宁波市中级人民法院(2008)甬仲监字第 4 号民事裁定书。

的'非内国裁决'是相对'申请承认及执行地所在国'而言的。本案并非我国国内裁决,应当适用《纽约公约》。"

【思考题】

1. 对外国仲裁裁决的认定标准是什么?
2. 我国国内立法采何种标准认定外国仲裁裁决?《纽约公约》又采何种标准?两种标准是否存在矛盾?该如何解决?
3. 你认为采何种标准认定外国仲裁裁决更为合理?

一、问题的提出

对一项裁决属于内国仲裁裁决还是外国仲裁裁决的认定,关系到效力认定、申请撤销、申请承认与执行等诸多环节。对于内国仲裁裁决,当然承认其在内国的效力,内国法院可以享有撤销权,执行程序的审查条件比较严格。对于外国仲裁裁决,内国法院虽没有撤销权,但裁决也不当然具有在内国的效力,必须先为内国法院所承认(依《纽约公约》或其他司法协助性质的条约办理),方可得到执行。一般而言,执行程序的审查条件比较宽松,侧重于程序审查。

以我国为例,人民法院对内国仲裁裁决可以撤销,而对外国仲裁裁决则无权撤销;外国仲裁裁决的执行需要经过承认程序,而内国仲裁裁决则不需要;执行内国仲裁裁决适用我国《仲裁法》和《民事诉讼法》的规定,而承认与执行外国仲裁裁决则还要适用有关的国际条约或根据互惠原则办理。鉴于我国是《纽约公约》的成员国之一,凡符合该公约规定的外国仲裁裁决(除我国声明保留的外),都能在我国得到承认与执行;而不属于该公约范畴的外国仲裁裁决的执行则要根据双边条约或司法协助协定,或按互惠原则办理。

有鉴于此,我们应当清楚地区分内国仲裁裁决和外国仲裁裁决。从目前有关国际商事仲裁的国际条约以及各国的仲裁立法和实践来看,判断仲裁裁决国籍的标准有两个:一是裁决作出地标准,二是仲裁程序法标准。在这两个标准中,裁决作出地标准是确定国际商事仲裁裁决国籍的主要标准。从国际商事仲裁的立法和实践来看,当事人在仲裁协议中对仲裁地作出约定的,该地点即为裁决作出地;当事人在仲裁协议中没有约定仲裁地的,仲裁机构所在地或仲裁庭根据案件的具体情况确定的仲裁地点为裁决作出地。与国际商事仲裁有关的其他地点如开庭地、合议地、裁决签署地等,都不具有决定仲裁裁决国籍的法律意义。

我国并未采用国际通行的裁决作出地标准,而是依据仲裁机构的不同,将仲裁裁决分为三种：国内仲裁委员会作出的仲裁裁决、涉外仲裁委员会作出的仲裁裁决和国外仲裁机构作出的仲裁裁决。① 一般认为，前两种属于内国裁决，后一种应视为外国裁决，各自规定了不同的司法审查程序。我国国内立法与世界主流国家立法以及国际条约中所采用的标准不同，导致实践中产生诸多矛盾，无法解决。

在国际商事仲裁全球化的发展趋势之下，虽然我国立法并未明确提及外国仲裁机构在我国作出仲裁裁决的合法性，但是实践中已经出现很多案件，由当事人选择由某一外国仲裁机构或者由该仲裁机构指定在我国境内进行仲裁。在国际商事仲裁实践中，当事人在仲裁机构所在地之外另行约定仲裁地的做法非常普遍。比如，在大多数国际商会仲裁院的仲裁案件中，当事人选择的仲裁地并不在法国。2013 年《最高人民法院关于申请人安徽省龙利得包装印刷有限公司与被申请人 BP Agnati S. R. L. 申请确认仲裁协议效力案的复函》，认可选择国际商会仲裁院仲裁、管辖地为上海的仲裁协议有效。② 这意味着最高人民法院认可国际商会仲裁院等境外仲裁机构，可以将我国作为仲裁地进行仲裁。这也宣告了我国仲裁服务市场的进一步开放，为国际商会仲裁院等境外机构在我国作出仲裁扫清了主要的法律障碍。同时，我国的仲裁机构也经常将外国作为仲裁地，作出仲裁裁决。上述事实凸显了一系列问题：

第一，对于外国仲裁机构（如国际商会仲裁院）在我国作出的仲裁裁决，我国法院如何应对？这类仲裁裁决是内国裁决还是外国裁决？我国法院能否撤销？能否依据《纽约公约》承认与执行？

第二，对于我国仲裁机构（如中国贸仲）在外国作出的仲裁裁决，我国法院如何应对？这类仲裁裁决是内国裁决还是外国裁决？我国法院能否撤销？能否依据《纽约公约》承认与执行？

为厘清上述问题，有必要系统地梳理我国对于外国仲裁裁决认定的立法、司法实践和学术界观点。

二、外国仲裁裁决的界定标准——我国立法的规定

（一）《民事诉讼法》和《仲裁法》的规定

我国法律采用仲裁机构的国籍标准区分仲裁裁决的国籍。如前文所述，依据现行的《仲裁法》和《民事诉讼法》，我国将仲裁裁决分为三种：国内仲裁委员会

---

① 参见《仲裁法》和《民事诉讼法》。
② 参见《最高人民法院关于申请人安徽省龙利得包装印刷有限公司与被申请人 BP Agnati S. R. L. 申请确认仲裁协议效力案的复函》(2013 年 3 月 25 日,〔2013〕民四他字第 13 号)。

的仲裁裁决、涉外仲裁委员会的仲裁裁决和国外仲裁机构的仲裁裁决。

我国的国内仲裁委员会是指《仲裁法》第二章"仲裁委员会和仲裁协会"中规定的在我国设立、由特定市的人民政府组织有关部门和商会统一组建并经合法登记的仲裁委员会。[①] 由国内仲裁委员会作出的裁决可直接在我国境内按《民事诉讼法》第 217 条的规定向有管辖权的人民法院申请执行。

涉外仲裁委员会则是指依《仲裁法》第 66 条,由中国国际商会组织设立的仲裁委员会,目前是指中国贸仲和中国海事仲裁委员会。涉外仲裁裁决可按《民事诉讼法》第 259 条的规定,向被申请人住所地或者财产所在地的中级人民法院申请执行。《仲裁法》认定由上述两种仲裁机构作出的仲裁裁决才是合法有效的国内裁决,受其保护,可以通过法定程序得到执行。但是,随着我国仲裁机构的体制改革,所有在我国合法设立的仲裁机构均能开展涉外业务,仅以中国贸仲和中国海事仲裁委员作出的裁决为涉外仲裁机构的裁决变得不符合时代的发展。于是,1996 年,国务院办公厅发布《关于贯彻实施〈中华人民共和国仲裁法〉需要明确的几个问题的通知》,其中规定,"新组建的仲裁委员会的主要职责是受理国内仲裁案件;涉外仲裁案件的当事人自愿选择新组建的仲裁委员会仲裁的,新组建的仲裁委员会可以受理;新组建的仲裁委员会受理的涉外仲裁案件的仲裁收费与国内仲裁案件的仲裁收费应当采用同一标准。"这一规定明确了《仲裁法》实施之后,国内仲裁机构也可以受理涉外仲裁案件,实质上扩大了涉外仲裁委员会的范围。

对于国外仲裁机构的裁决,我国 2007 年《民事诉讼法》第 267 条规定:"国外仲裁机构的裁决,需要中华人民共和国人民法院承认和执行的,应当由当事人直接向被执行人住所地或者其财产所在地的中级人民法院申请,人民法院应当依照中华人民共和国缔结或者参加的国际条约,或者按照互惠原则办理。"2012 年《民事诉讼法》延续了以上规定。全国人民代表大会常务委员会法制工作委员会在对 2007 年《民事诉讼法》第 267 条的条文释义中作了如下表述:"在'契约性和非契约性商事法律关系'的前提下,国外仲裁机构作出的仲裁裁决需要由我国人民法院承认和执行的,如果国外仲裁机构所在国是该公约的缔约国,但同我国订有双边司法协助协定的,应当按照协定的规定办理。"[②]

从上述规定可以看出,我国《民事诉讼法》并未明确采用"内国仲裁裁决"和"外国仲裁裁决"的措辞,而是以"仲裁机构标准"区分仲裁裁决的国籍,将涉外仲裁机构和国内仲裁机构作出的裁决视为内国裁决,将国外仲裁机构作出的裁决

---

① 参见《仲裁法》第 10 条。
② 转引自姚红主编:《中华人民共和国民事诉讼法解读》,中国法制出版社 2007 年版,第 415 页。

等同于外国裁决。

我国《仲裁法》与《民事诉讼法》一脉相承,也采取仲裁机构所在地标准判断内外国裁决。根据《仲裁法》第 72 条的规定,涉外仲裁委员会的裁决在中国无须得到承认就可申请执行。① 按照国际惯例,只有内国仲裁机构作出的仲裁裁决才无须得到承认,因此可以推断,我国涉外仲裁委员会作出的裁决是内国裁决。我国《仲裁法》一直忽视仲裁地,直到 2006 年《仲裁法司法解释》颁布实施,才出现了"仲裁地"这一表述。但是,该司法解释并没有对"仲裁地"加以定义,且此概念仅用来确定审查涉外仲裁协议效力应适用的法律,②而同仲裁程序的监督以及承认与执行外国仲裁裁决无关。江苏省高级人民法院王天红法官对此作了极具代表性的概括:"仲裁裁决国籍如何确定在我国法律中没有明确规定,理论上和实践中一般认为,作出裁决的仲裁机构是区分我国仲裁裁决与外国仲裁裁决的标准,即我国仲裁机构作出的仲裁裁决就是我国仲裁裁决,外国仲裁机构作出的仲裁裁决就是外国仲裁裁决。其依据是我国民事诉讼法和仲裁法的有关规定。"③

(二)《纽约公约》的规定

按照"国际条约优先适用"的原则,我国法院在判断能否承认与执行外国仲裁裁决时,不仅要考虑承认与执行地的法律,还应当优先考虑《纽约公约》的规定。

1.《纽约公约》界定外国仲裁裁决国籍的标准

《纽约公约》界定外国仲裁裁决国籍的标准有两个:

第一,地域标准(即裁决作出地国标准)。《纽约公约》第 1 条第 1 款规定:"由于自然人或法人间的争执而引起的仲裁裁决,在一个国家的领土内作成,而在另一个国家请求承认和执行时,适用本公约。"因此,《纽约公约》以"裁决作出地国"作为认定外国仲裁裁决的主要标准。

第二,非内国裁决标准。《纽约公约》第 1 条第 2 款规定:"在一个国家请求承认和执行这个国家不认为是本国裁决的仲裁裁决时,也适用本公约。"这便是"非内国裁决"标准,即可以在一个缔约国境内依据《纽约公约》执行在本国领土内作出而不被认为是本国仲裁裁决的仲裁裁决。《纽约公约》将这一标准最终纳入正式条文,主要是一些大陆法系国家如德国和法国等极力倡导的结果,其目的

---

① 《仲裁法》第 72 条规定:"涉外仲裁委员会作出的发生法律效力的仲裁裁决,当事人请求执行的,如果被执行人或者其财产不在中华人民共和国领域内,应当由当事人直接向有管辖权的外国法院申请承认和执行。"

② 《仲裁法解释》第 16 条规定:"对涉外仲裁协议的效力审查,适用当事人约定的法律;当事人没有约定适用的法律但约定了仲裁地的,适用仲裁地法律;没有约定适用的法律也没有约定仲裁地或者仲裁地约定不明的,适用法院地法律。"

③ 王天红:《论国际商事仲裁裁决国籍的确定》,载《人民司法》2006 年第 9 期,第 36 页。

在于扩大公约的适用范围。公约制定工作组指出,该标准与裁决作出地国标准并非平行关系,而是主从关系。只有当承认与执行国、裁决作出地国为同一国时,如果执行国认为在其领土内作出的裁决不是其内国裁决,才适用此标准。至于法院如何认定在其领土内作出的仲裁裁决不是内国裁决,《纽约公约》并没有规定,只能依据各缔约国的国内法断定。[①]

2. 我国对"非内国裁决"条款提出互惠保留

《纽约公约》第1条第3款规定了互惠保留条款,即允许各缔约国只对缔约国领土内作出的仲裁裁决的承认与执行适用公约。包括我国在内,约有2/3的国家在加入《纽约公约》时对此作了保留。1987年最高人民法院《关于执行我国加入的〈承认及执行外国仲裁裁决公约〉的通知》第1条规定:"根据我国加入该公约时所作的互惠保留声明,我国对在另一缔约国领土内作出的仲裁裁决的承认和执行适用该公约。该公约与我国民事诉讼法(试行)有不同规定的,按该公约的规定办理。对于在非缔约国领土内作出的仲裁裁决,需要我国法院承认和执行的,应按民事诉讼法(试行)第二百零四条的规定办理。"依据该司法解释,我国仅对在非中国的另一《纽约公约》缔约国境内作出的仲裁裁决适用《纽约公约》。但是,在其他非缔约国境内作出的仲裁裁决不能适用该公约。

综上所述,我国国内立法中采用的是"仲裁机构标准",而我国参加的《纽约公约》采用的却是"裁决作出地标准";且我国通过互惠保留排除了《纽约公约》中的"非内国裁决"标准,由于标准不一致,导致了实践中的困境和矛盾。

三、外国仲裁裁决的界定——我国司法实践中存在的问题

在目前的司法实践中,针对外国仲裁裁决的认定问题,有不同的做法。

(一)2006年德国旭普林案——非内国裁决

在第九章第四节案例3(德国旭普林公司案)中,当事人双方约定仲裁适用《国际商会仲裁规则》,却将仲裁地约定在了中国上海。如果按照中国国内立法采取的仲裁机构所在地标准,该案的裁决属于法国裁决。但是,无锡市中级人民法院经审理认为:"……本案被申请承认和执行的仲裁裁决系国际商会仲裁院作出,通过其总部秘书处盖章确认,应被视为非内国裁决。"由此可见,在司法实践中,《民事诉讼法》的规定不是法院判断裁决国籍的当然依据。无锡市中级人民法院没有以我国国内立法为依据判定裁决国籍,而是采用"非内国裁决"标准判断国际商会仲裁院在上海作出的仲裁裁决,并最终适用了《纽约公约》,不予承认

[①] 参见周佳:《1958年〈纽约公约〉第一条评述——兼论我国仲裁法律体系下的国际商事仲裁裁决的国籍》,载《北京仲裁》2005年第4期,第46页。

与执行该仲裁裁决。

（二）2009年德高钢铁公司案——非内国裁决

在本节案例（德高钢铁公司案）中，宁波市中级人民法院经审理认定，国际商会仲裁院在北京作出的仲裁裁决为"非内国裁决"，因而应当适用《纽约公约》。

从上述两个案例来看，虽然最后对于仲裁裁决承认与执行的决定是截然相反的，但是对于仲裁裁决的界定问题却保持一致，均认为国际商会仲裁院在我国作出的仲裁裁决属于非内国裁决。作出这种定性的原因是：对于国际商会仲裁院等国际或外国商事仲裁机构在我国作出的仲裁裁决的性质，我国法院面临国内立法和《纽约公约》规定不一致的困境。一方面，我国法院如果依据《纽约公约》规定的仲裁地标准进行裁判，就直接违背了国内立法的规定；另一方面，如果直接适用国内立法的标准，将国际商会仲裁院在我国作出的裁决判定为外国裁决又极为不妥。出于这种考虑，我国法院才提出了"非内国裁决"这一概念，力图在国内立法和《纽约公约》之间取得协调。然而，如上文所述，因为我国在参加《纽约公约》时提出的"互惠保留"，导致我国实际上排除了"非内国裁决"标准的适用。那么我国法院在裁决中提出"非内国裁决"的说法，显然有违我国对《纽约公约》的保留。

（三）2004年山西天利公司案——国际商会仲裁院在我国香港地区的仲裁裁决依据《纽约公约》执行

最高人民法院在针对第一章第三节案例4（山西某公司案）的复函[①]中指出："本案所涉裁决是国际商会仲裁院根据当事人之间达成的仲裁协议及申请作出的一份机构仲裁裁决，由于国际商会仲裁院系在法国设立的仲裁机构，而我国和法国均为《纽约公约》的成员国，因此审查本案裁决的承认和执行，应适用该公约的规定，而不应适用《内地—香港安排》的规定。"可见，最高人民法院认为国际商会仲裁院在我国香港地区作出的裁决为法国裁决，因为国际商会仲裁院总部的所在地为法国，所以应适用《纽约公约》。此判例作出后，受到了来自学界的质疑，因其采用的仲裁机构所在地标准有悖于国际商事仲裁的一般立法与实践。

（四）2009年我国《最高人民法院关于香港仲裁裁决在内地执行的有关问题的通知》——国际商会仲裁院在我国香港地区的仲裁裁决依据《内地—香港安排》执行

2009年12月30日发布的《最高人民法院关于香港仲裁裁决在内地执行的有关问题的通知》（法〔2009〕415号）明确指出，当事人就国际商会仲裁院等外国

---

① 参见《最高人民法院在不予执行国际商会仲裁院10334/AMW/BWD/TE最终裁决一案的复函》（2004年7月5日，〔2004〕民四他字第6号）。

仲裁机构在香港特别行政区作出的仲裁裁决以及在香港特别行政区作出的临时仲裁裁决向人民法院提出执行申请的，人民法院应当按照《内地—香港安排》的规定进行审查，若不存在《内地—香港安排》第7条规定的情形，则可在内地执行该仲裁裁决。

该通知明确了国际商会仲裁院等仲裁机构在我国香港地区作出的仲裁裁决适用《内地—香港安排》，而非适用《纽约公约》，从侧面反映出最高人民法院并未将其视为法国仲裁裁决，而是将其视为香港地区仲裁裁决。可见，最高人民法院在此司法解释中修正了第一章第三节案例4（山西某公司案）中按照"仲裁机构标准"把以香港地区为仲裁地的国际商会仲裁院仲裁裁决简单等同于法国裁决的做法，表明了我国法院采纳裁决作出地标准认定涉外仲裁裁决国籍的倾向，有利于与国际普遍认可的标准相统一。

四、外国仲裁裁决的界定——我国学术界的观点

目前，对于国际商会仲裁院适用其仲裁规则在我国作出的仲裁裁决之性质，我国学术界有四派观点：

（一）视为"非内国裁决"

赵秀文教授认为，国际商会仲裁院适用《国际商会仲裁规则》在我国境内作出的仲裁裁决，对于当事人请求承认与执行该仲裁裁决的我国法院而言，既不是我国仲裁裁决，也不是外国仲裁裁决，而是《纽约公约》项下的"非内国裁决"；[①]同时，我国加入《纽约公约》时所作的"互惠保留"声明不能作为不适用《纽约公约》的理由，因为从《纽约公约》本身的措辞看，它既适用于外国仲裁裁决的承认与执行，也适用于非内国裁决的承认与执行。[②]

黄亚英教授认为，对于"国际商会仲裁院或其他外国仲裁机构在中国境内作出的裁决。首先，因此类裁决不属于我国仲裁机构作出的裁决，故既不能对其适用我国《民事诉讼法》第二百一十七条和《仲裁法》第六十二、六十三条的规定，也不能适用《民事诉讼法》第二百五十九条和第二百六十条的规定；其次，又因该裁决在中国境内作出，显然不属于在外国作出的裁决，使中国法院无法依《纽约公约》适用于此类裁决。"在这种特殊情况下，他认为："应根据我国《民事诉讼法》的规定和《纽约公约》的第2项标准即非内国裁决标准，将《纽约公约》适用于该种裁决在我国的承认和执行。"[③]

[①] 参见赵秀文：《从相关案例看ICC仲裁院裁决在我国的承认与执行》，载《法学》2010年第3期。
[②] 参见赵秀文：《国际商事仲裁现代化研究》，法律出版社2010年版，第49、67—81、86、291页。
[③] 黄亚英：《外国仲裁裁决论析——基于〈纽约公约〉及中国实践的视角》，载《现代法学》2007年第1期。

刘晓红教授认为,就国际商会仲裁院在我国的仲裁裁决性质而言,按照我国《民事诉讼法》的仲裁机构所在地标准,应属于国外裁决;而按照《纽约公约》的地域标准,因其仲裁地在我国境内,则应属于我国国内裁决。一方面,如果将该裁决确定为"外国裁决",显然不符合《纽约公约》的规定。另一方面,我国现行法律体系所规定的国内裁决和涉外裁决都是指我国仲裁机构在境内作出的裁决,将该裁决认定为国内裁决也明显不妥。就法理而言,将此类裁决性质认定为"非内国裁决"是符合《纽约公约》本身规定的。外国仲裁机构在我国作出的裁决虽然不符合《纽约公约》的"地域标准",但定可以按照《纽约公约》的"非内国国籍标准"将其确定为"非内国裁决",因为该类裁决是在执行地法院所在国境内作出的,而不是在其境外作出的;且按照执行地国法律(中国法),此类裁决不属于我国裁决。[1]

宋连斌教授认为,根据国际商事仲裁的一般理论和实践,适用《国际商会仲裁规则》在我国所作的仲裁裁决既不是"外国仲裁裁决",也不是我国法律所认定的"内国仲裁裁决";若向我国法院寻求此类仲裁裁决的承认与执行,我国法院可以将其认定为"非内国裁决",并按照《纽约公约》的规定予以处理;在我国相关法律完善以前,只能依赖法院对《纽约公约》的规定作扩大解释,将外国仲裁机构在我国境内作出的仲裁裁决纳入《纽约公约》的适用范围,这种做法体现了我国支持仲裁的政策,有利于树立我国的仲裁形象。

高薇博士认为,解决这一难题的根本途径是修改我国法律中的相关规定,采纳"仲裁地标准"。在目前情况下,可以通过适用我国以往实践及一些立法中所采用的"条约优于国内法"的原则以解决国内法与条约的冲突,并严格依据《纽约公约》的规定对外国裁决进行识别。这具体表现为:第一,在外国领土上作出的仲裁裁决为外国裁决,裁决被视为在仲裁地而非仲裁机构所在地(除非二者重合)作出的;第二,外国仲裁机构在我国作出的裁决,并非我国裁决,但可以被认定为《纽约公约》项下的"非内国裁决";第三,我国仲裁机构在外国作出的裁决,应依据《纽约公约》将其认定为外国仲裁裁决,我国法院不应行使监督权。[2]

(二)视为"涉外仲裁裁决"

陈力教授认为,将国际商会仲裁院在我国作出仲裁裁决定性为《纽约公约》项下的"非内国裁决",既与我国秉持的仲裁理念不符,也面临现实的法律障碍。将国际商会仲裁院在我国作成之仲裁裁决定性为"涉外仲裁裁决",是在现行仲

---

[1] 参见刘晓红:《非内国仲裁裁决的理论与实证论析》,载《法学杂志》2013年第5期。
[2] 参见高薇:《论仲裁裁决的国籍——兼论中国司法实践中的"双重标准"》,载《西北大学学报(哲学社会科学版)》2011年第5期。

裁法律框架下,既不违反我国承担的国际法义务,又是修法成本最小、最符合我国仲裁理念的适当选择。①

(三)视为"内国仲裁裁决"

最高人民法院法官杨弘磊认为,仲裁机构所在地标准是我国内地在确定国际商事仲裁国籍方面的"独有"标准。在我国目前的立法框架下,是不承认"非内国裁决"的。依据《最高人民法院关于执行我国加入的〈承认及执行外国仲裁裁决公约〉的通知》,我国法院只承认与执行在另一缔约国领土内作出的仲裁裁决,在我国境内作出的仲裁裁决显然被排除在外;鉴于外国仲裁机构在我国作出的仲裁裁决也不是在我国领土外作出的,该类仲裁裁决应当按照内国仲裁裁决予以审查和执行。②

王天红法官也认为:"根据我国加入《纽约公约》时所作的保留,我国只对在另一缔约国领土内作出的仲裁裁决承认和执行适用公约。据此,我国是不承认非内国仲裁裁决的。外国仲裁机构在我国领土内作出的仲裁裁决既不属于《纽约公约》中的外国裁决,也不属于非内国裁决,只能认定为我国裁决。"③

(四)视为"外国仲裁裁决"

中国贸仲仲裁员康明认为,在机构仲裁中,仲裁地应为仲裁机构所在地。机构仲裁与临时仲裁最显著的区别就在于,机构仲裁活动中的程序是由仲裁机构来管理的,而仲裁机构的所在地是确定的,仲裁程序中关键要素的发生和决定是在仲裁机构所在地进行的,如仲裁申请书的签收、仲裁费(机构管理费和仲裁员的报酬)的确定和收取、给申请人的仲裁受理通知和给被申请人的仲裁通知的发出、首席仲裁员的确定和仲裁庭的组成、案件审理范围的确认、裁决书的核阅等。因此,国际商会仲裁院作出的仲裁裁决应属于外国仲裁裁决,而非在我国境内作出的"非内国裁决"。在机构仲裁中,应以仲裁机构所在地为仲裁地,第一章第三节案例4的仲裁地应为法国才为妥当。④

五、小结

综上所述,随着仲裁服务市场的日趋国际化,国际商事仲裁实践中仲裁地和仲裁机构所在地往往并不一致。我国仲裁机构到国市场提供服务,外国仲裁机构到我国开拓市场的情形日益增多,导致外国仲裁机构在我国作出的仲裁裁决和我国仲裁机构在外国所作出的仲裁裁决大量出现,如何合理地解决这一现状带来的外国仲裁裁决认定标准混乱问题值得讨论。

---

① 参见陈力:《ICC 国际仲裁院在我国作成仲裁裁决的承认与执行——兼论〈纽约公约〉视角下的"非内国裁决"》,载《法商研究》2010 年第 6 期。
② 参见杨弘磊:《中国内地司法实践视角下的〈纽约公约〉问题研究》,法律出版社 2006 年版,第 66 页。
③ 王天红:《论国际商事仲裁裁决国籍的确定》,载《人民司法》2006 年第 9 期,第 36 页。
④ 参见康明:《我国商事仲裁服务市场对外开放问题初探》,载《仲裁与法律》2003 年第 6 期,第 57 页。

在立法上，我国《民事诉讼法》中所确立的"仲裁机构所在地"标准与我国加入的《纽约公约》所确立的"地域标准"相互矛盾。《纽约公约》以裁决地作为区分内国裁决和外国裁决的主要标准，而国内立法则是以仲裁机构是否在我国境内区分内国裁决和外国裁决。法律体系上的不统一，势必导致适用时的不确定和混乱。在司法实践中，我国法院为了规避这种立法自身的矛盾，不得已采用"非内国裁决"的标准。2009年发布的《最高人民法院关于香港仲裁裁决在内地执行的有关问题的通知》甚至认可以"地域标准"识别区际仲裁裁决的属性，这也可作为我国仲裁理念转变的印证。在学界，学者们试图给予这种司法中的做法以合理的解释，普遍赞成"非内国裁决"或"涉外仲裁裁决"的定性。但是，这些都不能从根本上解决问题，未来有必要在修订《仲裁法》或《民事诉讼法》时，增加"裁决国籍条款"，明确采用"仲裁裁决作出地"这一裁决国籍的认定标准，规定"仲裁地在中华人民共和国领域内的裁决为中国裁决"。

第八节　外国裁决的承认与执行

某酒店投资有限公司申请承认仲裁裁决案[①]

申请人某酒店投资有限公司（以下简称"甲公司"）是一家依据萨摩亚群岛法律成立的公司，被申请人杭州某酒店管理有限公司（以下简称"乙公司"）为中国法人，双方因签订的SUPER 8 HOTELS系统单位系统协议向伦敦国际仲裁院提起仲裁，并申请承认伦敦国际仲裁院作出的《终局裁决书》。乙公司称，甲公司在与其签订单位系统协议的同时，又通过其关联公司某（北京）国际酒店管理有限公司（以下简称"丙公司"）与乙公司签订了预定系统使用协议作为上述协议的附件，而签订两份合同的根本目的在于规避中国对外国公司从事特许经营业务的准入制度，承认该仲裁裁决将与中国的公共政策严重抵触。杭州市中级人民法院经审理认为，甲公司与丙公司故意将协议拆分成两份，试图规避我国对外国公司从事特许经营业务的准入制度，并且认为甲公司的行为违反了我国外资引入的基本制度，侵犯我国的公共利益，故裁定不予承认伦敦仲裁院作出的仲裁裁决。

---

① 《最高人民法院关于申请人天瑞酒店投资有限公司与被申请人杭州易居酒店管理有限公司申请承认仲裁裁决一案的请示报告的复函》（2010年5月18日，〔2010〕民四他字第18号）。

【思考题】

1. 在承认外国仲裁裁决的过程中,公共政策的内涵是什么?外延包括哪些?
2. 我国法院在承认与执行外国仲裁裁决的过程中,应该如何把握公共政策的外延与内涵?
3. 除了违反公共政策外,还有哪些不予承认与执行外国仲裁裁决的原因?
4. 违反公共政策与规避强制性规范的区别是什么?

一、外国仲裁裁决的含义

在目前的立法中,我国依仲裁机构的不同,将仲裁裁决分为三类:国内仲裁委员会作出的仲裁裁决、涉外仲裁委员会作出的仲裁裁决和国外仲裁机构作出的仲裁裁决。一般认为,前两者作出的仲裁裁决属于内国裁决,其效力可以在内国得到当然的承认;而外国仲裁机构在国外作出的仲裁裁决当然属于外国仲裁裁决,并无争议。目前,立法和实践中的争议在于:外国仲裁机构在内国作出的仲裁裁决的性质如何?《纽约公约》采裁决作出地标准。

二、拒绝承认与执行外国仲裁裁决的理由

根据《纽约公约》[①]的规定,拒绝承认与执行外国仲裁裁决的理由共七种,可

[①] 《纽约公约》第 5 条:
1. Recognition and enforcement of the award may be refused, at the request of the party against whom it is invoked, only if that party furnishes to the competent authority where the recognition and enforcement is sought, proof that:
(a) The parties to the agreement referred to in article II were, under the law applicable to them, under some incapacity, or the said agreement is not valid under the law to which the parties have subjected it or, failing any indication thereon, under the law of the country where the award was made; or(b) The party against whom the award is invoked was not given proper notice of the appointment of the arbitrator or of the arbitration proceedings or was otherwise unable to present his case; or(c) The award deals with a difference not contemplated by or not falling within the terms of the submission to arbitration, or it contains decisions on matters beyond the scope of the submission to arbitration, provided that, if the decisions on matters submitted to arbitration can be separated from those not so submitted, that part of the award which contains decisions on matters submitted to arbitration may be recognized and enforced; or(d) The composition of the arbitral authority or the arbitral procedure was not in accordance with the agreement of the parties, or, failing such agreement, was not in accordance with the law of the country where the arbitration took place; or(e) The award has not yet become binding on the parties, or has been set aside or suspended by a competent authority of the country in which, or under the law of which, that award was made.
2. Recognition and enforcement of an arbitral award may also be refused if the competent authority in the country where recognition and enforcement is sought finds that:
(a) The subject matter of the difference is not capable of settlement by arbitration under the law of that country; or(b) The recognition or enforcement of the award would be contrary to the public policy of that country.

以分为两类:第一类理由需当事人向法院提出,法院才进行审查,且当事人应对其提出的理由负举证责任;第二类理由无须当事人提出,由法院主动进行审查。

第一类理由包括五项:仲裁协议无效或当事人无行为能力、违反正当程序、仲裁庭超越权限、仲裁庭的组成或仲裁程序不当、裁决不具约束力或已被撤销。

第二类理由包括两项:争议事项不具有可仲裁性、承认与执行外国仲裁裁决违背承认与执行国公共政策。

(一)仲裁协议无效或当事人无行为能力

《纽约公约》第5条第1款第1项规定,如果协议的双方当事人,根据对他们适用的法律,当时处于某种无行为能力的情况之下;或者根据双方当事人选定适用的法律,或者在没有这种选定的时候,根据作出裁决的国家的法律,仲裁协议被认定为无效,则可以拒绝承认与执行仲裁裁决。

在此条款下,根据相应的准据法,若当事人在签订仲裁协议时无行为能力或仲裁协议无效,则法院有权拒绝承认执行仲裁裁决。值得注意的是,若相关缔约国法律规定无行为能力人有权签署合同,则无行为能力人亦可签订有效的仲裁协议。但是,在此情形下,即便仲裁协议有效,基于该仲裁协议作出的仲裁裁决仍在《纽约公约》规定中缔约国法院可得拒绝承认执行之列。[1]

(二)违反正当程序

《纽约公约》第5条第1款第2项规定,如果作为裁决执行对象的当事人,没有被给予指定仲裁员或者进行仲裁程序的适当通知,或者由于其他情况而不能对案件提出意见,则此种情况下作出的仲裁裁决可以被拒绝承认与执行。

该条款的目的在于确保"正当程序"得到遵守,给予当事人公平的聆讯机会。在 Paklito Inc. Ltd. v. Klockner East Asia Ltd.[2]一案中,中国贸仲的仲裁庭征求了相关专家证人的意见。但是,该意见未经质证即被作为裁决依据,从而剥夺了当事人陈述意见的权利。该裁决书被香港特区高等法院拒绝承认与执行。

(三)仲裁庭超越权限

《纽约公约》第5条第1款第3项规定,若裁决涉及仲裁协议所没有提到的事项,或者不包括仲裁协议规定之内的争执,或者裁决内含有对仲裁协议范围以外事项的决定,则可以拒绝承认与执行。但是,对于仲裁协议范围以内事项的决定,若可以与协议范围以外事项的决定分开,则这一部分的决定仍然可予以承认与执行。

---

[1] 参见范铭超:《〈承认和执行外国仲裁裁决公约〉若干争议问题评述》,载《求索》2008年第6期,第140页。

[2] See Paklito Inc. Ltd. v. Klockner East Asia Ltd., Supreme Court of Hong Kong High Court, Jan 15, 1993.

该条款系针对仲裁庭超越权限作出的裁决。此类抗辩日益普遍,[①]但成功的概率似乎并不很高。[②] 例如,德国法院驳回了当事人针对仲裁庭适用商人法所裁决的利息高于请求的利息提出的异议,认为这不构成仲裁庭越权。[③]

(四)仲裁庭的组成或仲裁程序不当

《纽约公约》第5条第1款第4项规定,如果仲裁庭的组成或仲裁程序与当事人间的协议不符,或者当事人间没有这种协议时,与进行仲裁的国家的法律不符,则可对仲裁裁决拒绝承认与执行。

该条款系针对仲裁庭组成及仲裁程序违背当事人协议或仲裁地法律的情形。二者存在先后顺序,即以当事人协议为主,在当事人未就仲裁庭的组成、仲裁程序达成协议时,则以仲裁地法律为补充。

在 China Nanhai Oil Joint Service Cpn v. Gee Tai Holdings Co. Ltd. 一案中,当事人选定中国贸仲北京总会仲裁,仲裁员却出自其深圳分会的仲裁员名单,因此被视为仲裁庭的组成不符合当事人的约定。然而,凯普兰法官最终基于禁止反言原则,认为当事人既然在明知仲裁员并非选自正确名册的情况下,仍然参加审理并进行实体答辩,且未对此问题作出保留,则不应在事后从此错误中获利。[④]

(五)裁决不具约束力或已被撤销

《纽约公约》第5条第1款第5项规定,如果裁决对当事人还没有约束力,或者裁决已经由作出裁决的国家或据其法律作出裁决的国家的管辖当局撤销或停止执行,则对此裁决可以拒绝承认与执行。

该条款系针对未发生效力或已失效的仲裁裁决,即缔约国法院只有义务执行已生效且效力确定的外国仲裁裁决。

(六)争议事项不具有可仲裁性

《纽约公约》第5条第2款第1项规定,若争执的事项,依照这个国家的法律,不可以用仲裁方式解决,则对此裁决可以拒绝承认与执行。

该条款系针对争议的可仲裁性问题。对于被申请承认与执行国而言,基于其公共政策考虑,一些争议是不能以仲裁方式解决的。针对这些争议,即便裁决作出地国法律允许通过仲裁解决,其裁决亦可被拒绝承认与执行。

[①] 参见〔英〕艾伦·雷德芬、马丁·亨特等:《国际商事仲裁法律与实践》(第四版),林一飞、宋连斌译,北京大学出版社2005年版,第482页。
[②] 同上书,第483页。
[③] See The Decision of the Regional Court of Hamburg of Sept. 18, 1997, XXV Yearbook Commercial Arbitration(2000), p. 710.
[④] See China Nanhai Oil Joint Service Cpn v. Gee Tai Holdings Co. Ltd., XX Yearbook Commercial Arbitration(1995), p. 671.

（七）违背公共政策

《纽约公约》第 5 条第 2 款第 2 项规定，若承认或执行该项裁决将与这个国家的公共秩序相抵触，则此项裁决可以被拒绝承认与执行。

该条款系针对外国仲裁裁决违背被申请承认与执行地国公共政策的情形。在国际私法领域内，公共政策向来是各国维护本国公共利益，排除外国法律适用的"阀门"。根据该条款的规定，当外国仲裁裁决的承认与执行同本国公共政策相悖时，法院可以拒绝承认与执行该裁决。

就以援引公共政策为理由拒绝承认与执行外国仲裁裁决的态度而言，各缔约国如美国、德国、瑞士、印度等国的法院，大多采取狭义的公共政策解释，即只有当外国仲裁裁决的"执行将违反法院地国最基本的道德和公正观念"时方可拒绝。[①]

在本节案例中，最高人民法院认为，甲公司与乙公司于 2004 年 10 月 28 日签订的单位系统协议，其性质为商业特许经营合同。根据我国当时实行的商业特许经营管理制度，外国公司在我国境内从事商业特许经营业务必须通过设立外商投资企业的方式进行，且需经过行政主管机关的审批。但是，2007 年 5 月 1 日起施行的国务院《商业特许经营管理条例》仅规定商业特许经营合同事后应向行政主管机关备案，而无审批要求。上述备案制度属于行政法规之强制性规范中的管理性规定，不影响当事人之间民事合同的效力。仲裁裁决对该案所涉单位系统协议的处理，不违反我国强制性法律规定，更不构成违反我国公共政策的情形。因此，该案不存在《纽约公约》第 5 条第 2 款第 2 项规定的情形，人民法院应当裁定承认该案所涉仲裁裁决。

从最高人民法院的意见可以看出，若外国仲裁裁决所涉及的实体内容仅违反了我国强制性规范中的管理性规范，而非效力性规范，则依然可以对裁决予以承认与执行。这反映了我国对承认与执行外国仲裁裁决所采取的较为积极与宽松的立场。

缔约国法院在适用《纽约公约》时，可以援引以上七种理由，拒绝承认与执行外国仲裁裁决。需要再次强调的是，《纽约公约》并未将拒绝承认与执行规定为缔约国法院的义务，即便具有上述七种理由，缔约国法院仍有权自由裁量是否拒绝承认与执行。

---

① 参见〔英〕艾伦·雷德芬、马丁·亨特等：《国际商事仲裁法律与实践》（第四版），林一飞、宋连斌译，北京大学出版社 2005 年版，第 490—492 页。

第九节 我国区际仲裁

案例 1

刘某某申请确认仲裁协议无效案[①]

申请人刘某某与被申请人邵某某于 2014 年 8 月 2 日签订黎华综合商场租赁合同,其中第 9 条"争议解决的方式"中的第 2 项约定:双方因履行本合同发生争议时应协商解决,协商不成的,提交哈尔滨市仲裁委员会仲裁。如一方对仲裁结果持有异议,可依法向具有管辖权的人民法院起诉。申请人主张,根据《仲裁法司法解释》,当事人约定争议可以向仲裁机构申请仲裁,也可以向人民法院起诉的,仲裁协议无效。哈尔滨市中级人民法院经审理认为,双方当事人的约定并非"或裁或审"的双向选择,请求仲裁的意思表示明确,因此仲裁协议合法有效。

案例 2

某投资有限公司申请认可和执行香港特别行政区仲裁裁决案[②]

申请人某投资有限公司(以下简称"某公司")与两被申请人李某、张某某之间普通股认购协议纠纷一案,经香港国际仲裁中心(以下简称"仲裁中心")于 2013 年 3 月 25 日作出案件号码 HKIAC/A13058 号生效裁决书,裁决两被申请人应向申请人支付股份回购款项及其利息、仲裁费、律师费及代付仲裁费等各项款项,但两被申请人拒不履行生效裁决的义务。因此,根据《民事诉讼法》及《内地—香港安排》,申请人申请法院认可并执行仲裁中心于 2013 年 3 月 25 日作出的 HKIAC/A13058 号裁决。被申请人提出一项抗辩理由称,被申请人认为本案的仲裁裁决没有最终完整作出,没有达到执行的条件(即裁决还不具有约束

[①] 黑龙江省哈尔滨市中级人民法院(2015)哈民一民初字第 106 号民事裁定书。
[②] 广东省广州市中级人民法院(2014)穗中法民四初字第 24 号民事裁定书。

力)。裁决书第47页第157项没有对本案的仲裁费和律师费进行处理,且明确载明在涉案裁决书出具后另行处理。裁决书第48页的判项第三点也载明此点。被申请人认为本案的仲裁裁决没有作出最终的裁决,裁定的支付数额也没有最终确定,故不具备执行的条件。

人民法院经审理认为,根据香港国际仲裁中心2008版《仲裁规则》第30条的相关规定,仲裁庭有权就仲裁事项作出部分裁决,涉案仲裁裁决未对涉案仲裁的仲裁费和律师费作出裁决并不影响涉案仲裁裁决的独立性和完整性。被申请人以此为由认为涉案仲裁裁决不应予以执行,理据不足,本院不予支持。

福建某高速信息技术有限公司、福建某传媒有限公司与程某申请不予执行香港仲裁裁决案①

福建某高速信息技术有限公司(以下简称"甲公司")、福建某传媒有限公司(以下简称"乙公司")与程某就与某投资公司(以下简称"丙公司")之间的香港国际仲裁中心 HKIAC/A11030 号裁决向福州市中级人民法院申请不予执行。

申请人在申请书中认为,本案仲裁协议约定适用美国法律,规避中国内地强制性法律规范,执行仲裁裁决将会严重违反中国内地社会公共利益。《内地—香港安排》第7条规定:"……内地法院认定在内地执行该仲裁裁决违反内地社会公共利益的,……则可不予执行该裁决。"尽管VIE结构安排与对赌交易行为已经成为一种普遍存在的现象,但是关于VIE安排和对赌安排产生的纠纷,即便是发生诉讼或仲裁,一般也都是由当事人自行协商解决的。直到目前为止,中国内地法院还没有在中国内地强制执行相关域外仲裁或判决的先例。

福州市中级人民法院经审理后认为:1. 根据《内地—香港安排》第7条"……内地法院认定在内地执行该仲裁裁决违反内地社会公共利益,……则可不予执行该裁决"的规定,被执行人只能就内地法院对该仲裁裁决的执行结果是否违反内地社会公共利益提出异议,而不能就案件的实体问题提出异议。福州市中级人民法院作为执行法院也只能就执行结果是否违反内地社会公共利益进行审查,而不能对实体纠纷处理中的法律适用是否违反社会公共利益进行审查。被执行人提出的主张均已涉及对案件实体纠纷及其法律适用的处理,属于对案

---

① 福建省福州市中级人民法院(2014)榕执监字第51号执行裁定书。

件实体纠纷审理的范围,其异议超越了执行法院的审查范围。2. 内地法院执行香港仲裁裁决的结果是要求被执行人赔偿因其违约而给丙公司造成的损失,而不是要求被执行人继续履行投资合同。执行该裁决的结果是对合同信守原则的维护,这一结果不但不违反内地的社会公共利益,相反是对内地社会公共利益的维护。最高人民法院在《最高人民法院关于不予承认日本商事仲裁协会东京07-11号仲裁裁决一案的请示的复函》中指出,"关于公共政策问题,应仅限于承认仲裁裁决的结果将违反我国的基本法律制度、损害我国根本社会利益的情形",故判断内地法院执行香港仲裁裁决是否违反内地的社会公共利益的标准,只能根据执行结果进行判断,而不是根据案件事实判断。3. 仲裁裁决承认和执行中的社会公共利益认定有其严格含义,不能将其等同于内地的强制性规定。《最高人民法院关于对海口中院不予承认和执行瑞典斯德哥尔摩商会仲裁院仲裁裁决请示的复函》中指出,"对于行政法规和部门规章中强制性规定的违反,并不当然构成对我国公共政策的违反"。因此,判断内地法院执行香港仲裁裁决时要考虑的内地的社会公共利益只能是我国的基本法律制度和根本社会利益。本案被执行人以国务院、信息产业部和商务部的部门规定和通知为据,认为其构成内地的社会公共利益,这一主张是错误的。国务院、信息产业部等的部门规定和通知并不属于我国的法律和行政法规,而属于部门规章,即使是在我国法院,也仅有"参考适用"的作用,不属于我国法律的基本制度,不属于我国内地的社会公共利益的内容。

【思考题】

1. 内地仲裁制度采取"一裁终局"的做法,其他地区是否也要作同样的规定?
2. 内地与其他地区仲裁立法还有什么区别?
3. 内地与香港相互执行仲裁裁决的依据是什么?有哪些不予执行的理由?

一、我国区际仲裁的立法现状

(一)我国内地仲裁立法现状

目前,我国内地关于仲裁的立法主要见于1994年颁布的《仲裁法》。但是,由于《仲裁法》对许多规定未予明确,2006年《仲裁法司法解释》出台,对仲裁制度作了进一步完善。

在国际公约方面,我国加入了1958年《承认和执行外国仲裁裁决公约》和

1965年《解决国家与他国国民间投资争端公约》。由此,我国在承认与执行外国仲裁裁决以及将投资争议提交ISCID解决方面正式与国际接轨。

（二）我国香港地区仲裁立法现状

香港地区仲裁立法最主要的渊源是《香港法例》第609章的《仲裁条例》。最新的《仲裁条例》于2010年11月10日由香港立法会通过,并在2011年6月1日生效。该条例以联合国国际贸易法委员会的《国际商事仲裁示范法》为基础,用以统一本地及国际仲裁的法定制度,从而改革香港的仲裁法。

同时,由于英国于1975年加入《纽约公约》并于1977年将该公约扩大适用于香港地区,因此香港地区同样适用《纽约公约》以承认与执行外国仲裁裁决。

可以看出,我国香港地区仲裁制度以建设国际仲裁中心为目的,建立了开放、统一的法律体系。

（三）我国澳门地区仲裁立法现状

1996年6月11日,澳门地区政府发布第29/96/M号法令,公布了《核准仲裁制度》,适用于澳门本地进行的仲裁;7月22日,又发布第40/96/M号法令,肯定了机构自愿仲裁制度。1998年11月23日,第55/98/M号法令发布,公布了《涉外商事仲裁专门制度》,并表示"仲裁事宜虽已由六月十一日第29/96/M号法令规范,然而仍需为涉外商事仲裁制定一专门法律,以充实此规范性框架"。该法令同时表示:"为回应上述目标,本法规几乎完全参照联合国国际贸易法委员会于一九八五年六月二十一日通过,并于同年十二月十一日联合国大会第40/72号决议采纳之《国际商事仲裁示范法》。"

此外,1999年12月6日,《纽约公约》的适用也延伸至澳门地区。因此,澳门地区对外国仲裁裁决的承认与执行,同样应当适用《纽约公约》。

（四）我国台湾地区仲裁立法现状

台湾地区于1998年颁布了"仲裁法",并于2002年、2007年、2015年进行了三次修订,最终形成了较为确定的仲裁制度。它广泛借鉴了各国和地区立法,并吸收了《国际商事仲裁示范法》的经验,确立了效率优先的基本准则,注重当事人意思自治,并赋予仲裁庭较大的权力。[①]

二、我国区际仲裁立法之区别

我国各地区的仲裁立法由于历史、文化和社会环境的差异,有诸多不同,以下选取其中一些典型区别进行阐述。

---

① 参见齐树洁、蔡从燕:《海峡两岸商事仲裁法律制度比较研究》,载《台湾研究集刊》1999年第2期。

(一) 仲裁标的

仲裁标的即可仲裁事项,我国各地区立法往往对仲裁标的先进行笼统的规定,再对其进行限制,限制的宽严程度各不相同。

我国《仲裁法》第 2 条规定:"平等主体的公民、法人和其他组织之间发生的合同纠纷和其他财产权益纠纷,可以仲裁。"第 3 条规定:"下列纠纷不能仲裁:(一)婚姻、收养、监护、扶养、继承纠纷;(二)依法应当由行政机关处理的行政争议。"总体来说,采取排除式的方式进行规定,能够体现出支持仲裁的立法目的。但是,第 2 条中的"其他财产权益纠纷"并无明确定义,可能会造成可仲裁事项范围不够宽泛。例如,婚姻和继承纠纷中的财产权益纠纷能否仲裁,值得思考。

澳门地区《核准仲裁制度》第 2 条第 1 款规定:"不涉及不可处分之任何争议均可成为仲裁标的;但特别法规定应提交司法法院或必要仲裁处理者,不在此限。"第 2 款列举了"尤其不得为仲裁标的"的事项:"a)争议已因本案裁判转为确定而获解决;但涉及解决在该裁判内未载明之关于其日后执行之问题者,不在此限;b)引致检察院参与诉讼之争议,在该诉讼内当事人因无诉讼必要之能力,在法庭不能依靠自身为行为,而需要检察院之代理者。"可见,在澳门地区仲裁制度中,只要当事人有能力自由处分的未解决争议,均可提交仲裁进行解决。

台湾地区"仲裁法"规定,凡是"有关现在或将来之争议,当事人得订立仲裁协议",提交仲裁进行解决。唯一对此进行的限制是:"前项争议,以依法得和解者为限。""依法得和解者"当理解为可以根据当事人意思自治得以解决者。如婚姻关系是否无效或可撤销等涉及强制性规定的争议,当认定为不可依法得和解的争议。所以,在台湾地区,只要是不涉及公序良俗或强制性规定,可由当事人自由处分的争议,均可提交仲裁。此种规定充分尊重当事人的意思自治。

香港地区《仲裁条例》对仲裁标的之规定最为宽泛,甚至没有具体条文的规定,只是在释义中说明:"争议"(dispute)包括分歧。此种规定虽给实践中对"争议"进行解释留下了很大的空间,也符合香港地区建立国际仲裁中心的目标,但难免有过于模糊之嫌。

(二) 仲裁协议的形式

仲裁协议的形式问题关乎当事人能否有效地将争议提交仲裁解决、法院是否应当拒绝管辖、裁决能否得到承认与执行等关键问题。对此,我国各地的立法也不尽相同,其中香港地区的相关立法当属最为详细,而澳门和台湾地区的立法都有较大的完善余地。

我国《仲裁法》规定有效的仲裁协议包括合同中订立的仲裁条款和其他以书

面方式订立的仲裁协议,①但未对书面形式进行规定。2006年《仲裁法司法解释》将书面形式解释为合同书、信件、和数据电文(包括电报、电传、传真、电子数据交换和电子邮件)等形式。可见,我国内地要求仲裁协议必须以书面形式作成,并通过列举的方式对书面形式进行规定,对当事人的要求较为严格。

香港地区借鉴《国家商事仲裁示范法》第7条的规定,将其列为《仲裁条例》第19条第1款:"(1)'仲裁协议'是指当事人同意将他们之间一项确定的契约性或非契约性的法律关系中已经发生或可能发生的一切争议或某些争议交付仲裁的协议。仲裁协议可以采取合同中的仲裁条款形式或单独的协议形式。(2)仲裁协议应为书面形式。(3)仲裁协议的内容以任何形式记录下来的,即为书面形式,无论该仲裁协议或合同是以口头方式、行为方式还是其他方式订立的。(4)电子通信所含信息可以调取以备日后查用的,即满足了仲裁协议的书面形式要求;'电子通信'是指当事人以数据电文方式发出的任何通信;'数据电文'是指经由电子手段、磁化手段、光学手段或类似手段生成、发送、接收或储存的信息,这些手段包括但不限于电子数据交换、电子邮件、电报、电传或传真。(5)另外,仲裁协议如载于相互往来的索赔声明和抗辩声明中,且一方当事人声称有协议而另一方当事人不予否认的,即为书面协议。(6)在合同中提及载有仲裁条款的任何文件的,只要此种提及可使该仲裁条款成为该合同一部分,则构成书面形式的仲裁协议。"在此基础上,《仲裁条例》还作了另外的规定:"(2)在不影响第(1)款的原则下仲裁协议如符合以下规定,即属以书面订立:(a)该协议是载于文件之内的,不论该文件是否由该协议的各方签署;或(b)该协议虽然并非以书面订立,但却是在该协议每一方的授权下,由该协议的其中一方或由第三者记录下来的。"《仲裁条例》虽同样要求仲裁协议以书面形式订立,但可称为"书面形式"的方式却更加宽泛。与内地的规定相比较而言,《仲裁条例》甚至将由当事人授权的第三方的记录也认定为符合要求的书面形式,而此种方式在内地立法中从未被提及。

澳门地区法中同样要求仲裁协议以书面形式作出,否则不生效力,同时规定:"当仲裁协议载于当事人所签署之文件或能证明仲裁协议存在之往来书信、专线电报、电报、图文传真或其他电讯方式之文件内,均视为具有书面形式;当一方当事人声称存在仲裁协议而他方当事人未在答辩书内提出争执时,则当事人在仲裁过程中之陈述书内之合意,亦视为具有书面形式。"②上述规定中所列举的形式少于内地立法和香港地区《仲裁条例》。

---

① 参见《仲裁法》第16条。
② 澳门地区《核准仲裁制度》第6条第2款。

台湾地区"仲裁法"在要求仲裁协议采书面形式的同时,将当事人之间文书、证券、信函、电传或其他类似方式之通信,足认有仲裁合意的,也视为有效仲裁协议。① 此间列举的有效方式也少于香港地区立法,重点关注的是仲裁合意的认定。

(三) 仲裁管辖权的确定

仲裁管辖权,是指仲裁机构或仲裁庭享有对当事人之间的某些商事争议进行仲裁审理活动的法律权限。② 对于仲裁管辖权最终由谁来确定,我国不同的地区有不同的规定。

内地仲裁制度中关于仲裁管辖权确定的规则规定于《仲裁法》第 20 条第 1 款:"当事人对仲裁协议的效力有异议的,可以请求仲裁委员会作出决定或者请求人民法院作出裁定。一方请求仲裁委员会作出决定,另一方请求人民法院作出裁定的,由人民法院裁定。"可见,在内地,仲裁委员会和法院都拥有确认仲裁管辖权的权力,其中法院处于优先的地位。

香港地区《仲裁条例》也作出了类似的规定。该条例第 20 条采纳了《国际商事仲裁示范法》第 8 条的规定:"(1) 就仲裁协议的标的向法院提起诉讼时,一方当事人在不迟于其就争议实体提出第一次申述时要求仲裁的,法院应让当事人诉诸仲裁,除非法院认定仲裁协议无效、不能实行或不能履行。(2) 提起本条第(1)款所指诉讼后,在法院对该问题未决期间,仍然可以开始或继续进行仲裁程序,并可作出裁决。"同时,《仲裁条例》第 34 条规定:"(1) 仲裁庭可以对其管辖权,包括对关于仲裁协议的存在或效力的任何异议作出裁决。……(2) 有关仲裁庭无管辖权的抗辩不得在提出答辩书之后提出。一方当事人指定或参与指定仲裁员的事实,不妨碍其提出此种抗辩。有关仲裁庭超越其权限的抗辩,应当在仲裁程序中出现被指称的越权事项时立即提出。……(3) 仲裁庭可以根据案情将本条第(2)款所指抗辩作为一个初步问题裁定或在实体裁决中裁定。仲裁庭作为一个初步问题裁定其拥有管辖权的,任何一方当事人可以在收到裁定通知后三十天内请求第 6 条规定的法院对此事项作出决定,该决定不得上诉;在对该请求未决期间,仲裁庭可以继续进行仲裁程序和作出裁决。"可以看出,香港地区的立法虽认可仲裁庭对其管辖权作出裁定的权力,但同时赋予法院决定仲裁管辖权的权力,还赋予法院在仲裁庭已经作出裁定时的最终决定权。

然而,澳门地区《核准仲裁制度》第 27 条第 1 款规定:"仲裁庭得依职权就其管辖权作出决定,并得为此对仲裁协议或其所属合同是否存在、有效以及其效力

---

① 参见台湾地区"仲裁法"第 1 条。
② 参见宋连斌主编:《仲裁法》,武汉大学出版社 2015 年版,第 278 页。

作出审查。"台湾地区"仲裁法"第22条也规定:"当事人对仲裁庭管辖权之异议,由仲裁庭决定之。"即便是在一方当事人首先向法院提起诉讼的情况下,"仲裁法"也要求法院在另一方当事人未为言词辩论的情况下,直接命原告提交仲裁,而不赋予其确定仲裁协议无效的权力。①

相比较而言,香港地区仲裁立法赋予法院的权力似乎最大,这与国际社会对仲裁庭独立性的期待似有不符。

(四) 仲裁临时保全制度

根据我国《仲裁法》的规定,②当事人应当向仲裁委员会申请证据保全或财产保全,并由仲裁委员会将此申请提交法院,由法院采取具体措施。

台湾地区"仲裁法"第39条采取了类似的模式,即法院是保全命令的唯一发布者和执行者。

香港地区《仲裁条例》第35条规定,除非当事人另有约定,仲裁庭经一方当事人请求,可以准予采取临时措施。同时,第45条赋予法院下令采取临时措施的权力;第61条规定了法院协助仲裁庭对仲裁庭的命令及指示(包括临时措施)予以强制执行的内容。

与香港地区类似,澳门地区《核准仲裁制度》第24条第1款规定:"在设立仲裁庭之前或之后向司法法院声请采取保全程序与仲裁协议并无抵触,且在任何情况下该声请均不引致放弃仲裁。"第3款规定:"仲裁庭得应任一方当事人之请求,下令双方遵守仲裁庭认为对争议标的为适当之临时措施或保全措施,或要求任一方当事人作出与该等措施有关之适当担保;但当事人另有约定者,不在此限。"

从上述规定可以看出,我国大陆和台湾地区在临时措施方面,均以法院为主导,仲裁机构只起到传达的作用。香港和澳门地区则采用权力并存模式,由仲裁庭和法院共享临时措施命令的发布权。需注意的是,强制执行的权力一般仍只归法院所有。

(五) 裁决的效力问题

裁决的效力问题主要涉及仲裁裁决是否"一裁终局",各地对此也有不同的规定。

我国内地仲裁实行"一裁终局"制度,裁决作出后,当事人就同一纠纷再申请仲裁或者向人民法院起诉的,仲裁委员会或者人民法院不予受理。③台湾地区

---

① 参见台湾地区"仲裁法"第4条。
② 参见《仲裁法》第28、68条。
③ 参见《仲裁法》第9条。

"仲裁法"第 37 条规定:"仲裁人之判断,于当事人之间,与法院之确定判决,有同一效力。"因法院确定判决不可上诉,仲裁裁决作出后,也不可再进行上诉。此规定与大陆的规定相同。

香港和澳门地区立法采不同的做法。香港地区《仲裁条例》第 73 条规定,尽管最终裁决对当事人有约束力,但不妨碍当事人用任何可用的上诉或者复核的仲裁程序质疑裁决。澳门地区《核准仲裁制度》第 34 条规定:"一、仲裁协议或当事人随后签署之书面协议得订立一上诉仲裁审级,但必须订明提出上诉之条件及期限、上诉之方式及审理上诉之仲裁实体之组成,……二、当事人亦得在仲裁协议或在随后签署之书面协议内订立对仲裁裁决之上诉应向高等法院提出,且在程序上适用民事诉讼法之相应规定,而书面协议应在接受第一名仲裁员前订立。三、许可仲裁员按衡平原则审判时不得透过上诉争执,即使当事人约定可上诉亦不得为之。"澳门地区仲裁制度赋予当事人自由约定裁决是否可上诉的权利;而在仲裁员按衡平原则进行裁决时,裁决不可上诉。

本节案例 1 中的仲裁协议之所以被法院认定为有效,除了仲裁协议表述中并未体现"或裁或审"的约定外,还因为我国内地采"一裁终局"制度,即便当事人试图对仲裁裁决进行上诉,人民法院也不会受理。但是,若类似约定出现在香港或澳门地区,可能根本就不存在争议。

(六) 裁决的执行

对于一项裁决需经何种程序方得被执行,各地法律规定不同。

我国内地仲裁立法规定,一方当事人不履行裁决的,另一方当事人可以依照《民事诉讼法》的有关规定向人民法院申请执行,受申请的人民法院应当执行。[①]因此,在内地,只要裁决没有无效、可撤销或不可执行的情况,法院就应当依当事人的申请予以执行,而无须另经过其他程序。澳门地区作了类似的规定:"仲裁裁决具有与普通管辖法院判决相同之执行效力";"仲裁裁决之执行由普通管辖法院按照民事诉讼法之规定进行","被执行人得按民事诉讼法之规定反对仲裁裁决之执行"。[②]

香港地区《仲裁条例》第 84 条规定:"仲裁庭在仲裁程序中作出的裁决,不论是在香港或香港以外地方作出的,均可犹具有同等效力的原讼法庭判决般,以同样方式强制执行,但只有在原讼法庭许可下,方可如此强制执行。"可见,在香港地区,仲裁裁决若要按与判决相同的方式强制执行,首先需要法院的许可。台湾地区"仲裁法"也规定:"仲裁判断,须声请法院为执行裁定后,方可为强制执行。"

---

① 参见《仲裁法》第 62 条。
② 参见澳门地区《核准仲裁制度》第 35 条。

三、我国区际仲裁裁决的执行

(一) 我国内地与香港地区关于仲裁裁决的相互执行

目前,我国内地与香港相互执行仲裁裁决的最主要依据是1999年6月21日正式签署的《内地—香港安排》。其主要内容如下:

1. 管辖法院

在内地或者香港特别行政区作出的仲裁裁决,一方当事人不履行的,另一方当事人可向被申请人住所地或者财产所在地的有关法院申请执行。有管辖权的法院在内地为被申请人住所地或者财产所在地的中级人民法院,在香港地区为香港特区高等法院。

被申请人住所地或者财产所在地在内地不同的中级人民法院辖区内的,申请人可选择其中一个人民法院申请执行裁决,不得分别向两个或两个以上人民法院提出申请。

被申请人的住所地或者财产所在地,既在内地又在香港地区的,申请人不得同时分别向两地有关法院提出申请。只有一地法院执行不足以偿还其债务时,才可就不足部分向另一地法院申请执行。两地法院先后执行仲裁裁决的总额不得超过裁决数额。

2. 需提交的材料

申请人向有关法院申请执行仲裁裁决的,应当提供以下材料:执行申请书、仲裁裁决书、仲裁协议。

其中,执行申请书有特定的内容要求:

(1) 申请人为自然人的情况下,需要写明姓名、地址;申请人为法人或者其他组织的情况下,需写明名称、地址及法定代表人姓名。被申请人按自然人、法人或其他组织的不同,依上述要求写明。

(2) 申请人为法人或者其他组织的,应当提交企业注册登记的副本。申请人是外国籍法人或者其他组织的,应当提交相应的公证和认证材料。

(3) 申请执行的理由与请求的内容,被申请人的财产所在地及财产情况。

同时,执行申请书还有形式上的要求:应当以中文文本提出,裁决书或者仲裁协议没有中文文本的,申请人应当提交正式证明的中文译本。

3. 时限规定

申请人向有关法院申请执行仲裁裁决的期限依据执行地法律有关时限的规定。

4. 执行所依据的法律

有关法院接到申请人申请后,应当按照执行地法律程序处理及执行。

5. 裁定不予执行的理由

被申请人接到通知后,提出证据证明有下列情形之一的,经审查核实,可以不予执行:

(1) 仲裁协议当事人依对其适用的法律属于某种无行为能力的情形;或者该项仲裁协议依约定的准据法无效,或者未指明以何种法律为准时,依仲裁裁决地的法律是无效的;

(2) 被申请人未接到指派仲裁员的适当通知,或者因他故未能陈述意见的;

(3) 裁决所处理的争议不是交付仲裁的标的或者不在仲裁协议条款范围之内,或者裁决载有关于交付仲裁范围以外事项的决定的;但交付仲裁事项的决定可与未交付仲裁的事项划分时,裁决中关于交付仲裁事项的决定部分应当予以执行;

(4) 仲裁庭的组成或者仲裁程序与当事人之间的协议不符,或者在有关当事人没有这种协议时与仲裁地的法律不符的;

(5) 裁决对当事人尚无约束力,或者业经仲裁地的法院或者按仲裁地的法律撤销或者停止执行的。

此外,有关法院认定依执行地法律,争议事项不能以仲裁解决的,则可不予执行该裁决。

内地法院认定在内地执行该仲裁裁决违反内地社会公共利益,或者香港特区法院决定在香港特区执行该仲裁裁决违反香港特区的公共政策时,则可不予执行该裁决。

在本节案例2中,被申请人以仲裁裁决仅为部分裁决,因此对当事人没有约束力为由进行抗辩,认为法院不应当执行此仲裁裁决。但是,根据仲裁采用的仲裁规则,作出部分裁决的行为是合法的。可见,《内地—香港安排》中要求的仲裁裁决并不一定是最终裁决,具有可执行内容的部分裁决也可以成为被执行的对象。

6. 具体适用

1997年7月1日至《内地—香港安排》生效之日因故未能向内地或者香港特区法院申请执行,申请人为法人或者其他组织的,可以在《内地—香港安排》生效后六个月内提出;如申请人为自然人的,可以在《内地—香港安排》生效后一年内提出。对于内地或香港特区法院在1997年7月1日至《内地—香港安排》生效之日拒绝受理或者拒绝执行仲裁裁决的案件,应允许当事人重新申请。

目前,香港地区《仲裁条例》中的相关内容已依《内地—香港安排》作了完善的修改,主要规定在第十部分的第三分部(内地裁决的强制执行)中,内容与《内地—香港安排》所规定的并无太大差异。

第十章 理论探索与争鸣

(二)我国内地与澳门地区关于仲裁裁决的相互执行

目前,我国内地与澳门地区相互执行仲裁裁决的依据是 2007 年 9 月 17 日通过的《内地—澳门安排》。其主要内容如下:

1. 法律依据

内地人民法院认可和执行澳门特别行政区仲裁机构及仲裁员按照澳门特别行政区仲裁法规在澳门作出的民商事仲裁裁决,澳门特别行政区法院认可和执行内地仲裁机构依据《仲裁法》在内地作出的民商事仲裁裁决,适用《内地—澳门安排》。《内地—澳门安排》没有规定的,适用认可和执行地的程序法律规定。

2. 管辖法院

在内地或者澳门特别行政区作出的仲裁裁决,一方当事人不履行的,另一方当事人可以向被申请人住所地、经常居住地或者财产所在地的有关法院申请认可和执行。

内地有权受理认可和执行仲裁裁决申请的法院为中级人民法院。两个或者两个以上中级人民法院均有管辖权的,当事人应当选择向其中一个中级人民法院提出申请。澳门特别行政区有权受理认可仲裁裁决申请的法院为中级法院,有权执行的法院为初级法院。

被申请人的住所地、经常居住地或者财产所在地分别在内地和澳门特别行政区的,申请人可以向一地法院提出认可和执行申请,也可以分别向两地法院提出申请。

当事人分别向两地法院提出申请的,两地法院都应当依法进行审查。予以认可的,采取查封、扣押或者冻结被执行人财产等执行措施。仲裁地法院应当先进行执行清偿;另一地法院在收到仲裁地法院关于经执行债权未获清偿情况的证明后,可以对申请人未获清偿的部分进行执行清偿。两地法院执行财产的总额,不得超过依据裁决和法律规定所确定的数额。

3. 需提交的材料

申请人向有关法院申请认可和执行仲裁裁决的,应当提交以下文件或者经公证的副本:申请书;申请人身份证明;仲裁协议;仲裁裁决书或者仲裁调解书。上述文件没有中文文本的,申请人应当提交经正式证明的中文译本。

4. 对申请书的内容要求

申请书中应当列明以下内容:

(1)申请人或者被申请人为自然人的,应当载明其姓名及住所;为法人或者其他组织的,应当载明其名称及住所,以及其法定代表人或者主要负责人的姓名、职务和住所;申请人是外国籍法人或者其他组织的,应当提交相应的公证和认证材料。

(2)请求认可和执行的仲裁裁决书或者仲裁调解书的案号或识别资料和生效日期。

(3)申请认可和执行仲裁裁决的理由及具体请求,以及被申请人财产所在地、财产状况及该仲裁裁决的执行情况。

5.申请认可和执行的期限

申请人向有关法院申请认可和执行仲裁裁决的期限,适用认可和执行地的期限规定。

6.不予认可和执行的理由

被申请人提出证据证明有下列情形之一的,经审查核实,有关法院可以裁定不予认可:

(1)仲裁协议一方当事人依对其适用的法律在订立仲裁协议时属于无行为能力的;或者依当事人约定的准据法,或当事人没有约定适用的准据法而依仲裁地法律,该仲裁协议无效的;

(2)被申请人未接到选任仲裁员或者进行仲裁程序的适当通知,或者因他故未能陈述意见的;

(3)裁决所处理的争议不是提交仲裁的争议,或者不在仲裁协议范围之内;或者裁决载有超出当事人提交仲裁范围的事项的决定,但裁决中超出提交仲裁范围的事项的决定与提交仲裁事项的决定可以分开的,裁决中关于提交仲裁事项的决定部分可以予以认可;

(4)仲裁庭的组成或者仲裁程序违反了当事人的约定,或者在当事人没有约定时与仲裁地的法律不符的;

(5)裁决对当事人尚无约束力,或者业经仲裁地的法院撤销或者拒绝执行的。

有关法院认定,依认可和执行地法律,争议事项不能以仲裁解决的,不予认可和执行该裁决。

内地法院认定在内地认可和执行该仲裁裁决违反内地法律的基本原则或者社会公共利益,澳门特别行政区法院认定在澳门特别行政区认可和执行该仲裁裁决违反澳门特别行政区法律的基本原则或者公共秩序时,不予认可和执行该裁决。

7.中止执行

一方当事人向一地法院申请执行仲裁裁决,另一方当事人向另一地法院申请撤销该仲裁裁决,被执行人申请中止执行且提供充分担保的,执行法院应当中止执行。根据经认可的撤销仲裁裁决的判决、裁定,执行法院应当终结执行程序;撤销仲裁裁决申请被驳回的,执行法院应当恢复执行。当事人申请中止执行的,应当向执行法院提供其他法院已经受理申请撤销仲裁裁决案件的法律文书。

8. 财产保全

法院在受理认可和执行仲裁裁决申请之前或者之后,可以依当事人的申请,按照法院地法律规定,对被申请人的财产采取保全措施。

9. 认证手续免除

由一方有权限公共机构(包括公证员)作成的文书正本或者经公证的文书副本及译本,在适用《内地—澳门安排》时,可以免除认证手续在对方使用。

10. 具体适用

《内地—澳门安排》实施前,当事人提出的认可和执行仲裁裁决的请求,不适用《内地—澳门安排》。自1999年12月20日至《内地—澳门安排》实施前,澳门特别行政区仲裁机构及仲裁员作出的仲裁裁决,当事人向内地申请认可和执行的期限,自《内地—澳门安排》实施之日起算。

需要注意的是,与内地和香港互相执行仲裁裁决的安排不同,内地与澳门地区之间的安排所适用的对象仅包括仲裁机构作出的裁决。

(三) 我国大陆与台湾地区关于仲裁裁决的相互执行

我国大陆与台湾地区目前没有专门的相互执行仲裁裁决的安排。最高人民法院于1998年公布了《最高人民法院关于人民法院认可台湾地区有关法院民事判决的规定》,其中第19条规定:"申请认可台湾地区有关法院民事裁定和台湾地区仲裁机构裁决的,适用本规定。"但是,该规定毕竟是针对民事判决的,由于仲裁裁决与民事判决属不同程序的产物,简单的规则套用并不可行。虽然最高人民法院于2009年颁布了《最高人民法院关于人民法院认可台湾地区有关法院民事判决的补充规定》,但是仍未将判决与裁决区分规定。2015年6月29日,最高人民法院发布了《最高人民法院关于认可和执行台湾地区仲裁裁决的规定》(以下简称《台湾规定》),之前发布的相关规定因此失效。其主要内容如下:

1. 受案仲裁裁决的范围

有关常设机构及临时仲裁庭在台湾地区按照台湾地区仲裁规定就有关民商事争议作出的仲裁裁决,包括仲裁判断、仲裁和解、仲裁调解,都可以向大陆法院申请认可和执行。

2. 管辖法院

认可台湾地区仲裁裁决的申请应由申请人住所地、经常居住地或者被申请人住所地、经常居住地、财产所在地中级人民法院或者专门人民法院受理。

3. 申请文件

申请认可台湾地区仲裁裁决的,申请人应提交申请书、仲裁协议和仲裁判断书、仲裁和解书或仲裁调解书。申请书中应载明:申请人和被申请人相关信息,申请认可的文件,请求和理由,被申请人财产所在地、财产状况及申请认可的仲裁裁决的执行情况等。

同时,申请人还有义务提供相关证明文件,证明申请认可和执行的仲裁裁决的真实性。对此,申请人可以申请人民法院通过海峡两岸调查取证司法互助途径查明台湾地区仲裁裁决的真实性;人民法院认为必要时,也可以就有关事项依职权通过海峡两岸司法互助途径向台湾地区请求调查取证。

4. 中止认可和执行

一方当事人向人民法院申请认可或者执行台湾地区仲裁裁决,另一方当事人向台湾地区法院起诉撤销该仲裁裁决,被申请人申请中止认可或者执行并且提供充分担保的,人民法院应当中止认可或者执行程序。申请中止认可或者执行的,应当向人民法院提供台湾地区法院已经受理撤销仲裁裁决案件的法律文书。

5. 拒绝认可的理由

拒绝认可的理由包括需由被申请人举证的理由以及由人民法院主动审查的理由。前项理由包括:

(1) 仲裁协议一方当事人依对其适用的法律在订立仲裁协议时属于无行为能力的;或者依当事人约定的准据法,或当事人没有约定适用的准据法而依台湾地区仲裁规定,该仲裁协议无效的;或者当事人之间没有达成书面仲裁协议的,但申请认可台湾地区仲裁调解的除外;

(2) 被申请人未接到选任仲裁员或进行仲裁程序的适当通知,或者由于其他不可归责于被申请人的原因而未能陈述意见的;

(3) 裁决所处理的争议不是提交仲裁的争议,或者不在仲裁协议范围之内;或者裁决载有超出当事人提交仲裁范围的事项的决定,但裁决中超出提交仲裁范围的事项的决定与提交仲裁事项决定可以分开的,裁决中关于提交仲裁事项的决定部分可以予以认可;

(4) 仲裁庭的组成或者仲裁程序违反当事人的约定,或者在当事人没有约定时与台湾地区仲裁规定不符的;

(5) 裁决对当事人尚无约束力,或者业经台湾地区法院撤销或者驳回执行申请的。

在依据国家法律,涉案争议事项不能以仲裁解决时,或者认可该仲裁裁决将违反一个中国原则等国家法律的基本原则或损害社会公共利益时,人民法院应当主动裁定不予认可。

另一方面,台湾于1992年7月31日年颁布了"台湾地区与大陆地区人民关系条例"(2011年12月21日修正)。该条例第74条第1款规定:"在大陆地区作成之民事确定裁判、民事仲裁判断,不违背台湾地区公共秩序或善良风俗者,得声请法院裁定认可。"第 2 款规定:"前项经法院裁定认可之裁判或判断,以给付为内容者,得为执行名义。"第 3 款规定:"前二项规定,以在台湾地区作成之民事确定裁判、民事仲裁判断得声请大陆地区法院裁定认可或为执行名义者,始适用之。"

我国大陆与台湾地区由于各种历史原因,在短期内可能难以达成相关安排,但随着两岸经济交流的增多,为保证交流的顺利进行,应当就仲裁裁决的执行尽快达成共识。

(四) 香港与澳门地区关于仲裁裁决的相互执行

2013 年,香港与澳门签署并公布了《澳门—香港安排》,为这两个地区相互执行仲裁裁决提供了法律依据。其主要内容如下:

1. 适用对象

香港特区法院认可和执行在澳门特区按澳门特区仲裁法规所作出的仲裁裁决,澳门特区法院认可和执行在香港特区按香港特区《仲裁条例》所作出的仲裁裁决。

2. 管辖法院

被申请人住所地或者财产所在地的有关法院对申请人的该申请进行管辖。香港特区有权受理该种申请的法院为高等法院原讼法庭,澳门特区有权受理的法院为中级法院,有权执行的法院为初级法院。在一地执行不足以偿还其债务时,申请人可就不足部分向另一地法院申请执行。两地法院先后执行仲裁裁决的总额不得超过裁决数额。①

3. 需提交的材料

需提交的材料包括申请书、仲裁协议、仲裁裁决书。申请书应当包括下列内容:申请人或者被申请人为自然人的,应当载明其姓名及住所;为法人或者其他组织的,应当载明其名称及住所,以及其法定代表人或者主要负责人的姓名、职务和住所,并提交企业注册登记的副本;申请人是在香港特区或澳门特区以外成立的法人或者其他组织的,应当提交相应的公证和认证材料;请求认可和执行的仲裁裁决书的案号或识别资料和生效日期;申请认可和执行仲裁裁决的理由及具体请求,以及被申请人财产所在地、财产状况及该仲裁裁决尚未执行部分的详情。

---

① 需要注意的是,此条规定依然强调在两地申请执行有先后之分,只有在一地执行不足以偿还债务时,才能在另一地申请执行。

4. 申请执行的期限

申请人向有关法院申请认可和执行香港特区或者澳门特区仲裁裁决的期限，依据认可和执行地的法律确定。

5. 不予认可和执行的理由

被申请人提出证据证明有下列情形之一的，经审实核实，有关法院可以裁定不予认可和执行：

（1）仲裁协议一方当事人依对其适用的法律在订立仲裁协议时属于无行为能力的；或者依当事人约定的准据法，或当事人没有约定适用的准据法而依仲裁地法律，该仲裁协议无效的；

（2）被申请人未接到选任仲裁员或者进行仲裁程序的适当通知，或者因他故未能陈述意见的；

（3）裁决所处理的争议不是提交仲裁的争议，或者不在仲裁协议范围之内；或者裁决载有超出当事人提交仲裁范围的事项的决定，但裁决中超出提交仲裁范围的事项的决定与提交仲裁事项的决定可以分开的，裁决中关于提交仲裁事项的决定部分可以予以认可；

（4）仲裁庭的组成或者仲裁程序违反了当事人的约定，或者在当事人没有约定时与仲裁地的法律不符的；

（5）裁决对当事人尚无约束力，或者已经仲裁地的法院撤销或者拒绝执行的。

有关法院认定，依认可和执行地法律，争议事项不能以仲裁解决的，则可不予认可和执行该裁决。

香港特区法院认定在香港特区认可和执行该仲裁裁决违反香港的公共政策，澳门特区法院认定在澳门特区认可和执行该仲裁裁决违反澳门特区公共秩序时，则可不予认可和执行该裁决。

6. 中止执行

一方当事人向一地法院申请执行仲裁裁决，另一方当事人向另一地法院申请撤销该仲裁裁决，被执行人申请中止执行且提供充分担保的，执行法院应当中止执行。根据经认可的撤销仲裁裁决的判决、裁定，执行法院应当终结执行程序；撤销仲裁裁决申请被驳回的，执行法院应当恢复执行。当事人申请中止执行的，应当向执行法院提供其他法院已经受理申请撤销仲裁裁决案件的法律文书。

可见，《澳门—香港安排》的内容大体与《内地—香港安排》《内地—澳门安排》相同。不同的是，澳门特区可以执行在香港特区作出的临时仲裁。

第十章 理论探索与争鸣

 本章思考题

1. 临时仲裁制度的建立需要什么样的立法和社会环境？我国是否具备？
2. 网上仲裁如何解决跨国执行难的问题，有效降低执行成本？
3. 我国法院可协助仲裁采取的临时措施种类较少，是否可以增加，如规定法院协助调查取证等方式？
4. 选择何种方式认定外国仲裁裁决最为合理？为什么？
5. 我国法院在什么情况下可以以外国裁决违背我国公共政策为由不予承认与执行？
6. 仲裁员需要具备一定年限工作经验的要求是否合理？

参考阅读文献

1. 杨良宜：《国际商务仲裁》，中国政法大学出版社1997年版。
2. 李虎：《网上仲裁法律问题研究》，中国民主法制出版社2005年版。
3. 黄进主编：《我国区际法律问题探讨》，中国政法大学出版社2012年版。
4. 宋连斌主编：《仲裁法》，武汉大学出版社2015年版。
5. 齐湘泉：《外国仲裁裁决承认及执行论》，法律出版社2010年版。
6. 万鄂湘、于喜富：《再论司法与仲裁的关系》，载《法学评论》2004年第3期。
7. 罗楚湘：《中国内地与香港仲裁制度之比较——兼论两地相互承认与执行仲裁裁决的有关问题》，载《法学评论》1999年第2期。
8. 郭玉军、肖芳：《网上仲裁的现状与未来》，载《法学评论》2003年第2期。
9. 〔英〕艾伦·雷德芬、马丁·亨特：《国际商事仲裁法律与实践》（第四版），林一飞、宋连斌译，北京大学出版社2005年版。
10. 〔英〕施米托夫：《国际贸易法文选》，赵秀文选译，中国大百科全书出版社1993年版。